# ALL ROADS LEAD NORTH

# 尼泊爾

## 不平衡的邊界

AMISH RAJ MULMI

阿米許・拉傑・穆爾米

唐澄暐——譯　潘美玲——導讀

CHINA, NEPAL AND THE CONTEST
FOR THE HIMALAYAS

獻給我們的父母

碧瑪拉・哈達・穆爾米（Bimala Hada Mulmi）

阿南達・拉傑・穆爾米（Ananda Raj Mulmi）

普拉蒂布哈・哈迪卡爾・帕蘭尼琵（Pratibha Hardikar Paranipe）

狄利普・帕蘭尼琵（Dilip Paranipe）

也獻給妮哈（Neha），沒有她，這本書不可能寫成

「我們能知道過去，但現在對我們是隱蔽的。」

——波赫士（Jorge Luis Borges）

# 目次

## 第三部　狀態更新

# 導讀　條條大路通北京的尼泊爾

潘美玲

## 神祕古國的無聲存在與擾動

尼泊爾是一個具有千年歷史的古老國家，位於喜馬拉雅山脈南麓，國界的北邊是中國，其餘的國土都與印度接鄰。該國地處內陸，以擁有世界第一高峰的聖母峰而知名。以印度教為國教，佛教聖地釋迦摩尼佛的出生地藍毗尼也在該國境內。傳統上以農業經濟為主，是亞洲最貧窮的國家之一，該國經濟至今都還處於低度發展的狀態，雖然積極發展觀光旅遊業和水電等基礎建設，依然無法有效改善人民的生活，海外移工的匯款成為支撐財政的主要收入來源。這個國家基本上是一種無聲的存在，由於被夾在中國和印度兩個大國當中，除了二〇一五年發生大地震釀成災害而佔有媒體的版面，是登山客、朝聖者的觀光旅遊目的地之外，幾乎不受到世人的關注，因此被稱為喜馬拉雅山中的神祕國度。

當我在二〇一〇年間首次造訪時，在首都加德滿都機場目睹聯合國的運輸機，正在卸下大量的援助物資，提供給該國民眾基本所需。在機場入關時，一般旅客可申請觀光落地簽證，但因為尼泊爾堅守「一中原則」，持有臺灣護照的旅客就得排到另外的窗口填寫一張「同意停留」（stay order）的表格才能入境。我最印象深刻的是博卡拉機場，沒有國際機場的繁忙喧囂，也沒有將所有旅客包覆在巨大空調建築體結構內，而是接地氣小而美的寧靜設施。簡單如臺灣鄉下的公車總站，只供小型螺旋槳飛機起降，地勤人員徒步用賣場推車載卸旅客的行李，飛機上空姐發給乘客的不是棉花糖而是兩團白色的棉花，塞住耳朵阻隔噪音。十年之後，聯合國的援助物資已經被來自中國的援助和商品超越，臺灣旅客入境還是需要另外填寫入關文件，只是英文改成stay permission。原先融入地景的博卡拉小機場已被新建的國際機場取代，擁有兩千五百公尺長的跑道，可供大型長程客機起降的現代航廈，每年可以接收一百萬名遊客。這些改變只是這個國家近十年來重大變革的冰山一角，推動這些變遷方向的動力，都可歸因於經濟崛起的北方鄰居——中國的影響。

## 人民視角的尼泊爾中國觀

本書作者出生在博卡拉，目睹家鄉近年來快速的轉變，也見證了中國在尼泊爾逐步實現一帶一路的戰略。寫作此書的目的，是要告訴世人這個條條大路通北京的尼泊爾新樣貌是如何打造出來的。他採取的是尼泊爾的中國觀點，而不是從中國人的角度觀看尼泊爾，所要呈現的是尼泊爾的政府和人民面對中國所製造的「跨越喜馬拉雅山的友誼」，會採取哪些選擇／或被迫選擇，儘管接受援助還是必須付出代價，但為何尼泊爾的人民卻普遍認同中國的脈絡所在。作者書寫的內容採取兩個面向，首先是尼泊爾與中國往來的歷史，特別是在一九五九年西藏成為中國的領土開始，中國成為尼泊爾的北方緊鄰之後所提供給尼國的援助，以及這些援助如何有助於達到中國在外交上所要設定的目標。其次，提供尼泊爾人民視角的敘事，同理在此過程中人民的日常生活與行事的動機，而不是從尼泊爾政府的民族主義角度，或者只歸因到國際強權的支配觀點。

本書寫作的順序並沒有從政治核心或國家的首都出發，反而聚焦跨越喜馬拉雅山脈的邊界地帶，因為這裡才是權力板塊重組的「震央」所在。尼泊爾由於地處內陸，印度控制著該國出入貿易的要道，英國殖民時代就被印度納入國家安全體系。一九五〇年代尼泊爾被迫簽下《尼印商貿條約》讓渡主權國家關稅自主的不平等權利，而定義了雙邊的特殊關係。原先兩國的時區同樣比臺灣時間慢兩個半小時，尼泊爾政府在一九八六年將時區調到世界協調時間（Universal Time Coordinated，UTC）加五小時四十五分鐘，刻意比印度快十五分鐘的時間，宣示與印度斷裂的決心。雖然尼泊爾極力要擺脫印度的控制，卻引來印度的強硬措施，導致兩國長期處於緊張的狀態，以至於印度干預的力道越強，尼泊爾的不滿就越高，造就了尼泊爾的政治人物只要採取反對印度的立場就能獲取政治資本並從中得利。

當中華人民共和國在一九五〇年代末期將領土推進到喜馬拉雅山邊，並將南亞納入其國家戰略之際，尼泊爾認為得到一張足以抗衡印度的「中國牌」。隨著這場牌局的開展，中國製的商品鋪滿商店的貨架，帶來便宜又便利的生活，建造基礎設施更實現了尼泊爾政府無法兌現給山民的承諾，人民歡迎來自北京的友誼與益處。但本書作者卻感受到這個邊界的不平等，因為喜馬拉雅山脈兩邊的族群互動，傳統上是尼泊爾和西藏之間陸路的長程貿易所聯繫，依著宗教信仰和社會關係的紋理延伸而盤固，牧民商旅的跨界自在日常。直到中國取代西藏之後，人為的國界與關卡取代天然屏障，人群按照國家劃界以及公民身分編制，所有的關係都納歸於國家的治理，哪些人、進出的時間與路徑全由中國單方所決定，在權力不對等的關係結構上，中國直接將尼泊爾的幾公里國土沒收，至於還留在尼泊爾的部分，根據作者的描述：「這裡的國旗來自尼泊爾。其他的，則來自中國。」

## 從北京輸入的軟實力與銳實力

對於尼泊爾的政府和人民而言，中國是一個比印度更好的鄰居，透過援助和合作帶來的是「具有中國特色的資本主義」，但這個經濟崛起的大國實力，對於弱小鄰國而言，卻是在外交和經濟往來時無法與其對抗的「強大武器」，因為「中國在執行計畫時推動的是自己的利益，多過了尼泊爾的需求」。就如政治學者提到的「軟實力」和「銳實力」，一方面透過文化與政治的影響力，吸引籠絡政治菁英和社會大眾，透過塑造論述與輿論操弄拉抬親中政權與政治人物的地位，壓抑批評的聲浪，確保有利於中國的政策能夠實現。另一方面則透過強大的軍事能力，產生脅迫的作用，目的都是為了增加中國在地緣政治上的控制力，並擴大國際上的影響力。

觀光產業一直是尼泊爾吸引全世界遊客的經濟命脈，從公元二〇〇二年成為南亞第一個被中國官方認可的旅遊國家之後，中國觀光客開始成為該國爭取的目標，因此構成該國經濟的主要依靠。但來自中國的創業者挾著優勢的資本搶得先機，甚至威脅到尼國中小企業的利基，中國則從此可以藉由鼓勵／禁止民眾出國旅遊的手段，達到其在外交上的目的。表面上看似為了吸引中國觀光客設計的佛教旅遊，實則為地緣政治的一環，佛陀誕生之地被中國加以政治化，用來提升尼泊爾在佛教上的權威地位，以降低印度的重要性，並在未來的西藏宗教精神領袖達賴喇嘛轉世的議題上，加權尼國支持的分量。

## 挾流亡藏人與強權共舞的弱國策略

一九五九年西藏被中國併吞之後，上萬名藏人流亡到尼泊爾，隨著尼泊爾政權向中國靠攏，不再發給流亡藏人難民身分的文件，近四分之三的西藏難民成為無國籍的「幽魂」狀態。尼泊爾為了積極配合中國的一中政策，在二〇〇五年關閉安置難民的達賴喇嘛代表和西藏流亡政府的福利辦公室，壓制藏人難民的入境以及自由表達政治意見的權利，甚至連慶祝達賴喇嘛生日的聚會都被禁止，任何反中的舉動都會被視為現行犯加以逮捕。

作者點出流亡藏人在尼泊爾的困頓處境，尼泊爾當權派一方面將流亡藏人在尼國的存在，視為中國和尼泊爾關係進展的阻礙，另一方面又宣稱受迫中國的指令而駁回美國安置這些難民的計畫。然而，尼泊爾看似消極處理境內流亡藏人的態度，其實正是該國將流亡藏人當成人質，用來和中國強權討價還價的重要籌碼，挾著弱勢的難民作為索求強國給予利益的槓桿。

本書作者記錄這場發生在古老神祕國度的巨變，以及已經造成的影響與未來可能的圖像，其衝擊的深遠程度並不遜於二〇一五年那場大地震，但卻從未引起任何關注。從尼泊爾作為一個民族國家而言，提供了一個受到中國的軟實力與銳實力影響的案例[1]；從南亞的國際關係來看，

「脫印親中」的地緣政治正在重構喜馬拉雅山區的權力板塊。若將尺度放到環喜馬拉雅山區域來看，將會是中國企圖超越「西藏中心論」和「南亞視野」的框架，將傳統的喜馬拉雅山脈中心地區與東南亞、中國西南高地，也就是雲南省，和其他地質上相連的亞洲高地串連起來[2]，並直達北京的權力中心。因此，尼泊爾目前選擇的路徑，改變的不只是公路或鐵路的方向，同時也將可能牽動世界的未來。

1 吳介民、黎安友編，二〇二一，《銳實力製造機：中國在台灣、香港、印太策區的影響力操作與中心邊陲拉鋸戰》。台北：左岸文化。

2 郁丹，二〇一七，〈序言：環喜馬拉雅環境、生計和文化的連貫性〉，收于郁丹等主編，《環喜馬拉雅區域研究編譯文集1—環境、生計與文化》，頁一—十四。北京市：學苑出版社。

**潘美玲**

國立陽明交通大學人文社會學系教授兼系主任，關注難民、無國籍者的求生策略，長期累積在印度、尼泊爾的研究旅程與探訪喜馬拉雅山區的經歷，在學術發表之外，也在「芭樂人類學」部落格書寫「印度的西藏地圖」專欄。

# 引言　良好平衡

一八九八年冬天，法籍印度學家西爾萬・萊維（Sylvain Lévi）坐著十六人扛的轎子，沿著一條條從尼泊爾平原通到加德滿都谷地及該首府的陡峭山道緩慢上行。當時萊維在印度學領域頗有造詣，但他始終想研究尼泊爾，因為他認為，該國有史以來都處在南亞、中亞和東亞影響力的十字路口上。[1]萊維不像當時其他東方通那樣，開始把吠陀（Vedas）傳統當做印度文明源頭來強調；他相信的是歷史進程。他主張，印度歷史不能孤立審視，不能不看它和亞洲其他地方的文化互動。[2]

萊維於一八九八年一月八日離開加爾各答，在轉了三班火車之後，於蘇高利（Sugauli）下車，也就是一八一六年廓爾喀人（Gorkha）和東印度公司簽署條約的地方。五天後，他抵達了昌德拉吉里（Chandragiri）的山頂，那是高兩千五百公尺可從南方俯瞰整片加德滿都谷地的山丘。「遠方盡頭和山坡上處處都是村落和耕地，而在環抱此地的群山之上，從東往西有一道連綿無缺口的白雪峰線。從這頭看，群峰彷彿就在不遠處，只要跨過三、四道谷地就到得了；而在山的另一邊，就是西藏，中國的一部分（C’est le Tibet, un morceau de la Chine）。」[3]

當時，尼泊爾是由拉納（Rana）王朝首相德布．珊木謝（Dev Shamsher）所統治，此人現在公認是統治該國的拉納家族中心胸比較開闊的一位。萊維來不到一周，首相就召他進宮，打探他的學識底子。「〔德布．珊木謝〕以法語跟我講起了《沙恭達羅》（*Sakuntala*）。他問我是否相信天眾（deva）。」談完後，首相指示下屬協助萊維尋找手抄本和銘文。

接下來待在加德滿都的三個月裡，萊維會語帶嘲諷地談起山谷居民的衛生習慣（「但如果一個人張開眼睛，鼻子就得閉起來。加德滿都把她的汙穢堆在庭院中，而不是下水道裡。」[4]），以及人們不願讓外人洞察他們的過往（「這些該死的人都藏起了他們的古物。」[5]）他就跟那時候大部分的歐洲探險家一樣，把古物當成可交易的物品。（「因為手抄本有著美麗的古文字，我要是能以妥當價錢取得的話就會取走，因為每個持有一份手抄本的人，基本上都相信自己擁有一份寶藏。」[6]）他是他那時代的產物，帶著帝國優越感的印記，而那種優越感便是殖民探索者的特色。

他於一八九八年三月離開加德滿都後，於一九〇五至一九〇八年間發表《尼泊爾：一個印度王國的歷史研究》（*Le Népal: Étude historique d'un royaume hindou*），這本尼泊爾史的代表作，至今仍持續引導著當代學者。儘管先前歐洲已有學者寫下不少著作——包括了傳奇博物學者、住在加德滿都的英國人布萊恩．霍奇森（Brian Hodgson）——但萊維的研究仍有獨樹一格之處：他透過西藏和中國文獻，合併了多種尼泊爾史觀，一路回溯到從公元七世紀寫起的唐朝編年史。學界到那時都還對這段歷史一無所知；過去人們都透過印度的觀點來觀看尼泊爾，把它看成印度朝代史或印度文化的分支，而不關注它與西藏及中國的互動；即便到了今日，這種觀點仍主宰著大眾論及該國時的看法。

很遺憾地，萊維這種「把尼泊爾史當成受諸多因素和文化影響的演進過程」的史觀在次大陸沒那麼受歡迎，當時英國殖民者鼓吹宣揚的，是透過單線本土主義的觀點所看見的歷史。帝國主義者往往把征服次大陸當作歷史諸多事件的理所當然結果；這場征服企圖把文明「帶給」魯德亞德・吉卜林（Rudyard Kipling）在〈白人的負擔〉（The White Man's Burden）所寫下的「你們新捕獲的、慍怒的人們／一半惡魔、一半孩子的人們」。準帝國主義者觀點也支配了現代的論述，其中印度媒體所想像的今日尼泊爾對中國的關係，就做了最好的說明。就想想印度媒體在二〇二〇年五月印度－尼泊爾卡拉帕尼（Kalapani）公路爭議之後的報導，以及媒體是如何地堅信，尼泊爾反對該路的唯一理由就只是中國要求反對而已。除了那些關於尼泊爾首相中了中國大使「美人計」的荒謬性別歧視謊言之外，「中國利用尼泊爾」等等的頭條也都顯示，印度媒體對於南亞各國居然有可能和印度以外的國家發展關係，是多麼地驚訝。這也揭露了印度對於次大陸的一般論述所展露的無知；從道聽塗說的證據來看，尼泊爾人對於當代印度政治社會的認識，一般來說是多過印度人對尼泊爾的認識。

歷史觀這麼狹隘，就很難看見其他國家在次大陸上施加的力道，畢竟大勢絕非一夜之間就能造成。尼泊爾在北邊有了新歡，並不只是一條有爭議的道路或者一張新地圖造成的結果；這是一段歷經數十年的過程，過程中印度持續在尼泊爾相關問題上犯錯失焦，同時中國卻穩定贏得了尼泊爾。儘管尼泊爾為此付出的代價，是損失與印度的政治經濟聯繫，但就算是尼泊爾最偏民族主義的那群人，也一樣堅信中國將在文化、宗教和社會領域內取代印度的地位。然而，沒什麼證據顯示，形塑大眾說法的印度政策或媒體曾經嘗試去了解，是哪些細微的因素讓尼泊爾當權者對德里（譯註：指印度中央政府）的權力高層退避三舍。二元對立的古怪觀點反而主宰了看法，而且因為印度對於整個南亞敘事的形塑有著壓倒一切的全球影響力，尼泊爾觀點便消失在印度新聞頻道的一片嘈雜中，以及「次大陸其他國家該怎麼與印度應對」這種準帝國概念的假設中。

## 二

萊維透過西藏和中國文件進行的研究，是從七世紀中國求法僧人玄奘的記述開始；玄奘寫道，「尼波羅國。周四千餘里。在雪山中。國大都城周二十餘里……人性剛獷。信義輕薄。無學藝。有工巧。」[7]玄奘的描述十之八九是基於傳聞，因為他只造訪了今日尼泊爾國的平原地帶，但他的紀錄讓研究尼泊爾的歷史學家能夠準確辨認出鴦輸伐摩（Amshuverman），也就是離車毗（Licchavi）王朝的一名首相（mahasamant），是六至七世紀加德滿都王位背後的掌權者。因此，古尼泊爾歷史就如歷史學家維賈．庫馬爾．馬南達爾（Vijay Kumar Manandhar）所言，是從「隨便推測的東西」邁向信史。[8]

佛教是尼泊爾、西藏和中國這三個文明會出現傳統互動的地方。有一則加德滿都的創建神話就反映了這一點：來自中國的文殊菩薩，用他的火劍排乾了最初的湖泊，並在此安頓了一路伴隨他朝聖之行的法藏比丘（Dharmakara）王。「法藏比丘以中國為模範組織了尼泊爾：科學、知識、貿易、文化、禮儀、商業，全都按照中國的範例。」[9]

兩邊的當代領袖都援引了佛教方面的彼此連結，其中三位主要人物分別是五世紀前往中國的佛馱跋陀羅（Buddhabhadra）；七世紀時據說嫁給西藏王松贊干布（Songtsen Gampo）並把佛教傳入西藏的布里庫提（Bhrikuti，譯註：又稱尺尊公主）；以及十三世紀於忽必烈宮廷發跡的佛教雕刻家兼建築師阿尼哥（Arniko）[10]。今日稱作加德滿都谷地的尼泊爾谷地，在一千紀（譯註：公元一年至一〇〇〇年間）的最後幾世紀，以及二千紀（譯註：從一〇〇一年一月一日至二〇〇〇年十二月三十一日）的頭幾世紀時，成為密宗（Vajrayana）的一個重要中心地。美國人類學家瑪麗・施萊瑟（Mary Slusser）曾寫道，「至少，有著緊密相連的佛寺網路的帕丹〔Patan，谷地的三個城市之一〕基本上成為了一個佛教大學中心，和孟加拉、比哈爾（Bihar）等地著名的佛教中心別無二致。來自歐丹特普里寺（Odantapuri）、那爛陀寺（Nalanda）、超戒寺（Vikramshila）以及其他印度佛教學術中心的知識和教師，湧入了尼泊爾的佛寺。尼泊爾的佛教徒前往印度佛教中心學習，而阿底峽（Atisa）和寶護（Ratnaraksita）等教師又從那些中心來到尼泊爾。此外，數量不亞於印度的谷地眾多佛寺，是吸引西藏人前來求得佛教指引的中心。」[11]

這樣的文化交流是好幾個政治因素合流的結果。西藏文化當時正發展成形；中國這邊，唐朝和元朝的平穩使其能和南方有更多交流；而在尼泊爾這邊，印度教的諸王替佛寺提供了王家的恩庇。當然也是有間斷時刻：地震、內部鬥爭和外敵入侵都再三侵擾尼泊爾谷地，而西藏在朗達瑪王（King Langderma）死去後，從九世紀開始分崩離析。中國這邊也一樣，蒙古人征服了唐朝衰退後分裂興起的眾多王國，進而建立元朝。但在這片大致穩定的政治風貌內，間斷只是短暫反常行為，而那又必然導致人們跨越喜馬拉雅發展更大幅度的交流。[12]隨著佛教散布各處，且學者走遍遙遠四方尋找手抄本，新的政治關係也跟在他們身後到來。

公元六四四年，唐朝軍官王玄策隨使節團順道抵達尼泊爾，隨行的還有一名先前參訪唐朝宮廷的印度戒日王（Harshavardhana）婆羅門使節。當時的尼泊爾谷地是由離車毗王「那連德拉・德瓦」（Narendra Dev，《新唐書》稱「那陵提婆」）所統治，他「配戴著珍珠、水晶、珍珠母、珊瑚和琥珀；他戴著金耳環和玉垂飾，還有一個裝飾著佛像的皮帶扣。他坐在群獅拱起的王座上。」[13]（譯註：出自《新唐書》「服珠、頗黎、車渠、珊瑚、虎魄垂纓，耳金鉤玉璫，佩寶伏突，御師子大床」。）今日人們大半不記得王玄策的旅程，但那趟旅程概括呈現了當時喜馬拉雅山上及周邊眾多新興政治單位之間美妙的權力平衡。

王玄策於公元六四八年（譯註：亦有別處記載為六四七年）返回戒日王朝宮廷。但當中國使節團抵達摩揭陀（Magadha）的時候，戒日王已駕崩，而它的一名臣子那伏帝阿羅那順（Arunasva，中文名出自《舊唐書》）篡位並襲擊了使節團。「〔王玄策的〕箭用完了，〔人們〕都被抓了起來。此外，這些胡人還搶走了其他國家貢獻的禮物。接著王玄策就一個人趁夜間逃走了。」[14]（譯註：出自《舊唐書》「矢盡，悉被擒。胡並掠諸國貢獻之物。玄策乃挺身宵遁」。）

王玄策成功抵達了「吐蕃」，也就是西藏，而該國派了一千兩百名士兵給他和副使蔣師仁。尼泊爾王則派了七千騎兵給他。獲得如此奧援後，王玄策回師摩揭陀。他圍攻了茶鎛和羅（日後認定為巴連弗邑〔Pataliputra〕的某處）三天。「斬首三千餘級，赴水溺死者且萬人。」[15]阿羅那順遭擒，「虜男女萬二千人，牛馬三萬餘頭匹。於是天竺震懼。」[16]（譯註：出自《舊唐書》。）王玄策把阿羅那順帶回長安，戰功上告宗廟，自己也獲升任。

王玄策的使節團促成日後更多參訪活動：佛教僧人玄太、道方、道生、末底僧訶、玄會，其中最後三人於公元七世紀越過恆河平原後，在尼泊爾過世。公元六五一年，那連德拉・德瓦派使者前往唐朝宮廷，但十世紀唐朝一滅亡，大交流熱潮就結束了——至少暫停到十三世紀一名叫阿尼哥的年輕藝術家前往忽必烈宮廷為止。

阿尼哥之後，中國使節團就不定期造訪當時群雄割據的尼泊爾山地諸國，但統治谷地諸國的馬拉（Malla）王朝諸王，會透過貿易和宗教交流鞏固他們與西藏的關係。此時隨著西藏成為密宗中心，尼泊爾和西藏也經歷了一場角色互換。儘管先前西藏僧侶會來尼泊爾的寺院研習，但到了十七世紀，反而會在青藏高原上找到尼泊爾僧人，尤其是在日喀則的扎什倫布寺。[17]「藏傳佛教漸漸受到定居於西藏的尼泊爾商人和工匠支持，因為和當時在尼泊爾發展成熟的封閉體制相比，藏傳佛教允許他們擁有多上太多的自由，」[18]瑪麗．施萊瑟在此指的是加德滿都谷地已經正式化的種姓架構。西藏僧人也會帶頭執行加德滿都幾間佛寺的維修工作；十九世紀時，英國人布萊恩．霍奇森就說到，谷地兩間最知名的舍利塔（stupa）——斯瓦揚布（Swayambhu）和滿願塔（Bouddha）——的維修工作「幾乎僅限於西藏人監管，而喇嘛是永久的監護人員。」[19]

在某種意義上，從一千紀期間發生的初期接觸，到十八世紀廓爾喀歷任沙阿（Shah）吞併谷地城邦，尼泊爾在這段時期裡與西藏和中國的關係多半與政治無關，其焦點反而在貿易和宗教。儘管中國出現在尼泊爾統治者的想像中，但這兩個文明的接觸經歷了好幾段間隔時期。然而西藏就在隔壁，有了密宗和貿易分別做為宗教和世俗的連結後，西藏和尼泊爾谷地也越來越難分難捨。尼泊爾本身越來越靠近由噶瑪巴（Karmapa）領導的藏傳佛教噶舉派（Kagyu）；其中又特別貼近和拉薩附近羊八井寺（Yangpachen monastery）有關的夏瑪巴（Shamarpa）。尼泊爾歷史學家拉美許．德杭格爾（Ramesh Dhungel）追溯這種傳統至十五世紀，當時第四世夏瑪巴在斯瓦揚布興建了一間佛寺。[20]傳統上的第八世夏瑪巴，於一六九五年出生於加德滿都東邊的喜馬拉雅山谷赫拉姆布（Helambu）。

尼泊爾商人與西藏僧人之間的關係又讓這種交流更進一步。甚至晚至一九五六年，也就是西藏起義的幾年前，噶舉派領導者——第十六世噶瑪巴——都還在知名內瓦爾族（Newar）商人巴朱拉塔那（Bhajuratna）死前不久造訪他家。「他們一起禮佛並冥想的這陣子〔指這周〕，他人除了送餐進來以外，都不得出現在房內，」一本傳記如此回憶道。[21]這名商人和法師的關係起於一九四七年，當時噶瑪巴想要一只勞力士手錶，而巴朱拉塔那便從卡林邦（Kalimpong）那邊把錶進口到了拉薩。

「尼泊爾和中國以及西藏的關係，在興衰變遷中反映了中亞的重大事件。事實上，尼泊爾標示了中國在擴張頂點時影響力所能抵達的極限，」萊維如此寫道。[22]在萊維仔細搜查中國和西藏資料來源、尋找任何與尼泊爾接觸的線索或紀錄——「如今被中斷，如今再度開啟，如今被拾起來再度更新」——之後，他做出的結論是，這三者之間的關係「從西藏各部族開始步入文明並成為有組織國家的那一天開始」。萊維做出如此結論後，或許就因此成了第一個認識到尼泊爾會求諸北方的歐洲學者。

＊

一直到十八世紀中期，尼泊爾都還是山地諸國的集合。接著，來自廓爾喀這個山地國家的沙阿王「普利特維．納拉揚．沙阿」（Prithvi Narayan Shah），展開了一場野心勃勃的軍事行動。過去僅代表加德滿都、巴克塔普爾（Bhaktapur）、帕丹三個城邦所在之谷地的地名「尼泊爾」，到了十八世紀末，已成為今日所見的現代政治體。儘管一八一四至一八一六年與東印度公司交戰，導致領土遭鯨吞蠶食，但內部的政爭最終還是於一八四〇年代讓江格．巴哈都爾（Jung Bahadur）統治的拉納王朝嶄露頭角。在接下來的一百年裡，除了一個短命政權在行刺中結束之外，江格．巴哈都爾么弟的子孫們個個擔任首相統治了尼泊爾，而沙阿王的王權則徹底遭剝奪。有了英國人當盟友，拉納的權威可說至高無上。然而，一九五〇年，拉納一族在一場人民革命後，把權力讓給了沙阿王特里布萬（Tribhuvan）。這名國王背後有印度獨立後第一任首相賈瓦哈拉爾・尼赫魯（Jawaharlal Nehru）撐腰，同時，一群後來組了尼泊爾大會黨（Nepali Congress）的雜七雜八理想主義革命分子，也發動了一場反抗拉納統治的武裝鬥爭。接著尼赫魯談成了一個協定，讓國王得以重新掌權。

了解印度與尼泊爾關係的關鍵，就在於英國人是怎麼看尼泊爾，也在於英國人怎麼藉由控制尼泊爾的國防外交事務，而在加德滿都宮廷有著紮紮實實的影響力。英國人透過一份一九二三年的條約，首度承認尼泊爾為獨立國家。在那之前，殖民當局對該國的態度，可以用總督寇松侯（Viceroy Lord Curzon）一九〇三年寫給國務卿的信件來概述：「和其他土邦相比，〔英國與尼泊爾的關係〕最近似我們與不丹的連結……應該要認為尼泊爾正歸屬於我們獨有的政治影響力和控制之下。」[23]英國保證讓拉納統治尼泊爾，而拉納一家則為名聲響亮的廓爾喀兵團提供士兵，有超過二十五萬尼泊爾人在兩場世界大戰中戰鬥。該王朝也提供木材和其他自然資源給英屬印度，來累積自身財富。

一九二三年的條約是一九五〇年印度尼泊爾協議的基礎——而尼泊爾至今仍認為該協議不平等。由賈瓦哈拉爾・尼赫魯主政的後殖民印度，想要一種特殊關係，這種關係的基礎是讓三個喜馬拉雅山區鄰國（尼泊爾、不丹和錫金）全部涵蓋在印度的保護傘下。儘管它堅持這三國主權獨立，但這之中還有玄機。尼赫魯在一九五〇年對印度國會的同一場演說中，把喜馬拉雅概述為印度的「壯麗前線」，概述了在他想法中獨立印度與尼泊爾的關係會是如何：「過去我們繼承許多英國統治時期的好東西，也同樣繼承了許多壞東西；而我們與我們鄰國的關係，有時是以一種英國政策式的、英國帝國主義式的膨脹階段而成長……想當然地，也很坦白地說，我們不喜歡，也不打算去喜歡，外國對尼泊爾的任何干涉……所以我們的關係是親密的，沒有其他哪個國家跟尼泊爾的關係可以同等親密，每個其他國家都得要了解並體認到，印度和尼泊爾在地理上、文化上和其他面向的這種親密關係。除非了解這個事實，否則別無出路。」[24]

儘管印度和尼泊爾在宗教、文化和經濟上的關係，無疑就是構築政治關係的支柱，但讓尼泊爾領導者們從一九五〇年開始惱火的，就是這種關係的「特殊」本質。那些曾經統治過尼泊爾的人——儘管其中許多人是因印度支持才掌權——認為印度威脅他們的統治地位，因而鼓勵反印度主義，來鞏固他們在加德滿都的地位。而印度對自身主張——如果尼泊爾想要特殊經濟關係，就必須一併承認特殊政治關係——則是毫不讓步。儘管如此，尼泊爾的君王和政客長久以來都鼓吹反印度主義，把那當做一種有效且受歡迎的對策，以對抗他們感受到的印度干涉國政。雖然德里後來會指控尼泊爾打「中國牌」策略來抗衡印度影響力，但要到二十一世紀的頭幾十年，這張「牌」才產生真正的結果。

如今，當代印度有充分的理由，對於自己在尼泊爾和南亞的影響力及首要地位都輸給中國感到不安。儘管這有一部分是中國對其鄰國有著全新野心的結果，但印度在毛主義者衝突後的過渡期間，對尼泊爾政治事務的微觀管理（以二〇一五年的封鎖為其極致），是尼泊爾領導者指望北方的一個關鍵論點。在這幾十年間，中國在尼泊爾的認知中，一直都是個「比較好的鄰居」；領導者和一般民眾都拿北京對尼泊爾主權的尊重以及它提供的援助和補助計畫，來說明北京為何比較好。但更仔細解讀就會發現，之前北京都要等加德滿都處理了它關心的事情之後，才會很仁慈大方。儘管如此，尼泊爾的這種認知仍然不變，而這種認知的基礎，就是印度多年來操弄尼泊爾政治的行為，加上德里多年來自己培育了一群利用反印度主義鞏固權力的加德滿都菁英。上述這種情況，再加上尼泊爾統治者長久以來都有一種傾向，會把一九五〇年條約指為兩國不平等關係的根源，便讓中國到頭來成了理所當然的別條路——北京長久以來都了解這情況，且如今正從中獲利。

## 二

傳統上，後殖民印度學術圈研究南亞時，都把次大陸的歷史視為被英國征服的印度的歷史，只有在國家安全或政治方面的主題上才把鏡頭轉往其他國家。像這樣的學術圈在無意識間借用了目中無人的帝國觀點；它從一個「印度優先」的視角觀看整個區域，而這種視角多半忽略了那些讓該國在此地區取得文化經濟重要性的細微差別。

本書試圖仔細審視那段「喜馬拉雅和南亞」跟「西藏和中國」來往的鮮為人知的歷史，來矯正這樣的觀點。人們一直透過帝國那種探險念頭，來盲目崇拜喜馬拉雅地帶，但那種念頭並不承認喜馬拉雅境內眾多社會的動力；過去那些社會一直都隨著季節更迭持續互動並相互交易，這樣的模式一路複製到了當今。西藏過去都被當成「香格里拉」來看待，因為宗教靈性而遭到神話化、並為人稱讚頌揚，但也僅止於此。自從一九五一年中國併吞西藏並對外封鎖後，這樣的香格里拉幻想就轉移到了尼泊爾，也就是手頭上最鄰近西藏的複製品。就如人類學家馬克・利希蒂（Mark Liechty）所記錄到的，尼泊爾變成了一個影子西藏，一個挪到了喜馬拉雅方便抵達側的香格里拉。[25]

為了反制這種論述，本書研究兩條平行的敘事。首先，本書研究尼泊爾與中國來往的歷史，尤其是一九五〇年以後的部分。本書接著要觀察的是，中國自從一九五〇年入藏，不再是遠在天邊的皇帝，而變成尼泊爾的隔壁鄰居以後，如何影響尼泊爾的眾生。拉薩當下與北京的關係充滿了來自兩邊的極端看法，但我們若要理解西藏政治地位，很重要的一個部分就是，以一七九二年清國出兵廓爾喀為句點的一連串邊界紛擾，增加了清廷對西藏事務的政治掌控。清代駐紮在西藏的「昂邦」（滿語的駐箚大臣），在西藏的內外政事上都獲得較大發言權（我們會在第四章見到這情況）。然而到了十九世紀中期，清廷受困於太平天國之亂以及鴉片戰爭的後續餘波，完全沒辦法控制拉薩。最能證明清廷此時鞭長莫及的，就是一八五五至一八五六年西藏與首相江格・巴哈都爾領導的尼泊爾交戰時，清廷無力保衛西藏。到了二十世紀初，當清朝滅亡、中華民國正拚命站穩腳跟的時候，西藏趁機奪得了獨立國家的權力。這便是一九五〇年十月中國部隊入藏前的當地情勢。一九五一年簽訂的十七條協議，確認了中國對西藏有統治權，但流亡藏人主張，中國共產黨自己在頭十年裡就違反了條文。

我在此想提出的論點是，在進入前現代時期之前，尼泊爾和北方的連結，都源自尼泊爾與西藏在政治、經濟和宗教方面的連結。地理的現實讓西藏繼續擔任尼泊爾通往中國的主要窗口。得要到一九五〇年以後，中國才成為緊貼尼泊爾隔壁的鄰居。因此，舉凡論及一九五〇年以後的西藏，都會遵循如同今日這般的現狀。

本書便是以此為背景開始的。

## 十

本書也試圖釐清中國過往至今持續形塑尼泊爾眾生的眾多方式。這不是要拿來跟對印度關係比較，而是要探究尼泊爾這國家和一般尼泊爾民眾是怎麼看待北方的。儘管經濟和社會宗教連結在現代尚未到來前驅動著各種關係，但從現代開始，卻是政治在驅動關係。我打算做的是，觀察歷史形塑當下的多種並行方式，還有各國改變普通人民的日常生活、動機和欲望的方式。

藉此，本書試圖收復迄今僅從全球強權的有利觀點來描述的全球南方史。在南亞尤其能感受到這一點；在這裡，大部分關於中國的書籍（又尤其是由印度作者所寫的書籍）都因為一九六二年戰爭而強調印中關係的安全面向。[26]儘管應針對中國與我們這一帶相連結的眾多方式進行更客觀的分析，但上述那種廣受歡迎的國家安全導向論述，卻對這種分析造成損害。而且，雖然因為印度在今日尼泊爾對中國看法上起的作用，以至於要擺脫尼泊爾觀點中的那種「兩塊巨石中間的甘薯」論調其實並不容易，但我想擺脫歷史的民族主義敘述，去揭露一種人民的視角，而這種視角所揭露的過去就跟揭露的現狀一樣多。

同時，我並不打算包山包海詳述尼中關係的一切；完全沒這打算。中國的援助計畫和援助史會比較簡略處理，因為驅使我進行相關書寫的論點，是「援助總與外交政策目標保持一致」。我也不會詳述中國在經濟上的投入（其中以基礎建設投資和一帶一路倡議的結構體制最為重要），反而會藉由精選的案例研究，來專注於更大的格局，好了解這樣的投入是怎麼形塑了尼泊爾對中國的看法。

我也將透過尼泊爾的觀點，試圖辨識出當代的英語世界對中國的描述有什麼微妙差異之處。全球強權的角力沒留多少空間給尼泊爾這種小國家，它們常常基於臨時成立的目標來跟這種小國往來，而當小國不再符合強權利益時，雙方的關係就會切斷。就以美國和西藏的關係為例。美國先是支持藏人抵抗中華人民共和國併吞，冷戰期間甚至以對抗共產黨為掩飾，去資助一個武裝反抗團體，而到了一九七〇年代與中國關係正常化以後，就順手撤出了。但當國際強權形塑當地領袖及社會的觀感時，在國際關係上的目光短淺其實往往對強權的長期利益有害。

在這裡也想想以下這件事：從一九五〇年的尼泊爾革命以來，印度一直是尼泊爾每一次重大民主變革的關鍵中心。然而，它卻沒能從任何一次變遷中得利，其中二〇〇六年的革命，還製造出讓印度在尼泊爾境內影響力弱化的條件。印度責怪尼泊爾領袖忘恩負義，迴避自己失策犯錯的責任。但只要德里仍然只從國家安全的觀點看尼泊爾，並持續培養只求自保的加德滿都菁英，那麼，它就會在該國繼續失去立足點。

此外，動筆寫作本書時，我更嘗試遠離過度簡單化的二元對立觀點，最主要就是當代由美國領頭的、認為中國「邪惡」的西方觀點。在這方面，那些居住在尼泊爾境內的喜馬拉雅山區、說藏語、和藏人有親屬及其他關係、承認中國正在各處迫使西藏文化與人民臣服、相信達賴喇嘛但又以自己的一套方式與現代中國來往（也因為沒什麼其他方式好選）的藏族居民，是我學習討教的對象。我沒有要為中國在西藏（以及更後來在新疆）的人權惡行開脫，也沒有要替中國與外國政府交涉時的缺乏透明度辯護。事實上，中國看待西藏和西藏人民的方式，或許在西藏本身之外，就是在尼泊爾最能被了解。儘管國際間的人權義務還能迫使加德滿都必須承諾給予一定程度的保障，但加德滿都與北京在流亡藏人的議題上，已經進入了一種交換條件的關係。尼泊爾為了回報日漸增加的援助以及國家安全保障，鎮壓了所有流亡藏人的政治表達和抗議活動，也打壓了他們的文化表現形式。今日，該國的流亡藏人就算還有建立身分認同的手段，也已所剩無幾。尼泊爾的大眾說法不去談他們——這又是一個中國在尼泊爾的「成功故事」。然而，就跟過往一樣，當代雙邊互動是透過西藏的地理所形塑的。

但也要跳脫西藏觀點來了解中國。為什麼對尼泊爾這類發展中國家的政治菁英來說，北京到頭來成了比較吸引人的選擇？為什麼即便中國破壞了西方自由民主秩序，那一類國家仍願意和該國打交道？在這裡，北京尊重各國主權的論調帶給其他國家一個重要的教訓，其中格外重要的是，它對於施加於全球南方諸國內政的外國影響力非常敏感。國際的自由秩序被民粹主義所削弱，同時，身為上述國際秩序象徵的美國，它那種越來越單邊主義且孤立主義的對外展望，又弱化了像聯合國這樣的多國機構。相比之下，北京態度曖昧、願意和非民主制度打交道，又自稱不干涉內政，都使它在全球南方政治菁英的眼中，就跟它承諾的經濟轉型一樣吸引人。

## 二

本書當初分兩階段撰寫，分別於二〇一九年中和二〇二〇年初至年中，在德里和加德滿都完成。我於二〇一八的後半年前往尼泊爾西部的利米（Limi）河谷，並於二〇一九的前半年前往木斯塘（Mustang）和拉蘇瓦（Rasuwa）。那段期間，我與加德滿都及博卡拉（Pokhara）的人們相談，這兩地都不只是當代分析的現場，也都是歷史紀錄的所在。新冠肺炎疫情打斷了我的旅程，我因此無法造訪加德滿都東邊的樟木[27]──科達里口岸，那是當今中尼兩國交流的一個重要現場。（許多西藏名稱已被中國加以中文化──舉例來說，樟木在藏語中稱達姆〔Dram〕；在本書中，我會維持中文名稱，但只要有辦法的話，也會提供藏語原名以及尼泊爾變體。）我也無法前往中國（除了短暫停留吉隆[28]時踏在中國土地上），且因不熟悉藏語和漢語，而得依靠英語、尼泊爾語和印地語（譯註：印度官方語言）的資料來源。文中所有引用的中文與西藏文資料來源都是譯文。（譯註：可尋得中文原文的部分皆已還原。）然而，因為本書意圖成為尼泊爾的中國觀──而不是中國的尼泊爾觀──我希望這些資料來源已能涵蓋充足的範圍。

身為一名獨立研究寫作者，中情局解密檔案、《中國新聞分析》（China News Analysis）檔案、威爾遜中心（Wilson Center）數位檔案、維基解密（Wikileaks）檔案（又尤其是二〇〇六以後的這段時期），以及尼赫魯紀念博物館與圖書館（Nehru Memorial Museum and Library）和賈瓦哈拉爾．尼赫魯紀念基金（Jawaharlal Nehru Memorial Fund）的尼赫魯書信選集數位本等線上資源，在我的初步研究中都十分重要。我在德里的尼赫魯紀念博物館與圖書館，以及加德滿都的馬丁．喬塔里圖書館（Martin Chautari Library）度過不少時日，直到疫情讓我無法再造訪。但幾個線上資源——數位喜馬拉雅（Digital Himalaya）資料集、喜馬拉雅地區研究群眾協會（People's Association for Himalayan Area Research）的資料庫、Academia.edu 以及類似的線上期刊網站——都幫助我創造出一種歷史敘事，將有望為這主題帶來新觀點。

書中人物是否揭露真名，我遵照個別人士的要求。有幾個旅途中見到的人我沒留資料；我寫的一些軼聞趣事（就跟大部分的軼聞趣事一樣）是喝茶或者晚上喝酒時打聽來的。也因此，我已盡自己所能，試著獨立證實這些說法。身為一個不附屬於機構的寫作者，在邊界這類敏感區域內，困難的問題很少獲得答案，但因為這本書並不那麼關乎邊界以及邊界運作機制，而更是關於活在尼泊爾這一側的人們，所以我刻意不碰觸這種關係中（在任何情況下都不透明）的國家安全面向。就連在加德滿都，針對國家安全關係的提問，也會引出模糊或者政治正確的答案。也因此，這需要更加熟悉該主題的研究者更深入分析。

十

二〇一九年十月，正當中國國家主席習近平離開印度馬哈巴利普拉姆（Mahabalipuram）準備返國，並即將在途中造訪加德滿都之前，一篇由他署名發表的文章，在尼泊爾各報上刊了出來。習近平愛引用典故是眾所皆知的事；二〇一五年，隸屬中國官方的人民日報出版社還出了一本《習近平用典》[29]。在文章中，習近平概述了尼中關係的四大推進方向，但值得注意的是他回憶起兩國古代的文化接觸。「中國高僧法顯、尼泊爾高僧佛馱跋陀羅互訪對方國家，合作翻譯了流傳至今的佛教經典。」[30]習近平接著又回憶起尺尊公主和工藝家阿尼哥，兩國歷史連繫的兩位象徵人物。

不可小看這樣的古代關係；它們從許多方面塑造了現代的關係，尤其是因為，它們提供了出於歷史的延續。這些關係也讓各國能以不限於政治的諸多領域為基礎，建立起相互關係。打從當代尼中關係剛建立時，佛教即便不論其政治層面，也仍處於兩國諸多關係的核心地位，而從現有狀況來看，它也將持續塑造未來。兩國打從一開始建立關係時，就強調了文化和民間的互動交流。舉例來說，一九五六年十一月，一個中國代表團參加了加德滿都的第四屆世界佛教徒聯誼會大會（Conference of the World Fellowship of Buddhists）。一九五九年七月則有一個尼泊爾代表團回訪中國。儘管中華人民共和國與尼泊爾的雙邊關係才剛開始，中國佛教協會的主席就告訴代表團，「兩千五百年前佛陀是在尼泊爾誕生，中國過去是從尼泊爾那迎來了僧人和藝匠。」[31]

六名尼泊爾代表團成員中，有一名是尼泊爾作家兼文化史學家薩蒂亞．莫漢．喬希（Satya Mohan Joshi）。喬希從中國返回後，寫了一篇文章叫〈尼泊爾藝術家阿尼哥及其作品〉（Nepali artist Arniko and his works），該文章為他打響了阿尼哥研究學者的名號，並讓這位十三世紀的雕刻家重新成為尼中關係的焦點。[32]有天早上，我在帕丹短暫拜會了將在二〇一九年五月滿百歲的喬希；當時的他以那把年紀來說，算是生龍活虎。他的起居間擺滿了讚揚他的牌匾和紀念品；書本散落各處，而在其中一個書架上，有一尊顯眼的阿尼哥胸像。在我來到的幾個月前，中國駐尼泊爾大使侯艷琪拜訪了喬希。「侯大使表示……兩國年輕人應該以其為榜樣，致力於中尼友好事業，讓中尼友誼代代相傳。」中國大使館的官方發言寫道。[33]

從僧人與唐朝將軍到現代學者，過往持續照亮著現在。兩國都了解到，這些過往的文化連繫，將會是二十一世紀新興關係的關鍵。在現代時期，這種關係是在地緣政治的陰影下（西藏、中國文化大革命、一九六二年之後的印中對立以及冷戰）形成的。但若要了解權力高層之外的尼中關係，我們首先必須回到歷史來看。

——加德滿都，二〇二一年一月

# 第一部
# 邊界地帶

「妻啊，我不會在西藏待太久。我只待一兩年就回來。」
「別去西藏，我的丈夫啊！我看不出有什麼好！」
「妻啊，別說什麼要攔著我！讓我先看看，能不能在西藏找到活！」

——內瓦爾民謠

「但只要有了公路，就難保善良了。」

——馬建，《非法流浪》

# 1 絲路上的商人

一九五二年，一名宗教態度極端的印度部長巴拉克利什那．維許瓦那．喀斯卡（Balakrishna Vishwanath Keskar），認定印地語電影歌曲是「墮落的」，因而禁止全印廣播電台（All India Radio）播放這類歌曲。他反倒說，印度年輕人需要聽高雅的古典音樂。[1]這道禁令給了錫蘭廣播電台（Radio Ceylon）新開張的印地語服務一個大好機會，進而開播了大受歡迎的印地語電影歌曲排行榜「比那卡．吉特馬拉」（Binaca Geetmala），由傳奇主持人阿敏．沙亞尼（Ameen Sayani）所主持。

喀斯卡完全不曉得，他那狹隘的鑑賞力，會為遠在拉薩的帕拉格亞．拉特那．土拉德哈（Pragya Ratna Tuladhar）創造一輩子的回憶；對此人來說，周三晚上就是要跟別人圍著一台經典飛利浦收音機擠在一起，聆聽沙亞尼無與倫比的男中音，並和其他內瓦爾人打賭哪首歌會在該周排行榜登頂。當時是一九五六年，乳臭未乾的十四歲男孩帕拉格亞．拉特那才剛抵達拉薩。如今七十八歲的帕拉格亞．拉特那講起自己在絲路上當內瓦爾商人的日子時，還模仿起沙亞尼的口氣說，「Aaj ka pratham paigaam」（今天第一則來信）。「當時沒有電力，所以要用跟今天汽車電瓶一樣大的電池來發動收音機。」在他們的kothi（或稱商行）外面，拉薩的冷風呼嘯著。「我們晚上六點關店。有時候我們會在八廓（靠近拉薩市中心的一塊街區，大部分的內瓦爾店鋪都集中在那）附近繞一繞。但星期三晚上要留給『比那卡．吉特馬拉』，」他回憶道。過沒多久，當我們稍事休息並在起居室裡喝點茶時，他拿出一台像老電晶體的MP3播放器。這個裝置裡有超過五千首印地語電影歌，以及「比那卡．吉特馬拉」的錄音檔。土拉德哈放起其中一集，看著我說，「我以前在拉薩會聽這首歌。」

土拉德哈在一整群去拉薩做過生意的兄弟、堂表兄弟和親戚身邊長大。他的幾個堂表兄弟在拉薩八廓街某個廣場的角落營運廓拉斯亞（Ghorasyar）貿易站，從紡織品到派克筆，什麼生意都做。一九五六年，他終於也和某個堂表兄弟一起去了拉薩。「有人跟我說去拉薩是一場大冒險，也不知道回不回得來，」他這麼跟我說。儘管年紀輕輕，他卻十分精明；而且，儘管有時他得花一陣子來撿拾記憶，但很清楚的事情是，在拉薩的時光是帕拉格亞．拉特那的成形階段，塑造了他的世界觀。在一張此時還貼在社群媒體群組的粗顆粒老照片裡，他站在八廓某處的屋頂上，穿著雙排鈕扣山羊絨西裝，寬筒褲在風中飄動。我費了一番工夫，才看出眼前這個自信滿滿的男人，與照片中那個雙手插口袋、眼神充滿好奇的害羞男孩有些神似。

## 二

長久以來，加德滿都的內瓦爾人都實行著一種混合了藏傳佛教諸多面向、密宗以及婆羅門印度教的獨一無二融合式文化。尼泊爾谷地——涵蓋了加德滿都、巴克塔普爾和帕丹三個城邦，最晚到二十世紀中都還叫這名字（譯註：現稱加德滿都谷地）——是一個複雜的社會，受皇家恩庇的婆羅門印度教在此與藏傳佛教共存；而當地與青藏高原透過貿易持續擴大交流，又使藏傳佛教日漸累積動能，[2]其中貢獻特別大的是「烏賴」（Urāy），也就是內瓦爾佛教商人種姓階級。

在烏賴這個高級種姓團體內，還有多個源自工藝和商業類別的次級種姓分類。因此許多姓氏都有相關的詞源，好比說塔木拉卡（Tamrakar，「銅工」）、康薩卡（Kansakar，「金屬工」）以及土拉德哈（「磅秤工」），而最後這個便是跨喜馬拉雅貿易中最具主宰力的次級種姓。這基本上是一種以家庭為基礎的做法，所有家庭成員、堂表兄弟姊妹和親戚全都納入單一商行，而帕拉格亞．拉特那後來就是這樣加入了某個親戚的商行。

宗教或許構成了西藏與尼泊爾社會政治關係的核心，但貿易才是文化交流的支柱。既然在印度教的種姓限制下，與外人社交遭到禁止，那麼，最敢橫跨喜馬拉雅冒險犯難的商人自然而然信了佛教，也就沒什麼好意外了。此外，沿著尼泊爾—西藏邊界看去，幾乎每個地理上可行貿易的地方，都在進行跨越喜馬拉雅的貿易。在尼泊爾東部，阿潤（Arun）河谷、塔摩爾戈西河（Tamur Koshi river）河谷的歐郎昌（Olangchung）村，還有南崎巴札（Namche Bazaar），都成了貿易中心。西邊，塔卡寇拉（Thak Khola）谷地中的土庫奇（Tukuche）村讓來自巴格隆（Baglung）和博卡拉的商人經由木斯塘區域連接上西藏市場，還可一路通往遙遠西邊的穆古（Mugu）、胡姆拉（Humla）和達楚拉（Darchula）。而在其中央，克隆（Kerung）和聶拉木通拉（Kuti）[3]山口讓加德滿都這類城市中心連接到了西藏。這種貿易大部分都是從印度平原將原料運進西藏市場，或者反之而行。「喀什米爾商人把他們的貨物經拉達克（Ladakh）帶到聶拉木通拉山口，好從那裡獲得羊毛」，然後貨物從那上頭再經尼泊爾送往中國、西藏甚至帕特納（Patna）。[4]加德滿都可以算是一種陸上的轉口港，來自次大陸各處的商人帶著他們的貨物前來，其中有一群被形容為「貿易朝聖者」的流浪苦行者「果桑人」（Gosains），還有喀什米爾的穆斯林商人。[5]

尼泊爾自己沒生產什麼能賣的東西。然而，內瓦爾商人靠著控制克隆和聶拉木通拉這兩個主要山口，也因為十七世紀簽了一份條約，獲得接觸西藏市場的權利以及替西藏鑄幣來交換沙金和純銀的專屬權，進而成為這個跨喜馬拉雅商業網的一支領頭勢力。他們就算在西藏也只受尼泊爾法律管轄，而且在當地不用繳稅，所有的關稅都付給總管拉薩三十二間內瓦爾貿易站的塔卡利（thakali），他會自己扣下六分之一的收益，並把其他轉交給尼泊爾政府。稱作「那悠」（nayo）或者「瓦奇爾」（vakil）的尼泊爾居民，除了會代表尼泊爾方在拉薩的利益，也會擔任商人紛爭的裁決者（並收取罰金）。當商人回國時，一個人要付尼泊爾政府三派沙（paisa）的錢。所有從西藏帶入尼泊爾的物品都要索取關稅，反之亦然。[6]

在缺乏道路的高原上，步行或騎馬騎騾的綿延商隊，從印度帶著「棉製品……羊毛製品、五金、珊瑚、寶石、菸草、乾果、砂糖、糖蜜和五花八門的家用品，好比說火柴、針線和肥皂」前來，然後帶著「獸皮、麝香和錢」，還有中國的絲綢和茶、唐卡以及沙金回去。[7]路途十分艱辛，高海拔條件惡劣，又有土匪頻繁襲擊。「人們以為拉薩商人帶著大量黃金回來，但實情根本不是那樣，」帕拉格亞．拉特那說。「我就知道有些人死在路上。帕里〔Phari，位於西藏〕有將近一萬四千英尺高〔譯註：實際海拔為4370公尺〕。吐瓦〔thewa，商隊領頭〕會硬逼我們遵守時間表——我們得要在某個時間抵達或者離開某個地方，不然的話風勢就會增強起來，然後我們就會困在那。」

十八世紀耶穌會的教士兼旅行家伊波利多．德西德利（Ippolito Desideri）寫道，從拉薩到加德滿都的路，沿途會經過日喀則和薩迦這兩個西藏城鎮。他的旅團經江孜而行，穿越了喜馬拉雅山脈中的馬哈蘭古爾（Mahalangur）山脈，而聖母峰（西方稱埃佛勒斯峰〔Everest〕，尼泊爾稱薩加瑪塔峰〔Sagarmatha〕，西藏與中國稱珠穆朗瑪峰〔Chomolungma、Qomolongma〕）也包含在這山脈中。「上坡途中每個人都頭痛欲裂、胸口壓迫且呼吸困難，而且常因發燒而苦不堪言，像我就是……許多人都在嚼烤過的米、丁香、肉桂，還有在這裡被稱作Sopari和Areca的檳榔果〔來緩解高山症〕。」[8]另一份紀錄則講述了商人會為了同樣的病痛而服用大蒜和青蔥。德西德利花了三十三天才從拉薩抵達聶拉木通拉，跟商隊完成這趟旅程的時間幾乎一樣長。

連通加德滿都和聶拉木通拉的這條路號稱「全喜馬拉雅山脈最危險的一條路」[9]，但儘管如此，商人還是偏好這條路，勝過從克隆山口通到加德滿都西邊的那條，畢竟那條路通常要多走兩天。一九三三年，有一名商人花了十天從加德滿都走到聶拉木通拉：「那條路周而復始地爬上陡峭高處又爬下恐怖溪流或巨石遍布的乾河床。」[10]有個地方，人要用一條繩橋跨過「怒吼的急流」。商人有時會坐在籃子裡給人拉過山間河流，不過這種嚇死人的交通工具後來越來越常用於運貨而不是載人。就如德西德利所描述的，之後除了「只有一腳寬的」木條板，以及「搖晃起來極其令人不安」的木橋之外，也會有鎖鏈橋。就如尼泊爾巴薩語（Nepal bhasa，也就是內瓦爾語）小說家奇塔德哈·赫里達亞（Chittadhar Hridaya）所寫過的，偶爾就有人掉進下方的怒水或深谷中。「應該就是因為這理由，所以人們會說那些人死無葬身之地。」[11]

然而，有兩個重大變化——一個是基礎設施方面，一個是殖民地方面——轉變了跨喜馬拉雅貿易的本質，而加德滿都河谷的這種陸上轉口港地位，也漸漸蕭條。第一個重大變化，是英國人把鐵路引入了印度。隨著鐵路於十九世紀末抵達尼印邊界，尼泊爾境內的交通運輸也開始見證劇變。歷史學家帕西瓦爾・蘭登（Perceval Landon）於一九二八年寫道，「對於一個尼泊爾人來說，不論他是要去印度邊界上的哪個火車站……然後從那接上印度鐵路系統進行向西或向東的短程旅行……不管距離多長，就算目的地就只在自己國內，如今都比較簡單快速，而且還可以再加上一點，那就是更便宜了。」[12]

造成變革的另一件事是帝國的一次踰矩行徑，歷史學家認為應該稱作「英國入侵西藏」。[13] 英國在殖民方面對俄羅斯在西藏進行的地緣政治操作感到焦慮，加上先前花了超過一個世紀的工夫來開通西藏貿易，以及拉薩這地方身為殖民探險者「聖杯」的地位，都促使榮赫鵬上校（Colonel Francis Younghusband）於一九〇三年率領一支軍事遠征隊進入西藏。被打敗的藏人被迫接受一項協議，協議中說除非英國同意，否則拉薩不可和任何外國強權打交道，並以七十五年的期限支付一筆五十萬英鎊的「賠款」，「在徹底付清賠款之前，英國都得以佔領春丕河谷」。[14] 但更重要的是，在先前的亞東之外，英國又在江孜和噶大克開了貿易站。公元一八九二年時，從拉薩到帕里的路開通了；英屬印度和錫金先前簽定的協議，讓英國得以在這個位於喜馬拉雅的受保護國內興建道路。這條連通了加爾各答和拉薩，且完全避開加德滿都的新路線，開始讓拉薩的內瓦爾商人憂心，而於一八九二年向尼泊爾政府訴願：「在西藏眾多寺院供應了十萬印度盧比總額的三分之二的情況下，一條前所未有的新道路從帕里開始蓋起。派了〔代理〕人的藏人，開始定期在加爾各答買賣貨物。大人，如果持續這樣，尼泊爾商業就注定要停擺，而您的收益也將減少。」[15]

儘管有這樣的請願，加爾各答—拉薩路線的利益還是顯而易見，所以內瓦爾商人現在開始從加德滿都向南行，跨越邊界來到拉克奧爾（Raxaul），從那搭火車並「在離開加德滿都五天後」

抵達加爾各答。[16]交易至西藏的眾多貨物長久以來都源自加爾各答，而且從這把貨運到卡林邦、大吉嶺（Darjeeling）和西里古里（Siliguri）都比較方便，而這群商人中有些最後就定居到那。這些商人經甘托克（Gangtok）穿過乃堆拉（Nathu La）或則里拉（Jelep La）的山口進入西藏，先是來到亞東、帕里——今日分別稱為Dromo（錯模）與Pagri——最終抵達拉薩。

二

「我們有大約十四、十五個人坐在卡車後頭、坐在整捆的衣服上面，」帕拉格亞．拉特那如此回憶道。「我們花了九天從帕里搭到拉薩。」

到了一九五六年帕拉格亞．拉特那離開那時，中國已經鋪好了從帕里到拉薩的礫石路，大幅減少了旅行時間。土拉德哈從加德滿都搭飛機到尼泊爾平原上的喜馬拉（Simara，「機票花了我三十六尼泊爾盧比」），然後從阿木雷克岡吉（Amlekhgunj）搭尼泊爾國營鐵路穿過邊界到拉克奧爾，隨即坐吉普車到卡林邦；來自加爾各答的所有東西，都會在那裡收集起來、打包後裝上往帕里的騾運隊。

拉薩的生活似乎遵循著一種標準程序。他記得大約有三、四十個內瓦爾商行。早上七點店會開門，中間午休，然後天黑關門。帕拉格亞．拉特那學了基本的西藏語，讓他能與店裡的顧客溝通，但除此之外他幾乎不跟他們往來。他有空會讀某個堂表兄弟帶來西藏的印地文小說。「他帶了戴瓦基．南丹．卡特里（Devaki Nandan Khatri）的《昌德拉康塔》（*Chandrakanta*）過來——六冊全帶來了。但我沒辦法讀那麼長的小說，所以我就從比較短的開始。」他想起那些書裡其中一本的標題——「我們怎會走到這一步？」（Hum Aise Kaise Baney?）——但我查不出是什麼書。此外，他們會去野餐。晚上是留給麻將，商人們常常一打就是通宵。

一九五一年中國共產黨和西藏政府簽定了《十七條協議》，此時的西藏因此已由中華人民共和國統治。帕拉格亞．拉特那還記得，當時沒看到中國平民。「他們全都穿軍裝。」在拉薩，藏人和中國人的關係沒到最糟情況，只不過衝突早已在康區爆發，而一些康巴（Khampa，譯註：康區的居民）已經開始湧入首都。帕拉格亞．拉特那記得，中國士兵獨鍾手錶。「當時威斯針（West End）和羅馬（Roamer）這兩家出的手錶最棒。我賣了好幾支給中國人，但我沒看到有誰戴起來，」他咯咯笑著。「我不知道他們拿去幹麼了。」士兵們也來要「五一」——派克51鋼筆，號稱「世上最受人喜愛的筆」。[17]一名學者注意到，中國官員和軍人就職於西藏後，奢侈品的需求就開始飆升，當拉薩賣的遠比北京便宜時更是如此。「這就讓……〔商〕人們賺到前所未有的利益。」[18]

在帕拉格亞．拉特那的回想中，中國人並沒有找內瓦爾商人麻煩。他們反而獲邀參與中國慶典活動。「中國人邀請所有商人去中華人民共和國一九五七年國慶。他們辦了閱兵儀式；左右左那樣走。當他們看到我們尼泊爾人時，他們開始鼓掌。有個將軍發表了演說，因為是中國話所以我聽不懂。」內瓦爾商人也參與了拉薩的公共工程計畫。「拉薩河會定期沖破河堤，讓城市淹水。中國人問我們內瓦爾人有沒有辦法也幫他們蓋一座堤防。我們關了兩天店，去跟藏人、中國人一起幹活。他們看我用起鏟子或者抬起多可（doko，譯註：漏斗形狀的肩背竹籃，另見第六章註釋36）就樂不可支。」

帕拉格亞．拉特那所追憶的當年拉薩生活樣貌，證實了歷史學家的一種主張，就是到一九五九年為止，藏人和中國人都還處在一種不安穩的共存狀態。因為語言屏障，內瓦爾商人鮮少與外人交流；儘管帕拉格亞．拉特那有聽說這兩個群體發生過衝突，但那不影響買賣。前面引用的一八九二年請願內容，另外還解釋了人們是如何同時以現金和信用來做買賣，此外，最常去那些店的其實是女人。「大人啊，在拉薩那兒，不是男人來買貨。我們得跟女人們打交道。即使我們和卡吉（kājī，譯註：貴族）做生意，但來光顧我們店，並按照他們要的數量把貨帶走的，是他們的太太。這是這邊由來已久的傳統。」[19]

但也有商務以外的方式，在塑造著內瓦爾人和藏人的交流。

二

到拉薩的內瓦爾商人多半就像帕拉格亞．拉特那那樣：年輕，通常都已婚（帕拉格亞．拉特那十二歲時娶了一個八歲女孩；內瓦爾人的童婚甚至到二十世紀中都還很普遍），而且把拉薩視為貿易外派點，而不是讓人落地生根的地方。不少歷史評論都提到，內瓦爾商人和當地藏人的關係接近相敬如賓，但常常發生小爭執，十九世紀末有一陣子幾乎快導致尼泊爾和西藏開戰。

這段關係中的一條關鍵導火線，是內瓦爾商人以及其半西藏後代，也就是後來被人們帶貶意地稱作「卡恰拉」（khachara，源自尼泊爾文的騾）的那群人，所享有的治外法權。拉納首相江格．巴哈都爾於一八五五至一八五六年對西藏發動的那場據信有懲罰性質的戰爭，以及後續的藏尼條約（Treaty of Thapathali），都凸顯了這些權利。兩國之間的信用關係是源於十七世紀馬拉王朝簽的條約，三十二間常駐貿易站根據該條約而在拉薩成立，西藏不得對這些商人買賣的貨物徵取任何關稅。最重要的是，根據條約條文，尼泊爾將為西藏鑄造硬幣直到二十世紀，直到後者自行印發紙鈔為止。

鑄造這種以馬拉王朝一位國王馬亨達馬利（Mahindramalli）命名的硬幣，獲利可說非常豐碩，達到總交易量的百分之十二，「百分之四來自沙金，而百分之八，出自莫賀爾〔mohur，譯註：波斯、印度、尼泊爾等地鑄造的金幣都曾叫這個名字〕的合金。」[20]很快地，替西藏鑄幣的就不只加德滿都的城邦；「一般區分硬幣的方法是，〔巴克塔普爾的話是〕貝殼、帕坦就是三叉戟，加德滿都就是劍。」[21]正當西藏送出沙金和銀塊來支付硬幣的同時，在與廓爾喀進行眾多內戰的財政壓力下，馬拉王朝諸王開始降低貨幣成色。這種貶值了的硬幣在西藏越來越流通。

到了一七六八年，隨著廓爾喀的領土擴張始終不停歇，尼泊爾河谷的三個城邦也就不再獨立。貿易因此吃了不少苦頭；舉例來說，一名果桑商人就選擇從拉薩經不丹回孟加拉，而不是走尼泊爾河谷；同時，班禪喇嘛寫信給廓爾喀王普利特維．納拉揚．沙阿，表示「現在每個人都害怕進入你的國家，而它將會變得貧窮而荒涼。」[22]廓爾喀人接管尼泊爾河谷城邦後，要求在西藏流通他們的硬幣。儘管貨幣成色沒有變差，但拉薩仍拒絕接受新鑄造的硬幣，並表示，加德滿都的新統治者若要流通新硬幣，就要先「把所有正在流通的尼泊爾錢幣收回去」。[23]這種針對「成色變差的貨幣之使用及其匯率」的摩擦，成了廓爾喀人在普利特維．納拉揚．沙阿於一七七五年死去後仍對西藏抱持敵意的一個主要理由。這最終導致戰爭於一七八八年爆發，迫使西藏向尼泊爾納貢。

由江格．巴哈都爾於一八五五至一八五六年發動，據稱是要抗議尼泊爾商人和赴中外交使節團遭到不當對待的第二場戰爭，導致雙方簽訂了另一份條約。西藏現在一年得要付給尼泊爾一萬尼泊爾盧比，且尼泊爾公民將保留他們在西藏的治外法權。最重要的是，尼泊爾和西藏相互承諾，若遭外國侵略時會彼此援助，但真正事發時尼泊爾卻選擇不救，而這就讓西藏統治階級對加德滿都的觀感變得更糟。一九二〇年代居住於西藏的英國人查爾斯・貝爾（Charles Bell）觀察到，藏人的普遍看法是「一八八八年英軍遠征春丕河谷時，〔尼泊爾人〕沒幫我們，一九〇四年英軍攻打拉薩時也沒有；我們近年與中國競爭時〔一九〇八年左右，清廷重新主張對西藏擁有主權〕，他們也不幫我們。」[24]

貝爾認為，待在西藏的尼泊爾人和當地居民之間的關係如同「鄰居但不同國」。他舉了尼泊爾人因享有特權而一向公然無視的當地禁獵法為例，而在此之外，也還有其他藐視西藏法律和習俗的例子：儘管拉薩街上不得抽菸，尼泊爾人卻公然抽菸，而「我的使節團裡不管誰都是想也不敢想」；還有一個人對達賴喇嘛不敬；然後最後這個就不必再說，尼泊爾人沒有前來助一臂之力。有次貝爾替他的西藏朋友舉辦了一場比賽，比賽中一名裁判跟一個尼泊爾商人說：「你騙了一堆人，把一堆便宜東西賣得太貴」，而貝爾認為這種情緒「似乎反映了藏人對國內為數眾多的尼泊爾商人的看法」。[25]

反內瓦爾商人暴動有留下幾個分散於各地的紀錄；一八五四年、一八六二年和一八七一年都記錄了零星事件。然而，一八八四年的情況變得更糟。該年四月，在某內瓦爾商人和兩名藏族女性起了糾紛之後，拉薩由內瓦爾人擁有的八十四間店全部遭到洗劫，損失達到833,709尼泊爾盧比。一名叫哈薩帕提・烏達沙（Harsapati Udasa）的商人寫信給尼泊爾政府表示，「從大約日落後一兩嘎迪〔ghadi，譯註：一嘎迪約二十四分鐘〕開始，這些博提亞〔Bhotyā，藏人〕一整夜從頭到腳洗劫了貿易站，東西〔全〕拿走了；離日出還有幾嘎迪時，他們點火燒起剩下的貨物和帳本，讓它們成了廢棄物。他們離開之後，他們縱火產生的煙〔甚至還〕嚴重影響了貿易站以及躲在一樓以上的人們。他們甚至連一壺滅火的水都找不到，而且，儘管他們請鄰居幫忙給水，但因為害怕那些粗暴的博提亞，沒有一個人送一滴水過來。」[26]

加德滿都火冒三丈並準備開戰；要等到西藏同意分七年支付942,098尼泊爾盧比、承諾處罰洗劫者，並盡可能為合法持有者復原被奪走的財產，才免去一場戰爭。[27]一九二九年有記錄下另一場類似事件；一名待在西藏的尼泊爾商人焦博（Gyalpo）被控交易香菸等非法貨品並偽造硬幣。當焦博逃往尼泊爾公使館求取庇護，兩國外交就徹底緊繃起來，且有超過一千名西藏軍警突擊攻佔了該處。[28]

儘管內瓦爾商人在西藏做生意、穿西藏衣服、說當地語言，跟當地人拜一樣的廟也過同樣的節慶，甚至與藏族女人有了關係，但他們鮮少融入西藏社會。商人們自行組織為七個不同的古息（guthi），這是一種非正式的社會階層；「內瓦爾人喜歡待在他們自己的小圈圈裡，」一本傳記如此承認道。[29]內瓦爾人在西藏一待就是很多年；「我認識一些人待了八、九年，」帕拉格亞．拉特那說。大部分人至少待上三年。

把妻子留在加德滿都的商人們，常常會和藏族女人產生關係。內瓦爾女人沒什麼選擇；有個嫁給商人的女人傳述了一首當時常對小孩們唱的歌：「拉薩來的珊瑚／把一場爭吵帶回家／男人無視爭吵／抱著他的小老婆。」[30]從那種關係中誕生的女兒被認為是西藏公民，但兒子卻被認為是尼泊爾公民，獲得跟父親一樣的治外法權。

兒子們常在父親的買賣中擔任當地代表。「尼泊爾商人長期不在西藏時，都靠半西藏的後代來幫他們在西藏商場上持續露面。儘管尼泊爾人可能鄙視這些混血婚姻之子，但他們仍十分仰賴『卡恰拉』守護尼泊爾豐碩商業利益的功能，來小心翼翼地捍衛自己在西藏的合法地位。」[31]在擠滿了遠從喀什米爾和中亞而來的商人的拉薩，這些人也成為最「優勢的外國代表」[32]之一。

儘管可取得的數字很少，但一九六一年的一次調查，描述了他們在尼泊爾貿易中的優勢地位。一九六一年，尼泊爾人開的七十四間公司裡，「（有三十四間）公司由純尼泊爾人擁有」，而另外四十間則是由西藏出生的尼泊爾人擁有。然而財務差異很明顯：所有的資產中，有百分之九十二由「純」尼泊爾商人所持有，至於西藏出生的尼泊爾人，只有五間公司的資本多於一萬元（譯註：人民幣）。另一方面，「純」尼泊爾人擁有的三十四間公司裡，有二十七間有著超過一萬元的資本。[33]

半西藏、半內瓦爾兒子的模糊地位，是尼泊爾和西藏當局關係緊繃的其中一個關鍵點，而我們也將看見，與中國官方的關係緊繃也是以此為關鍵。西藏當局定時會控訴他們「不公正的生意行徑，還有他們藏在他們尼泊爾外國出身後面的觀念。」[34]此外，西藏出生的尼泊爾人在尼泊爾遭受的社會排斥和所處的薄弱法律地位更是讓他們不好過。儘管這些兒子獲得了等同尼泊爾公民的特權，偶爾還被尼泊爾政府當成間諜來用，好比說在榮赫鵬遠征期間就有這樣的人，但針對他們的政府政策仍有一個「顯著的特色」，就是剝削和缺乏關注。[35]尼泊爾政府承認他們為公民只為了「徵收稅金和徵用免費勞力」，使他們「在政治上遭到忽視，在經濟上受到剝削，在社會上同時遭到尼泊爾和西藏遺棄」。[36]此外，他們在加德滿都也不受歡迎，因為按照尼泊爾的習慣法，他們可以爭取和「純」內瓦爾兒子同等分的父親遺產。[37]

一九五〇年中國接管西藏後，推翻了既有的規矩，並向西藏出生的尼泊爾人徵稅，甚至還不顧尼泊爾的抗議，徵召了少數人入伍。一九五六年簽訂關於西藏的尼中新協議，讓西藏出生的尼泊爾人於一九六二年得以選擇擁有尼泊爾或中國公民身分。根據一九七二至一九七五年獲任拉薩總領事的人類學家多爾・巴哈杜爾・比斯塔（Dor Bahadur Bista）所言，大部分人選擇後者。在比斯塔的紀錄中，全西藏的尼泊爾人口約有五百，其中大部分是西藏出生的尼泊爾人。他們大部分是「不識字的」打零工者，少數是農人。[38]

二

現存的「拉薩內瓦爾人」（這類商人的口語稱呼）記述，往往掩飾了內瓦爾男性和藏族女性之間的關係。內瓦爾女性不與丈夫隨行的理由，往往聚焦於旅程的艱難，討論女人如何無法負荷旅途，以及女人遠行的相關社會禁忌。民間文學也強調了內瓦爾夫妻之間分離的痛苦（viraha）。尼泊爾文學中的一首經典史詩《目那．馬丹》（*Muna Madan*），講的就是新婚伴侶的丈夫得離家前往拉薩賺錢的故事。這首詩是根據內瓦爾民謠《我來這還不到一個月》（*Ji Waya La Lachi Maduni*）所寫，這民謠的開頭是一名新婚女性告訴她的婆婆說，「我來到這家還沒過一個月，你的兒子卻已經說他要去西藏。阻止他吧，就這一回也好！」但西藏是發財的地方，兒子便回嘴說，「妻啊，我不會在西藏待太久。我只待一兩年就回來。」[39]

《我來這還不到一個月》延續了一種源自貿易的文學。一般都認為辛哈拉薩爾沙巴胡（Simhalasarthabahu）的神話象徵西藏境內的內瓦爾貿易，這傳說的開頭是，多達五百人的商隊在雅魯藏布江上的風暴中遭遇船難，而抵達了「拉特納普拉」（Ratnapura），那裡有年輕美麗的女子誘惑他們：「多虧我們運氣好才看見你們……請來我們的拉特納普拉和我們做愛。」[40]但女人們是假扮的食人女羅剎（rakshasi），而聖觀音（Avalokiteswara）出現在我們的主角辛哈拉（Simhala）面前，把她們的真相講了出來。他的朋友不願意離開——「有機會能享受那樣的性愛交歡以及諸如此類——我們如此受上天庇祐實在太幸運了！」——但辛哈拉靠著一點神助說服了他們，於是他們就乘著飛馬越過了布拉馬普特拉河（Brahmaputra）。天馬警告他們不要回頭看悲痛的女人們——可想而知，除了辛哈拉之外的每個人都回頭了，結果就是墜落而死，被女羅剎吃掉。辛哈拉的女魔情人隨著他到加德滿都，而遭到當地國王覬覦。不可避免的事情發生了，而辛哈拉最終集結了一支軍隊制服了女魔，並使拉特納普拉改信佛教。

言外之意很明白：明白警告不要落入外國女人的花招。西藏妻子被稱做「珊」（sem），是個意指「低種姓」的貶詞。至於對加德滿都的另一位妻子來說，丈夫的西藏之旅代表了嫉妒和心碎，以及頻繁的祖產爭奪。十八世紀末的一首歌是這麼起頭的，「我愛的人拋下了我。他去西藏成了自願的流亡者。」另一首詩更悲慘：「有人從西藏帶來一封信……當我打開信，我看到：我的丈夫離開了我。」而在另一首關於分離之苦的歌曲中，一名新婚妻子哀嘆道，「我的天神啊，為什麼我還要吃飯打扮？我丈夫都去了西藏呀。」[41]

這些民謠描繪了一幅有著悲劇浪漫的田園詩意景象。真相就比較簡單。內瓦爾男人往往很年輕就結婚。前往拉薩的艱難旅途條件——還不提禁止女性遠行的嚴苛種姓規矩——迫使他們不帶妻子同行。但他們得要前行，因為貿易創造了許多人的財富。許多人到頭來在拉薩一住就好幾年。結果，他們往往和西藏女性開始產生關係。[42]

二

「我記得我父親，就我母親的丈夫，」有天晚上在加德滿都，普拉卡什（Prakash，要求化名）這麼跟我說。他是藏族母親和內瓦爾父親生的，是三個孩子中的么子。普拉卡什經營一間旅行社，住在加德滿都。他的父親過世已久，而我發現他對此有一種令人欣賞的處之泰然。外面，烏雲密布，傾盆大雨正在逼近。我們在一間內瓦爾的酒館裡盤腿而坐，點了些啤酒。

我問他知不知道父母是在什麼樣的情況下相遇。「就我所知，我母親是街上的小販，」他說道。在母親與姊姊們都死於一場意外的幾年後，普拉卡什返回拉薩，找找看有沒有他母親這邊的親戚。他對她以前住的地方在哪只有模糊概念，但當他抵達時，他看見一棟新建築在那地方蓋了起來。「我母親死後，我父親該要多跟我說說她，以及她和西藏這邊有過什麼樣的關係。」

普拉卡什讓我稍微了解到，在一個執著於種姓和純粹的社會中，出生於一段非婚姻關係會有什麼樣的感受。一九五九年爆發動亂時，他父親堅持要他的西藏家人離開拉薩，所以他們四人便越境來到卡林邦，普拉卡什後來就是在那念了西藏難民學校。「我小時候都不太清楚我爸到底是誰，」他說。一直要到寒假，他開始往加德滿都跑的時候，他才知道自己也是土拉德哈的一員，而他的父親還有另一個早就已經住在城裡的家庭。普拉卡什和他的兩個姊姊會穿著巴庫（bakkhu，藏人穿的一種斗篷式的袍子），讓她們特別醒目。在家族餐宴上，他們三個會跟母親坐在遠處。因為她的語言、服裝、背景和那樣的關係，她不只被姻親歧視，整體來說也被加德滿都居民歧視。「有一次我母親和我去一個新開幕的五星級飯店，但警衛不讓我們進去，因為我們穿著巴庫，他認為我們是西藏難民。」

普拉卡什童年面對的歧視，帶給他一種花了很久才擺脫的自卑情結。普拉卡什畢業之後全家搬到了加德滿都，而他會拒絕跟他母親一起逛街。他們會被稱做「博赫特」（bhote），這個尼泊爾語的蔑稱指的是任何有藏族淵源的人。「我不想被當作是博赫特。我想被當作是內瓦爾人。」普拉卡什長大後成了個叛逆的人；他就是沒辦法了解，為何繼母和她小孩對待他就會有所差別；為什麼他的兄弟姊妹有新衣服，而他就只能拿到舊衣服；為什麼他不可以碰他父親的車。他要別人注意他。他開始偷錢，並賒帳要他們家請的裁縫幫他做衣服。「我父親會說我是無賴、騙子，但他從來都不懂我為何會做出那些事。」

他說，兩個比他大很多的姊姊面臨更糟的情況，還有他母親也是。「我母親談起過去時不知道哭了多少回。」當年拉薩內瓦爾人多半在城鎮廣場阿桑（Asan）有一個家，在那裡，普拉卡什和父親與繼母一家住在同個屋簷下。「我們有一間兩房的屋子。有時候，當我父親和我母親睡，就會叫我睡在外面，兩天後，他會叫我回屋裡去。當時我始終不了解這些事，但我現在回頭看，我很確定那讓我繼母也不好過。對她來說，要接受一個二房也是很難。她怎麼會想要她丈夫這樣搞，但現實情況卻把她逼進這種處境。我現在想起來覺得對她滿抱歉的。」[43]

普拉卡什用一種令人驚訝的冷靜講述他的過往。我正讓他挖出一些苦澀的回憶。在他同意之前，我其實已經聯繫上其他繼承了同樣命運的人，但他們拒絕和我談話。在個人史和共同歷史的交會點上，通常都有這些苦澀的回憶。但面對過去的錯誤，十分有助於處理當下的不和諧。

「以前當我抱怨為什麼對我和對其他兄弟姊妹是兩種態度時，」普拉卡什說，「我母親都跟我說，不要生那麼大的氣，應該要冷靜一點。她說他們是大太太的孩子，還說我不會得到和他們一樣的權利和特權。她會說，我們該感激你父親帶我們離開西藏。如果我們沒離開，恐怕已經死了，或者被中國人殺了。」然而，當母親和姊姊們因一場意外死去後，他的焦慮就越來越沒出口。普拉卡什覺得他父親和繼母不把她們的死當一回事，所以他搬了出去。父子原本就岌岌可危的關係達到了崩壞點。「當我父親開始發財的時候，真正的麻煩就開始了。我繼母完全不讓我一個人和他共處一室。我或我母親什麼都不可能拿到。沒有人要把任何東西給我們。」

無可否認地，和藏族女人發生關係的不只有內瓦爾人。外國族系卡奇（khache，藏人和穆斯林的後裔）和可可（koko，藏人和中國人的後裔）對西藏當局來說同樣是一個問題。「再加上大量男性出家導致西藏中部性別不均，導致這些外國男人有許多和藏族女人產生了關係，而在某些案例中還成了家。」[44]但內瓦爾社會的嚴格種姓規矩，以及男性後裔應分得父親財產的主張，常常讓他們被趕出加德滿都社會，即便多配偶制在當時不僅合法還為人接受。「父親在加德滿都或谷地的家人當然不歡迎〔這些兒子們〕……他們也沒有能和適當的烏賴女孩結婚的可接受地位。」[45]

一九八〇年代在拉薩擔任過總領事的前尼泊爾官僚塔姆拉·烏克雅布（Tamla Ukyab）跟我說，一九五九年之後，加德滿都有過幾件因為內瓦爾人的西藏家庭搬到加德滿都而引發的法律糾紛。

然而，當年沒有誰會真把娶西藏二房當成什麼醜事。「那很尋常啊，」帕拉格亞·拉特那說。「人們哪會真的在乎。通常會給西藏妻子買另一間住所。兩家人不會住在一起。丈夫會付二太太的開銷。至少就我所知，社會上沒在討論這個問題。」關於當時有多少半尼泊爾小孩住在西藏，並沒有明確數字。有一位學者主張，有將近一千名西藏出生的尼泊爾人在一九五九年之後取得尼泊爾公民身分，[46]而英籍居民查爾斯·貝爾則主張，一九二〇年時拉薩有六百到七百名內瓦爾人，且「超過」千人有混合家系。[47]另外有一個推測是，像這樣的人在一九五六年時有「超過兩千」。[48]

一九八〇年代中期，普拉卡什和他的父親斷絕關聯。「我從沒打給他。他也從來沒打給我。」他認為家裡人都不來找他，是覺得他會來爭產。「假如我沒別的依靠，我就會跟他們要我那份財產。」然而，這種情況並沒有發生。普拉卡什的旅遊生意做得不錯；他結了婚，有兩個兒子，他自己缺乏父愛的這個因素塑造了他與孩子的關係。接著有一天，當普拉卡什一家都在加德滿都東北方的滿願塔那邊時，他兒子跟他說，他父親過世了。「他在臉書上看到一則講他死訊的貼文。

沒人通知我。沒人打給我。」他沒去參加葬禮。

普拉卡什說他現在毫無悔意。整段談話中他很堅持的一點，就是與他背景相同的其他人未必經歷過跟他一樣的事，但他承認，西藏家庭初次抵達加德滿都的頭幾年，的確都有過許多苦痛。他感受不到自己對繼母和父親有愛，但也沒有恨。「或許他們沒有我以前想的那麼壞。我們之間有一道堅固的牆壁，而我無法打開一扇門到另一邊去。」

大部分關於拉薩內瓦爾人的書寫，往往都專注於貿易的浪漫：綿延的商隊、艱難的地形，在土匪攻擊、冷風和極端氣溫下倖存；商人賣起世界各地奇珍異貨的絲路意象；大地本身令人又愛又恨，卻又不得不服從。文字中很少讓人擁有私人空間；更鮮有女人出現——不論是男人丟在加德滿都的妻子們，還是他們在西藏娶的女人都一樣。孩子也徹底缺席。沙阿國王與拉納首相這組統治者強調印度教純粹，或許是導致情況如此的一個理由。「烏賴與西藏妻子以及喇嘛，基於商業興旺、生活方式和宗教傾向而形成的結盟，大幅背離（沙阿和拉納的）婆羅門正統規範……大部分情況下，商人會把兩個家庭隔著喜馬拉雅分開，但偶爾有半藏族女性回到加德滿都，和烏賴男孩結婚，並融入了烏賴的父系……在階級方面造成的不良影響很小。」[49]

但這些都是事後解釋，沒能使藏族妻子及其後代的這段難堪歷史獲得正當地位。此外，也沒什麼人想承認，內瓦爾商人能在拉薩發大財（而且是富過三代的那種興旺，從許多拉薩內瓦爾人後代在尼泊爾做起的生意，就能看出這一點），西藏人也有其功勞。「即便到了今天，都可以說加德滿都的內瓦爾人是因為西藏才有了今天，」普拉卡什說。「至少他們該承認有那種關聯。他們不該徹底忽視那種關聯。」

一九五九年三月十九日的晚上傳來第一聲槍響。「凌晨三點四十分時，突然有人聽到河那邊傳來槍聲。晚上那麼安靜，全拉薩都聽得很清楚。」[50]帕拉格亞．拉特那當時還在睡覺，是他兄弟把他叫起來，說開始開槍了。

幾天前，在一九五九年三月十日那天，藏人在拉薩的羅布林卡（譯註：拉薩西郊的宮殿與園林）前面發動了一場大規模示威，來阻止第十四世達賴喇嘛丹增嘉措出席解放軍司令部舉辦的一場表演活動。一周後，達賴喇嘛連夜逃至印度。「從達賴喇嘛逃走到拉薩開戰的那三天，拉薩城內的緊繃焦慮都居高不下，雙方都認為另一邊即將發動攻擊。」[51]

拉薩的內瓦爾商人早在幾天前就已閉門不出。帕拉格亞．拉特那記得，在那段日子裡，他見過一場規模空前的藏人示威。但他不保證自己看到的就是三月十日眾多抗議的其中一場。「他們全都講藏語，所以我聽不懂他們說什麼，但那是我在拉薩看過的第一場藏人示威。」情況變得極度緊繃。在廓拉斯亞這頭，土拉德哈家族用一捆捆衣物和任何能拿到手的東西來擋好門窗。其他人也做一樣的事。「我們內瓦爾人全部決定要自己來保護自己，外面的人我們一個都不會讓他進來。」

三月二十日早晨，人民解放軍西藏軍區政委，也是西藏工作委員會其中一名領導官員的譚冠三，要求北京准許進攻西藏部隊。進攻預計分三階段進行：第一階段是「攻打藥王山」，切斷它和布達拉宮內「西藏部隊的聯繫」；第二階段會攻打羅布林卡；第三階段會在城中街道會戰。[52]譚冠三到了上午十點都還沒收到北京回應，於是下令進攻。[53]

帕拉格亞．拉特那和同胞們縮在各自家裡。「我們哪都沒去，我們甚至連窗外都不看。」他覺得中國人有留意不炸內瓦爾人住的地方。「他們射的砲彈從我們屋頂上方飛過去。」即便如此，三月二十日那天，尼泊爾總領事巴斯尼亞特（A.B. Basnyat）還是在領事館內發現子彈和碎玻璃。電話線被切斷了。「巴斯尼亞特深信自己當時處在人民解放軍對藏人開火的範圍內；但中國人向他保證，攻擊了領事館的只可能是暴民，不會是中國軍人。在這方面巴斯尼亞特並不堅持己見——他知道自己的國家需要一個友好的中華人民共和國——但他明白表示，他希望有人能保障他自己和他代表之人民的安全。」[54]

帕拉格亞．拉特那當時還是個血氣方剛的小鬼，就那麼走上了屋頂。子彈在他四周呼嘯而過。「我在屋頂的牆壁後面找掩護。」那天晚上，他去院裡的廁所時，屋子因為一陣駭人的爆炸而搖晃不已。「我往窗外偷偷一看，看見外面八廓街上辛哈拉薩爾沙巴胡寺的亭子倒了，」他帶著明顯可見的興奮回憶著。「我們運氣真的很好，炸彈都沒掉在我們上頭。」

拉薩的反抗在四十六小時又五十分鐘內鎮壓下來，但在那段時間裡，大勢不論好壞都已成定局。「我們內瓦爾人在六十到六十五小時後走出家門。中國人宣布了，『中國政府有責任義務要保護你們的身家財產。你們不會有事。我們會站崗守衛。請你們開店。一切都已回歸正常。』「他們在我們店門三十公尺外派駐了帶斯登衝鋒槍的士兵站崗。內瓦爾人很快就把店開了。但那之後市場供貨就中斷了。我們出去走了一圈，看到幾個死人——藏人、僧侶，但沒有中國士兵。應該有幾個士兵死了，但中國人應該都把他們抬走了，」帕拉格亞．拉特那說道。

隨著中國開始嚴加控制拉薩，一度是熱絡商業中心的此處，很快就處在軍方佔領下。在那之前，在西藏持槍都還不犯法。內瓦爾商人在家裡會留幾把槍，如果不是為了在路上防身，就是藏人以物易物時給了槍枝。「我們家有十二、十三把槍。卡魯那・拉特那・土拉德哈（Karuna Ratna Tuladhar，他叔叔以及廓拉斯亞的業主）有二十八把槍，包括一把收在抽屜裡的德國手槍。它有九發子彈。我還記得自己有陣子很迷這把槍。」反抗事件過後，中國人要內瓦爾人繳出所有槍枝。「我堅持不繳手槍。我要把它偷帶回尼泊爾。但最後我們還是得放棄它，」帕拉格亞・拉特那回憶道。「那是把了不起的好槍，彈匣可以輕易滑出，用起來也很簡單。」

一九五九年八月二十八日，帕拉格亞・拉特那寫信給加德滿都的卡魯那・拉特那說，「上個月，珊人〔藏人〕的貨幣停用了。中國人用四十換一百的匯率，換成他們自己的貨幣。」[55]甚至在反抗發生前，就有跡象顯示中國人想把非正式的貿易納入正式的大傘下。商人傳統上使用杭地（hundi）這種方法，來把錢匯回家或匯給供應商，但中國人要他們開始透過他們的銀行匯錢。

一個月後，帕拉格亞・拉特那收拾行李，沿他在三年前來這裡的同一條路返回老家。他逗留拉薩的日子結束了。當時他十七歲。「內瓦爾人再也不想待在拉薩了。他們開始成群結隊返家並把財富帶回去。中國海關那邊的人沒攔我們。」在拉薩回帕里的卡車上，土拉德哈掉了一頂手縫的羊毛帽。他在一個保溫瓶裡帶了一些麝香腺回來。在乃堆拉山口，印度邊境警衛首先問他帶了多少錢回來。接著，他們之中有個人發現了麝香腺，然後拿走了兩個。

二

第一則電報的日期是一九六一年一月：「在你店掌管。」[56]普爾那・滿・土拉德哈（Purna Man Tuladhar），也就是卡魯那・拉特那的一個叔叔，在印中衝突開始達到巔峰的時候接管了廓拉斯亞，而兩大國之間的緊張，讓跨喜馬拉雅貿易變得越來越緊繃，而且充滿了不確定。很快就沒辦法再輕易通過山口了。隨著邊界情勢越來越緊繃，中華人民共和國開始加大力道控制西藏邊界，但在許多方面都遇到了困難。問題不只是邊界尚未界定，而且，那些住在邊界地帶的人往往會在沒有通關文件的情況下越界，有時候還繼續在西藏住上好幾年。隨著西藏反抗運動在高原內增添動盪，中國開始主張，對所有住在高原上的人都擁有統治權。在新帝國的統治下，原本海納百川的喜馬拉雅邊境，不再有模糊曖昧的本錢。「當帝國越來越沉重，它就不再包容那些橫跨邊境兩頭、難以辨識又定義不明的人們……對於那些待在西藏做生意、拜神或者來訪西藏的尼泊爾人、印度人、不丹人和錫金人來說，一九五九年帶來了要留下還是離開的困難選擇。」[57]

其實一陣子以來跡象都明白易見。一九五六年尼泊爾和中國簽訂協議，廢除所有在西藏尼泊爾人的治外法權之後，商人就要有護照才能跨越邊界。一九五八年十一月，尼泊爾開始發護照給商人。在那之前，中國官方已開始堅持，西藏商人要聚焦於「國內貿易」好「減少對外國貿易的依賴」，[58]並向西藏穆斯林商人保證，如果他們能「挑戰」內瓦爾商人，就會給予財務援助。構成拉薩特色的「自由流動」貿易，開始讓位給中國替該區域做的設計安排。到了一九五九年八月，所有的中國官員和眷屬都得在國營商店購買商品，而且禁止購買外國貨。[59]儘管有少數尼泊爾商人繼續販賣奢侈品，「但對大部分賣必需品的尼泊爾商人來說，因為中國禁止公開販售商品，生活十分艱難。就連犛牛糞餅和柴火也禁止販售。那些在拉薩街頭叫賣商品的『馬路叫賣』也一樣，有各式各樣的戰術迫使他們離開那些街道。因此，越來越多尼泊爾商人關門大吉，並返回尼泊爾。」[60]一九九三年有一家報紙逐個計算了一九六〇至一九六一年間，也就是到貿易最終劃下句點之前，尼泊爾人企業在西藏的利潤。一九六〇年，尼泊爾人擁有的七十四間商店的銷售量達到2,573,000元；第二年銷售量大幅下滑到531,000元。[61]

普爾那．滿有他自己的商行，叫做「奇呼辛沙」（Chhusingshar），但他當時得要盯好廓拉斯亞的關門流程。如今由他姪子卡馬爾．拉特那．土拉德哈（Kamal Ratna Tuladhar）所保有的一整堆電報，讓我們能概略了解，對內瓦爾商人來說，待在拉薩的最後時光是什麼樣。一九六一年一月二十九日，普爾那．滿寫信到加德滿都，「已從拉特那．巴哈都爾（Ratna Bahadur）全數接管」。幾天後，在廓拉斯亞工作的拉特那．巴哈都爾拍了封電報確認了交接。「店家全帳目已交普爾那滿（斷句）已提交申請即刻出發因此需要就馬上派人前來。」

這段時間各電報中透露的不安，很明顯是之前的連絡通訊中所沒有的。舉例來說，一封一九四六年從廓拉斯亞寄出的信，完全都在談紡織品貿易的情報更新，但在最後一段中，卡魯那．拉特那的弟弟，普什帕．拉特那．土拉德哈（Pushpa Ratna Tuladhar）說，雖然前面幾期的《生活》（*Life*）和《時代》（*Time*）雜誌都有送到拉薩他那邊，但新的幾期都還沒到。「怎麼會這樣？」

一九五九年，待在西藏的內瓦爾商人、西藏配偶和他們的孩子加起來有一千五百人。[62]雖然帕拉格亞．拉特那記得中國人沒有阻止商人離開西藏，但一位歷史學家卻有不同的主張。尼泊爾商人堅持維護自身國籍和公民身分，使他們在拉薩的眾商人間得到了一個獨特地位。但中國跟他們來往時也變得更加嚴苛。「在中國地方當局的邀請下，越來越多尼泊爾人參與了各式各樣的文化活動和公眾集會。儘管尼泊爾人當時獲得中國當局大力讚揚，但後來發現自己參與這些活動對自身地位沒多大影響甚至沒有影響，因此十分失望。」[63]中國也開始對正要離境的西藏妻子強加嚴苛條件，好比說要求尼泊爾領事館保證她們丈夫的財產也會由半西藏的孩子們繼承，而這對尼泊爾人來說，不論在政治上還是社會上都是件令人討厭的事。

中國這樣與人作對，主要是為了西藏境內的公民身分問題，這種身分可以像西藏尼泊爾人那樣模稜兩可而含糊，而當地貿易一度也有那種性質。「那代表的是，再也不可能同時當尼泊爾人和藏人，或者同時身為錫金和中國公民。這時候該要起身給國家納入，該要宣告你的忠誠以及你歸屬於何方法律的管轄。當時的中華人民共和國正改變著原本歷史上『邊境生活』這個詞的意義。人們現在得是國家的一部分——就只能是一個國家的一部分。」[64]

一九六〇年五月，中國總算開始核發護照和簽證給內瓦爾商人的西藏配偶。到了一九六〇年九月，內瓦爾商人、西藏配偶和子女共兩百五十人離開前往尼泊爾。總共算起來，內瓦爾商人膝下的半藏族孩童有將近一千名選擇尼泊爾公民身分。[65]有千年歷史的跨喜馬拉雅貿易終於到了尾聲。一九六二年十月，解放軍的部隊侵擾印度在阿魯納恰爾邦（Arunachal Pradesh）和阿克賽欽（Aksai Chin）的陣地。印中戰爭徹底終結了貿易復甦的希望，而乃堆拉山口會一直封閉到二〇〇六年。

到了一九六三年六月，普爾那．滿也受夠了。「考量我可能入獄的情況最好關店」，有點讓人看不懂的電報這麼寫道。不到一年內，他就從西藏出走。一九六四年六月一則故作神祕的電報寫道：「正來收馬達」。保存了這些信件和電報的卡馬爾．拉特那．土拉德哈跟我說，他還記得自己從巴克塔普爾開車去接普爾那．滿。拉薩的最後一名內瓦爾商人是經由聶拉木通拉回來，也就是那個有好幾個世紀歷史，但在榮赫鵬打通乃堆拉之後就日漸荒涼的山口。拉薩的內瓦爾人兜了一大圈，又回到了原地。

# 2 既不是尼泊爾也不是中國

藍色防水布搭成了一間簡陋的酒吧，但那至少還是間酒吧。有各式各樣的酒可以選：拉薩啤酒、中國百威、西安的菸和白酒，一種用高粱蒸餾而來的中國酒。我半哄半騙地混進一群臥則（Waltse，尼泊爾語稱海吉〔Halji〕）的當地人裡面，一起喝拉薩啤酒聊天；臥則是跨喜馬拉雅的利米河谷裡的三個村落之一。在這間多合一功能的商店兼酒吧架子上，有著迷幻風格包裝的中國麵條包拚了命要引人注意，而一包雞爪則是低調地掛在一旁。過了街對面，在一間有好幾世紀歷史的寺廟裡，一個文化節目正火力全開，太陽能板驅動的擴大機上，接著的喇叭正爆出音樂。這是慶祝的夜晚。一場展銷會剛結束，政客們講完慣例演說之後已經回去了。現在到處都是歡慶的氣息，酒讓我們全部都話多起來。

和我坐一起的，是開車從4990公尺高的尼亞魯山口（Nyalu Pass）送我們到這裡的兩名卡車司機。這趟旅程相當顛簸，但卡車載了六十多人和行李來壓艙之後，顛簸就不是什麼問題了；反正也沒空間可以伸腳。那些站著的抓得緊緊的好保住一條命；那些坐著的，就整整四個小時不能起來，背頂著背，腿在底下動彈不得。

經由最近的空降場西米科特（Simikot）前往利米的長途跋涉，通常要花六天。「深藏在喜馬拉雅的是胡姆拉：尼泊爾最高、最北也最遙遠的地區，」一間健行旅行社的廣告如此寫道。二〇一八年九月時，我們花了兩天半賣力步行，加上騎四小時的馬到尼亞魯山口，再花四小時搭上述的卡車，才抵達了利米。卡車渡河的那一塊地方被拿來當成整座河谷的名字，而那座河谷中有九百人分別住在三個村落裡。卡車進了河裡之後，呼求「索索」——求好運——的呼聲響了起來。當司機在酒吧亮出智慧型手機給我看我們渡河的影片時，我看到呼吸都快停了。巨大的中國東風卡車進入了利米的水中，而在捲動的水流中，它的輪子傾斜過來傾斜過去，幾乎都快翻車了，但不知怎地沒有翻，全程引擎都不停噴著煙。當時河流水位暴漲；這年的季風雨持續得比平常還久。

我痛斥司機的逞強。當地人紛紛笑了出來。拉薩啤酒持續不斷送來。我們有喜馬拉雅漿果和野玫瑰花蕾當點心，外皮嚐起來像某種介於蔓越莓和玫瑰之間的東西。一陣山區常見的冷風，切開外面的空氣。那不過是臥則的又一個普通夜晚，這個地處三千七百公尺高的村落，名義上屬尼泊爾，但出於所有實際上的理由，活在尼泊爾之外。

這間酒吧兼商店由利米河谷青年俱樂部（Limi Valley Youth Club）所經營，利潤會流入當地小學，店裡架上有一整排貨品，可以講述某個現代消費主義經濟體的故事，那個經濟體離各大都會購物中心都很遙遠，然而，儘管缺乏交通運輸和通訊聯絡手段，卻仍與那些都會相連。除了我們剛走的那條泥土車轍，就沒有別的路從尼泊爾境內的南邊較低處通到這裡來了。但利米的人也沒指望南邊，真的沒有。情勢使他們轉頭朝北，望向領土包夾利米河谷的中國；這河谷所殘存的西藏文化，在一九五〇年中華人民共和國推進到喜馬拉雅高原之前，曾經廣布在整片高原上。這裡就是尼中邊界，處於中間地帶，既不是這也不是那。這裡的國旗來自尼泊爾。其他的，則都來自中國。

## 二

侵襲部隊要拿下臥則，會面臨巨大困難。村落三面被山嶽包圍，那些山夏天一片光禿，可是十月一到就會積雪。第四面就是利米河，一道狂野的急流。臥則或許就因此成了藏傳佛教小派「直貢噶舉」的中心；十一世紀的西藏譯者仁欽桑布（Rinchen Zangpo）可能也因此決定在這興建第一百零八座，也是最後一座寺院。口傳歷史告訴我們，林琛靈寺（Rinchenling monastery）是九世紀藏傳佛教復興期間，由益西王（King Yeshe）派人建造。「從仁欽桑布傳記、〔西藏的〕古格—普蘭（Guge-Purang）王國皇室年表，以及位於普蘭的仁欽桑布主要寺廟科札爾那寺（Khojarnath）之保存紀錄所取得的證據，都主張十一世紀時利米這裡興建了一間和仁欽桑布有關的寺廟，也可能是在十二世紀。」[1]寺廟的壁畫看起來很古老，而其地下室的一間陰暗房間裡，有一尊歷經歲月而留存的四面大日如來像，是通往另一個時代的門。

林琛靈寺屬於一段邊界流動的年代，當時，基本上屬於西方的固定政治邊界概念，還沒在我們這部分的世界留下印記。寺廟的演變講述了一個青藏高原上命運起落的故事。在噶當派佛教興盛普及時成立的該寺，後來轉投薩迦派，而在十五世紀時，當某個薩迦派僧侶殺了某個直貢噶舉派僧侶後，當地國王便把寺廟給了直貢噶舉派，並掌管至今。

口述歷史主張，當黃帽格魯派因為達賴喇嘛成為西藏宗教兼世俗領袖而變得更有影響力之後，利米河谷——還有西藏西部——成為了異議教派成員的避難所。利米河谷的三個村落——

臥則、提爾（Til）和德臧（Dzang）——自從一九六〇年代劃出尼中邊界之後，就成了尼泊爾的一部分。[2]對於當初利米是怎麼納入尼泊爾的，有人記錄下一個離奇的故事。一九六〇年初，在中國接管西藏且達賴喇嘛出逃之後，中國當局就邀請利米的長者前來參加一場於普蘭（藏語稱Purang，尼泊爾語則是Taklakot）舉行的會議，解釋了中國統治在社會上的好處，並送了銀色玉米當禮物，來說服他們加入中華人民共和國。然而，利米的女祭司卻建議各村落留在尼泊爾。[3]這故事讓美國中情局當時的觀察顯得更有可信度，他們觀察到「代理中國人的藏人」當時試圖說服住在尼泊爾境內喜馬拉雅山上但屬於藏人的群體，使他們同意「他們有義務效忠西藏」。[4]

利米的人們過往一直活在一種雙重的徵稅治理制度下，直到現代政治邊界把他們明白確立在尼泊爾境內為止。在那之前，他們都把土地稅（sa khral）交給尼泊爾國家的代理人，而個人所得稅（mi khral）則是交給西藏當局。[5]林琛靈寺從屬於岡仁波齊峰（Mt Kailash）附近的姜卓寺（Gyangdrag monastery）。河谷本身過去處在以物易物經濟的中心，其中犛牛和綿羊商隊會帶著西藏上部大鹽田來的鹽，穿過五千公尺高的勒布扎山口（Lapcha Pass）到利米，並沿著小河進入胡姆拉、阿洽姆（Accham）和拜疆（Bajhang）的較低矮山丘，商人們會在那裡以物易物，把鹽換成可以帶回西藏的小麥或米。「一九七二年秋天，」奧地利人類學家克里斯托夫．馮．菲雷爾—海門多夫（Christoph von Fürer-Haimendorf）寫道，「我遇見了來自洛科巴」（Lokba）村的一群普蘭人共九人，該村位處科哲那（Kojernath）和康茲（Kangdzu）附近。他們帶著大約三百六十頭綿羊和山羊來到雅里〔胡姆拉〕，羊背著旅途上要用的鹽以及糧食和炊具……這些普蘭人全都別著毛澤東的鈕扣，就像雅里那邊許多跟他們交易的菩提亞人（Bhotia）會別著馬亨德拉王（King Mahendra）的鈕扣一樣。」[6]

那些住在喜馬拉雅上游河谷的人，並不符合大眾想像中與世隔絕的遙遠群體。「利米的人們幾個世紀以來都有很強的行動力。」[7]運鹽的大商隊也不僅限於這個偏遠的角落。事實上，人們之所以住到坤布（Khumbu）、利米河谷的胡姆拉，或者德爾帕（Dolpo）等高海拔地帶的其中一個理由，就是為了貿易——這些地區「要不是位在兩個互補經濟區的間隙，很可能會持續無人居住，或者只有牧人會帶著牲口造訪，在植被茂盛的夏季牧場待個幾周。」[8]這些喜馬拉雅地區好比說加德滿都河谷，被用來當作印度—恆河平原和西藏之間的貿易中心。因為利米河谷人和藏人在種族和家族上的連結，也因為他們在低地發展出來的商業網路，使得貿易持續到了現代。在尼泊爾境內的整片喜馬拉雅地帶上，除了內瓦爾人之外，貿易多半都是由文化或族裔上比較接近西藏的族群團體在進行，他們有著自己的一套例行方式，展現了他們之間貿易的規則。

舉例來說，在利米這邊，交易市集會以年為基礎，在尼泊爾和西藏之間交替。這些聽格薩（tsongsa）會在也能當駄畜放牧地的牧場中舉行。利米河谷的牧民會在冬季把家畜帶到西藏，那裡的風會讓草無所遮蔽；而到了夏天，西藏牧民會下山來到利米豐沛的草地上。[9]研究西藏的學者梅爾文．戈爾茨坦（Melvyn Goldstein）於一九七五年描寫過利米和西藏的交易：「利米人至少〔在西藏〕買了四十件東西。儘管大部分都是工廠製造品，好比說衣物、火柴、香菸、保溫瓶、肥皂、電池等等，但也是有其他重要非工廠製造品，好比說岩鹽和西藏（磚）茶。利米人則是把芥子油、奶油、木製品（碗、木架、木板等等）還有動物（馬匹、犏牛〔dzo，譯註：普通牛和氂牛的雜交種〕）賣到普蘭去。」[10]

要留意戈爾茨坦是在一九七四年造訪利米，是在中國接管西藏並對尼中邊界施行限制之後。一九五九年的西藏反抗，以及中國越來越對喜馬拉雅邊界地帶的半自主性質感到不安，都讓中華人民共和國不得不界定邊界，並於一九六一年進行。然而，對喜馬拉雅的商人和游牧放牧者來說，固定的邊界敲響了喪鐘，並在這個仰賴跨邊界貿易維生的區域，製造出新的經濟難關。儘管劃下的界線有替居住在邊境算起三十公里內的尼泊爾人和藏人保留了傳統以物易物交易的空間，但這協議卻限制了西藏境內牧場的使用。利米的人們僅能使用一個靠近瑪旁雍錯的牧場，其品質不如過往可以通行使用的牧場。協議每五年就得修訂一次，直到一九九二年失效為止，結果就是許多家庭都賣掉了牲口。[11]

儘管我們會想像，這樣的協議應該會徹底中止兩國之間人和牲口的移動，但根據菲雷爾—海門多夫在一九七二年和戈爾茨坦在一九七四年做的紀錄，胡姆拉的情況不是這樣。商人持續穿過高海拔的山口，但獲利卻越來越少，尤其是開始從印度進口有補貼的含碘鹽之後，獲利就更少了。[12]一度星羅棋布於喜馬拉雅眾多小徑上的鹽穀商隊，現在已經成了罕見景象。就連在胡姆拉，這個最晚到二〇一一年都還有學者記錄下商隊蹤跡的地方，商隊也明顯成了過往。只有故事留存下來：關於每年夏天下山的綿羊和喀什米爾山羊有多大群的傳說，還有利米村人帶著畜群穿過勒布扎山口進入西藏的故事。物換星移，新的全球經濟在中國進口消費品的帶頭下，順著一條來自邊界剛修好的道路抵達了河谷。

## 二

說利米「偏遠」恐怕太輕描淡寫，若從尼泊爾啟程的話更是如此。相比之下，從中國過去其實容易多了。在普蘭工作的數百名利米當地人帶回了一個傳說，描述著從拉薩一路到岡仁波齊—瑪旁雍錯的平整四線公路——那是個有著摩天樓、混凝土結構與平整馬路的都市夢。

或許是這些來自中國的混凝土鬼斧神工傳說，讓我在全尼泊爾唯一能飽覽岡仁波齊峰和瑪旁雍錯湖兩大聖景的勒布扎山口，終於看到了那座湖泊的時候，忍不住想像起一道幾乎與湖平行的平坦公路。這座湖是一道天藍色的長條，替遠方山脈的基底增添了色彩，就如孩提時的風景畫成真了一樣。岡仁波齊峰則被雲層遮蔽了面貌。佛教徒拜倒在地並點燃刺柏枝當做薰香，而印度教徒則取出了硃砂。我在幾塊石頭下留了張五十盧比的紙鈔；雖然信仰不是我的強項，但就算從這麼遠的地方看去，出自梵天之心的這座湖，還是讓人起了神奇的想像。

利米就到勒布扎山口為止，從此過去就是西藏（你想說中國也可）。我們在這裡搭上之前帶我們去臥則的同一輛卡車，司機也是同個人。而這次也是一樣擠。當卡車綳緊了零件在稀薄高山空氣中移動時，每個機件都哀嚎起來，而且還得不時停車，給散熱器加滿水。車後面還裝了整整二十公升的水，因為這片山脊光禿起伏的寒冷沙漠十分缺水。在離山口還有大約二十分鐘車程時，我們的卡車拋錨了。海拔的高度、乘客合起來的重量和引擎的狀況一起讓它停擺了。隨著輪胎絕望地轉動，在後面的我們這些人便拿出了我們的面罩。塵土、小石頭、橡膠燃燒的氣味，全都擾亂著這片土地的莊嚴肅穆。直到我們裡面有幾個人下了車，卡車才重新動起來。

湯碗形狀的勒布扎山口被氣候逼打成形。這裡的草很少長到一吋以上；都是地衣爬滿岩石，一種像是灰色苔蘚有著怪異泡泡的東西在頂端抽著芽。天空中有著一場拔河；太陽正輸給烏雲。可以聽見遠從岡仁波齊峰傳來的短促雷聲隆隆。冷到要結凍的風從四面八方吹著我們。再過不到一個月，這一切就會被雪所覆蓋。高山症是普遍現象。對我來說也是如此，每吸一口氣都像是拚了老命，每一趟走二十分鐘到「觀景處」的行程都像是一場馬拉松。下山途中，有兩名員警加入我們。五名警官跟我們一同前往山口。利米唯一的派出所，這座邊界前最後的尼泊爾國家象徵，是一棟破破爛爛的混凝土結構，坐落在臥則和德臧村的半路上；那裡沒通電，有一個太陽能電池用來替無線電設備充電，而那套器材在我們抵達臥則的幾天前就已經短路了。

兩名員警問一名和我們同行的老朝聖者說，邊界在哪裡。老人指向山口另一頭的底部。「那邊就中國，」他說。

「界碑在哪？」一個警官為了擺姿勢拍照而脫下警用夾克，同時問道。

「那裡，就那後頭，」老人指向山口左邊的一個峰頂說。

「那另一個呢？」

老人轉身指向另一座峰頂。「在那底下。」

警官們似乎滿意了。我不覺得他們有本事爬到據稱界碑所在的那些點上。我問他們是不是第一次來到邊界。他們倆都點頭說是。他們派駐到利米至今四個月，兩人別說是河谷，連那一地區的人都不算。寒冷、文化、語言、食物、人、土地——全都令他們感到陌生。他們的巡邏僅限於三個村落，以及查問從勒布扎下來的卡車有沒有哪輛帶了違禁品或非法移民。

二〇二〇年九月，當當地官員開始對山口附近的中國建設工程有異議時，就凸顯了尼泊爾在喜馬拉雅邊境地帶的國力有限。當地自治首長陳言，中國建設工程已深入尼泊爾領土內至少兩公里處，但兩根界碑中的一根，也就是十一號卻不見了，所以沒有人真的確定邊界在哪。一支保安官員組成的隊伍連忙進行調查，發現界碑已埋在雪和碎石底下。同一時間，加德滿都這邊，外交部長急忙聲稱建設工程是蓋在中國境內。這項爭議凸顯了兩國邊境基礎設施的不對等，儘管在一個中國崛起已經遭到質疑的時代，這種不對等仍拒絕消亡。在利米這塊區域，尼泊爾到何處為止，而中國又起始於何處，這個問題再度維持著充滿不確定的狀態。[13]

「這地方，既不是尼泊爾也不是中國，」擔任派出所主管的助理副督察，在我們開往勒布扎山口的前一天跟我說。即便派出所只有在河谷沒被雪困住時才有配駐人力——就跟這裡那些空蕩蕩的小學一樣——他仍希望年底可以調到其他地方去。[14]「這些人，他們不跟我們合作。如果他們村裡出了麻煩，他們會自行解決。除非製造麻煩的人從外面來，他們才會叫我們，」當我們一同坐在太陽下時，他悄悄跟我說。那天晚上，他喝中國啤酒和烈酒喝到醉了，非要一個領他去臥床的僧人順便給他帶瓶水過來。僧人要他躺下，然後就走了。那個警察很快就打起鼾來。

在臥則，文化衝突的呈現方式既五花八門又顯而易見——而在邊界上如何競爭主權、協商主權，以及有時如何去拒絕對方的主權，也同樣是又清楚又多樣。前一晚，有一隊警官從胡姆拉的另一個邊界前哨站西爾薩（Hilsa）徒步走過漫長山路抵達村落；一行十一人早上五點出發，晚上九點才到。「我們沒遇到能問路的人，而在烏瓦（uwa），也就是大麥田間迷了路，」一個警員早上跟我一起啜飲紅茶時跟我說。這支警隊看起來孤立無援，在寺廟外等著誰來跟他們講到底要幹麼。省首席部長準備要來展銷會，而警察是去那協調事項，包括用白帶子臨時貼出一個直升機起落場。當我問一個當地人警察之前都在利米做什麼，他憤憤不平。「什麼也沒做，真的，除了找麻煩之外。」另一個人跟我說，警察在利米沒事做。「他們來巡他們的邏，我們給他們茶、蔬菜，但也就這樣了。」

大部分時候，警察在利米都讓人覺得是象徵作用。三個村落有大約九百名居民。來回邊界與西米科特把貨物和人運來運去的卡車，沒有掛尼泊爾的牌照；事實上，他們是經由西藏開到這邊的。整個胡姆拉區和尼泊爾其他地方都沒有道路連通。除了利米農業自治市的公所屬於國家單位以外，「隸屬」尼泊爾或者「和加德滿都有關」的這種概念，在這邊多半是不存在的。塑造利米居民的那股「最直接而無所不在的力量」，是群體本身的「社會主權」，由一套隨著時間不斷演變的群體契約「戒」（khrim）所構成。「村民很明白地將群體規範和尼泊爾法律等同看待，而不是前者從屬於後者。」[15]因此，當尼泊爾透過公民證和其他利米居民不可或缺的文件來施行其主權的同時，利米還是一個介於民族組成的國家（nation）和正式體制上的國家（state）之間、介於國家主權控制內和控制外的地方，邊界本身在此就是「一種經濟資源」。[16]

尼泊爾國家持續現代化，並將其掌控範圍擴張進入這些邊界地帶的同時，也有意識地下工夫來把其公民納入國家。「我們不了解他們的語言，他們不了解我們的，」助理副督察說。「但上面有令，要推廣使用尼泊爾語，至少在學校要這樣。」我在各村落目睹的文化計畫明白顯示了這一點；當非利米居民的老師一再敦促孩子們唱尼泊爾語歌曲時，他們很明顯地相當掙扎。當地出身的國會議員才旺・拉馬（Tsewang Lama）跟我說，「〔利米的〕人們，心理都和西藏契合。利米一年中有超過半年都和該區其他地方斷絕往來。如果你要去加德滿都，最簡單的方法是先去中國的普蘭，在那邊利用達楚拉的邊界跨回尼泊爾，再跨過邊界進入印度，然後搭巴士從馬亨德拉那加（Mahendra Nagar）邊界來到加德滿都。對於這裡的人來說，要連結尼泊爾很困難。如果我們連接上國家的路都沒有，怎麼可能會有國族一體感呢？」[17]

但有一條路確實通到了利米，只不過是來自中國；而在尼泊爾的喜馬拉雅邊界地帶，大部分地方的真實情況也都是如此。目前從勒布扎通往臥則的泥土路，是靠著才旺・拉馬帶頭進行，以及堂兄弟曼伽爾・拉馬（Mangal Lama）協調計畫，才在二〇一〇年的某個時候清理完畢通車。[18]中國同意開放勒布扎山口，「以發展援助為名，進行有限度的在地米糧交易和運輸。」[19]這條車轍順著古老的商隊路徑前往西藏，而挖路的怪手則是從加德滿都出發，運到正北邊的中國境內邊界關卡吉隆，或者拉薩出發，然後運抵工程現場。[20]車轍現在延伸到了西米科特，離此將近有一百公里遠。但就算現在的泥土路已升級為碎石鋪面路，中國迫近的存在感，以及它所提供的良機，仍和尼泊爾能給予的形成清楚的對比。就想想語言的問題吧：利米人能在普蘭工作，是因為他們會說藏語。少數不會說藏語但在普蘭工作的尼泊爾人，賺的錢據了解比會的人少。而且，雖然大部分尼泊爾移民去波斯灣諸國或東南亞當勞工，但對利米當地人而言，在普蘭工作比在別處划算太多。

也有大家視若無睹的因素：利米人信藏傳佛教，和那些西藏境內或流亡在外的人有親屬關係。利米的孩童在印度境內由西藏人經營的學校上課。好幾個人跟我說，因為他們在尼泊爾官方文件上的姓是「拉馬」（Lama，也是「喇嘛」），所以，除非他們能拿出有憑有據的尼泊爾公民身分證明，否則都會遭到中國當局盤問。這裡有一個詭異的情況：利米的人們把達賴喇嘛當成宗教領袖，但避開了和西藏有關的政治。「他不是我們的政治領袖。我們畢竟還是尼泊爾人，」他們之中有個人這麼跟我說。利米沒有一戶人家擺著達賴喇嘛的照片；這讓我滿意外的，因為他在尼泊爾非常受歡迎。[21]就如一位學者所言，「邊境地帶的公民身分通常都是多重概念而不是單一概念，許多家庭和個人同時聲稱自己有尼泊爾和中國身分，並保持對雙方的效忠，但同時又具有一種西藏感。」[22]

國會議員才旺．拉馬說了某件事，讓我覺得可以深刻洞察當地人的心態。在進入政壇前，他是一名研究學者，廣泛研究胡姆拉的眾多文化。站在臥則寺院露台上的他一一舉出利米的議題，接著講起尼泊爾進入聯邦制之後的國內公民權問題。「我們的權利，利米人們的權利，是兩種不一樣的概念。他們的基本權利是吃東西的權利。對他們來說，吃東西、穿夠衣服的權利，

gaans、kapas，這些是人權。對他們來說那是自由。」對一個遠離二十一世紀技術與物質進展、深受現代市場經濟規則變化所苦的文化，對於一群農業產量不足以撐過一年，並在艱難環境中辛苦求生的人們，對於一個在4G傳輸力和電動車的時代卻連像樣的路都開不到、公共運輸系統就更別提的地區來說，哪件事比較可能是要緊事？

這不僅限於利米一地。在整條喜馬拉雅邊界地帶上，尼泊爾側的緩慢發展和中國側的快速推進基本設施轉型所造成的不平衡差距，意味著這些群體內現在有許多人都得直接或間接靠中國進口食物及其他必需用品。在新冠肺炎疫情期間，包括利米在內的胡姆拉北部區域，有傳來邊境關閉造成食物短缺的報導。二〇二〇年十月，邊境關閉七個月後，利米當地人從西米科特的公家倉庫購買了三百公擔（quintal）的米，並支付了355,000尼泊爾盧比當做帶回河谷的運輸費。[23]這批米只夠他們吃三個月。十二月時，中國當局在尼泊爾當局的要求下，總算把西爾薩和勒布扎的邊界關卡開放了一天。十六輛中國卡車把米、毛毯和麵粉等日用品送到該區。在胡姆拉東邊的上德爾帕，情況就跟跨喜馬拉雅區域的其他地方都一樣，當疫情期間邊境關閉時，當局紛紛上書加德滿都，要求緊急提供基本必需物資。

「公民權上的自由」這種自由派理想在利米這樣的地方沒有多大意義，這地方有將近半年都在飄雪，而且沒有商機。然而，當發展專家、決策者和籌畫者還遠坐在加德滿都思考胡姆拉要怎麼連接到尼泊爾其他地區的時候，當地的人民很明顯地早就想到依靠中國在邊界上生活，也善用了這個良機。當傳統生活方式因施行現代國家規範來到尾聲時，利米的居民飽受其害，胡姆拉其他地方以及其他邊界地帶也都是這樣。他們開始「把邊界和自己能跨過邊界的能力，當做一種謀生資源來利用」。[24]即便工業化的中國和停滯不前的尼泊爾如此不對等，來自北方的道路還是為未來開啟了新的機會，並給人們注入了一種新發現的信心。加德滿都很遠；而中國，以及它所承諾的夢想，則是近上太多。

二

從古至今，大部分時候的貿易都是個人間進行的小規模交易，而不是由非實體的公司行號在執行。基礎型態貿易是以人際關係為基礎建立，而人際關係則促成了信貸措施和旅途往返間的相互依賴，其中信任是第一要素。

喜馬拉雅地區的貿易依照類似的情況出現。「不論是基於簡單的以物易物，還是在貨幣化經濟內運作的複雜多邊交易，這裡所談的社會貿易活動，普遍來說是個人事業，或者由朋友或血親組成的小團隊，集資進行特定的事業，」菲雷爾—海門多夫如此寫道。[25]隨著各地強制執行起現代式的邊界限制，上述貿易模式也戛然而止。但就如學者蒂娜．哈里斯（Tina Harris）所寫的，障礙也可能提供新機會，來得到「更多的高風險收益，好比說運輸違禁或者受限的貨物」。同時，「新的道路和鐵路，儘管一方面能讓人更簡單快速移動貨物及人員，但一方面也可能同時阻礙、分割，或者消去其他既有的地帶；游牧牧場的切割、其他通道的廢棄，或者群體的搬遷，都是這方面的例子。」[26]那些跨越邊境交易的人不斷尋找著新手段，來規避或者利用既有政策。哈里斯文章中的例子是兩個堂兄弟，他們從加德滿都提供基本貨品——「藥品、草藥，什麼都提供！（還有）磚塊、水泥。連砂也有！（還有）蔬菜」——到拉薩，做起邊境上的生意；當時是一九八〇年代，西藏仍處在未開發狀態。隨著競爭增加且西藏對觀光客開放，這對堂兄弟就轉做尼泊爾手工藝品交易。接著，隨著拉薩的建設工程開始爆發性成長，他們便提供鋼筋和水泥，但就算是這一門生意，隨著中國國內生產能力很快地趕上需求，他們也開始面臨競爭。[27]

二〇〇二年，尼泊爾和中國開始發行「邊界公民證」給住在邊界兩側三十公里內的人，把他們分類為「邊界居民」，並給他們在這三十公里內不用護照或簽證就可行動和工作的特殊權利。利米的人們就是以這份文件為基礎，一口氣在普蘭買賣、工作並居住好幾個月。在中國工作的尼泊爾人因此擁有「重疊的主權」。[28]研究喜馬拉雅一帶公民身分的莎拉．B．施奈德曼（Sara B. Shneiderman）寫道，「在好幾個世代裡，邊界公民都同時跟尼泊爾和中國的政策，以及西藏政體的特權交涉，向那些構成他們所住的邊界地帶的諸國索討權利——而不是逃避那些國家。」[29]

此外，人們也創造出新的經濟地理，來回應新的國家政策。在喜馬拉雅，中國「西部大開發」催生了新的經濟地理，該計畫於二〇〇〇年開始施行，意圖在六個省、一個直轄市和五個自治區加速發展，包括了中國西部的西藏自治區。「大部分的投資都用於開發交通運輸、能源、通訊及灌溉，以及在內陸地區改善都市基礎設施。」[30]據各方說法，這在西藏帶來了快速的經濟變化，其生產總值在一九九七至二〇〇七年間「增加四倍」，以及以「在維持小比例的第二級產業生產總值之外，產業的快速第三級化及建設熱潮」為基礎的成長。[31]這項政策最突出的部分是青藏鐵路這項工程偉業，但最重要的是，該政策是「強化國體與國族的計畫，用來更密切融入少數民族團體的新興『文明使命』，以及經歷二十年的分權與地方主義之後，對於中央國家控制的一次重新鞏固。」[32]

隨著新的政治現實成形並把這些前線地帶納入國家主權之下，跨喜馬拉雅貿易也將持續演變。尼中邊界劃清後，以鹽換穀的以物易物交易開始崩盤。從印度引入有接受補貼的加碘鹽之後，過往的商隊經濟幾乎沒有一點倖存機會。而利米這邊，早在一九七四年就已經注意到了另一種選擇。在邊界協議中止所有與西藏同業進行的不受監督的貿易後，利米的商人轉攻現代消費品進口，並把手工藝等物出口到西藏，其中利潤最高的是叫「夫魯」（phuru）的木碗。

二

我會注意到帕爾丹（Palden，這是個變造過的名字）是因為他的狐皮帽：它簡直就像從蒙古史詩中取來的。狐狸尾巴垂到他的左肩，皮毛貼合地戴在他頭上。帕爾丹搭在展銷會場的帳篷展示了利米人的傳統服裝。有一件帶金色飾片和刺繡的藍色袍子特別引人注目，那已有超過八十年的歷史。它的作工極佳，而它磨破的邊緣曝露了年代久遠。旁邊還擺著手工銀鑲邊的夫魯碗。帕爾丹的祖父同樣戴著毛皮帽，嘴唇下還垂著鬍鬚，看起來就像西藏版的薩爾瓦多．達利（Salvador Dalí）。他活靈活現地跟我解釋西藏男人在袍子裡帶著的不同工具：一把用來切肉的象牙柄刀、象牙筷子和菸草袋。他們的帳篷是用犛牛毛製成的繩索繫著。一個喝醉的當地人解釋這些繩子是怎樣地勝過現在較普遍使用的尼龍繩。

那天晚上，一等展銷會的忙亂過去，我就在一頂空蕩的帳篷內和帕爾丹坐一起。他看起來彷彿還沒二十歲，但他已經結婚且有一個孩子。他二〇〇五年被派到印度深造，二〇一四年回臥則來幫父母忙。「這裡沒有路，日子變得不好過。我們吃的東西不夠，」他跟我說。所以他做了過去二十年利米河谷大部分年輕男女都做過的事：他跨越邊界到普蘭，在一個建設工地當工人。他從車上把水泥卸下來，每天拿八十到一百塊人民幣薪資，如果營運建設工地的公司牢靠，有時候還可以拿到一百五十人民幣。若要在一個半小時內卸完一卡車的水泥，得要有五個人一起工作。「你得把一袋袋水泥堆得很妥當。跟尼泊爾這邊不一樣，這邊你東西隨便丟就好，」他說。

邊界身分證讓利米（以及胡姆拉）居民能在普蘭工作並居住。我在那邊遇到的每個人都有一段「普蘭工作談」：十三小時的輪班工作，沒多少休息時間；日薪從兩百至兩百六十人民幣不等，比官方定的工資低，但遠比尼泊爾的薪水高。男人從事更需要體力的工作，好比說建設工地，而女人則在家戶中擔任女傭或清潔工。有天晚上，我遇到一個來臥則看看有沒有人要繼續往普蘭去的人，他太太在那邊一個住宅區當清潔工。他們上次見面已經是好幾個月前。前一年冬天，她在德臧村生下了兒子，而那次分娩很辛苦。她康復後回到普蘭，而他則是去了加德滿都，他在那有開一間店。

中國和尼泊爾之間的物質條件差異，明顯到任何人都看得出來。你前往普蘭時（如果你是朝聖者的話，就繼續爬上會帶你去岡仁波齊的吉普車吧）跨過的尼泊爾邊界希爾薩，是一個幾乎杳無人煙、滿是沙塵的定居地，還有著當派出所用的鐵皮小屋。河對岸的混凝土巨怪，是中國海關與移民辦公室。普蘭還要再往內三十公里，正好就落在利米當地人獲准工作的半徑邊緣。就跟大部分的中國城市一樣，工程建設從社群媒體的眾多照片上看起來比較新。一排排混凝土結構，加上此地汽車、機車、卡車、公車來回行駛時的那種從容自在，都會讓你忘記這座城鎮位在近四千八百公尺的高處。

來自胡姆拉的尼泊爾人穩定移入此處：光二〇一八年就超過一千人。[33]二〇二〇年三月疫情導致邊界關閉時，有一百四十八名尼泊爾人被困在鎮上。[34]因為尼泊爾人數量增加，勞動市場有著明顯競爭，所以帕爾丹決定冒險做起生意。他和另外四個朋友用三萬人民幣租了一間店，是筆大投資。家族關係也有幫助；他的姑姑住在普蘭，他就在她那邊租了個房間，一年兩千人民幣。她幫他們打聽到了一間店面，他們就在那開始賣夫魯、念珠和衣物。接著他們五個人靠著頭幾年的獲利，包下了一間較小店面的租約，現在他們就在那間大約五乘五公尺大的店裡賣夾克。「Northface，」他說道，他指的是在這片山頂上取代傳統「巴庫」藏袍、已成為羽絨衣代名詞的運動服裝品牌。他們為了這間店每個月得再付兩千人民幣的租金。我算了算他的成本，問說他們到底有沒有賺。「一天五百人民幣，」他說，「給我們五個夥伴分。」

我想要更了解夫魯的買賣。舉凡西藏儀式都少不了光滑的楓木碗，而比較貴的碗還有鑲銀，刻著各種神話人物和符號。利米出產的碗聞名全西藏；就如「寂寞星球」（Lonely Planet）的一篇導覽所言，「連在拉薩，利米木碗標價也比其他地方製造的高。」但這種碗已經很少在利米製造了。帕爾丹和他這類夫魯商人，反而會去印度德拉敦（Dehradun）取得製碗需要的楓樹樹瘤。碗本身是在印度雕刻成型，然後用巴士帶到加德滿都，在那手工拋光整平。碗在利米上漆，然後帶去邊界另一頭的商店。碗的尺寸越大，鑲銀的雕刻越華麗，價錢就越好。小碗要價大約三千尼泊爾盧比，比較大的碗在普蘭可以喊到一萬一千尼泊爾盧比。利潤很高，但帕爾丹還是有那麼多夥伴得分錢。

帕爾丹的年度行程表讓我想起了朝聖者繞行岡仁波齊峰的轉經（kora）。他在普蘭待幾個月，然後冬天在加德滿都和德里之間來回，每年春天回到臥則。他也是現代利米與中國關係的一個範例：他為了各種因運輸產品跨越邊界而生的官僚瑣事協商，同時確保自己還是普蘭的模範市民，免得中國當局在他做買賣時找麻煩。同時，帕爾丹以及像他這樣的人，也象徵著他們得去協調的那種重疊主權。

帕爾丹讓我知道中國貨如何進入利米：普蘭有六個人代表利米的三個村，協調各自村落的需求。修路包商曼伽爾．拉馬解釋了普蘭的中國當局每年如何以價值三十萬人民幣的實物援助，來協助利米河谷。儘管中國同意在建設道路期間提供柴油，但利米當地人的「社會主權」也起了作用，每一戶人家支付兩袋小麥和兩袋米來籌措額外燃料，也用來租怪手清出道路。曼伽爾還跟我說，儘管邊界安全仍然是首要考量，但中國願意研究，來進一步與他們的各個地區合作。打從這十年的中間時候開始，兩國官方的年度會議都在胡姆拉和普蘭交替舉行。[35]

人的情況也跟產品一樣。利米居民藉著從中國側而不是從尼泊爾側「體驗發展」，[36]學會謹慎提防關係中可能的引爆點。帕爾丹跟我說，因為利米的人們照規矩過活，所以中國人覺得他們是「好人」。「中國人叫我們不要喝太醉，不要去舞廳。那樣講沒錯。如果我們死在中國，那就是他們的責任。我們少講話，又照他們的規矩工作。所以他們才喜歡我們。」助理副督察跟我說，中國當局向尼泊爾當局要求，低於二十或高於五十歲的人一個都不准越境當勞工。「尼泊爾人，他們在普蘭會喝醉作亂。如果他們被捕了，會變成外交方面的麻煩，所以兩國邊界當局彼此合作。」

不只如此，中國在邊境上會把自己的意志當作特權來強加於對方，但在尼泊爾其他地方也是如此。它除了對當局和居民日漸增加壓力，要求雙方都別讓西藏難民輕易通往加德滿都或印度之外，「它還明白警告〔利米居民〕，如果他們幫打算流亡的西藏人帶路或給予庇護，就再也無法獲准在普蘭做生意或勞動。」[37]二〇一九年六月，當普蘭一名中國婦女遭四名尼泊爾人殺害後，當地政府關閉了邊界，並遣返所有尼泊爾人。加德滿都和北京當局介入後，這項命令遭到廢止，但這件事證明了，尼中邊界上的行動自由仍將會是中國專屬的特權，以及中國的一項顧慮。「許多〔胡姆拉的〕人表達了他們對中國人佔盡優勢的憂慮，舉出了種種例子，像是哄抬價格，下令一個人一次只能拿一份食物，壓迫藏人，甚至每當胡姆拉商人的許可證上面有錯時就毆打他們。」[38]然而不可否認的是，胡姆拉的居民若沒有中國以及其食物進口，將很難自行維生，利米的居民就更別說了。「胡姆拉人任由中國人擺布，但也正是中國的供應讓胡姆拉人十分重視自身與中國的關係」。[39]

十年前，當我在某家總部位於加德滿都的報社工作時，少數從胡姆拉冒出的新聞報導，都和食物供應不穩以及聯合國世界糧食計劃署（World Food Programme）在該區分發米糧的工作有關。該區的首府西米科特還要好幾年才會連上國家道路網。胡姆拉被稱作是尼泊爾最窮困的地區，然而並不是。就那方面來說，利米河谷的人們在大部分標準下都算不上貧窮；他們半數在加德滿都有間房子，幾個人還移民到了紐約。這不是什麼新現象；一九七〇年代進行研究時住在利米的戈爾茨坦就寫過，「整體來說，就一九七四而言，利米在經濟上比較成功。居民採用的各種經濟策略產生了盈餘，讓他們之中許多人能在**遠高於**（作者加的強調）基本維生之上的水準運作。」[40]諷刺之處值得注意：在商隊經濟下，西藏西部靠著從喜馬拉雅較低矮山丘進口食物來勉強維生，結果就是讓胡姆拉群體相對地比較富有。但到了當代，邊界對面的基礎設施快速發展，「徹底反轉了以前的貿易不平衡」。[41]這樣的情況仍持續著；儘管老一代的人比較擔心三個村落人口向外移出的情況，但利米的「赤貧」卻很明顯只是加德滿都的想像。不過當地人是努力越過了好幾道關卡，才達到他們今日的境地。

隨著現代地緣政治和消費主義讓自古以來的以物易物經濟無以為繼，利米有些人率先開始採用會打破既有規矩的手段。西爾薩邊界關卡成為非法野生動物交易的關鍵地點。「隨著鹽貿易下降到僅存過往的一丁點，外加西藏古董到了一九八〇年代晚期也不再能輕易獲得，商人感受到，唯一的出路就是開發該區域最後僅剩的資產——也就是它的偏僻，那保障了一定程度的不可見性。用一名當地商人回想一九九〇年代的話來說，就是『許多人從事非法生意，但他們別無選擇。』」[42]關於一九八〇和九〇年代在這條遙遠卻開放的邊界沿線發生的野生動物交易，我聽過許多傳聞軼事，其中一件是說，雖然頭兩個村落的人賺到了錢，等到來自第三個村落的人加入買賣時，國家開始嚴加打壓，好幾個商人因此入獄並飽受損失。二〇〇六年達賴喇嘛呼籲停止使用虎豹皮製的袍子，對於降低需求也有著極大影響。當國家權力在西爾薩這類邊界關卡處有所擴權且改善監控，導致西邊更遙遠的山口（好比說拜疆的烏賴衣〔Urai〕）成為新的非法交易中心，也會凸顯出喜馬拉雅地帶種種正在轉變的現實。[43]

接著，中國的西部大開發為阿里地區帶來了快速經濟變化，並把利米的人們吸引到了普蘭。今日，該區是喜馬拉雅邊界地帶生活的範本。隨著中國的「開發大禮」持續在西藏過往的後方地區擴張國家權力，尼泊爾這一邊相對應的區域，即便連自己國家都沒提供援助，也正在透過現有的體制（這個體制賦予了當地人一種其他尼泊爾人鮮少擁有的重要性）學習開發新的經濟潛能。利米的「中介性」給了當地人民一個優勢——在別的地方都不可能發生的，一種由模糊公民身分和重疊主權所創造的機動性。

# 3 喜馬拉雅的一道柵欄

帕桑（Pasang）[1]和我在真正該擔心凍瘡的時候，討論著他那台200 cc中國力帆機車的優點。我們身處超過四千公尺的高度，周遭盡是一片白海。融雪正涓涓流入排水道，這條排水道沿著近十公尺寬的碎石路而行；在這趟從將近兩百公里外的博卡拉一路向北的旅程中，我遇過的每一條路，都沒有現在這條來得寬敞平整。當我騎在車上，邊抓著帕桑邊用手機拍下一段影片的時候，我心裡都還在想，這裡怎可能有這種路。尼泊爾的新道路是出了名的危險，但這一段從上木斯塘的喬薩村（Chhosar）到尼中邊界科拉拉（Kora La）的十六公里路，可說如夢似幻。由一間尼泊爾道路修建公司築的這條路，打破了那種人們老愛講的說法，說尼泊爾承包商在完工時程和品質方面遠遠落後國際同行。

路拓寬了，而且在幾個月前，也就是二〇一八年十二月時就蓋了蛇籠。南邊是安納布爾納峰（Annapurna）和道拉吉里峰（Dhaulagiri）的美麗山脈，狹窄的甘達基河（Kali Gandaki River）切開它們，創造出世界上最深的一道峽谷。南邊以外則都是白雪覆蓋的起伏山巒，雖然和八千公尺的高山相比是低了些也沒那麼陡峭，但還是十分壯觀。帕桑說，這些山丘到了夏天多半一片光禿。地理上來說，我們在青藏高原上；政治上來說，這裡還是尼泊爾。但這裡不是人們口中那個「北邊有翠綠丘陵跟山脈」的尼泊爾。這裡反而是沙漠國度，凜冽寒風每天下午從南方吹來，有時風速能達到每小時一百公里。高度及膝又多刺的錦雞兒灌木充斥在景色中，它們薄但多汁的葉子為牲口提供了秣料；經人謹慎管理的傳統共享水源灌溉法，讓這種徹骨寒冷氣候中的少數村落得以生存下去。在法國作家米歇爾．佩賽爾（Michel Peissel）一九六七年談木斯塘的一篇經典文章中，他的知己塔西（Tashi）聲稱，「木斯塘就像一隻死鹿那樣貧瘠」。[2]但走過灌溉方法極其精良的村落卡格貝尼（Kagbeni）、查郎（Tsarang）和革賀米（Ghemi），就會對那種讓五花八門的綠意——青稞、蕎麥、馬鈴薯——在這冰冷荒漠中小片小片生長的傳統知識體系嘖嘖稱奇。

先前的冬天十分難受。雪下得比過去幾年還大，大量牲口死去。[3]人們不可免地談起過去幾年變化無常的天氣模式，氣候變遷的迫切警告如今活生生出現在眼前。我抵達洛滿桑（Lo Manthang）的四月下午下起了雪；那裡是古代西藏王國木斯塘的首都，該國曾是尼泊爾諸王之下的一個自治王國，處在喜馬拉雅鹽交易的中心。雪持續下到晚上，當人人都待在屋內時（或許只有幾匹馬在外頭），這座城牆圍繞的知名城市也靜了下來。因為來自一個雨下起來像倒水還帶雷聲的地方，下雪的寂靜令我困惑。第二天，當我準備與帕桑騎車前行時，他告訴我要先預期邊界上會有「很多的雪」。

隨著帕桑和我在乃瓊（Nechung）山脊上越騎越高，道路現在變成一條白河。四月早晨弱到令人訝異的太陽，沒怎麼能消緩空氣的冷冽。我忘了帶手套來，帕桑則戴著露出指尖的手套。「你也知道，這些是夏天用的，」他對我說。他沒預料到會這麼冷——冬天的漫長陰影仍揮之不去。我只能點頭；坐後面的我試著靠他擋住冷風。我拉長了夾克袖子來蓋住指頭，但寒意依舊鑽進來凍著我的骨頭。機車的狀況看來比我們好很多，我便問帕桑價格多少。

「大哥，你覺得呢？」他問我。

我猜了個價錢。「一拉克〔lakh，譯註：指十萬，印度、巴基斯坦等國的貨幣計量單位。易讀起見，本書翻譯在對話部分保留本詞，此外直接換算為一般數字〕半？」

他笑了。「更便宜。九萬。我就付這麼多。」

那比我預料的要便宜很多。尼泊爾的關稅總使購買交通工具耗資甚巨。

「你怎麼有辦法那麼便宜弄到？」

「我在邊界上的市集這邊買的。我沒付關稅，所以才這麼便宜。但也因為這樣，我不能把車騎到上木斯塘以外的地方。可是啊老哥，在木斯塘上頭只有中國機車動得了。」

「真的？」

「沒錯。你弄印度機車過來，根本發都發不動。這裡就是沒有足夠的氧氣給那些機車用。但這些中國人，他們特地替這種高度做車子。它們一點問題都沒有。」

帕桑二十二歲，在博卡拉完成了十二年級測驗；他不想再念下去了。大部分時候，他會以一天一千五百尼泊爾盧比的工資粉刷洛滿桑的家戶。帕桑對於**歸屬於**木斯塘感到無比驕傲。我們停下來休息一下，並欣賞向南望去的景色——人到了這邊，得要習慣喜馬拉雅在我們南方的這種概念。他問了我好幾次，「不覺得這裡的風景比大半個尼泊爾都還好看嗎？」或者，「不覺得山從這邊看比從博卡拉那邊好看嗎？」我點頭同意；這時一輛吉普車從另一邊開下來。裡面的人們在這片廣大天地間看到我們倆，簡直嚇了一大跳。（那天後來我有遇到吉普車的司機；他說，即便這輛車是四輪驅動，他還是開得十分艱辛。當我跟帕桑說時，他大笑的反應彷彿在說，「這些外地人知道個屁啊？」）

前個晚上，當我討論起這趟兩人邊界遠征時，他似乎有所避談。但在這上頭，在青藏高原的空寂中，在這個由密宗和跨喜馬拉雅貿易所塑造的古老王國的曾經所在地，在這個今日被一個超級大國三面包夾的地方，帕桑就無所不談。我們繼續討論機車。那是台小車，與它在如此高度的性能實在不搭。它是在此處邊界上每年舉辦的兩場展銷會的其中一場買的。然而，儘管在青藏高原以及利米河谷等高地上，各處定期都會舉辦以物易物的展銷會，但今日在木斯塘的展銷會「是以現金來居中交易，由中國行政機關所監督指導，且每年春秋只在邊界的西藏側舉行（在里孜，藏語稱Likse）」。[4]十年前中國人單方決定在西藏舉辦，在那之前，展銷會都還是尼泊爾、西藏兩邊輪流。

我問帕桑，在展銷會還能買到什麼。「食品、餅乾、啤酒、電視。」要怎麼在那邊買電視？「就跟買機車一樣啊。如果加德滿都那邊一台四十吋的電視賣你八、九萬尼泊爾盧比，這邊你三、四萬就可以買到。」外國人都不得前往展銷會。帕桑說，木斯塘那些主要來自西方山區羅爾帕（Rolpa）和盧庫姆（Rukum）的修路工，也會來展銷會買便宜的酒。人人都要遵守中國規矩。「這就包括在特定指定時間經由科拉拉邊界口進入中國西藏領域，揭露生平資料並被拍照以加入聽哥拉〔tsongra，也就是展銷會〕的專屬資料庫，帶著中國邊境守衛提供的基本身分非正式文件，並捨棄任何私人物品，好比說項鍊和繪有達賴喇嘛的盒式吊墜……只要配合這些條件，就算連護照或者任一種尼泊爾國家身分證件都沒有的訪客，也可以進入中國領土，從科拉拉邊境站開車、騎車或走十公里的路，來到里孜的聽哥拉會場，並在（一次可達好幾周的）展銷會期間停留。」[5]

這些展銷會上的買賣大半是單方向的。帕桑想了半天，都想不到有哪個尼泊爾的東西賣給中國人過。二〇一六年八月，中國提前三天關閉展銷會，同時提及交易量低落。同年，尼泊爾海關表示尼泊爾並未出口任何貨品至中國。翌年，中國當局開放邊境十天，期間當地人蜂擁越境購買必需品。儘管道路從博卡拉通來之後，就大幅減輕了民眾對中國的依賴，但當地人很明顯還是愛買中國製的毯子、保溫瓶和機車。「大家在展銷會開始前就會打給邊界對面的聯絡人，把需求告訴他們，」帕桑說。

我們現在在一條緩緩傾斜向右轉的山脊上。在我們的左邊是一座古老的覆缽式塔遺跡，傳統上，人們都把這當成西藏和木斯塘王國的邊界。現在的邊界坐落於大約一點五公里外。當我們繞過塔時，在一段距離外，在一整片純潔的白色風景前，有一座巨大的混凝土結構，後來發現那是正在興建的中國移民海關大樓。[6]我看得出警衛室的兩側，各有一道帶刺鐵絲柵欄鋪設在雪地中。在科拉拉這片廣大的高原（不像傳統定義上的山口，而是一塊從乃瓊河谷突起的高地）上，這座混凝土巨物彷彿天外飛來一筆，是在這片嚴酷美麗地形上的一座巨大人造異物。造型上，它跟中國人在拉蘇瓦蓋的海關大樓滿像的。但蓋在這麼高的地方，似乎也象徵著中國冀望征服自然力量的意圖，就跟解放軍在西藏最初的幾項任務包括了在不毛之地設立第一座國家農場的意思一樣。[7]

4660公尺高的科拉拉，是喜馬拉雅海拔最低的邊界關卡之一。對喜馬拉雅大眾曾經仰賴的商隊貿易來說，此處曾經是關鍵要地，而現在這裡也是尼泊爾「國家榮耀」基礎建設計畫[8]中「甘達基河公路」（Kali Gandaki corridor）的起始點。這條公路，就跟其他從中國邊界下來的道路一樣，意圖創造一條經由尼泊爾連通中國和印度的運輸路線，但它也將藉由開放尼泊爾北方對中國的邊界，來切斷新德里對加德滿都的經濟影響力。然而，科拉拉的偏低海拔讓中國特別謹慎，因為北京的邊界管控弱點，過往就是在此處最為明顯。

## 二

一九九九年十二月三十日晚上，有兩輛休旅車在漆黑的青藏高原上飆向科拉拉。十二月三十一日清晨，其中一輛車開過了科拉拉的界碑，跨進了尼泊爾領土，然後就停住了。當時那邊沒有路，所以「他們下車，把車託給邊界附近在木斯塘這一側的某個家庭，跟他們說他們過幾天會來拿車」。[9]一部紀錄片顯示中國邊界官員第二天早上發現了那輛車，便把它開回中國然後燒了。[10]在尼泊爾，一個接應組幫助逃亡者前往洛滿桑。一周後，二〇〇〇年一月五日早上，十四歲的伍金赤列多吉（Ogyen Trinley Dorje），又稱噶瑪巴（Karmapa），藏傳佛教噶瑪噶舉派（Karma Kagyu）最高領袖，在印度達蘭薩拉（Dharamsala）現身，於媒體人面前公開露面宣布，他逃出了西藏。[11]

多吉能逃脫實在不可思議，因為他是唯一同時被達賴喇嘛和中國共產黨承認的高階轉世西藏喇嘛。根據他的正式聲明，「離開家鄉、寺院、僧眾、父母、家庭和西藏人民，完全是我自己的決定——沒有人叫我走，也沒有人要我來。」

中國的回應一開始很謹慎。北京說他在擔任住持的楚布寺留下一張字條，說他離開是為了從錫金的隆德寺（Rumtek monastery）帶回對教派儀式非常重要的「黑帽」法冠。「根據北京的說法，噶瑪巴表明了他不打算遠離或者『背叛祖國』。」[12]同時，中國情報人員在噶瑪巴逃跑後盤問了「在尼泊爾的人們」，也逮捕了楚布寺的要員。[13]尼泊爾官員也在他逃跑後，打壓了加德滿都的西藏難民。[14]

接著，印度當局開始起疑。一位著名的安全分析師兼前情報官員巴胡庫湯比・拉曼（Bahukutumbi Raman）的文字，捕捉到了印度當局的整體憂慮：「〔噶瑪巴〕真如他自己所聲稱，是在甩掉中國人之後偷偷逃走的，或者說，那其實是由中國情報單位安排的套招脫逃，目的是在追隨達賴喇嘛閣下的信眾間製造分裂，破壞他的權威，並把噶瑪巴塑造成從『達賴喇嘛閣下死去』到『中國共產黨藉由精心安排轉世靈童的認證而選出繼任達賴』為止的這段期間的藏傳佛教徒過渡領袖？」[15]幾年後，當他所在的印度寺院被找出一大筆中國貨幣時，擔心他是「北京代理人」的疑慮又再度浮現。

印度當權派並不信任多吉，於二〇一八年宣稱他並未告知新德里要入籍多明尼加一事。德里官方甚至連以下這番話都說了出口：「印度政府並不承認伍金赤列多吉為第十七世噶瑪巴喇嘛。還有其他競爭者。」[16]不過，西藏人和達賴喇嘛對他的背景及反中立場都沒什麼懷疑，而他的照片也掛在尼泊爾各處（以及木斯塘）的賓館、餐廳和住家中。但以本書的目的而言，重要的地方是在於，噶瑪巴的出逃，導致那道鐵絲柵欄不祥地立在科拉拉邊界的中國側。

在木斯塘這邊，出逃產生的效應很明顯。一名在噶瑪巴出逃幾個月後抵達邊界的尼泊爾記者跟我說，他造訪時柵欄還沒冒出來；然而到二〇〇〇年時，柵欄便已就位了。今日，這道柵欄從二十一號界碑一路延伸到二十七號，距離共二十二點二公里。二十四號界碑對面，就立著海關辦公室兩層樓高的混凝土結構。太陽能板排在一邊，還有一台閉路電視攝影機向著尼泊爾。「不論在地上或從天上看，今日木斯塘—西藏邊界的特色是水泥柱、帶刺鐵絲、太陽能板和閉路攝影機，而不是開闊的草地和高山溪流，」二〇一四至一五年在木斯塘進行研究的地理學家蓋倫・莫頓（Galen Murton）如此寫道。[17]四年後，中國對於大型混凝土建築的偏愛，是跨喜馬拉雅高原最顯著的存在，抗衡著刻劃出這片高山高原的殘酷自然力量。

二

當帕桑停好力帆機車時，前輪跨進了真空地帶。他就跟我一樣，對海關大樓的興建速度感到驚訝。工程於二〇一七年開始，而這棟複合式大樓的外殼在一年內就完成了。柵欄上掛了幾件衣服在曬。我問帕桑，有沒有人住在這邊。「不住這裡，他們的駐紮站在差不多四、五公里外，」他說。後來在洛滿桑，有一名警官證實了這個說法。「冬天他們就停工，」警官跟我說。從柵欄變成曬衣繩看來，他們已重新開工，但看不到有工人在的跡象。「他們蓋了地下宿舍，」當我問帕桑時他這麼說。我就姑且信信吧。

我們擺姿勢拍照，留意別讓自己看起來太好奇中國人在幹麼。有人警告過我，「他們」在邊界對別人的玩笑不會輕鬆以待。「他們如果看到什麼可疑的，就會從邊境站開過來，」一名保安官員跟我說過。我小心翼翼地進入真空地帶並拍了幾張照。我不知道柵欄有沒有通電；我不想冒這個險。我心裡想的是，一支四輪驅動吉普車隊正從高原的另一頭飛馳而來，來看看這麼個大冷天裡這兩個傻子在外面幹麼。

二十四號界碑是一個水泥塊，差不多膝蓋那麼高。在尼泊爾這一側，天城文（Devanagari）寫著「尼泊爾」，另有紅字刻著維克拉姆曆（Bikram Sambat，譯註：尼泊爾官方曆法）二〇一六年。中國這一側則是「中國」兩個漢字，以及劃定兩國邊界的公元一九六二年。這座界碑標記了尼泊爾領土的界限，象徵了尼泊爾側的「領土化」。[18]最靠近這裡的尼泊爾國家象徵，是大約三公里外的一面觀光招牌，指向一片冰成湖；至於最靠近這裡的設施，則是近二十公里外喬薩的一間派出所。

「為什麼尼泊爾不能也蓋一棟那樣的東西？」帕桑問。我猜他知道答案，但這個提問是基於更深層的想法。上木斯塘各處的當地人都跟我說過，中國人會定期拜訪他們的村落和寺院（還吃了達八〔dal-bhat〕！），但尼泊爾人除了展銷會之外都不准跨過邊界。帕桑繼續說道，「之前，離邊界大約一公里的地方有過一個尼泊爾邊境站。他們建在那裡是因為那邊有水。邊境站不在邊界上是什麼道理啊？」關於他說的這個站，我沒找到它存在的證據；或許他指的是那座老覆缽式塔，在那附近有一個「尼泊爾入境口」，到二〇一五年被當地人拆毀之前都立在那。[19]二〇一二年的一個雙邊協議把科拉拉定為六個將升級為尼中邊界陸路口岸的「貿易點」之一。[20]二〇一五年，在印度實施經濟封鎖後，兩國簽署了另一份協議，藉由興建海關辦公室，把七個傳統貿易關卡加以升級。接著尼泊爾政府在喬薩——以曾經住著僧人的古代洞窟系統而為人所知的村落——取得了土地來興建海關移民辦公室，而該單位也將讓警察和武警人員居住，後者負責邊境安全。當局也持續討論在科拉拉興建陸路口岸。[21]然而，今日存在於喬薩的就只有一個警方檢查站，就只負責禁止外國人離開該村前往更遙遠處。

興建通往邊界的道路，讓尼泊爾能將上木斯塘「領土化」。一九九二年以前，外來者還不得進入該區域，而國家的存在感也有限。然而，我聽人說「中國人可以輕鬆來到這邊，而尼泊爾人卻禁止跨進『他們』那邊」的次數，揭露了一種對中國與主權的更深刻顧慮。在楚桑（Chhusang）這個前往上木斯塘的入口，當地人談著中國人的財富（「他們邊境官員開的車比我們總統還好」）以及他們旋風式造訪木斯塘（「邊界大門要聽他們命令才會打開，而不是聽我們的」）來暢飲蕎麥烈酒。在洛滿桑，有個當地人說，他們怕去邊境。「萬一他們開槍打我們怎麼辦？」

說中國保安官沒事就開槍是有點誇大，[22]不過，未來將成為連通之地的科拉拉邊界，如今卻展現出一種禁區般的狀態，這個現實就告訴了我們，雙邊關係目前有多不平等。甚至連興建柵欄都是中國的單方動作，「依據中國側的特權，最終封閉並分隔出一個跨邊界空間」。[23]儘管中國官員的木斯塘一日訪程不一定都違反規定，但他們的官員卻可以輕易進出尼泊爾；然而另一方面，尼泊爾官員和當地人卻不能這樣，而這一點也是意義重大。像尼泊爾這樣比較弱、比較貧窮的國家，沒有資源在喜馬拉雅這個第四世界空間——既不贊同現代地圖學傳統也不贊同現代國家規範的傳統本土空間——掌管自己的主權。它透過興建道路和其他機構，拚了命把木斯塘這種一度排除在國家發展進程外的地區納入國家範圍內，同一時間也面對著另一邊的一大全球強權——而尼泊爾正嘗試和這頭龐然巨獸打造一種有別於它跟南方另個巨大鄰居的關係。

就想想洛滿桑的當地警力吧。那時最高階的警官是一名副督察，而他們是以一棟原本指定當作農業部門的建築物為據點來執行勤務。他們自己沒有交通工具，所以跟當地人借中國機車（警察們也對這些機車讚不絕口！）。一名警官對前個冬天大發牢騷，當時牲口就像蒼蠅那樣整批死去，而他和警隊得要穿越及膝的積雪跋涉到遙遠的別村去。「如果國家想在這裡維持存在感，它必須提供設施給我們，」他說。這地區包括邊界關卡在內的大部分地帶，有半年會被雪困住。「如果一年要關六個月，設海關辦公室有意義嗎？」

我問他中國官員越界進入木斯塘的事。他們會這樣啊，他說，但一定會先獲得尼泊爾保安官員准許。「但我們這邊沒有任何動作。」木斯塘居民理想中應該要獲准在中國工作，就跟胡姆拉和其他邊界地區的情況一樣。但另一方面，中國人單方面決定這個地方不用這套辦法。儘管沒有給出正式官方理由，但可以推測，是因為木斯塘過去與西藏反抗游擊隊「康巴」的來往所造成的敏感問題。「此外，最近的大型聚落離邊界有將近六、七十公里，而中國人不准我們前往那裡，」警官說。

他告訴我一個故事，說一名中國官員未獲准就前往洛滿桑，當地警察遣返他之前，將他拘留了大約一小時。他敘述這故事時臉上有種喜悅的神情——重述這事讓他開心，就好像那是種對抗頑固中國的勝利。「邊界官員們怕事情上到高層，所以那名官員帶著一名督察回來道歉，說他們從今以後會先獲准再來。接著他們說我們未來必須合作。」我們邊啜飲著有點甜的紅茶邊齊聲大笑；在這片刻的幸災樂禍中，我們身為尼泊爾人而團結一心。

二

如此看來就很明顯的一件事是，中國把科拉拉邊界當作例外，需要有別於其他邊界關卡的規矩。「木斯塘—西藏邊界的邊界公民權徹底不同，而且主要是一種拘束措施，而不是流動措施，」莫頓如此主張。[24]這種挑選過的拘束是木斯塘現代歷史的結果，也是中國控制其喜馬拉雅邊界時，所面對的獨一無二挑戰。

一九六四年，法國作家米歇爾．佩賽爾開始進行一趟堅苦卓絕的旅行，帶著隨從翻山越嶺來到上木斯塘。那時是武裝西藏反抗運動的鼎盛時期，而木斯塘是游擊隊的基地。「儘管中國西藏和木斯塘的邊界在西方圈子裡被當作一道頑強的屏障，但對洛〔滿桑〕的居民來說，其實它只是一種模糊的概念。他們相當自由地在中國領土和自己的土地間來回；而康巴〔西藏反抗戰士〕和中國人則是各坐一邊，枕戈待旦。」[25]佩賽爾寫道，木斯塘的居民被康巴游擊隊嚇到了，儘管他們在族裔上是類似的。當「馬嘉」（magar）也就是康巴軍營遍布該區域的同時，跨喜馬拉雅貿易因康巴偏好搶劫商隊而下滑。當康巴游擊隊員找佩賽爾拿藥的時候（大部分是因為腹痛），對他的提問都含糊以對。康巴游擊隊也圍攻村落的牧地。佩賽爾的一名腳夫慈仁（Tsering）就憤怒地抱怨，「他們偷我們的牛、拿走我們的木材，還阻止我們在高地牧場上牧犛牛——他們用來養他們自己的馬和犛牛。」[26]然而，另一名歷史學家則說康巴游擊隊是由木斯塘王所支持，而他們與在地的關係則沒有一定。儘管他們在木斯塘大小河流上蓋的橋受到大家歡迎，他們對用品和家畜家禽的需求，卻是對當地資源的嚴重榨取。但也有些康巴游擊隊和木斯塘女孩結了婚。[27]

第一批康巴游擊隊在充滿魅力的領袖巴巴・葉西（Baba Yeshi）率領下於一九六〇年初抵達木斯塘，但他後來會和反抗活動分道揚鑣。葉西從西藏逃到錫金之後，又搭機前往加爾各答和美國中情局代表見面，接著又去了大吉嶺和西利古里（Siliguri），之後便去了尼泊爾。從一九五〇年代中期就一直在協助西藏內部武裝反抗的中情局，在加德滿都提供了三套無線電設備給葉西。「三套無線電裝在外交郵袋內抵達加德滿都」並交給了第一批徒步前往木斯塘的十二名康巴戰士。[28]

到了一九六〇年秋天，已有幾百名反抗軍抵達木斯塘，儘管中情局只同意支援四百名戰士。一九六一年三月，當時的總統約翰・甘迺迪（John F. Kennedy）批准了第一次空投。次月初，有兩萬九千磅（譯註：約十三點一噸）的武器彈藥——「手動槍機春田（Springfield）步槍、加上四十挺布朗（Bren）輕機槍以及混在一起的四十把M1加蘭德步槍（M1 Garand）跟卡賓槍（carbine）」[29]——空投到木斯塘。佩賽爾寫道，美國也試圖在木斯塘設立幾個監聽站，但尼泊爾並不贊成。[30]康巴游擊隊沿著尼中邊界設立了好幾處軍營，但木斯塘還是反抗的中心地帶。

長久以來，人們解釋為何選擇木斯塘作為西藏武裝反抗主根據地時，都認為這決定是出於便利性，而上木斯塘居民（又稱作珞巴人〔Loba〕）和西藏人在種族、文化和語言的相似也推了一把。其他人也主張，木斯塘那時還是尼泊爾底下的一個自治王國，而且「不良的交通與通訊網嚴重限縮了尼泊爾政府的控制程度」。[31]然而這類推論並沒有給出一個全貌。明明當時誰都知道美國人一直從加德滿都郊外的休茶塔（Syuchatar）飛行場空運補給品給游擊隊，尼泊爾當局居然會不知道有武裝反抗，這說不過去。研究西藏的歷史學家卡蘿・姆格拉納漢（Carole McGranahan）也寫道，儘管尼泊爾政府表示完全不知西藏反抗行動在自己領土上運作，「但私底下，尼泊爾國王一九五〇年就先跟美國政府說，他願意援助西藏」。[32]康巴游擊隊一九七四年投降後，前尼泊爾內政部官員坦姆拉・烏克雅布審問過他們，他跟我說，有些戰士和蘇利亞・普拉薩德・烏帕迪亞伊（Surya Prasad Upadhyay）有聯繫，此人是尼泊爾大會黨領袖，在馬亨德拉王於一九六〇年解散的第一個民選政府中擔任過內政部長。

馬亨德拉王也不太可能對於木斯塘發生的事一無所知。他在好幾次公開造訪行程中去過西藏難民營，甚至見過反抗軍指揮官巴巴・葉西，後者還在營地「把西藏矮種馬送給國王」。「國王也發表演說，鼓勵西藏人反抗共產主義，那被他描述為尼泊爾與西藏的共同目標，」西藏歷史學家茨仁夏加（Tsering Shakya）寫道。[33]他也提到，尼泊爾政府要西藏人幫忙在下木斯塘的喬姆松（Jomsom）清出一條跑道，而那跑道今日都還是該地區唯一的機場。

尼泊爾對於中國企圖說服邊界沿線族群往西藏靠攏（就如在利米看到的情況）的焦慮，有助於引發對西藏流亡者的支持。[34]接著有一件火上加油的事，就是一九六〇年六月中國在木斯塘邊界上的犯行，當時解放軍對尼泊爾軍的一支小分隊開火，殺害了一名士兵，還拘禁了另外十名。後來稱作「木斯塘事件」的這段過程，當時立刻讓加德滿都對中國起了戒心。已退休的英國將軍山姆・考溫（Sam Cowan）指出，「尼泊爾政府所察覺到的、第一個顯示麻煩逼近前線的跡象，是六月二十六日晚上來自印度大使館的消息。」[35]這則從某印度陸軍前哨發布的無線電消息，是「邊界突然出現大量中國部隊」後，呼求部隊增援。[36]六月二十八日，一組包括尼泊爾軍事人員和一名海關官員共十七人的團體，朝科拉拉出發：「靠近前線時，他們看到了據他們日後所言多達兩千名的中國軍人。在離邊界三百碼〔譯註：約兩百七十四公尺〕不到的地方，他們遭到射擊。薩比達・班・普拉薩德（Subedar Bam Prasad）遇害，還有另一人受傷……包括傷者在內的十人以及馬匹，都在解放軍控制下挾往西藏，薩比達的遺體也被帶走。隊伍有六名成員逃脫現場，而能把消息帶到外面世界。」[37]

那時的尼泊爾首相比休維休瓦・普拉薩德・柯伊拉拉（Bishweshwar Prasad Koirala）於六月二十九日寫信給中國總理周恩來，要求道歉以及立即釋放士兵。周恩來六月三十日的回應讓我們知道，北京並不清楚發生了什麼事，因為他寫道，「中國政府十分關切本事並立刻連絡當地當局找出事情真相……如果閣下信中提及的一名尼泊爾國民遇害之不幸事件為真，中國政府將深表遺憾。」[38]

一開始，中國駐印度大使（兼尼泊爾大使）潘自力問加德滿都，「尼泊爾人怎麼確定是中國士兵要負責？」並主張發起攻擊者可能是西藏「匪徒」。[39]中國接著立場一轉，主張事件是發生在中國境內，「在科里山口〔Kore Pass，譯註：科拉拉的別名〕北方一公里處」。儘管如此，周恩來仍試著安撫柯伊拉拉，表示中國部隊「粗心」並對該事件表達了「深刻遺憾」。

中國部隊會出現在邊界頗令人費解，特別是因為，讓長達二十公里的邊界兩側都成為非軍事區的尼中協議，才在不過幾個月前的一九六〇年三月簽訂。當時一份日後解密的中情局報告顯示，在印中邊界糾紛之後，中國在立場上格外小心。當部隊抱怨說，「如果鄰國武裝人員不聽我們警告，又大膽傲慢執行入侵，我們要怎麼辦？」北京要他們別猜測，而如果真的發生對抗，他們要「等待高層指示」。[40]木斯塘的事件似乎讓他們屈居下風，特別是周恩來又寫到，他們是從外國新聞報導才得知事情。此外，潘自力大使問起尼泊爾怎麼確定背後是中國指使，就只會揭露喜馬拉雅散不開的不確定之霧，「是個絕佳的防守姿態」。[41]北京有情報得知西藏反抗軍在尼泊爾和喜馬拉雅邊界地帶活躍，但完全不知道人數。「這樣的資訊一直從被捕的藏人那邊流入……不論有沒有過於誇張，這消息勢必讓士兵感到緊張。」[42]

柯伊拉拉和周恩來持續通信，但中國立場始終不變：中國會賠償人命損失並交還遭監禁者，但當初部隊並沒有跨越邊界。中情局寫道，關於越界這點中國不會讓步，因為「讓了的話就等同於承認中國犯下了入侵行為」，[43]而當時中國正在控訴印度入侵喜馬拉雅邊界，此時若承認這點會使外界對中國觀感不佳。另一方面，比休維休瓦・普拉薩德・柯伊拉拉依舊認為事件發生在尼泊爾境內，且「沒有什麼能讓陛下政府有理由去改變事件發生在尼泊爾領土上的立場」。[44]

考溫主張，中國所謂士兵在科拉拉北方一公里遭槍擊的敘述是錯的，而事實上，根據照片和領土地圖，尼泊爾隊伍當時其實是在尼中傳統邊界向內兩公里處。一九六二年的邊界劃定，從邊界關卡算起，把邊界進一步向北推了二點七七公里。

事件在加德滿都引發了好幾個疑問。中國隊伍幹麼在離邊界那麼近的地方違反幾個月前才剛簽訂的協議呢？一名學者主張，當比休維休瓦・普拉薩德在某條連接加德滿都和拉薩的道路計畫方面給出非承諾的回應，並靠著宣傳聖母峰爭議（見第七章）來提升他身為國家主義者的分量，進而使「中國人為此對他惱火」之後，木斯塘事件便成了對柯伊拉拉的一次「有克制但用意明顯的譴責」，並「提醒他中國多麼容易就能沿著邊界製造難題」。[45]但這可能不是真的，因為兩邊幾乎都在第一時間就試著緩和局面，雖然說是各行其是。歷史學家蘇曼．瓦西夫．汗（Sulmaan Wasif Khan）反倒主張，加德滿都同意了北京的解釋，也就是解放軍部隊是因為藏人的關係而被迫前去邊界，還告訴潘自力大使，「他們不介意中國人靠近邊界……他們要的就只有事前通知；他們甚至還可以幫忙……藏人危害了中尼友誼，反倒觸發了能讓兩國彼此更接近的外交行動。」[46]但就如我們接著會看到的，這恐怕也不完全為真。

中國這套西藏「匪徒」的解釋並沒有說服力，特別是因為，西藏武裝反抗部隊一九六〇年六月根本還沒開始抵達木斯塘，儘管加德滿都已經被鎖定為反抗勢力中心。然而，過去已有西藏人利用木斯塘路線逃脫的前例，好比說一九五九年某次在西藏進行的任務中止後就有用過。[47]考溫主張，投入部隊可能是為了「保障並封閉邊界地區，藉以讓中國在此建立控制並昭告眾人」。[48]蘇聯領袖尤里．安德洛波夫（Yuri Andropov）一九五九年三月的一份報告清楚詳述了中國的憂慮：中國認為「給予西藏的援助，包括大砲和機槍在內，是從印度經由尼泊爾而來的」。[49]在邊界模糊的喜馬拉雅迷霧中，這次事件可能只是中國部隊在一條十年前才來主張存在的邊界上，因為戰戰兢兢而發生的誤算。[50]

然而，事件過後，北京就打退堂鼓了。中央情報局根據藏人從解放軍士兵擄獲的文件如此寫道：「木斯塘事件損害了北平的『外國政策之爭』，程度足以刺激中國領導群下令西藏軍區司令部**加強**灌輸避免邊境駁火的觀念……它的中心主張為『當前，西藏邊界沿線防衛基本上是一場政治鬥爭以及一場外交關係鬥爭』。」中情局寫道，北京認為印度會利用邊界上的此類輕忽大意，來「創造危機情況……開發藉口，寫許多文章並煽動反中反共情緒」。報告表示，中國藉由在邊界上克制行動，希望讓他們的「挑釁和伎倆在政治上無法施行」，而得到一個「明確的外交政策優勢」。[51]

中情局的報告，還有蘇曼．瓦西夫．汗根據中國資料來源的分析都指出，北京在事件當時，正奮力主張在喜馬拉雅邊界地帶的主權。沒什麼證據顯示中國刻意想要招惹尼泊爾；雙方關係穩定而和睦，柯伊拉拉不久前才結束一趟重大國是訪問回國。反倒是喜馬拉雅的地理、自古以來的流動邊界、當地主張的公民身分，再加上中國對於西藏情勢的神經緊繃，都迫使它動手做出它該要抽手的武裝對峙。「在西藏邊界地帶，中共發現自己確實是個弱國——至少在一九六一年開始強化控制西藏之前都是。」[52]西藏對抗共黨統治的鬥爭一旦爆發，北京就開始在該區增加部隊和監視，但同時也追加了驅逐政策。喜馬拉雅地帶的身分認同過往一向都流動不定。一個人可能是來自拉薩的內瓦爾人，來自木斯塘的藏人，或者就只是來自利米的游牧人。貿易和畜牧生活一向都遵循傳統疆界標記，並仰賴在地理環境天然設限下僅能經由少數關卡通過的開放邊界。當北京在這些區域的軟弱變得明顯時，它便開始箝制通過上述關卡的移動。木斯塘事件成了日後中國在喜馬拉雅行動的一個樣板；「中華人民共和國在自身周圍畫起一條更粗、更深的定義線」。[53]

將近四十年後，噶瑪巴的出逃使中國確定會持續把木斯塘視為需要排除和遏制的地區，也因此，北京才會在這塊保衛喜馬拉雅前線時就會麻煩起來的邊界地區，行使單方向的特權。然而，儘管中國有這種安全顧慮，還進行了打斷該區域傳統生計的單方舉動，木斯塘當地人還是於二〇〇二年主動連通了一條從科拉拉直通洛滿桑的泥土路，那條路如今為了商業往來而拓寬，還讓帕桑和我在上頭凍著手指騎著那台讓我們稱讚不已的中國機車。就跟幾乎十年前在胡姆拉的情況一樣，木斯塘的頭幾條路並不是連到尼泊爾，而是連到中國。

二

一九九〇年，當畢蘭德拉王（King Birendra）造訪洛滿桑時，當地村民向他請求三件事：「一條從博卡拉到木斯塘的車道，在洛滿桑設立公共供電系統，並中止上木斯塘的限制政策」。[54]這些事情村民在五年前國王造訪時就請求過了。在這三方面，限制政策直至今日仍在施行中——非尼泊爾人若要前往上木斯塘，十天最少得要付五百美元——而洛滿桑要到二〇一二年後才有路連通到南方；在此同時，中國則是於二〇一五年撥款設立了一座七十千瓦（KW）的太陽能發電廠。[55]

然而，二〇〇〇至二〇〇二年間，當地人合力興建了木斯塘的第一條路，一條二十公里長的泥土路通往邊界的科拉拉，其中該地區六個村落的發展委員會各出了352,000尼泊爾盧比。[56]中國卡車開始從北方攜帶著建材和消費品入境，同時尼泊爾的木材則被偷偷運回到洛滿桑。「以後卡車唯一要付的稅，就是地區發展委員會〔District Development Commitee，DDC〕在地方自治法的授權下，可能很快就會引入的過路費。」[57]

要了解當地的自主決斷，就一定要知道歷史脈絡：自從木斯塘的西藏諸王於一七八九年變成廓爾喀沙阿之下的自治君主後，木斯塘面對加德滿都就有著半自治關係。[58]木斯塘諸王獲派保衛西藏邊界的工作，他們的士兵參加了對西藏和中國的戰爭，而他們只要每年納貢929尼泊爾盧比和五匹馬，就可以自行治理王國。[59]一八二〇年代的某個時候，加德滿都還要求用木斯塘王國來交換西藏的普蘭。有人說西藏當局曾「認真而贊同地」考慮過這個提案，但清廷在北京那頭駁回了提案，說「王土不得交換」。[60]到了一九五一年沙阿諸王重新掌權時，木斯塘的諸王出了幾個村落之外幾乎毫無權力。一直要到康巴游擊隊在木斯塘設立基地後，加德滿都才開始意識到那裡的問題，並禁止任何外國人前往該區，直到一九九二年為了觀光目標而修改限制政策，所以才有了那五百美元的收費。

身為那種中間地帶的居民——而且不只實質意義上，在地緣政治上也是中間地帶，牽扯糾纏於尼泊爾的對外摸索，但又沒有得到任何回報——如果感到失落，也是可以理解。一直到今天，這裡仍與尼泊爾的全盤大局保持脫節。「加德滿都為我們做了什麼？」是我在洛滿桑反覆聽見的一句話。有一個人指著自己的太陽能電池說，「中國人為我們做的比尼泊爾多。」中國也利用了二〇一五年的地震和國境封鎖事件來給予木斯塘援助。「我們領到的水泥砂包，比當初要求的量還多。中國的慷慨讓我們相當驚訝，」當有報導揭露尼泊爾要了一千兩百袋建材及食品但中國送來七千八百袋時，有位政府官員對一家報紙如此表示。[61]如今，中國的國際發展合作署，在「北部地區邊境發展計畫」（Northern Region Border Development Programme）之下，將於喜馬拉雅鄰近西藏的十三個地區資助十五個試驗性計畫，其中就包括了木斯塘。雖然加德滿都當局越來越願意接受尼泊爾邊界地區獲得更多中國援助和投資，但「中國援助的附帶條件絕大部分都是關於身分、遷移和圍阻的社會政策，那些都對藏族人有著嚴重不良影響」，在木斯塘就是這樣。[62]

最能看出木斯塘居民的願景和那些尼泊爾「內地」人天差地別的一刻，就是當某名警官跟我抱怨他在管區內有多辛苦，並把他的辛勞和他想像中當地居民比較輕鬆的生活拿來比較的時候。我建議雇用當地人當警察看看，他直接否決說這辦法不行。他說「這些傢伙，他們會講他們自己那種話，我們甚至連他們在幹麼都不知道，」並講起邊界兩頭都說藏語的事。「但也沒錯，如果政府可以給我們藏語訓練，我們在這邊保證可以表現更好。」當我問他木斯塘居民會不會在中國工作時，他對當地居民也有著一樣的輕蔑。「就算他們獲准這麼做，我也不認為他們會這麼做。有很多外國捐助送到這區，而這裡大部分的人都從事觀光業。到了冬天，他們就搬去加德滿都。」

前往木斯塘或者其他邊境地區如胡姆拉等地工作的公務員都擁有的這種感受，凸顯了「當地人怎麼看自己」和「尼泊爾國家怎麼看他們」之間的差異。對加德滿都來說，木斯塘是個敏感的邊界地區，就跟過往一樣容易受外國所操控影響。二〇〇九年，美國、中國、巴基斯坦和印度大使接連拜訪木斯塘，重新讓人注意起外國在該區利益的問題。近年在該區發現鈾礦後，這種顧慮就更深了。[63]但更迫切的是，木斯塘是尼中發展另一層經濟關係時所仰賴的地點，是追求經濟擺脫印度而獨立的過程中，一個不可或缺的小零件。這一切的最終結果是，儘管該地區在國家發展計畫中變得越來越重要，那裡的人民和他們所關切的事，對加德滿都來說還是處在邊緣。

有天晚上，當外面下雪、旅館主人撢起店裡眾多古物和手工藝品灰塵的時候，我們開始討論起「發展」（bikas，在第四章會進一步解釋）、開發和從博卡拉通到這裡的路。他回憶當年得跟著一支驢商隊從喬姆松走一星期的路把貨帶到洛滿桑，而我們兩人都同意，過幾年那條路就要鋪柏油了。這個體格魁梧的人，在加德滿都過完冬，才剛回到洛滿桑。「國家什麼都沒給我們，我們幹麼要繳稅？」他問道。

另一方面，警官認為實在不該答應補償那些牲口死亡的畜主。「當地人養牲口不繳稅，國家幹麼提供補償？如果明年情況又重複的話怎辦？國家有辦法一直補償嗎？」[64]但當我們開始談起機車，以及機車如何行走於這地區卻不用付稅的事情時，警官也承認他的立場有站不住腳的地方。「當地人願意付摩托車的稅。但他們也想拿到因繳稅而該獲得的文件和服務。如果國家無法提供那些東西，我們怎麼能要他們繳稅呢？」

在木斯塘和利米這裡，直到二十一世紀早期都還得以自主運作的第四世界，正與當代國家的目標發生衝撞。加德滿都試圖用中國直接或間接的協助，來將這些邊境區域領土化。在利米這邊，當地人掌握了他們的特有地位來顛覆傳統主權規範，並透過貿易和雇傭來與北方展開新接觸。而在木斯塘，國家權力的手段帶著國際主義性質，而不怎麼在地：好比說一個陸路口岸，一條跨國公路等等的。來自南邊的路讓這邊的人民能夠以車通行，但它將影響這地區的觀光業，也會影響環境，或許也會影響文化。至於從北方通來的道路，儘管中國同時施行著排除政策，還是透過中國製機車、電視、酒、香菸和包裝食品等產品，反映出人們對於現代消費的偏好。此外，雙邊關係的不對稱，意味著中國會持續處於優勢，並用力深植它的特權。儘管如此，基礎設施的升級，也讓當地人可以夢想該地區未來在跨國貿易和對外連通上都不可或缺。

在科拉拉，雖然帕桑和我對於正在興建的中國建築驚訝不已，我們仍討論著，等到邊界最終開放商業和客運交通時會發生什麼事。「二〇一五年封鎖期間，液態瓦斯桶在博卡拉一桶賣九千尼泊爾盧比。但在這裡買中國瓦斯桶，一桶只要三千尼泊爾盧比。」只是，它們沒辦法拿空桶換新的——這附近沒多少賣瓦斯的小販，而這種購買也不一定「合法」。「如果這條邊界適當開放的話，」他結論道，「印度就沒辦法再對尼泊爾施行封鎖了。」

# 4 戰爭與和平

一七九二年八月三日，東印度公司總督康沃利斯侯爵（Lord Cornwallis）從第八世達賴喇嘛那接獲一封急件，請他不要聽從沙阿王拉納．巴哈都爾（Ran Bahadur）的請願。「這個人的父親，」達賴喇嘛寫道，「還有他，到此時已弱化了尼泊爾周遭的所有王公，以及尼泊爾本身；而從他渴求的意向來看，他想與他人結仇。因此，在一二〇三年〔公元一七八九年〕以及現在，他都和我發生了爭執。」[1]

清朝於一七八九年居中安排而迫使西藏向廓爾喀納貢的一份條約遭到毀棄後，尼泊爾和西藏之間三年內爆發了第二場戰爭。廓爾喀人於一七九二年再度攻擊西藏。「但在神的恩寵下，這個國家有著中國皇帝的庇護；也因此，有兩名副手始終在這保護我的安全；他們將此情況寫信告知皇帝，而皇帝派遣了由他麾下軍官所指揮的大軍來到這個國家……」達賴喇嘛如此寫道。「在神的恩寵下，從中國派來的軍官決心要根除廓爾喀的王公和其他酋長。」達賴喇嘛要求當時正在尋找通往西藏貿易路線的東印度公司不要出手協助廓爾喀人，「因為皇帝對任何人都沒有敵意，除了廓爾喀人之外」。

讀信後，康沃利斯侯爵寫信給加德滿都表示，「英國公司多年來從海上對中國帝王的臣民進行了廣泛的商業關注，其實還有一間工廠興建在他的領土上。我確信以下這個主張會令您滿意，也就是，若聽從您的要求，以軍事力量協助您對抗那位仰賴中國皇帝的拉薩主公，不僅將違反英國政府的整體政策，這樣的一個措施也不符合公司和皇帝長長久久以來無處不在的連繫。」[2]康沃利斯派威廉・柯派崔上校（Colonel William Kirkpatrick）去調停紛爭。但等到這位英國外交官抵達加德滿都時，清軍和廓爾喀人已經在貝特拉瓦蒂河（Betrawati）和崔樹里河（Trishuli）的交會處附近簽了一份協議——今日這裡是一個繁忙而塵土飛揚的城鎮，有著英國的寄宿學校，有賓館，還有旅行社宣傳著每天向南前往加德滿都的巴士。

一七九二年的尼中戰爭，乾隆「十全武功」中的「再平廓爾喀」，是鑄幣制度和廓爾喀擴張這兩個長久存在的爭議擴散到了兩場衝突中，所造成的後果。戰爭在許多方面開始定義當代喜馬拉雅政治面貌。這是中國第一次開始捍衛自己的喜馬拉雅外側前線，並重新塑造了清朝的西藏觀，「從一個得要防範的『防邊』，變成了必須要守衛的『邊防』」。[3]歷史學家馬世嘉（Matthew Mosca）寫道，當時清廷沒有察覺到廓爾喀在尼泊爾的軍事擴張，還相信馬拉諸王持續統治著加德滿都河谷。[4]戰後，清朝便以代表皇帝的昂邦，強化了對西藏的掌控。「他對所有行政、政治、經濟和財政事務掌有全權，且有一個與達賴喇嘛和班禪喇嘛相等的法律地位。」[5]「再平廓爾喀」的另一個後果，就是此後由昂邦抽籤，從候選者中選出高階轉世靈童的「金瓶掣籤」制度。[6]昂邦也要負責西藏的外交事務以及對清朝皇帝的聯絡。而且，儘管昂邦統治西藏的權力隨著清朝威權從十九世紀起下滑而漸漸減弱，而人們也不過就「只是表面上或者三不五時地遵守」平定廓爾喀之後對西藏施行的《欽定藏內善後章程二十九條》，[7]但對於二十世紀所想像的、西藏在中國統治下的作用而言，不管是對蔣介石領導的國家主義者還是對毛澤東領導的共產主義者來說，重整西藏都變成了關鍵要務。

對廓爾喀人來說，這場對中戰爭標記了領土擴張到尼泊爾北部的極限，那道邊界至今都還維持。一八五五至一八五六年，尼泊爾再度和西藏交戰，那時已被鴉片戰爭和太平天國削弱的清朝，無力再出手援助西藏。一七九二年的戰爭也促成了每五年一次的尼泊爾「朝貢」北京使節團，持續到一九〇八年一共十八次，並讓清朝在一九一〇年宣告對尼泊爾有宗主權。[8]尼泊爾否定這個地位，並主張使節團象徵的是為國家帶來商業利益的友誼。東印度公司不願在這場戰爭中選邊站，讓它也交不到朋友；要到榮赫鵬遠征後，西藏市場才讓給了英國，而廓爾喀人在那之後也拒絕信任他們。

一七八八至一七八九年的第一場戰爭在中國調停下結束了，但在廓爾喀人洗劫扎什倫布寺並佔領西藏第二大城日喀則之後，清將福康安於一七九一年十月對尼泊爾開啟了第二戰。衝突始於鑄幣權問題。「在西藏通行且符合基本標準的硬幣非常少量，」英國人山繆．透納（Samuel Turner）於一七八三至一七八四年逗留日喀則期間如此寫道。[9]「那種硬幣是尼泊爾銀幣，在這邊稱作印德米厘（indermillee）。」

當沙阿王普利特維．納拉揚．沙阿征服了河谷諸王國時，他要求把那些品質低劣的貨幣淘汰出流通範圍，轉而支持純銀幣。但西藏人不接受這個決定，要求新硬幣和舊硬幣按標明金額互相通用。甚至在納拉揚．沙阿於一七七五年死後，協商都還持續進行；儘管他的繼位者們也承接了這個難題，但很明顯地，拉薩這邊並不願意協商。

到了一七八九年時，也就是沙阿諸王決定擴張到馬哈卡里河（Mahakali River）以西進入庫馬盎（Kumaon）的那一年，廓爾喀人的快速軍事擴張，讓尼泊爾西部山區的二十二（baise）諸國以及二十四（chaubise）諸國都納入了沙阿的傘下。在普利特維・納拉揚的次子、幼王拉納・巴哈都爾・沙阿的叔叔——巴哈都爾・沙阿（Bahadur Shah）的攝政之下，廓爾喀人成為了喜馬拉雅難以對付的一股力量。當加德滿都宮廷庇護了噶舉派排名僅次於噶瑪巴的僧人「夏瑪巴喇嘛」之後，「尼泊爾和西藏之間的戰爭變得不可避免」。[10]夏瑪巴的哥哥班禪喇嘛死去後，他無法分得財產，於是他就逃出了西藏。[11]「他不只跟廓爾喀人講起扎什倫布寺驚人的財富，來煽動他們插手西藏，而且，光是他身為一個貴客待在尼泊爾人這邊，就已經被視為對扎什倫布寺統治……的冒犯。」[12]但也有其他長久存在的麻煩事物。達賴喇嘛信中提及的沙阿擴張導致貿易中斷，另外還有對錫金的侵犯，都惹惱了西藏人。

加德滿都於一七八八年向西藏宣戰。當西藏想談和的時候，廓爾喀人早已通過古提（聶拉木通拉）和吉隆這兩個重要關卡，並抵達日喀則外圍。拉薩有意識到，一旦清朝介入，威信會加重受損的可不只那兩名「看起來既無力也不想要干涉西藏事務」的昂邦[13]，更包括達賴喇嘛。但昂邦們已將廓爾喀人入侵一事稟報乾隆皇帝，欽差大臣巴忠因此被派去調停。結果，巴忠在兩方之間交涉出一個協議，要求舊幣和新幣有一個新的匯率，以滿足廓爾喀這邊。西藏則會持續使用加德滿都鑄造的硬幣，且每年送上五萬零一尼泊爾盧比（或者九千六百兩）來支付費用。[14]

廓爾喀人很滿意。他們迫使西藏聽從他們的規矩。此外，他們和清廷有了接觸，第一支廓爾喀使節團同年就出發。但巴忠騙了所有人。他跟清廷說廓爾喀人派了朝貢使節團，但根本沒這回事；西藏人沒有正式接受這份迫使他們每年納貢加德滿都的條款；而巴忠卻跟乾隆說，他不費一兵一卒就解決了整件事。所以，一等清廷使節回府，達賴喇嘛就拒絕支付第二期納貢，也就不讓人意外了。

攝政時讓廓爾喀達到最大領土範圍的巴哈都爾．沙阿，可不是能隨便吞下這種屈辱的人。一七九一年十月，廓爾喀發動第二次攻擊。第一次遠征只是懲罰性質，這一次卻有意要打到底。後來的戰鬥中，廓爾喀會洗劫日喀則的扎什倫布寺，搶奪它傳說中的黃金。有兩名拉薩的高階喇嘛被俘。巴忠一聽說廓爾喀二度入侵，知道欺君之行已瞞不住，便在畏罪下投河自盡。清廷對喜馬拉雅以南的政治現實幾乎一無所知，而在第二次戰爭以前，只有一位清軍副指揮官曾經造訪過加德滿都。事到如今，乾隆皇帝只得派福康安率領近萬人大軍前去驅逐廓爾喀人，還帶著夠一萬五千大軍吃一年的糧草。[15]福康安可說戰功彪炳；不久前他才平定了臺灣和甘肅的反抗。光動員部隊就是一大工程，當清軍於一七九一年冬天從西寧和四川入藏時，「成就遠勝漢尼拔横跨阿爾卑斯山」。[16]福康安下通牒，要廓爾喀人交出夏瑪巴喇嘛，並把俘虜的兩名喇嘛還來，這個時候廓爾喀人正駐紮在古提和吉隆這兩個邊界關卡。加德滿都拒絕，與清軍就免不了一戰。

二

「那些中國人，在當地的迦梨（Kali）寺獻祭了一隻牛以後，就輸了這場仗。」我在迦梨卡桑（Kalikasthan）投宿的旅館老闆這麼跟我說。從清朝和廓爾喀簽訂和平協議的河流匯合處城鎮貝特拉瓦蒂一路向上，沿路曲折行經一片沙羅雙樹林，然後橡樹林，最後松林，便會抵達這個位於加德滿都北方拉蘇瓦境內的山頂城鎮。迦梨卡桑先前稱作戴邦（Dhaibung）。在西邊懸崖上的卡馬勒格其（Kamaregadhi）要塞經歷了一場激戰之後，廓爾喀人就是在這裡守住陣地的。「我們的部隊贏了這場仗，並用彈丸和劍殺了四、五十個敵人。一百還是一百五十個（敵人）摔下山死了。敵人接著在拉姆切（Ramche）紮營，而我們的部隊則守在戴邦，」拉納．巴哈都爾．沙阿王戰後寫信給在西邊的指揮官們。[17]

戰爭的回憶現在被諸多尼泊爾智勇雙全的故事所強化。有一個廣為流傳的民間傳說，描述廓爾喀人把火把裝在牲口的犄角上，大亂清軍陣腳。儘管這個故事無法證實，但確定的是，清軍在廓爾喀領土內部遭受了這種程度的大量折損。在廓爾喀人的典型山區戰略中，只要北邊的陣地不保，他們就會退到南邊另一個更高的陣地，而清軍就會追上去。儘管清軍有著壓倒性的人數，廓爾喀人還是給敵軍的長期戰鬥耐力與意志帶來考驗，因為他們處在自己熟悉的領域中。

福康安的軍隊於一七九二年六月中發動攻擊，當時季風季節正要開始，而這又是廓爾喀人的一項主場優勢。清軍指揮官把主要攻擊力集中在從吉隆山口往南的路徑，而另一支分隊處理東邊的古提山口。有大約一千名廓爾喀軍集中在吉隆。「廓爾喀的防守抵禦了三天的反覆攻擊，但就在第四天的黎明前，中國人突襲了堡壘，齊步射出了為數驚人的火槍彈丸、弓箭、火把甚至火藥袋。」[18]廓爾喀人先是撤退到了拉蘇瓦加迪（Rasuwagadhi，今日標記著中國和尼泊爾的國界），然後又退到夏布魯貝西（Syabrubesi），兩軍在這裡隔著崔樹里河面對面。「敵我從河的兩岸隔空交火，」國王寫道。[19]但清軍的人數優勢，使得福康安的部隊在激戰近十天後，最終從上游陣地過了河。廓爾喀人再度退至敦芝（Dhunche），中國人在此一波接一波攻擊他們。清朝當時的版畫，描繪了他們以壓倒性數量優勢對抗防守陣地的光腳廓爾喀士兵。廓爾喀人從敦芝撤退到位於陡峭邊區的卡馬勒格其，有一些清軍在那墜落山坡而死。清軍要求談判。雙方依約停火，但清軍自己斷送了良機。他們要求會談由國王本人在靠近加德滿都的努瓦科特（Nuwakot）舉行。「他們來信還寫到，如果我們不讓他們來努瓦科特，又不把我們的部隊從兩個堡壘撤出的話，他們就會打過來，」拉納．巴哈都爾．沙阿寫道。[20]廓爾喀人看穿他們在玩什麼把戲，便駁回了對談，轉而準備迎戰。來自加德滿都的命令說，不計任何代價，不准中國人跨過貝特拉瓦蒂河。

廓爾喀人穩坐於俯視貝特拉瓦蒂河河谷的山脊間，而另外兩支分隊則在下游等待。當中國人向上登坡時，就落入了陷阱。「石塊、巨岩、原木和各種投擲物紛紛砸下山坡。」[21]接著廓爾喀部隊從三面朝他們撲來，中國人開始後撤，令主帥大失所望，於是「中國的主帥開始格殺撤退的部隊」。[22]「企圖跨河逃走的中國人之中，有兩個指揮官被砍了鼻子，他們立刻跳進了貝特拉巴第河（Betrabati）而溺死。」[23]清軍的猛攻失敗，根據一名中國史家所言，「死傷甚眾」。[24]

福康安再度求和，這回是想到此為止。戰爭結束了；廓爾喀部隊原本部署在三條前線上，現在他們可以單獨集中於西邊的軍事行動。[25]清軍的補給線已經消耗殆盡；當廓爾喀的將軍們抵達清軍大帳來協商時，他們很震驚地看見「中國部隊因食物不足而苦不堪言」。[26]

一七九二年條約的主要條款強迫執行戰前存在的既有狀態。尼泊爾和西藏的爭執現在都要提交昂邦解決，此外尼泊爾答應派遣五年一回的北京使節團。尼泊爾交回扎什倫布寺搶來的物品，也交還了戰事期間過世（有人說被殺）的夏瑪巴喇嘛遺體。而且中國承諾，如果尼泊爾遭遇任何外國入侵，中國都將前來支援。[27]拉納．巴哈都爾．沙阿在條約協商之前，跟他的酋長們吹噓道，「中國皇帝可不是小皇帝而是個大皇帝。在女神的恩寵下，我們本來可以徹底把他們趕出去，但我們覺得跟皇帝製造長久衝突並不妥當。」[28]

清廷本來的目標似乎也不是征服此處；不論結果如何，他們能否護住這邊的領土都是問題。那之後就再也沒有中國部隊在軍事遠征中越境進入尼泊爾。尼泊爾人普遍認為中國輸了，並把這一仗和對英戰爭的說法結合起來，後面那場戰爭也是關於「勇敢（bir）的廓爾喀人」這種民族主義神話裡的主要成分。

今日，拉蘇瓦正興建起當代的中國神話。當東邊的塔托帕尼（Tatopani）邊界因二〇一五年地震關閉後，所有尼泊爾與中國的土地交易，都轉移到了拉蘇瓦——這個地震受害前幾嚴重的地區——的邊界上。邊界關卡於二〇一四年正式開放商務交通。[29]最能明顯看出中國基礎建設向尼泊爾內部推進的地方，就是夏布魯貝西和拉蘇瓦加迪之間的二十四公里。中國政府或者中國的公司正在那一段地帶裡興建一座邊界橋、一個陸路口岸和一個110百萬瓦（MW）的水力發電站，另外還替它鋪了連通道路。中國的水力發電投資有好幾個都集中在這地區，這是藉由水力發電來呼應連續好幾任尼泊爾政府所強調的發展承諾。來自拉蘇瓦的男男女女穿過邊界，前往另一頭離邊界將近四十公里的吉隆工作。[30]邊界這一頭，中國工程師們和重型機具操作員，則在公路的飛塵中戴著口罩執行他們的計畫。尼泊爾卡車在單線公路旁邊一條三公里長的車陣中，等著輪到自己穿過邊界進入中國。中國觀光客走過邊界橋，跳上等著的吉普車，吉普車將載他們到加德滿都。有一個尼泊爾人在中國邊界檢查站經營餐廳；一間中國百貨的店長用破尼泊爾語布告著胡桃的價錢。

中國的「跨越喜馬拉雅山的握手」，把「吸引力的中心」轉向了拉蘇瓦：「雖然中國投資和基礎設施發展的進駐，讓尼泊爾鄉間各處都發生了社會轉型，但中國涉入拉蘇瓦的速度卻是截然不同的層級——其速度大致上就與在該區各地成形的水力發電及陸上貿易設施的加速驅動力一致」。[31]

戰爭的回憶是過往的遙遠殘存，比較接近民間傳說而遠離歷史。今日，中國是這邊的和善好鄰居。那條被捧上天的來自西藏的鐵路，如果來得成的話，就會從這裡通往加德滿都。事實上，拉蘇瓦是尼泊爾與中國越走越近的一個體現。

在拉蘇瓦加迪邊界關卡上，塵土飛揚已是常態。在一七九二年戰爭繪製的中國地圖上，這裡稱作「熱索橋」或者「鐵索橋」[32]。廓爾喀士兵激戰三天擋住清軍的那座堡壘，牆壁雖於二〇一五年地震倒塌，後來已由尼泊爾軍方重建。該地區脆弱的地質又因地震變得更不穩定。山崩已是家常便飯；在離邊界三公里的提木雷（Timure），一棟黃色的房子沉入了泥海中，是二〇一八年死於此處山崩的九名罹難者的紀念碑。

脆弱地質並沒有阻止拉蘇瓦轉型成建設樞紐。提木雷的土地價格，因為人們對於那處陸路口岸的期望而飆漲，該口岸是中國政府經營的西藏富利建設集團有限公司（Tibet Fuli Construction Group Company Limited）計畫在那興建的，估計造價一億兩千四百萬人民幣，最後會交給尼泊爾。就在南方離邊界關卡四百公尺的地方，中國水利電力對外有限公司（China International Water and Electric Corporation）是110百萬瓦的拉蘇瓦加迪水力發電廠的主承包商。前往夏布魯貝西的路是西藏天路股份有限公司（Tibet Tianlu Company Ltd）興建的。至於在楞德河（Lende River）與吉隆藏布[33]的混濁水流相會的拉蘇瓦加迪，中國人正在興建一座新的「友誼橋」來取代地震後架設的臨時活動便橋。[34]就在邊境站前，一名中國司機拚了命把他的怪手轉向停車格；他的齒輪箱正在漏油，每當他按壓油門，我們就會被一陣塵煙包圍。河流的聲音被怪手、推土機和鑽地機的工業噪音所淹沒。長達數公里的車陣中，一輛輛卡車等著輪到自己跨越邊界進入中國。

「他們有時候要等上好幾天，」我的司機克里希納（Krishna）[35]跟我說。

我們一行七人穿過邊界：一名任職於提木雷的尼泊爾海關官員帶著兩個兒子來這，還有另外兩個當地人，以及克里希納跟我。當我們走過便橋時，兩國的差距從來沒有覺得那麼明顯過。塵土是尼泊爾這邊的特色，而混凝土打造的井然有序則是中國這邊的特色。移民中心和貨運總站都是新的，是在地震後興建的；至少到二〇〇六年為止，中國那邊的象徵標記都還是一棟兩層樓建築。[36]「中國人想蓋什麼都能蓋得出來，」克里希納說。如果中國人有意使人瞠目結舌，那他們成功了。

有一名尼泊爾武裝警察協助我們，還跟中國移民官說我們都是要去「購物」。尼泊爾人可以憑證明文件跨越邊界去中國側的超市購物；如果我帶了公民證，我就可以拿到二十四小時的通行證，那我就能去到二十五公里外的吉隆鎮。但這邊就不需要那種文件；中國移民官只把我們排成隊然後拍張照。一等到沒人聽見，司機就跟我說，我們七個人接下來得要一起回來，不然中國當局就會拘留我們。

我首度踏進中國，空間現實的瞬間變化，令我驚訝不已。尼泊爾的塵囂此時彷彿已在千里外。尼泊爾卡車在一條巨大的四線混凝土道路上排著隊，展現出一種明顯是「非尼泊爾」的紀律。尼泊爾公路最頭痛的崎嶇山丘，在這裡被人類工程所馴服。在總站後面是一棟三層樓建築，一樓被百貨佔據，以批發價販賣從驅蚊劑到拉薩啤酒的五花八門商品，而各家餐廳則叫賣著中國菜和尼泊爾菜。蘋果的香味在空氣中繚繞不散。我在一家尼泊爾人經營的餐廳「尺尊公主」（Bhrikuti Tara），遇見了幾個從中國把水果帶進去的卡車司機。「因為印度大選的關係，都沒有來自印度的蘋果，」他們之中有個人告訴我。[37]

拉蘇瓦—吉隆邊界關卡是尼中兩國在二〇一五至二〇一九年間唯一的內陸貿易路線。到了二〇一九年，塔托帕尼—樟木[38]邊界關卡在歷經四年封閉後重新開放。塔托帕尼邊界關卡或許離加德滿都比較近，但拉蘇瓦邊界關卡卻讓人更方便通到尼泊爾其他城市。二〇一八年，拉蘇瓦的稅收比原目標高出了百分之二十六，至少有九百輛卡車在尼中之間運送貨物。就連在塔托帕尼邊界行駛的卡車也轉移到了這邊。「塔托帕尼卡車主願意以一趟七萬五到八萬尼泊爾盧比的價錢來運貨，因為他們每個月至少跑兩到三趟。但一直以來，拉蘇瓦當地人每趟至少都要價十一萬尼泊爾盧比，」自己也有一輛貨櫃車的克里希納跟我說。「我們之前有在談運費。來看看接下來要怎辦。」[39]他是一名兼職在地政治人物，曉得體制的內部運作方式，在邊界一帶下車指揮交通，對他來說輕鬆自在。他認識一個嫁給中國男性、現在住在吉隆的尼泊爾女人，並問我該不該跟他們合夥買塊地，用來種點菜賣給中國人。「我確定價錢會很好。」我對於這類冒險投資的銷售潛力一無所知，但理論上似乎是個很不錯的點子，所以我沒制止他。

和我們一起跨越邊界的海關官員往店裡探了探，然後問我們有沒有打算立刻回去。他東西已經買完了；他買了核桃、罐裝果汁、麵條和幾個我認不出來的東西。「不用急。可以等你們買完我們再走，」他說完又回去找坐在外頭路面上的兩個兒子。

購物中心後面是一座山脊，山脊上東一點西一點地都是藏人祈禱的風馬旗，綁在用來擋落石的攔網上。當我們準備要回去時，克里希納衝進一間店，帶著一袋二十捲的廁所衛生紙出來。「這裡便宜多了，」他說。我們所有人開始比價。一袋四百尼泊爾盧比的核桃是跳樓價；一罐一百尼泊爾盧比的啤酒也是。但當我們七人走進出境大樓時，我們對中國的些許傾心就煙消雲散了。另一名官員要我們排隊，仔細地看著她的手機，並命令我們其中一個人脫帽。一出大樓，我們就拿下我們的口罩，跨過橋回到滿是塵土的尼泊爾；幾乎同一時間，面前就有大塞車歡迎著我們。一台尼泊爾軍方雇用的卡車要把硝酸銨從吉隆帶回來，如今卻擋在道路上，而一個頭髮斑白的警官已經氣到快要中風了。當我們把車停到路邊時，海關官員的一個兒子指著一個在路邊抽菸的中國人。「他不就是昨天那個不讓我們搭便車的人嗎？」他問他兄弟。

＝

從吉隆運貨到尼泊爾的卡車司機，過著充滿困難的生活。排著長長的卡車隊伍等著過境進入中國，只不過是第一關；車陣可能要好幾天，有時甚至好幾周才會排完，而司機一個月最多會設法跑兩到三趟。多半以加德滿都為據點的商人們，會向以其他城市為據點的中國公司下訂單。接著，貨物會裝上中國卡車或者運貨火車，把它們送到目前的鐵路終點站日喀則，然後運到吉隆的一個「大廳」，尼泊爾卡車會在那邊接手。一旦貨物上車，司機們就會展開他們的漫長返鄉路。據說來自中國的貨物走陸路會在十到十五天內抵達加德滿都，而走海路經過加爾各答的話，要花四十到四十五天。日後會有一條從西安到日喀則的新運貨線，商人走這條路要付的運費，預計會和走加爾各答的運貨差不多（但時間比後者短）。[40]

儘管走西藏的陸路有這樣的潛力，但要扳倒對印度港口的依賴，還有很多地方要努力。除了季風期間會阻斷交通的脆弱地質外，目前不管是從塔托帕尼還是從拉蘇瓦加迪通往加德滿都的道路基礎設施，都不利貨櫃車快速通行。儘管習近平二〇一九年造訪時簽訂了協議，要把加德滿都到拉蘇瓦加迪那條試圖縮短距離而充斥隧道的公路拓寬並升級，但計畫尚未看到有多大進展。此外，新冠肺炎疫情期間，中國還單方面不許貨物通關。

當中國當局因疫情而關閉邊界關卡時，有將近一千五百櫃包括卡介苗在內的貨物，都在吉隆卡了八個月。等到開通時，中國承包商分五批把貨櫃從吉隆帶到邊界。儘管中國大使保證中國「盡全力在邊界港維持貨運正常運作」，[41]但尼泊爾的商人們卻對進口延誤感到非常失望。[42]運輸的成本也飆高，商人們每貨櫃得要支付三十五萬尼泊爾盧比，當作吉隆鎮和邊界之間的運費，而每個貨櫃到加德滿都，都要花八十萬到一百萬尼泊爾盧比不等。[43]

東邊的塔托帕尼邊界關卡，同樣也在關閉數月後於二〇二〇年十月開通，但在這邊，商人也通報了和拉蘇瓦類似的難題。雖然邊界關閉是出於疫情造成的損害，也因為中國堅持尼泊爾沒有建立充足的檢測程序，但這個措施還是彰顯了雙邊關係的不對等本質。尼泊爾的安全流程無法說服中國，而中國忽視的事實，則是二〇一五年印度封鎖之後，塔托帕尼和拉蘇瓦邊界關卡已經成為尼泊爾企業家和運輸業者的重要貿易路線。

然而，二〇一九年四月那時，這些問題還沒來到第一線。我那時候造訪拉蘇瓦，拉蘇瓦邊界關卡會帶給人一種地位從未如此重要的感覺，特別是因為，那時塔托帕尼邊界關卡還關閉著。來回吉隆運貨的人是一群忙個沒完的人；許多當地人，包括我的司機克里希納在內，都有投資貨櫃車。透過幾次打探，我終於在拉傑什（Rajesh）[44]準備出發前往吉隆的前一晚遇到了他。這個人講起話溫和悅耳，總是在把捲髮從臉上撥開，我實在有點難想像他要怎麼去協調邊界關卡的諸多困難問題。「邊界兩側都有固定檢查。我得給他們看那張移民通行證，我在拉蘇瓦居留的詳細資料全都寫在那上面，」他說道。移民通行證跟允許邊界地區居民在中國工作買賣的邊境公民證是同一張。在拉蘇瓦邊界這邊，只有該地區居民能夠越界，但拉傑什說「來自外地的司機也曾非法越境過」。[45]中國的慷慨大方在拉蘇瓦也是顯而易見；胡姆拉的民眾只能在普蘭工作六個月，但拉蘇瓦邊界通行證的有效期限是一年（雖然這也可能是因為拉蘇瓦邊界關卡可以全年開通的關係）。

吉隆看起來是一個遠離拉蘇瓦塵土道路的世界。「地震之後，中國人在吉隆蓋了新住家。那是個小鎮，不算大，但有好幾間尼泊爾人經營的旅館，二十四小時開張。只要我不惹麻煩，就可以喝酒玩樂。中國人還比較喜歡我們在那邊花錢，」拉傑什說。貨運司機會到比吉隆還遠五公里的幫興去收集貨物。西藏勞工把貨裝上卡車後，等文件檢查好，貨物就會封起來。

拉傑什跟我說，中國的邊界基礎建設效率高到不可思議。「有一條可以讓兩台卡車輕鬆通過的兩線道。他們蓋了一條像樣的公路，在山崩頻繁的地方有排水溝、圍牆和隧道。」鐵路還沒通到吉隆，但工人們跟拉傑什說，兩年內就會通過來。「吉隆這邊沒人談到通往加德滿都的鐵路，」他說。報導則指出，日喀則—吉隆線會在二〇二二年完工。

尼泊爾軍方已興建了一條比較短的路通往拉蘇瓦加迪，但路上卻都是從上方打在車上的一層層石塊。我問拉傑什這條路好不好用，他猛搖頭。「一點也不好用。那條路很危險。整條十七公里的路一直在落石，也沒有排水溝。」在我們出發前往邊界的前一天，就有一台卡車翻到河裡。「這路比原本有的寬。但得要蓋排水溝和護欄。」

那條傳說中從吉隆通往加德滿都的鐵路，也是從拉蘇瓦加迪進入尼泊爾。如果那條鐵路真的來到，它將使現有道路無用武之處，但更重要的是，它會展現中國克服喜馬拉雅這道戰略兼經濟障礙的能力，就像一九六〇年代拉薩—加德滿都公路所展現的能力一樣。青藏鐵路二〇〇六年通車時可說是一大成就，是在凍土上興建出世界海拔最高鐵路的工程奇蹟。它使用稱作「熱虹吸」（thermosyphon）的熱量調節技術，每幾公尺的距離就安置一根深深鑽進地面下的冷卻棒（譯註：中國稱「熱棒」）。北京想在西藏興建一條鐵路的雄心壯志可以追溯至二十世紀早期，當時孫中山曾想過，若有一條跨藏鐵路，就可以壓住英國對西藏的掌控。毛澤東打算於一九五九年把西寧的鐵路延伸到西藏，但因缺乏資金，加上一九五九至一九六二年因大躍進造成的饑荒——「三年困難時期」——而受阻。[46]一直要到二十一世紀初，毛澤東的夢想才會成真。

先不論經濟考量，青藏鐵路是五十多年來中國在高原上雄心壯志的集大成。[47]當共產黨部隊於一九五〇年佔據西藏時，拉薩（經由舊貿易網路）跟印度與尼泊爾的聯繫比跟中國的聯繫更深刻，這點讓初期的領導者們不太愉快。他們立刻著手切斷舊連結，使當地轉而支持中國內地，特別是在中印邊界糾紛開始滋長的時候。高原上缺乏基礎設施，也限制了北京在南亞的地緣政治雄心。儘管一九七三年畢蘭德拉王造訪時，毛澤東提出了通往尼泊爾的鐵路的問題，但在一九七五年時，身為國務院副總理的鄧小平，跟美國總統傑拉德・福特（Gerald Ford）以及國務卿亨利季辛吉（Henry Kissinger）表示，中國此時在尼泊爾的作用「有限」，但「等到我們進入西藏的鐵路完成後，或許情況會有所改善」。[48]加德滿都和北京對這條提議興建的跨境鐵路的看法也不一致。前者把它看作是擺脫對印度經濟依賴的工具，但後者既把它當作投射地緣政治權力的工具，同時也當作中國產品進入北印度人口稠密市場的路徑。青藏鐵路開通後，兩國對鐵路的看法差異就變得很明顯了。

加德滿都爭取鐵路從拉薩連過來的大動作，是從二〇〇六年開始的。隨著青藏鐵路高速通行至拉薩，尼泊爾於二〇〇八年要求中國把青藏鐵路從日喀則延伸至邊界。[49]然而，儘管在尼泊爾共和國成立後，雙邊關係有了新的方向，但一名西藏高階官員仍稱，尼泊爾的要求是「尼泊爾人心中的一個美夢」。[50]當通往日喀則的青藏鐵路於二〇一四年八月開通時，尼泊爾政客持續催促中國把它延伸到邊界，並繼續通往加德滿都。那年年底，中國同意延伸鐵路連至邊界，「促使尼泊爾進行了自己在境內進行同樣工程的可行性研究」。[51]

儘管二〇一五年四月的地震讓兩國的對話大部分轉移到救濟和重建上，但二〇一五年九月印度的「非正式」封鎖，讓這計畫得到一個夢寐以求的刺激。在德里與加德滿都一再惡化的關係上，封鎖成為了最後一根封棺釘，而封鎖期間中國提供了援助，儘管有物流上的限制。尼泊爾立刻簽署協議，從中國進口石油產品，打破印度的供應獨佔。二〇一六年，總理卡德加·普拉薩德·夏爾馬·奧利（Khadga Prasad Sharma Oli）造訪中國期間，為尼泊爾簽下好幾項協議，其中有一項是得以使用中國陸路口岸，另一項則是在博卡拉興建國際機場。奧利全力爭取尼泊爾納入一帶一路倡議，高呼雙邊關係「風雨無阻」。該趟訪問最後達成的聯合聲明中，有一項是要努力「就建設中尼跨境鐵路和尼境內鐵路進行交流，並支援企業儘早開展相關前期準備工作」。[52]

但這有多少會化為行動，還是未定之數。當中工國際工程股份有限公司於二〇一六年七月提交第一份可行性研究時，那份研究包含的不只是吉隆—加德滿都鐵路，還包括了加德滿都—博卡拉鐵路。前面這段長度估計為一百二十一公里，有將近八十公里的橋梁和十公里的隧道。二〇一七年五月，尼泊爾正式加入了一帶一路。在雙邊互訪的議程中，鐵路仍是重要焦點，特別是因為尼泊爾想要讓鐵路納入一帶一路倡議。[53]尼泊爾的野心越來越大；在提案中，吉隆—加德滿都線變成要連接到另一個九百四十五公里長的東西向鐵路網上。[54]接著，奧利二〇一八年六月的拜訪，又談定了一個關於「鐵路合作」的備忘錄，宣告為「中尼合作歷史中最重要的倡議」，並將「為兩國跨境互聯互通開啟新時代」。[55]

然而，資金的問題持續困擾著計畫。二〇一八年十二月提交的初步可行性報告，估計鐵路每公里將花費三十五點五億人民幣，或者九年間每年各兩百八十五點五億。[56]詳細計畫報告（detailed project report，DPR）本身就要三百五十億，並要花兩年才能完成。尼泊爾要中國出資進行詳細計畫報告，但中國要求分攤帳單。[57]而且，儘管該計畫現在是列在尼泊爾一帶一路倡議底下的九個計畫之一，但從那之後就幾乎沒什麼進展。有報導指出，中國提供尼泊爾二十億尼泊爾盧比補助金，要不是用來資助吉隆—加德滿都鐵路的詳細計畫報告，不然就是資助加德滿都—博卡拉鐵路以及博卡拉—藍毗尼（Lumbini）鐵路的可行性研究。[58]但當初對鐵路（總理奧利最主要的選舉政綱）的熱情，已經在資金問題和對「債務陷阱」的擔憂中熄滅。人們普遍同意，在日喀則—吉隆線完工前，這個計畫不會得到任何動力。此外，升級拉蘇瓦加迪—加德滿都公路的協議也顯示，儘管北京在公開場合對通往加德滿都鐵路一事夸夸其談，但那並不是北京的立即優先事項。

在尼泊爾這邊，有不少關鍵問題。除了債務和基礎設施的挑戰之外，尼泊爾也得磋商中國延伸鐵路至印度邊界的計畫。[59]如果中國鐵路的終極目標是要抵達印度市場，那麼就經濟考量來看，穿過尼泊爾的鐵路就未必是合理手段，如果中印這兩個重量級拳手的關係在二〇二〇年六月的加爾萬（Galwan）暴力事件後持續惡化的話，經濟上就更沒道理興建這條鐵路了。此外，就算修好了一條通往加德滿都的鐵路，仍有一個問題是，尼泊爾能出口什麼到中國去。最後一個問題是，整個計畫都取決於中國的意思，這問題同樣發生在眾多與中國相關的事物上。尼泊爾曾經承認自己並沒有完成這計畫所需的必要技術。如果中國認為尼泊爾的從屬關係有可能被美國或印度的反彈所動搖的話，它大有可能退一步重新考量這計畫。

在拉蘇瓦的迦梨卡桑這邊，這些權力高層的錯綜複雜看似都很遙遠。人們不會花多大力氣談鐵路。有天晚上，我和一群當地人坐下來喝茶，並問他們怎麼看鐵路這件事。「等火車來了再看，」其中一個人說。「如果中國人沿著河修，或許有可能。反正不管怎樣，他們好像沒什麼辦不到的。」不過我那間旅館的老闆看法不一樣。「中國人會用鐵路來把他們的產品賣給我們，然後和印度競爭。對我們來說會有什麼用呢？」

在拉蘇瓦，由混凝土蓋起的、對外連通的未來之夢，取代了遙遠戰爭的回憶。隨著中國的援助，「bikas」在此體現，這個詞譯為「發展」，但在尼泊爾有了更大的象徵意義，包含了物質與實質面的進展。能見證尼泊爾的信念——中國是一個比印度「更好的鄰居」——成真的地方就是拉蘇瓦，因為基礎建設計畫都被放進了「賞賜該國並贈與該地區的中國整體慷慨捐贈」的敘事框架中。中國為住在那裡的人開啟了新的經濟良機，甚至還開放給那些不住那的人，好比說那名在拉蘇瓦加迪水力發電計畫工作，跟我們一起搭便車回高原上的住家的二十來歲年輕人——即便他看似沒有多急著想返工。鐵路的願景或許會讓加德滿都那邊的大官振奮起來，但在拉蘇瓦這裡，即便國內或者國際間都擔心北京有可能透過這種基礎建設計畫來取得境外控制權，當地人早就設計了各種方法來和中國這個經濟強權協商。畢竟，尼泊爾對於外援的承諾並不陌生。甚至該說，中國在尼泊爾的基礎建設發展甚至在城市外也一直都很成功，就像在木斯塘和拉蘇瓦那樣。所以，就如那句老調重彈，如果北京做得比別國好，尼泊爾幹麼不接受中國人？

但若要了解這兩個國家怎麼交集在拉蘇瓦這個當代雙邊中心，就要回到冷戰時代，當時意識形態的框架宰制了國際關係，尼泊爾成了世界各強權的戰場，而加德滿都在接連兩任君主的統治下，開始堅決主張自己面對印度的主權。一九六〇至一九九〇年的這段時期，尼泊爾大部分時間都得走在地緣政治的刀鋒上：共產黨滲透的嫌疑；圍繞著外援的政治；中情局資助的西藏游擊隊在自己本土上運作；以印度為據點的反君主運動；還有大大改變南亞世界觀的新建立的美中「友好」。

# 第二部

# 帝國陰影中

「是什麼讓我們無法如魚在水中，如鳥在空中，如孩子一樣活在時間中？是帝國的錯！帝國創造了歷史的時間。帝國不只把它的存在定在四季循環那平緩而復始的時間旋轉中，也定在起落興衰、慘烈災難的那種參差尖突的時間中。帝國使自己注定活於歷史並密謀反抗歷史。佔據帝國那閉塞的心思的，就只有一個念頭：怎樣能不結束，怎樣能不死去，怎樣延長其年代。」

——約翰．馬克斯維爾．柯慈（John Maxwell Coetzee），《等待野蠻人》（*Waiting for the Barbarians*）

# 5 共產主義搭車行路而來

一九五二年一月，由一名掛著海象鬍鬚的肥胖男人所帶頭的一群尼泊爾雜牌軍，從拉蘇瓦一路進入了西藏。這群人根本沒帶多少在這種海拔所需的裝備；至少會有五個人在抵達目的地前死去。他們的領袖，昆瓦・英德爾吉特・辛哈（Kunwar Inderjit Singh）——在尼泊爾又稱昆瓦・英德爾吉特・辛哈醫生——才剛在加德滿都嘗試發起一場政變。他的追隨者把他救出監獄，還抓了好幾個政府員工。幾年前，他因為在一九五〇年革命中重新把土地分配給農人，而得到了「喜馬拉雅的羅賓漢」這個綽號。後來辛哈革命失敗，在政府拒絕就他的要求來協商後，他和他領導的革命團體就放棄了加德滿都，並取道向北。

據稱辛哈帶著「一對六發式手槍，兩手還托著一挺口徑十二鉛徑的霰彈槍」在加德滿都城裡漫步。[1]在一九五〇年革命之前，他曾為短命的印度國民軍（Indian National Army）戰鬥，後來遭到免職，逃出了緬甸，在尼泊爾開業做順勢療法（因此有了「醫生」這個頭銜）。他加入了尼泊爾大會黨並參加一九五〇年的革命，指揮了加德滿都西邊拜拉哈瓦（Bhairahawa，譯註：又稱錫陀塔那迦）周邊的突擊。當革命因拉納首相莫亨・珊木謝（Mohan Shamsher）、沙阿王特里布萬和尼泊爾大會黨協商出三方妥協案——德里協議（Delhi Agreement，譯註：此為尼泊爾各方的口頭協議，並非印度、巴基斯坦和孟加拉之間的德里協定）——而叫停之後，昆瓦・英德爾吉特・辛哈拒絕就範。「我在實現我拿下拜拉哈瓦的目標之前不會停火，」比休維休瓦・普拉薩德・柯伊拉拉（尼泊爾大會黨領袖兼一九五〇年革命的思想根源）轉述他說過的這句話。[2]最終，辛哈於一九五二年遭印度「在尼泊爾政府的要求下」派至尼泊爾的安全部隊逮捕，移送加德滿都，在那裡入獄。[3]

這場標示著尼泊爾現代政治史開端的革命，頂多也只能說是未竟的革命。德里協議是特里布萬王背後的外部外交支援聯手起來反對拉納家族而開啟的。當德里對尼泊爾大會黨的活動睜一隻眼閉一隻眼時，後者便從印度發起了一次武裝叛變。印度總理賈瓦哈拉爾・尼赫魯意識到印度北邊這個剛獨立的前線需要穩定，因此想要一個符合他外交政策目標的和平解決方案。「尼泊爾不太可能繼續像以前一樣處在拉納的統治下，」一九五〇年十一月二十日尼赫魯寫給文加里・克里什南・克里什那・梅農（Vengalil Krishnan Krishna Menon）的信中提到。[4]在另一封寫給內政部長戈文德・巴拉布・潘特（Govind Ballabh Pant）的信中，他寫道，「我們不主張整個尼泊爾政府架構得要徹底改變。」他要的是一個「過渡的安排」，印度「想要的是快速恢復和平穩定」。[5]因此，在與尼泊爾大會黨成員進行權力分享的安排下，德里協議保留了少數幾名較年長的拉納獨裁者，同時沙阿王回歸他原本作為國家元首的地位。

這種難以駕馭的聯合政府永遠都行不通。現在得和尋常百姓共享權力而失望不滿的拉納族人們，組織了自己的政黨「廓爾喀黨」（Gorkha Dal），該黨舉行了無數次遊行示威，甚至在柯伊拉拉的辦公室內攻擊過他。尼泊爾大會黨也把自己的民兵組織成一支叫做保衛黨（Raksha Dal）的武裝團體，但虎頭蛇尾的革命所造成的不滿已經擴散開來。一九五二年一月二十一日夜晚，保衛黨內的一個極端團體發動突襲，攻佔多個政府辦公室、電信局和武器庫，並釋放了幾名大會黨成員，包括了被他們承認為領袖的昆瓦．英德爾吉特．辛哈。在辛哈無法說服政府對他讓步後，「喜馬拉雅的羅賓漢」和三十七名追隨者抵達了西藏；中國總理周恩來一九五四年十月還跟賈瓦哈拉爾．尼赫魯表示，他們帶著「十九把步槍和五百發子彈」。「我們立刻解除他們的武裝，根據國際慣例給他們庇護……但如果他有從事推翻尼泊爾政府的活動，我們不會允許他這麼做。」[6]

幾個月前才剛抵達西藏的中國人，看到辛哈時驚訝不已。中華人民共和國跟尼泊爾甚至連外交關係都還沒建立，所以當加德滿都於一九五二年二月要求引渡辛哈時，日喀則的地方當局就只是把這個案子提交北京。「對於該拿辛哈和他那批人怎麼辦，中國人似乎不知所措，又特別是因為，還把西藏政府當成一個自治實體的尼泊爾政府，在試圖確認辛哈所在之處並企圖將他遣送回國時，也只跟西藏官員聯繫。」[7]尼泊爾繼續把西藏視為一個獨立國家；拉薩依舊按照一八五六年條約的條文，每年向加德滿都納貢。

辛哈為何選擇去西藏，至今依舊是個謎。但「脫逃行動的大膽無比，加上辛哈不凡的人格特質，助長了一種廣泛流傳的謠言」，說他在中國的協助下正籌畫著要在尼泊爾發動一場革命。[8]在接下來五年裡，他的生涯經歷會被貼上革命家、共產主義者、平民主義者和反抗軍的標籤，而最終他將成為尼泊爾首相。

## —二—

從一七九二年戰爭結束以來的一百五十多年內，尼泊爾與中國的接觸都僅限於五年一度、持續到一九〇六年的使節團——北京把那詮釋為朝貢，但加德滿都將其詮釋為貿易使節團。在一九〇六之後的短短幾年裡，行將就木的大清帝國，基於這些使節團的朝貢行為，以及大部分尼泊爾統治者都爭奪過中國賜予的頭銜這個事實，重新宣告中國對尼泊爾具有宗主權。但英國這時可能是亞洲首席強權，而拉納首相昌德拉・珊木謝（Chandra Shamsher）有了加爾各答（譯註：英屬印度的首府，代稱該殖民地）在背後撐腰，成功地擋住了這樣的主權主張，並宣告了尼泊爾的獨立地位。此外，英國人還於一九一一年跟清廷說，不管尼泊爾還是不丹，「只要中國政府有打算強施權力，或以任何方式進行干涉，它們都一定會抵抗」。[9]

隨著清朝於一九一一年滅亡，加上加德滿都一九二三年與英國簽訂的條約明白認可尼泊爾獨立地位，加德滿都對於和中華民國打交道一事就變得更加小心謹慎。國民黨統治期間，尼泊爾從一九三〇到一九四六年共接待了四個使節團，但這些使節團對於兩國關係的更新並沒多大幫助。共產黨人在毛澤東領導下於一九四九年十月獲勝，但也沒有改善問題；一九三九年，毛澤東把尼泊爾列為英國從中國手中「強行」奪走的朝貢國之一。[10]

這樣的主張，讓加德滿都看北京的共產黨當局就有如霧裡看花。民主社會主義派的尼泊爾大會黨和王室，對於共產主義都不是很看好。有傳來一些報導指出，新的中國地圖把尼泊爾畫成了中國的一部分。他們對自己所在的印度次大陸也不信任，擔心尼泊爾的共產主義者是印度的共產主義者訓練出來的。[11]這一切都匯合至一種更龐大的反共偏執妄想，而冷戰的地緣政治對抗又為這妄想火上加油。

尼泊爾自從一九三〇年代以來就是共產主義理想的沃土。該國的共產黨員先鋒——普什帕・拉爾・什雷斯塔（Pushpa Lal Shrestha），於一九四九年把《共產黨宣言》（*Communist*

*Manifesto*）譯成尼泊爾文。對於尼泊爾大會黨的反拉納運動和民主社會主義都感到不滿的革命分子，成了第一批共產黨員；「他們內部討論了三種將想法化為組織實體的可能方式：在尼泊爾大會黨內運作左翼團體；組織工農政黨；在尼泊爾組織一個共產黨」。[12]他們決定採最後一個戰術，而於一九四九年四月組織了尼泊爾共產黨，並於一九四九年九月十五日推出第一份出版品《共產主義雙周公報》（*Communist Pachik Prachar Patra*）。選擇這一天，是為了要紀念一世紀以前讓封建拉納王朝掌權的王宮大虐殺（Kot Massacre）。反對德里協議和印度干涉的共產主義者，呼籲召開制憲議會，「堅決要打敗國王全心鞏固自身地位的陰謀」。[13]但尼泊爾大會黨和王室站在同一陣線，所以，共產黨人便被當成反君主政體勢力。此後共產主義的幽魂便纏著尼泊爾統治者。辛哈在中尼還沒建交時就先逃至西藏一事，滋生了一些關於共產黨接管政權的陰謀。他試圖發動政變，也導致了剛誕生的共產黨有三年的時間都被宣告為非法。

四處流傳著謠言，說辛哈要在北京撐腰下領頭叛變；《紐約時報》的報導指出他「構思著『解放』王國的計畫」。[14]一份調查巴基斯坦報紙的中情局解密報告，在一九五二年八月至十月間，追蹤了共產中國在喜馬拉雅的「意圖」。拉瓦平第（Rawalpindi）的一家報紙《坦密爾》（*Tameer*）報導，有十四人在尼泊爾因為走私武器入境而被捕。「這些人坦承，K・I・辛哈醫生……派他們進行任務……這一群反抗軍有著在尼泊爾北部另立政府的完整計畫。」[15]根據中情局說法，一九五三年十一月，辛哈和他的追隨者在西藏珠珠宗（Tradum，譯註：現稱仲巴）附近的一個村落裡，「中國共產黨人為他設立了一個指揮部」，裡面有兩個訓練營都是由「中國共產黨軍官」所主管，可以讓他「組織並訓練尼泊爾共產黨員」。[16]

但辛哈的共產黨員資歷，頂多就只是一個門面。他從拉薩又遷移到四川成都，「根據中國方的記述，他反覆把他從加德滿都到中國的旅程比作他個人的『長征』，一到那就要人帶他去北京見毛澤東」。[17]他的要求無法實現。辛哈會於一九五三年五月前往北京，在那裡他將和幾個小官會面；中國人是把他當成政治犯來對待，而不是革命家。「也似乎沒有任何證據，證明他們曾有考量過，要藉由他這個人來煽動尼泊爾的共產主義活動。」[18]一九五四年，在中印簽下潘查希拉協定（Panchsheel Agreement）之後，周恩來把辛哈召來北京，並明明確確地告訴他，中國不會派兵到尼泊爾。十一月尼赫魯從中國返回印度時，他說，「我不認為K・I・辛哈未來還能有什麼功用。」[19]

一九五五年四月的萬隆會議（Bandung Conference）上，當尼泊爾、印度和中國以及亞洲、非洲共二十九個國家在這罕見的第三世界團結時刻齊聚一堂時，周恩來向尼泊爾表示，辛哈其實是很急著想回尼泊爾的，只要他自己和跟隨他的人都不受迫害的話。一九五五年八月尼中同意建交，沒多久之後，喜馬拉雅的羅賓漢就被馬亨德拉王赦免並返國，還接受了英雄式歡迎。一張返國時的檔案照片，拍到他高高站在一輛威利（Willys）吉普車上被支持者人海包圍，圖說寫道：「為了〔向他〕致意而舉行了盛大遊行」。[20]

後來馬亨德拉於一九五七年七月指派昆瓦・英德爾吉特・辛哈擔任首相，四個月後又隨便將他解職。一九六〇年他也是隨便就解散了尼泊爾第一個民選政府，建立了一個專制的潘查雅特（Panchayat）統治體制，把權力鞏固於王室。儘管辛哈有著革命者的來頭，但人們不太把他視為共產主義者，他所象徵的可能是一種當代尼泊爾政治的特徵，也就是意識形態流動易變。獲選首相後，他跟美國人說，他不是一名共產主義者，還說當年在中國時，得要「表現出一種討東道主歡心的態度」。現在他急著想將俄羅斯人和中國人擋在尼泊爾外面。[21]辛哈一邊跟君王保證中國對尼泊爾沒有什麼打算，一邊開始主張要與印度有更密切的關係——這和他先前反對德里的立場正好相反。但尼赫魯會認為他是「一個有點神祕的人，可能會製造麻煩」，[22]而且「不是一個共產黨人——就只是一個盜匪」。[23]

為什麼當初中國不在辛哈剛抵達西藏時就把他送回尼泊爾，實在令人費解。是要在北京接觸加德滿都以便重新建交時，讓他擔任一把開門鑰匙嗎？

二

在毛澤東統治下，中國對南亞有過兩種截然不同的態度，變化取決於西藏問題。儘管實用主義是中國一九五〇年代「大戰略」——透過「不同形式的權力」追求的各種國家目標[24]——的特徵，但中華人民共和國在企圖鞏固這個新生國家時，仍遵循著中庸的國際主義外交政策展望。中華人民共和國成立時只有少數盟友。美國不相信它，等它加入韓戰後更是如此。「出於恐懼感、它與蘇維埃的密切結盟，以及美國支援中〔華民〕國十年下來的徒勞無功與損失，合起來打造了對該國的看法，把它視為墮落共產國家大家庭中最惡毒的兒子。」[25]此外，在一個後殖民的世界裡，美國認為中國這個非白人國家，比俄羅斯人更可以影響剛獨立的亞非各國加入共產主義的黑暗勢力。但中國人也不想要屈於蘇維埃之後。「毛澤東試圖把共產國家和蘇聯的關係基礎，從上下從屬轉變為對等。」[26]毛澤東想要脫離出來；他說，史達林的死就像是從束縛衣中解開一樣。[27]

中國正努力尋找著朋友——不一定是盟友，而是可以講道理的國家。「意識形態能做到的有限；可以在意識形態上妥協，好在重要的周邊地帶維持友誼。」[28]在中國與尼泊爾建交初期，這一點相當明顯。儘管辛哈在西藏現身造成了一點小問題，但北京並沒有因此忘記最終目標，也就是重新和這個對於自己正當統治西藏來說會很重要的國家點燃雙邊關係。畢竟，西藏與尼泊爾有簽訂條約，可以解釋成西藏是個獨立於中國之外的主權國家。因此，中國附和了尼赫魯對於「讓尼泊爾維持在印度的影響範圍內」的濃厚興趣。一九五四年十月，周恩來也同意尼赫魯的建議，由中國駐德里大使兼任加德滿都大使。幾年後，他會跟比休維休瓦·普拉薩德·柯伊拉拉說，中國不會在援助尼泊爾的補助金方面跟印度競爭，因為它不想被當作競爭者。

然而，這種慎重有分寸的方法，卻隨著中國在西藏問題上對印度日漸不信任而開始凋零。當印中關係惡化的同時，毛澤東也開始和蘇聯起了糾紛。在達賴喇嘛逃到印度避難，且尼赫魯在邊界事務開始展現強硬態度後，面對與印度迫在眉睫的衝突，中國開始尋求蘇維埃的支持。但蘇聯領導人赫魯雪夫（Nikita Khrushchev）卻把衝突歸咎於中國方。「如果你們允許我說點客人本來不該說的話，那麼，西藏的事情是你們的錯。你們統治西藏，當初就應該要讓你們的情報員去知道達賴喇嘛的計畫和意圖……你們現在要啥，要我們准許你們和印度衝突嗎？那樣我們也太傻了吧，」他於一九五九年十月這麼跟毛澤東和周恩來說。[29]

中國對此大為光火。兩個共產帝國的決裂終於在一九六〇年七月十六日來臨，莫斯科把一千四百名蘇聯顧問全部從中國撤出。自認史達林正宗繼承者的毛澤東，對於莫斯科一手掌控國際共產運動已忍無可忍。隨著印中緊張增加，中國在與尼泊爾（以及緬甸）的邊界劃分會變得較為寬容，來證明邊界若有爭議是錯在印度。「尼泊爾獲得了前所未有的、作為一個徹底獨立國家的待遇。」[30]

一九六二年印中戰爭發生時，國際地緣政治也來到關鍵時期：莫斯科正處在古巴飛彈危機的最緊張時刻，並在此議題上尋求北京支持。而北京確實和蘇聯站在同一邊，但古巴的對峙還沒結束，它就發動了對印度的戰爭。對毛澤東來說，這是要印度人尊重中國的利益。「既然尼赫魯在這邊玩火並堅持要我們跟他打，我們要是不跟他打就失禮了。禮尚往來，」他如此說道。[31]

然而到了一九六三年時，毛澤東的注意力轉移到宣稱中國擁有西伯利亞東部一些地方的主權，「是他與莫斯科在國際共產運動內競爭的一部分」，[32]也轉移到去贏取第三世界各地的共黨支持。當蘇聯與美國在該年七月簽下部分禁止核試驗條約（Partial Test Ban Treaty）的時候，中國認為，該條約是在反對中國發展核武。隨著毛澤東統治的中國變得越來越內向，越來越將自己孤立於國際事務外，中國的外交政策也展現出一種邁向更極端激進主義的意識形態轉變。到了一九六五年時，毛澤東認為在其他第三世界國家激勵左翼極端主義，能夠「在國際事務方面創造一個新的中心」。「中國將會在其他國家支持革命團體，但他們得要先認可毛澤東的戰略雄才，」歷史學家文安立（Odd Arne Westad）寫道。[33]

在尼泊爾這邊，中國牌的共產主義會搭車順路而行——或許不是像馬亨德拉打趣的說法那樣搭計程車，但它確實會朝他處而行。

二

一九七六年，阿格尼・薩普科塔（Agni Sapkota）在伯戈恆（Bogchen）村的一間小學當老師，該村靠近尼中邊界的塔托帕尼，從加德滿都朝東行車約五小時可抵達。在尼泊爾各地村落中，學校老師通常都是備受尊敬的權威，而不菸不酒的薩普科塔，又特別受人尊敬。他替小學招到了四十六個學生，就該國當時的低入學率來看，是一個很驚豔的數字。對他的表現十分滿意的教育部門，要他去加德滿都參與一個訓練計畫。「我那時在伯戈恆很開心。我不想去受訓。但我的老闆們說如果我不到場，就會丟工作，」薩普科塔說道。[34]訓練進行期間，毛澤東的死訊傳了開來。「我記得我們聽到消息時都在吃達八。我們送飯進口的手停在半空中；感覺就像是地球停止轉動了一樣。儘管我們從孫逸仙以來就尊敬所有中國領袖，但毛澤東獲得了我們全體深深的尊敬。」

薩普科塔接下來會在一九七九年加入共產黨。隨著尼泊爾共產黨多年來因意識形態差異而經歷多次分裂，其中有一支變得更加激進，因為國會各政黨在一九九〇年革命後對君主立憲制讓步而失望不滿。一九九六年二月十二日，激進的尼泊爾毛主義者（Maoist）宣告展開人民戰爭——薩普科塔就是其中一員。二十多年後，當尼泊爾已成為共和國時，他獲選國會議長。

薩普科塔出生於緊鄰中國邊界的辛杜帕爾喬克（Sindhupalchowk）地區，他頭一次瞥見中國共產主義，是連通拉薩的道路正在鋪設的時候。「蓋公路的地方離我住的村落並不太遠。在巴勒菲（Balephi）附近有一個地方叫做杜姆里（Dumre），中國人會在那邊上演戲曲和戲劇，由年輕的中國演員來演。那些劇真的打動了我，」他說。毛澤東牌的共產主義會深刻銘印在尼泊爾全國各地的成千上萬人身上，最終會引發一場為期十年的內戰，但在那期間中國又會嘲笑那些反抗軍是土匪。但已經來不及了；早在一九六〇年代，當來自拉薩的道路開始往加德滿都推進的時候，毛澤東思想在這個不平等的國家內，就已經開始代表一個平等主義的夢想。

拉薩—加德滿都公路的故事，是從馬亨德拉於一九六一年九月起進行為期十七天的國是訪問開始。不過九個月前，他把選舉產生的整批比休維休瓦·普拉薩德·柯伊拉拉內閣以及數個其他政黨的領袖逮捕入獄，並在潘查雅特體制下直接掌控大權。但入獄的大批人士中居然沒有共黨領袖，是非常引人注目的例外——根據中情局的說法，這是來自中蘇集團的壓力所造成的結果，[35]

也有可能是要拿來防堵尼泊爾大會黨；大會黨殘存的領袖們，從位在印度的基地對尼泊爾南部發起了一場武裝反抗。

中國對於政變維持著慎重的沉默。在柯伊拉拉被革職後沒多久，中國大使「據稱傳達了他的政府的祝賀」，以「利用」馬亨德拉對印度的疑心以及他「在國際事務上的缺乏精明」。[36]毛澤東很樂於和封建的尼泊爾政權共事。「畢恭畢敬對待尼泊爾人好提升他們的反印度情緒，而好幾名中國領導人也表明了自己有意識到奉承的力量。他們說服尼泊爾官員相信，只有公正不阿的大國領袖才會尊重小國領袖們的感受，藉此在政治上得利。」[37]北京增加對尼泊爾的援助，給予價值共三千五百萬尼泊爾盧比的現金和消費品，來支付中國在尼泊爾境內的建設方案。一九五六至一九七三年間，中國付出近九千八百七十萬美元來援助尼泊爾，其中直接給予的補助金佔了百分之四十四——這個比例在所有中國援助接受者中是最高的。[38]除了其他戰略利益外，這筆援助還關係到降低印度影響力。為此，中國把援助和任何公開的政治得利脫鉤——這就有別於印度援助，後者會讓人覺得有意讓尼泊爾有如印度的一部分。「尼泊爾有一股憤慨不滿，嚴重妨害了印度援助計畫的進行，而這股不滿的核心，就是印度沒辦法把尼泊爾當成一個想走自己的路的分離實體。」[39]另一方面，「中國敲鑼打鼓地援助，並讓它的補助條件盡可能地吸引人，而沒顧慮到這樣做對於援助的經濟效用可能造成什麼影響。」[40]中國推出過好幾個救急建設套組，其中有一個他們選擇納入一間水泥工廠、一間造紙廠和一間製鞋工廠，因此人們認為，中國這樣做也是在幫助尼泊爾減低它對印度進口的依賴。[41]

當時中國援助尼泊爾計畫中最重要的就是拉薩—加德滿都道路，那是馬亨德拉在一九六一年拜訪行程的最後一天同意的，而這個協議，不論從地緣政治面還是從基礎設施面來看，其意義都和現在提議的通往加德滿都之鐵路一樣重大。儘管中國共產黨第三號人物劉少奇於一九六二年九月跟巴基斯坦大使表示，是尼泊爾要求中國興建這條路，[42]但大部分的紀錄都顯示，是中國先推動興建這條路。雖然周恩來一九六〇年四月拜訪加德滿都時，在一場酒會上談到西藏與尼泊爾「建立直接交通往來的機會」，但比休維休瓦．普拉薩德．柯伊拉拉在一九六〇年五月的一次採訪中，卻否認自己有收到有關這條路的任何提案。「這樣的一個方案，會在我們與西藏的貿易成長到理當要有一條路的程度時才開始，」他對一位記者表示。[43]

里奧．羅斯（Leo E. Rose）主張，馬亨德拉本人並不想簽協議，因為知道簽了協議會讓德里這邊不愉快，也因為他想要展現自己「對於中國用來逼他同意道路協議的壓迫戰術（某些消息來源如此指稱）有所不滿」。[44]據說中國一天前才把道路協議塞給他，而馬亨德拉完全無法拒絕。除了需要的專家、技師和設備之外，北京也同意提供建設費用。

蘇曼．瓦西夫．汗主張，拉薩—加德滿都道路對於中國確保西藏糧食無虞一事很關鍵，當時該地區仰賴印度進口糧食，且因毛澤東災難般的經濟計畫，而面臨著嚴重短缺。印度於一九六〇年禁止了對中國的所有貿易。「運氣不錯的是，跟印度的貿易有些可以用日漸增加的對尼泊爾交易來取代。」[45]當時北京在維持西藏補給線一事正面臨著「持久的困難」，因為經由四川和青海的道路，在其地理條件下光是興建維修就已是惡夢一場，如今又受到了來自武裝西藏反抗軍的壓力。至於另一條經由阿克賽欽（Aksai Chin）通往西藏的路，則是經過了與印度有紛爭的領土。

自從一九五九年巴基斯坦擬定了計畫，要興建一條將巴國管轄的喀什米爾連接上新疆的跨喀喇崑崙公路之後，喜馬拉雅地區便有了第二個道路計畫。然而，一直要到一九六七年，這條路才開始動工。當這條公路於一九七一年開通時，它成為了繼阿尼哥公路（以十三世紀前往忽必烈宮廷的尼泊爾建築師命名，在尼泊爾這邊稱作加德滿都—拉薩道路）之後第二條跨越喜馬拉雅的中國道路。

加德滿都—拉薩道路原本打算從拉蘇瓦跨越喜馬拉雅。但馬亨德拉堅持要走東邊更遠的科達里（Kodari）路線。這個消息讓印度困擾不已，但它並沒有正式抗議。一九六一年十二月，尼赫魯在印度國會上議院「聯邦院」（Rajya Sabha）發言時表示，當他聽說這條道路的時候，「我們並不樂見；別的先不提，光是想到那些我們禁止出口但能從尼泊爾流出的貨物，有了路就可以從印度經由尼泊爾走私到西藏，它就開啟了我們不想要的可能性。我們已向尼泊爾政府指出了這一點，而目前情況就是這樣。在這方面我們無法命令他們，但若要說他們沒有跟我們商量過的話，可以說是半對半錯；也就是說，他們三不五時就概略地談到這些問題，但這些具體的問題，就沒跟我們提過。」[46]

對馬亨德拉來說，剛開始不管對路有什麼猶豫，和它可以送達的潛在利益相比，很快就沒那麼重要了。對他來說，一條獨立於印度控制外的公路，意味著更大幅度遠離尼泊爾傳統上對印度的依賴。然而，在受訪時他卻主張，公路純粹只會是一條經濟連結：「我不了解這條路為何如此備受重視。尼泊爾和西藏之間，商人用犛牛、矮種馬或者人腳在走的路已經有大約五十條。其中有一條現在要拓寬讓車走。一條路不會造成多大差異……中國給予協助來興建這條南北向的路，我看不出有什麼理由不接受。」[47]馬亨德拉指望這條路能讓尼泊爾和西藏之間一些比較老的轉口貿易復活，然而那並沒有發生，而中國本來預期的尼泊爾補充西藏糧食供應，同樣也沒有發生。但那條路顯示了一件比任何經濟連結都更明顯的事，就是南亞地緣政治平衡的轉變，以及中國跨越喜馬拉雅的能力。本質上來說，那牴觸了尼赫魯心目中喜馬拉雅做為印度天然前線的理想。

一九六一年十一月，《人民日報》「樂見」印度對該路的不悅；中國將「志在分離」尼泊爾與印度。[48]

至於這樣一條路會不會有任何軍事利益，一名參與過公路計畫的叛逃者曾表示，儘管建設協議約定橋梁要能承載十五到十七噸的載重，但那些橋其實可以承載到六十噸。[49]而且，即便中國援助尼泊爾的其他計畫紛紛遇上重重困難，但這條道路還是以極佳的速度在推進。中國工程師於一九六二年三月開始調查；到了該年底，調查隊就幾乎大功告成了。到了一九六七年五月，公路便開放商務交通。

╪

儘管馬亨德拉對於毛澤東統治的中國還是謹慎提防——「我們是君主政體並相信神。中國是共產政體且反宗教，」他於一九六二年二月的採訪中對一名記者這麼說[50]——但他在國內政治圈裡仍鼓勵尼泊爾共產黨人孤立尼泊爾大會黨。此外，他還鼓勵他們向中國共產黨靠近。一九六四年八月，一名傾向支持蘇聯，且生涯後半將會與王室越走越近的共黨領袖柯沙・江格・雷亞瑪吉（Keshar Jung Rayamajhi）跟美國人抱怨說，「國王逼他公開支持中國共產黨」，同時中國大使本人也叫雷亞瑪吉放棄蘇聯。[51]雷亞瑪吉不為所動，但中蘇的決裂也會把尼泊爾的共產運動一分為二。一九六五年初，有四十五名尼泊爾共黨成員「以科達里道路計畫為掩飾」，接受了四周的訓練。[52]一九六八年，普什帕・拉爾・什雷斯塔獲選為支持中國共產黨方針的多數派的書記。[53]追隨他的人包括了未來的首相曼莫漢・阿迪卡里（Manmohan Adhikari），他改走支持君主政體的路線後獲釋出獄。儘管接下來幾十年會有好幾次分裂，尼泊爾的共產主義特色仍會持續深受中國影響，特別是革命面向。有一組共產黨人受一九六七年印度納薩爾派（Naxalite）的革命所激發，而於一九七一年在尼泊爾東部殺害八名地主。那些革命分子中有一個是十九歲的卡德加．普拉薩德．奧利，他會被關上十四年，直到一九八七年才出來。「我們受納薩爾派的吸引，所以一九七○年開始，尼泊爾這邊發起了新的運動。文化大革命也對我們有影響。我們之前沒研究馬克思主義。所以我們就只是遵循著文化大革命的方針，但那是一條錯誤的路，」後來奧利在二○○三年的一次受訪中如此承認。[54]

中國的共產文章最早在一九五○年就進入了尼泊爾。據歷史學家藍詩玲（Julia Lovell）所轉述，打從一九五○年代就是左翼政治家的羅希特同志（Comrade Rohit），小時候就讀過《毛澤東傳》（*The Life of Mao*，譯註：可能是美國記者埃德加．斯諾〔Edgar Snow〕著作《西行漫記》〔*Red Star Over China*，又名：紅星照耀中國〕中的毛澤東前半生自述）。「我曉得了毛澤東對服務人民的熱愛，體會了他的愛國心、認識了他推動中國前進的方法，」他如此對藍詩玲表示。[55]對尼泊爾人來說，種姓制度下的階級和不平等如今代表了他們得要對抗的封建主義，而印度則是他們必須反抗的帝國主義殖民者。薩普科塔跟我說，中國工人們在興建阿尼哥公路期間，有在發放《人民畫報》以及毛澤東的《毛主席語錄》。[56]一名尼泊爾的領頭知識分子也回想到，一九六○年代他在自己學校裡開辦一間兒童圖書館時，寫信給加德滿都的好幾間大使館，請他們提供讀物。「只有中國和蘇聯大使館回信，送給我們《人民畫報》和《蘇聯畫報》（*Soviet Union Illustrated*）。」[57]其他人則記錄到，在翻譯成尼泊爾語的世界經典著作中，至今仍最廣為流傳的馬克西姆．高爾基（Maxim Gorky）作品《母親》（*The Mother*），在潘查雅特體制時期的加德滿都是如何地隨處可得。[58]「對那些沒離開過國家，但在潘查雅特政體（一九六○—一九九〇）下長大的人來說，具有影響力的是共產主義的另一番願景，它們以中國、俄羅斯和朝鮮得到大筆資助的印刷品形式四處流傳。」[59]有一名運動參與者回憶道，到一九六二年為止，蘇維埃的進步寫作在尼泊爾都還隨手可得，但那之後就變了。「當時沒有多少中國方面的影響——那要到一九六二年之後才真正開始。」[60]

像薩普科塔這樣的尼泊爾毛主義者，開始把中國文化大革命視為「革命成就的頂點」。[61]「尼泊爾年輕游擊隊員心目中的人格理想，以及他們對於『人怎樣才是真正共產黨人』的理解，都根植於毛澤東思想教條，存在於一個幾十年前由中國的毛主義者所建構的倫理宇宙中。」[62]概括描述中國革命的眾多古早文章——其中最主要就是李心田的《閃閃的紅星》——被奉為革命理想典範，而長久以來的「英勇（bir）尼泊爾人」的文化神話，被融入了游擊隊的精神特質中。「在歷史論述的那一部分，毛主義者展現了了不起的持續性」，[63]並結合了那種類似中國興建阿尼哥公路時使用過的宣傳戰術，來贏得當地人的支持，吸引他們在尼泊爾西部打造紀念殞落毛派士兵的「烈士之路」。[64]

一九六五年時，中情局認為，中國人「讓特務潛入了政府要職」並「把他們的控制擴張到小而分裂的尼泊爾共產黨中」。[65]好幾個非共產黨領袖都樂見中國有限度地存在於內部，好限制印度的影響力。對於馬亨德拉試圖在印度與中國兩邊取得平衡的作為，中情局的報告主張，儘管這位國王「懼怕中國」，但他「有可能覺得」兩國對尼泊爾的獨立都造成了同樣的危險。但中國表現得體，且他認為中國的工業力量和智識都「優於」印度。一九六四年，加德滿都因為德里施壓，違背了一項與中國訂下的在尼泊爾南部耗資兩千萬美元興建公路的協議，並轉而把計畫交給印度和美國進行，在此之後，尼泊爾與中國的關係就開始僵化。然而，「與敏感的尼泊爾人打交道的節制靈巧手腕」替他們贏得了朋友。[66]

第二份未註明時間的中情局報告指出，中國為了在尼泊爾交朋友，花起錢「毫不手軟」；「這方面來說，他們在學生圈成效最佳，這群人的數量少於一萬，但構成了一股真正的政治力量」。[67]當時在尼泊爾最大的特里布萬大學（Tribhuvan University）內，學生普遍都別著毛澤東徽章。讓中情局的這名撰文者懊惱不已的是，「這裡的美國官員缺少反擊宣傳的錢」，而且「當美國大使館因為尼泊爾不是入超國而拒絕了來自尼泊爾政府的一項穀物要求後，中國在六周內就插手進來，提供了兩萬噸的稻米」。[68]

一九六七年，博卡拉—瑙比西（Naubise）公路開始興建；這又是一個中國援助計畫，會把尼泊爾的第二大城連結到首都。今日這條路稱作特里布萬公路；興建期間，「到了晚上，當整天工作結束後，中國人會讓一個舞台前面的場地擠滿了來自鄰近村莊的尼泊爾人。舞者在一幅巨大的毛澤東肖像底下跳過舞台……全部結束後，那些住在營地簡陋營房的中國人，會穿梭於觀眾間，分發毛澤東的徽章和《毛語錄》。等到又一段道路完工後，整個營區，包括這個劇場，都會拆下來在道路前端重新搭起來。」[69]

文化大革命來到了尼泊爾。「有人聲稱，尼泊爾工人領工資前被迫向毛澤東肖像致敬，還要喊讚美他的口號。」[70]毛澤東徽章在阿尼哥公路上可說無所不在，「甚至連乞丐」都別著。[71]共產主義順路而行，「一天有十到十五袋的信件」帶著中國共產黨的文章經由科達里而來。一九六七年五月，在阿尼哥公路的通車典禮上，有一份中國報紙宣稱尼泊爾人高聲讚揚毛澤東。一份尼泊爾報紙則反擊，「除了那家報紙之外，沒人聽到現場的尼泊爾人讚美毛澤東是『紅太陽』。」[72]接著，尼泊爾用它自己的「馬亨德拉鈕扣」回應，奧地利人類學家海門多夫一九七二年時在胡姆拉有看到尼泊爾的跨喜馬拉雅商人們別著它。

一九六七年六月在加德滿都機場，當一架載著兩名從新德里驅逐出來的中國外交官的班機被要求改道時，中國大使館官員和援助的工人開始在機場喊起反印、反美以及支持文化大革命的口號。尼泊爾警告大使館，說他們的官員如果還要留在國內，就得要遵守尼泊爾規定。政府鼓勵媒體發行批評中國活動的文章。崇拜毛澤東的行為遭到譴責。翌月，在一場慶祝馬亨德拉華誕的園遊會上，中國攤位遭到抗議毛澤東肖像旁邊沒掛馬亨德拉肖像的尼泊爾學生攻擊。抗議者砸了一台大使館的吉普車，並攻擊了尼中友好圖書館（Nepal–China Friendship Library）。「一群暴民從露天遊樂場一路遊行到城中，把好幾本《毛語錄》丟在路上。」[73]由於強硬派掌握了外交政策，中國便強力回擊，歸咎於美國、印度和尼泊爾。一直要到八月中，中國的指責語調才緩和下來，周恩來還親自寫信給馬亨德拉。儘管如此，尼泊爾還是成立了外交部委員會，來監管中國和蘇聯在該國的官員。

在這一波新出現的中國對外國勢力的攻擊中，十一個（包括尼泊爾在內的）外交使節團於一九六七年的一月至八月間在北京遭到毛澤東的紅衛兵攻擊。從許多方面來看，這幾年間中國的尼泊爾政策都跟它的緬甸政策相似。在那裡也一樣，「仰光的中國學生開始配戴毛澤東徽章，並宣揚毛澤東思想」。[74]文化大革命期間，隨著中國變得更仇外且「舉凡外國者都要抱持疑心視之」，中國外交關係「陷於停滯」。[75]革命是有意要外銷的。「中國共產黨從一九六〇年代早期開始一直到一九七〇年代，都提供大量的物質和政治支援〔給共產黨人領導的革命運動〕：訓練、無線電台、在中國的庇護避難所、支援宣告、革命成功的宣揚，在某些例子中還給了金錢、軍火，而在某一個案例中，甚至還提供中國志願兵。」[76]它也開始重複在緬甸的做法，支援在印度動盪的東北地帶活躍的眾多反抗團體，好比說那加人（Naga）和米佐人（Mizo）。[77]到了一九六七年底，中國已在二十九個國家支援或聲援武裝革命。印度革命者也在中國得到了支持，其中最離奇的故事發生在卡努·桑亞爾（Kanu Sanyal）身上，他是印度納薩爾運動的其中一名發起者，他為了該運動而從加爾各答經加德滿都前往北京。又一次地，共產主義沿阿尼哥公路而行。

二

納薩爾革命誕生於一九六七年，當時印度西孟加拉邦（West Bengal）納薩爾巴里（Naxalbari）的一群農民攻擊了一名地主。中國樂見其成；中國共產黨的發言單位《人民日報》的一篇社論說，「霹靂一聲春雷，震撼著印度的大地……大吉嶺的星星之火，終將燎原，一定要燎原。」[78]

該年九月，桑亞爾提議，「印度共產黨（馬列主義）」（Communist Party of India〔Marxist–Leninist〕，譯註：全名即包括括弧）應尋求中國的支持。「我們從未想過尋求軍事支援，」桑亞爾對他的傳記作者表示；他們要的是如何在印度進行革命的「建議」。[79]他們先是找上達卡的中國大使館，但無法與其接觸。那之後，由桑亞爾領頭的四人小隊，越境進入尼泊爾。抵達加德滿都的第三天，他們找上了中國大使館，但卻在門口遭拒。「會這樣無理對待實在始料未及。」但游擊隊戰士的決心更堅強，翌日他們又去了一趟，守衛總算讓他們進去（可能是因為那次就進行了必要的情報檢查的關係）。他們見到一名資深官員，他安排隔日和中國大使會面。

桑亞爾和他的同僚迪帕克·比斯瓦斯（Deepak Biswas）去見大使楊公素，他招待他們「茶和點心，並問我們需不需要錢。表達了感激之後，我們跟他說我們不是為了金援而來；我們反而是希望能造訪中國見毛主席。」桑亞爾和組員在加德滿都焦急地等了幾天，直到大使館跟他們說，北京歡迎他們，並要求他們移住到大使館。

接著他們四人和一名二十七歲的中國領隊一起被帶去邊界，然後在一座從尼泊爾連到西藏的橋那邊被放了下來。「我們發現那是一座廢棄的老橋；木橋板少了好幾條……我們極其小心地爬了過去。」過了橋後，他們抵達一座打穿群山的隧道。桑亞爾的傳記並沒有明白說隧道是不是在尼泊爾境內，但傳記作者寫到，隧道入口有「抽剩的印度雪茄屁股」，讓反抗軍們確信這條路「是固定用於前往中國的祕密行程」。

在西藏，一支解放軍的五人武裝小隊先是護送他們到拉薩，過了一周後，又送他們去北京見毛澤東。他們的夢想實現了；適逢十月一日國慶，他們目睹了一場盛大的集會，而在第二天，他們跟毛澤東本人短暫會面。反抗軍們最終會「在中國逗留」三個月，這段時間他們除了軍事戰術外，也會學習意識形態。十二月時，他們和毛澤東與周恩來又會了一次面。「把你們在中國這裡學的都忘掉吧。一回去……就構思你們自己的革命戰略，」毛澤東跟他們說。

納薩爾反抗軍們搭上飛機回到拉薩，在那裡經過軍事演練後，開始討論與中國的未來合作。人民解放軍軍官要求他們「盡量少利用」中國駐加德滿都大使館，而是沿著「前往中國的尼泊爾—不丹路線」去建立一條祕密通路。他們四個人經由阿尼哥公路被帶回加德滿都，到了那裡大使給了他們一萬印度盧比，「來建立通往中國的祕密運輸營」。四人便在第二天破曉時離開，接近傍晚時跨越邊界進入印度。桑亞爾之後還有沒有其他納薩爾反抗軍使用尼泊爾領土穿越到中國，他本人沒有明講，但那加跟米佐的革命分子也於一九七六年經尼泊爾前往過中國。[80]

到了那十年的尾聲，俄羅斯與中國因為烏蘇里江島嶼的邊界衝突，已經完全決裂。中國的孤立狀態十分危急，而在一九六九年時，毛澤東要求軍事顧問準備一份路線圖。他們寫道，「蘇聯修正主義者把中國當成頭號敵人，對我們安全造成的威脅比美國帝國主義者還嚴重。」[81]中蘇衝突「有助於催化中美和解，但真正的變化發生在華盛頓，因為出現一個願意和中國妥協的政府而發生」。[82]尼克森相信美國需要西歐和日本以外的盟友來打敗蘇聯，所以美國人停止資助中情局的西藏反抗計畫來表現善意，同時替中華人民共和國進聯合國鋪路，並認識到「在臺灣海峽兩邊的所有中國人都認為只有一個中國，臺灣是中國的一部分」。[83]但要與美國和睦有其代價，因為中國放棄了它在東南亞和巴基斯坦的朋友；一九七一年巴基斯坦與印度交戰而分裂（譯註：使東巴基斯坦獨立成為今日的孟加拉）時，中國並未派兵前去護衛。

對尼泊爾來說，這場戰爭又是印度在次大陸施行擴張主義和霸權的一個跡象。當戰爭結束時，新國王也同時登基；馬亨德拉突然心跳停止而於一九七二年一月過世。他的兒子畢蘭德拉因為受過西方教育而被認為是自由派，「可以給甘地女士一個機會增進印度在此的影響力，」中情局在戰後評估印度外交政策時如此寫道，另外還補充說，如果印度施壓過頭，「關係可能會快速惡化」。[84]

同時，戰爭損害了中國在次大陸國家之間的可靠度，但北京「中和蘇聯在該區影響力」的整體目標還是不變。況且，「比較小的國家，特別是斯里蘭卡和尼泊爾，都慎防著印度越來越想展示軍事實力的意圖，因此樂於與中國發展各種比戰爭前更和睦而廣泛的關係」。[85]

這意味著尼泊爾的新國王面對中國示好時，態度會比他父親更開放。在西藏反抗計畫停止之後，中國開始更信任加德滿都。一九七五年，中國贈送了一套升級加德滿都公共運輸系統的輕軌電車計畫，加上四千萬尼泊爾盧比的補助金。[86]畢蘭德拉於一九七六年六月成為了第一個造訪西藏的國家領導人。一九七九年學生抗議盛行期間，北京也支持國王領導的政府，而儘管北京對一九八〇年的公投呼籲（譯註：一九八〇年尼泊爾在學生抗議下舉行了政府體制公投，最後結果為維持潘查雅特體制）保持戒慎態度，但北京與宮廷的來往仍持續下去。[87]

一九七八年二月，鄧小平造訪加德滿都，這趟行程的意圖，是展現北京歷經了文化大革命和毛澤東死後的政治清洗而退隱國際多年之後，總算回歸常態。他支持畢蘭德拉的「和平區域」（Zone of Peace）提案，但「要先警告接受援助的一方，中國的慷慨程度會不如以往……鄧小平時代的精神是中國優先。」[88]

儘管中國承諾要送一間造紙廠（要到一九八六才開始產紙），但在貿易和觀光方面沒有正面發展。尼泊爾試圖在中國協助下開發境內水力，但鄧小平認為「那是個牽涉了很多面向的大問題，無法用三言兩語討論」。尼泊爾也要求讓觀光客能進入西藏，但鄧小平卻婉轉地拒絕了，因為進入西藏「非常困難」。[89]但共產主義也一樣，沒辦法再向外出口了。文化大革命的瘋狂歲月和中國的與世隔絕，都已經是過去的事了。在鄧小平統治下，一個新中國即將誕生。他在毛澤東死後對於「打倒」四人幫的評論，以及對於中國經歷了文化大革命的失落年代後想要資本化的「持續巨大的努力」，並不真的是要講給加德滿都聽，專注聆聽他說話的是美國人。[90]最重要的是，他說中國「渴望」和印度發展友好關係；他向新德里伸出手，希望能把它從蘇維埃的懷抱中拉出來。

儘管鄧小平的加德滿都行有著強烈象徵意義，但尼泊爾的期望卻沒有幾個獲得滿足。然而，在印度併吞錫金並對和平區域提案表示不滿後，這趟行程卻有著平衡德里對加德滿都壓力的作用。儘管如此，印度官方和媒體對鄧小平的訪問採取了「正面態度」，大肆宣傳了他對於改善關係的評論。[91]美國人說道，整體來說，尼泊爾對結果「徹底滿意」，關鍵點就在於「他來了」。[92]

從這時候開始一直到君主政體垮台為止，中國在加德滿都的首要接觸點就只有宮廷。但共產主義的理想卻開始在尼泊爾人民的心中留下印記。就算中國急著想抹去毛澤東的遺害，這位舵手仍持續啟發著尼泊爾的革命者。在鄧小平造訪的近二十年後，也就是一九九六年二月，一群反抗軍襲擊尼泊爾西部羅爾帕的一間派出所。在他們的土製手槍和爆裂物中，有一把生鏽的點三〇三步槍，是當年中情局給西藏康巴反抗軍的軍械。別的先不提，反抗軍採用的意識形態文稿，宣告了他們「永遠堅信毛澤東發展的萬用無敵馬克思主義戰爭理論——人民戰爭理論」。[93]

「尼泊爾共產黨（毛主義）」（The Communist Party of Nepal〔Maoist〕，譯註：全名包括括號）就這麼發起了他們的人民戰爭。

# 6 幽魂：尼泊爾的流亡藏人

在尼泊爾民間故事裡，河邊是幽靈晃蕩的地方。死亡的人在那裡火化，而無法火化的人，好比說孩童，也是葬在那裡。人們相信，那些無法逃離的靈魂被困在峽谷間，而人們會告訴小孩說，日落後造訪河邊，就是在招惹那些幽靈。

我沿著賽提甘達基河（Seti Gandaki river）邊一座那樣的峽谷而行；那條河懶洋洋地流經都利高達鎮（Dulegauda），一個平淡無奇的公路聚落，從博卡拉往加德滿都騎一個小時就到了。普利特維公路（Prithvi Highway）把城鎮分成兩半，而這裡的住家便在公路的兩側散布開來。過了峽谷到對面，是強巴林藏人聚居營（Jampaling Tibetan Settlement Camp）。營地裡的住民是在木斯塘的四水六崗（Chushi Gangdruk）藏人武裝反抗解散後，從一九七四年起定居於此。

一塊褪色的板子先指出了路，接著是一塊招牌，上的漆比較新一點。定居地的土地是尼泊爾政府捐贈的，「因為當地人相信那裡鬧鬼所以沒人要」。[1]在雜草叢生、只有幾棵橡樹提供淺淡樹蔭的那一群散亂的複合建築中，有著破爛屋頂的老舊小屋和新的水泥舍利塔共用著同一塊空間。風馬旗用繩掛在樹間；微風把印在上面的禱詞帶給諸神。有個老女人費力繞著一座舍利塔「轉經」，她佝僂的背幾乎和地面平行。該營的「藏人行政中央」代表多傑（Dorje）[2]跟我說，儘管年輕藏人可能不再虔誠信教，但年長的人們還是堅定維持信仰。

多傑帶我去一棟繞著一塊草坪、像宿舍的建築。我可以聽見來自食堂的喧鬧聲，剛煮好的米飯跟肉咖哩的氣味飄盪在空中。食堂外，在一張木長椅上，三個老人看著太陽落下。周圍有幾個年輕人，但我沒看到孩子。多傑把我介紹給這群人；我聽到幾次「四水」，老人們紛紛點頭。如今還活著的反抗部隊老兵僅剩數百人。他們大部分住在強巴林，還有少數住在博卡拉市中心，沒什麼人會察覺到他們。

四水六崗的故事，是冷戰巔峰時期一個裹在佛教情懷、中情局密謀和反共鬥爭裡面的故事。然而，這故事不僅被戰爭迷霧所隱藏，也被不願挖掘過往祕密的心態所隱藏；它講述的不只反抗本身，也述說著強權的串通共謀和撒手不管。二〇一七年解密的一千三百萬份文件中，沒有一份在談（由中情局命名為）ST馬戲團計畫（Project ST Circus）這個祕密行動，這情況就透露出了蹊蹺。在尼泊爾，四水六崗的故事增添了盜匪惡行的色彩筆觸，讓尋常尼泊爾人對流亡藏人的觀感蒙上陰影。

武裝反抗的故事，也搭不上那個打造成「出於佛教非暴力主義」的西藏流亡大敘事。「『西藏鬥爭從之前到現在都是非暴力』的這種主張，既是一種基於佛教特定觀點的主張，也同樣是遺忘暴力的直接產物，」歷史學家卡洛爾．麥格拉納漢（Carole McGranahan）寫道。[3]話雖如此，既有的歷史紀錄卻侷限於與中情局合作行動的這些西藏反共戰士的相關浪漫故事框架；就想想《雪中孤兒》（*Orphans of the Snow*）或者《佛陀的戰士》（*Buddha's Warriors*）這類標題就好了。西藏歷史學家茨仁夏加譴責西方透過「香格里拉神話」將西藏鬥爭異國情調化，這種論點放在四水六崗老兵的歷史中，也同樣令人信服。[4]

第一波流亡藏人抵達尼泊爾，是一九五九年三月第十四世達賴喇嘛出逃拉薩，以及隨後人民解放軍趕來維護國家安全並鎮壓反抗所造成的後果。毛澤東寫道，「照此形勢發展下去，西藏問題有被迫（這種『被迫』是很好的）早日解決的可能……最好有一兩萬，或者三四萬喇嘛跟其他反動分子逃出國。這種情況當然會讓印度、不丹難以忍受，可能連尼泊爾也是。然而，儘管不丹和尼泊爾不一樣，印度只能自己不高興而無法責怪我們。」[5]隨著達賴喇嘛出逃和中國軍事鎮壓的消息傳遍西藏，有成千上萬的人逃出該地，其中包括了森格（Senge），也就是眼前長椅上三老的其中一人。顫抖著手、滿臉皺紋的森格，重述他從囊謙（譯註：位於中國青海省）逃到木斯塘的經過。「我不記得我們從囊謙到木斯塘花了多久。」我們透過一名翻譯對話。在母親的要求下，他二十七歲加入四水六崗，並在部隊待了十四年直到解散為止。藏人行政中央代表多傑和我一起計算了日期，得出的結論是，森格當年應該是第一波戰士。他的回憶已褪色，而他能準確回想的細節已不多。「我們當時得睡在松樹下。我們沒有食物；我們有時候要等一個月，才會有驢從卡格貝尼（Kagbeni）背著補給來給我們。我們偶爾得把皮革煮來吃。」[6]

年長但仍挺拔、長臉上滿是溝痕、到剛剛為止都還安安靜靜的高個男人佩馬（Pema）說，當時他們早上得要軍事演練，晚上要進行宗教活動。戰鬥行動不常出現；兩場比較值得一提的，分別是一九六一年十月奪取了中國人民解放軍的文件，讓美國人知道大躍進剛開始沒多久就失敗了，被稱為「自從韓戰以來最好的情報突擊」[7]；另一場則發生在一九六四年六月，由蘇格蘭教士轉為西藏支持者的喬治．派特森（George Patterson），說服了木斯塘東邊的昌姆（Tsum）的一組戰士「為攝影機安排一次突襲」好讓藏人舉事為國際所知之後，拍攝了突擊中國部隊的過程。[8]

兩年後這部影片對外播送，而中情局對於木斯塘的行動被洩漏一事憤怒不已。派特森浪漫的鋌而走險，導致中情局資助停止了半年，最終播下了不同陣營分裂的種子。

我們圍著庭院坐著，等著中餐，同時故事傾瀉而出，其中有些因為時間久遠而顯得陳舊。我們談起環繞著康巴（四水六崗戰士的另一個名字，因為大部分人都是從西藏的康區〔Kham〕來的）的種種神話。多傑跟我說，他年輕時覺得「康巴人有勇氣」。他回憶起許多關於戰士的傳說：「我聽說康巴人蓋的地堡都還屹立不搖；它們很難摧毀。我也聽說他們在木斯塘興建的馬路和堤防到現在都還在。」然而，他也會懷疑，就算當時美援有持續下去，反抗行動恐怕也不會成功。「我們或許有過短期的勝利，但長期來說我們贏不了。我們的人口是一個很大的負面因素。我們對抗人民解放軍的康巴戰士最多就兩千人，而他們有一百萬。」

然而，四水六崗老兵的看法就不一樣了。一九五九年抵達博卡拉並前往木斯塘加入部隊的佩馬說，當時他們相信軍事行動可以奪回西藏。「但有人要我們投降。如果當時尼泊爾沒有要我們放下武器，我們就會盡可能戰鬥下去。」被送去加德滿都一間地毯工廠工作的另一名老兵尼瑪（Nyima）則說，當他聽說投降一事時，他心中的第一個念頭是，「如今一切都結束了！」

一九七四年尼泊爾壓制反抗的軍事行動，是在巴巴．葉西這名前四水六崗指揮官的協助下進行；他和領袖魅力十足的嘉陀．萬都（Gyato Wangdu）鬧翻，而強巴林的老兵們記得後者是「好人」（和我聊的這幾個都不是效忠葉西的人）。在派特森的影片公開後，中情局要把遭人指控濫用資金的葉西換掉。萬都最初是被派去當葉西的助手，但當葉西於一九六九年被要求轉移到達蘭薩拉，並改由前者來領導木斯塘部隊時，葉西「就是不要」。[9]他要效忠他的人脫隊，從木斯塘向東前往馬南（Manang），最終向尼泊爾政府投降，並於一九七二年遷移到加德滿都。

另一方面，到了一九六〇年代末，就連美國人也開始認為反抗部隊「起不了作用」，而且就美中和好的企圖來說，是「失敗的麻煩製造者」。美國這時將資金投注於讓人員重新適應社會，開始漸漸地削減它（在財政以及物資上）的祕密支援。這計畫一年大約要花兩百五十萬美元；一九七一年，中情局提議可砍除費用並把人數從一千八百減少到三百人，獲得了批准。「歷經多年支付了數期兩百五十萬美元的安置費用後，在修正過的計畫下，維持三百名游擊隊的成本將會是一年十萬美元，而非游擊隊行動會從一九七〇會計年的五十萬美元降至一九七一會計年的363,000美元以及一九七二會計年的263,000美元。」[10]一九七〇年重新適應社會基金的第一筆錢，被花在博卡拉的兩間地毯工廠，和一間有三十個房間的廉價旅館上。[11]

美國人認為游擊隊行動帶來的成果很少。是有過幾次成功的軍事行動，好比說把人民解放軍情報帶來的那一次，但美國認為「去除（藏人的）情報蒐集行動，也不會嚴重縮小美國所需的中國西部情報涵蓋範圍。」[12]再加上與中華人民共和國展開對談而孤立蘇聯的新外交政策目標，以及木斯塘行動並不真的是祕密行動（中國人早在一九六一年就知道這行動）的事實，使得接下來的行動路線清楚明白：美國要退出ST馬戲團。[13]

有了這樣的發展，尼泊爾就比較方便著手對付四水六崗部隊。北方地區的行政體系疲弱——四水六崗可以不受干擾地行動的其中一個原因——要到一九七二年，才成立了一個委員會來治理喜馬拉雅地區。加德滿都也被尼泊爾大會黨在特萊平原的武裝叛變搞得分身乏術。一九六三年，尼泊爾警政署長在加德滿都向英國官方承認，「尼泊爾政府沒有能應付（康巴）的維安部隊，而情況正艱難起來。」[14]中國至少從一九六三年就一直針對木斯塘有康巴反抗軍一事提出抗議；該年九月，尼泊爾「首度」收到了針對康巴反抗軍襲擊的「嚴重抗議」。[15]到了一九六四年，中國人也散發小冊子，勸康巴游擊隊員逃兵：「那些回來效命的人不會被問起過往惡行如何，也不會討論立場曾經為何；從今以後，過去的事就讓它過去。」[16]中國大使館也讓尼泊爾情報首長使用中國部隊。[17]但隨著雙邊關係在文化大革命期間惡化，這問題被擱到一邊，直到一九七三年末畢蘭德拉王造訪中國時，中國總理周恩來「表達了對康巴游擊隊問題的深刻興趣」為止。[18]

一九七二年成為尼泊爾王的畢蘭德拉，顯然不像他父親那麼喜愛藏人。他回國後，便和國安官員召開一場會議。畢蘭德拉要求，得要讓康巴游擊隊在他一九七五年舉行加冕儀式前經協商和投降來解除武裝，而不要來到武裝衝突的局面。出席那次會議的一名內政部官員塔姆拉・烏克雅布跟我說，第一步是對康巴佔領區進行偵察任務。[19]烏克雅布和另一名官員經由西邊的德爾帕前往木斯塘。他們抵達了喬姆松東邊的凱桑（Kaisang），最大的康巴戰鬥營設在當地高達3,510公尺的不宜人居地帶，並受到當地人援助。「他們有訓練完整的軍營。當地人不准進入。儘管我們沒看到有外國人，但他們似乎曾經待在那過——那裡居然有九洞高爾夫球場！」

烏克雅布帶著這情報回加德滿都。尼泊爾部隊決定先專注於解除木斯塘各軍營的武裝。一場公關戰就這麼開打了。報紙把康巴游擊隊員貶為「神像的小偷、天生的匪徒和冷酷的傭兵」，跟「自我放逐的尼泊爾反國家主義者」結盟，並迎合「尼泊爾的隔壁鄰居」的利益，也就是印度的利益。[20]葉西被帶去見國王，他和跟著他的人在那裡獲得承諾，只要協助尼泊爾部隊，就可以換得尼泊爾公民身分和社會保障。他不情願地接受並參與行動，在那之後他在加德滿都的喬帕提（Jorpati）建立了一個營；來自葉西這一群分離派四水六崗團體的流亡者，至今仍是唯一一群由尼泊爾官方授予公民身分的藏人。

一九七四年六月十五日，皇家尼泊爾陸軍九個駐紮在博卡拉城外的單位，在當時官拜中校的沙奇・拉納（Satchit S.J.B. Rana）率領下，移動到了喬姆松。美國駐加德滿都大使館發了封電報給美國國務院：「GON（尼泊爾政府）的行動是打算控制至今難駕馭且自治的少數人，平息他們對中華人民共和國關係中的一個周期糾紛問題，並為了政治目的而要搶在尼泊爾大會黨之前獲得康巴的武裝。然而GON有很大的風險會誤判康巴游擊隊的回應，而這將可能造成一場尷尬的武裝衝突，衝突中皇家尼泊爾陸軍有可能死傷，且接下來游擊隊的行動也有可能會延長進行。」[21]

軍隊在雨中走到了喬姆松；所有的裝備都帶在馬背上。據烏克雅布所言，接下來開始了對象不同的三回合協商：一個是跟戰鬥營，一個是跟達賴喇嘛在加德滿都的代表，一個則是在達賴喇嘛的哥哥嘉樂頓珠（Gyalo Thondup）與尼泊爾駐德里大使之間協商。[22]政府提供難民身分、貸款、土地和戰士子女的教育。[23]「康巴游擊隊想要把協商延續到冬天。我們容不得這樣，」烏克雅布說。經過了好幾輪對談失敗後，尼泊爾軍包圍了戰鬥營並射了幾發榴彈砲，來證明他們講軍事行動是來真的。沒被嚇到的四水六崗部隊用無後座力砲回敬了一發。尼泊爾士兵撤退了；藏人「手上的武器比我們的好」，[24]後來一名軍官會如此坦承。達賴喇嘛擔心尼泊爾和四水六崗部隊逐漸形成武裝對抗，於是送了一捲錄音帶訊息，內容中他的義兄要求他們放下武器。大部分的武裝分子都投降了——除了一個開槍自殺，兩個跳進下面的甘達基河自盡，另外還有一個值得注意的人：萬都。萬都和其他十八個人取道向北，朝著上木斯塘的荒涼地貌前進，那地方甚至比喬姆松地區還要杳無人煙。就在上木斯塘出名的紅山（Dhakmar）重重峭壁外不遠處的葛哈米村（Ghami），尼泊爾軍官發現了萬都這支武裝團體宰殺了一隻氂牛並帶走牛肉食用。[25]這批軍人的高海拔衣物及裝備都不足，只能返回喬姆松，於是就沒了萬都的蹤影。

將近一個月後的九月七日，軍方收到了來自遙遠西方胡姆拉的報告，說有一群康巴游擊隊攻擊了木楚（Muchu）的檢查哨，並往亞里（Yari）前進。[26]兩天後，大部分的出境口都封閉了。九月九日，萬都的小隊在比胡姆拉更西邊的地方，也就是今日中國、印度和尼泊爾邊界匯合（且靠近印度和尼泊爾之間的有爭議領土）的亭卡爾山道（Tinkar pass）落入了陷阱。六名四水六崗戰士在交火中死亡，其中包括了萬都。葉西被直升機帶去指認他的遺體。其他人則是成功逃到印度。

加德滿都辦了一場四水六崗武器的展覽。美國人接獲吩咐，要否認有一絲涉入。加德滿都大使館則接獲吩咐說，除非國王問起，才要告訴他「美國政府現在完全沒有涉入康巴游擊隊。任何由美國政府提供的補給，都在幾年前就中止了。」[27]其他人問的話，大使館這邊要說「我們的做法是不評論任何這一類的指控。」[28]幾個月後，尼泊爾政府告知聯合國難民事務高級專員（United Nations High Commissioner for Refugees，UNHCR），他們要以一百五十萬美元的費用重新安置六千名康巴游擊隊，[29]同時小心謹慎地打聽美國是否有意「資助重新安置」，因為「有些國家」有一個「道義上的」責任。[30]美國國務院回應，「尼泊爾政府和UNHCR有可能一直認為，我們對康巴游擊隊的重新安置有一個『道義上的』責任。但情況顯然不是那麼一回事，特別又因為，眼前的難題是尼泊爾政府單方行動所產生的，且當初我們完全沒有被找去商量。因此，不論是道義上還是其他面向上，我們都沒有義務要參與UNHCR的工作。」[31]一九七五年一月，美國國務院終於寫信給自己在德里和加德滿都的大使館，傳達美國「沒有意思對UNHCR提議的康巴援助提案做出捐獻，儘管說我們希望他們一切順利……因此，儘管我們當然還是會對UNHCR的活動和倡議維持贊同的意思，但國務院比較想停止討論這問題。」[32]

對美國人來說，木斯塘這一段就這麼結束了。喜馬拉雅的祕密戰爭隨著季辛吉的乒乓外交而來到尾聲。但維持和平可以比進行戰爭還難。

## 二

羅丹・卻哲（Loden Chokse）的家人決定離開西藏時，他才八歲。這群來自西藏西部偏遠地帶（現在屬於阿里地區）的游牧人，走了七天抵達木斯塘的科拉拉。「我記得那是十月左右，」他在他位於博卡拉市郊塔石林（Tashiling）定居地的個人辦公室裡跟我說。羅丹有一張他和達賴喇嘛見面的大照片，掛在牆上最顯眼的地方。還有一張海報寫著達賴喇嘛的話：「每天，醒來時便想，今日活著就是幸運，我有著寶貴的人生，我不要浪費它」。牆上還有一張噶瑪巴的照片。架上滿滿都是紀念品和獎杯；羅丹一直是博卡拉獅子會的活躍成員。

「〔當我們第一次抵達木斯塘時〕我在喬姆松下面力提〔Lete，譯註：位於喬姆松南方三十公里處〕的塔卡利人家裡工作了幾年，」羅丹說。「我們不是因為中國人才離開西藏的，儘管說我太太是從〔率先爆發武裝反抗中國統治的〕東邊來的。我們聽說拉薩被中國人拿下，達賴喇嘛逃走了。我們是游牧人，所以要去哪我們真的沒想太多。一直到我們走了好幾天走到底了，我才察覺到這是個有點不一樣的地方。」

博卡拉的西藏難民營也像加德滿都一樣，當初設在郊區，那裡一度是城鎮邊緣，但現在已被都會的雜亂無章所包納。到了藏人顯然無法在短期內返鄉的時候，營地便開始設立在人煙稀少的山丘上，好比說尼泊爾東側索盧坤布區（Solukhumbu）的喬薩（Chialsa）和西邊的多爾帕坦（Dhorpatan）。「一九六一年，許多難民面臨嚴重的食物短缺，且因為住處和醫療都匱乏而苦不堪言。」[33]

馬亨德拉問尼赫魯能否讓一些難民安置在印度，但後者認為「不適當且不能接受」[34]：「達賴喇嘛目前確實是居住在印度。但我們完全不會因此就得背負著義務，要去邀請其他藏人也照他這樣做。」尼赫魯反而指出了尼泊爾正在接收的國際援助，主要以國際紅十字委員會（International Committee of the Red Cross）、美國國際開發署（United States Agency for International Development，USAID）以及瑞士紅十字會（Swiss Red Cross）為主；他反倒建議尼泊爾用這些資助來進行安置。藏人定居地的土地是由尼泊爾紅十字會（Nepal Red Cross）擔任中介買下來的，因為當時藏人在尼泊爾不能合法擁有地產（如今也一樣）。「這也讓尼泊爾政府可以完全不承認自己有直接支持過難民，而能避免危及它和中國的脆弱關係。」[35]

一九六四年，在聽說藏人被重新安置到難民營之後，羅丹一家搬到了博卡拉。他們在一個臨時營地住了九個月，後來尼泊爾紅十字會才在奇荷帕坦（Chhorepatan）買下了今日塔石林難民營的所在地。「那時候的生活簡直難以想像。各方面都很艱難，而且差異很大。在西藏，我們沒有吃蔬菜的文化。當我們看到這裡的尼泊爾人吃蔬菜，我們心中吶喊著『我們現在也得吃草了！』」回想時羅丹輕聲笑了出來。但輕鬆的片刻並不多。難民們得要重新安排自己的生活，去適應新的地理及文化環境。「我們全都沒有受過教育，所以我們當年至今的生活並沒有記載下來。我們得去布特瓦〔Butwal，在博卡拉南方一百六十公里的城鎮〕那邊拿鹽和油，然後自己把它帶回營地。人們不知道怎麼背多可[36]，肩帶會割傷我們的皮膚，」羅丹回憶道。

當時，把博卡拉連接到平原城市拜拉哈瓦的悉達多公路（Siddhartha Highway）正在印度的外援下興建著，而藏人在該計畫中擔任築路工。當時佩瓦湖（Fewa Lake）正在興建水力發電計畫，在那裡工作的難民每天領取二．五尼泊爾盧比的薪資。羅丹去讀了一間學校，並在一九七〇年念完了十年級，那之後他放棄了中等教育，而去教其他的西藏孩童念書。「我們有三個人被送去政府的學校學習，誰先考過了離校認證（School Leaving Certificate，SLC）[37]，就得在營地教三年書。既然我先考過了離校認證，工作就落在我頭上。」羅丹履行了他的承諾，教了三年書，然後在附近的旅館找到一份工作。

我問羅丹說，他有沒有想過加入木斯塘的武裝反抗。他想了一下才坦率地回答，「當時我不想加入他們，因為情勢上就是不可為，真的。又不是說不加入的就不愛國。我們是愛國人士，但他們是強硬派。只有那些信仰暴力的人才會想跟中國人打。」一九七四年對羅丹這一類沒參加反抗的人來說是段緊張時期，尤其在討伐四水六崗的軍事行動開始時更是緊張。「我們也是藏人。我們擔心當地人怎麼看待我們。」

西藏定居地設立在遠離都市中心處，因而發展出了能長期存續的微型經濟。在瑞士援助（Swiss Aid）工作者的幫助下，他們也在這些定居地建立了手工藝產業，主要是處理地毯。「到了一九八〇年代晚期，它變成了尼泊爾最大的手工藝產業以及第二大的外幣賺取方。」[38]儘管禁止藏人擁有地產，但到一九八〇年代為止，還是有些藏人能開設餐廳、旅館和私人店鋪。藏人企業家也投入了新生的觀光產業。其中一間旅館是博卡拉的安納布爾納賓館（Annapurna Guest House），在中情局重新適應社會資金的幫助下建成，並於一九七三年對外開放。羅丹在那邊工作了十七年，在一九九四年離職自己開旅館之前，一路晉升到了總經理。

從許多方面來說，羅丹的經歷都反映了流亡藏人在尼泊爾的整體經歷。早年，流亡者定居在遠離城鎮的地方，而尼泊爾當局處理他們存在於國內的這個問題時，維持一定程度的寬鬆。在這時期，儘管尼中關係友好，但沒什麼證據證明中國有在西藏問題上對尼泊爾過度施壓。要到一九八〇年代末，西藏議題在國際間傳開，接著一九八九年三月在西藏發布戒嚴令，以及新一批難民抵達尼泊爾，中國才開始施加更大壓力。一九八六年，兩國更新了邊界居民的相關協議，並限制他們往邊界地區的移動。就如西藏司法中心（Tibet Justice Center）二〇〇二年的報告所解釋的[39]：

一九八六年以前，尼泊爾政府出於以下幾個理由，往往也對新難民的抵達持包容態度：它缺乏實施嚴格邊界管制政策的實作能力；中國文化大革命期間（大約是一九六六至一九七九年）因中國政府對藏人行動維持嚴格控制，而較少有新難民抵達；但不管怎樣，那幾年尼泊爾政府都不覺得新抵達的西藏難民人數是種威脅或者外交責任……尼泊爾政府對西藏難民置之不理的態度於一九八六年開始改變而緊縮……一九八九年，來自中國政府的壓力以及新入境者的人數增加，使尼泊爾開始了嚴格的邊界控制政策。

當我問羅丹對尼泊爾的流亡藏人政策有什麼想法，他拒絕回答，反而和我提起藏人行政中央的網站。「我們停止了在尼泊爾的西藏運動，因為我們不想給尼泊爾人造成困擾。畢竟，我們十分感激尼泊爾人為我們做的事。他們沒有非得收留我們不可；他們還是可以要我們走。但他們沒有。」對羅丹來說這是個有點難應付的處境，身為一個在尼泊爾的藏人，但又要拋頭露面。對我來說，要說服羅丹信任我並對我敞開心胸也不容易，尤其是在這種尼中關係正在加深，且中國還要求尼泊爾除了口頭也要透過行動來投入「一中」政策的時候。「我們知道中國大使館正盯著我們，」羅丹說。「我們知道，尼泊爾打壓藏人，背後指使的是中國。」

十

從前，被尊為尼泊爾「統一者」的普利特維・納拉揚・沙阿王的人像，曾經聳立在博卡拉一個最繁忙的路口。人像旁邊是一個水泥路標，驕傲地宣告著「尼中友好」，標示著普利特維公路的起點。這尊人像的造型和這位老國王在尼泊爾各地廣為流傳的模樣一致，它舉起一隻指頭，象徵他是如何將整個國家團結起來。然而二〇〇六年時，第二次「人民運動」（Jana Andolan）期間民情開始反對君主政體，路口的這尊老國王也承受了民意衝擊。煽動者推倒了人像，台座因此空了幾年，直到一個在地團體用拉漢・塔帕（Lakhan Thapa）的胸像取代，此人是一名革命分子，曾對第一任拉納首相江格・巴哈都爾勇敢舉起反抗大旗。如今普利特維路口（Prithvi Chowk）的正式名稱變成了拉漢・塔帕路口（Lakhan Thapa Chowk），這名稱能否成為人們口頭習慣還要等時間決定，但這個路口的繁忙確實已經空前。

稍微西邊一點，在經過了一排裝了鐵門，賣印度紗麗服、中國製背袋和其他小裝飾品的商店之後，是一扇褪了色的綠色大門。走進依舊能聽見博卡拉熙攘聲的門內，有幾棟老舊的單層單間套房，綠色和白色的油漆從牆上剝落了下來。在一棵枯樹旁，一根高聳的旗桿驕傲地展示著藏傳佛教的五色旗。一扇藍色的門敞開著。在那裡頭，是一間約莫十呎（譯註：三公尺）乘十呎大的單間。兩張床和好幾條地毯佔據了四個角落；有人領我到一張小沙發前，上頭擺著一個裝滿書的書包。各種五彩繽紛的紀念物裝飾著牆壁和架子。另一扇門通往後面。一條金魚在一個用兩公升塑膠可樂瓶做成的臨時水族箱裡懶洋洋地游來游去。在這一大堆東西中間有一個小小神龕，神龕裡，一盞燈點亮在有著頑童般笑容的達賴喇嘛肖像前。

巴覺林難民營（Paljorling Camp）和尼泊爾其他西藏難民營截然不同。外頭就是一座熱鬧的市場；出了大門，就是那條靠著兩側金融機構成為博卡拉最昂貴地產的路段。這地方的租金是全城最高，讓難民營裡的衰敗成為鮮明對比。「我們藏人，表面看起來知足，穿著好衣服，看起來很快樂，」仁欽（Rinchen）跟我說，「但根本就不是這樣。」

仁欽剛從當地交通辦事處回來。我們在沙發旁邊盤腿坐著，同時他打開了一個袋子並拿出一些文件。「我兒子需要一張機車駕照，」他說。仁欽有兩個兒子，大兒子最近才剛通過十年級測驗，現在有資格申請機車駕照。但有一些問題。他給我看了兩張小心護貝的卡片，這些卡片是他孩子在尼泊爾境內唯一的官方身分證明。它們記錄了出生日期和地點、父母的姓名和身分證字號。尼泊爾語的標題寫著：「西藏難民子女文件證明」。有一名官員在這些卡片上簽名，但卡上沒有他兒子的照片。「我帶著離校認證的成績單和這張卡，來跟交通單位的官員證明說，申請駕照的是**我的**兒子。這張『身分證』上面沒有照片。沒有蓋機關印信。誰會相信這是一張正本文件呀？」

這是我在三個難民營都聽到的抱怨：大部分四十歲以下的西藏難民都沒有可從官方管道取得的證明文件。尼泊爾並沒有簽署或批准一九五一年的《關於難民地位的公約》（Convention Relating to the Status of Refugees）以及擴大該公約至全球的一九六七年《關於難民地位的議定書》（Protocol Relating to the Status of Refugees）。尼泊爾本身也沒有一套處理難民的法律。這樣的話，「居住在尼泊爾的藏人基本上是無國籍。在法律下他們既不是公民也不是難民，而他們既不持有合法地位，也沒有改善福祉的權利。」[40] 一九八九年以前抵達尼泊爾的藏人與其子女獲得了「難民認證」，但那些一九八九之後來到尼泊爾的人不能留在國內，應該要透過尼泊爾和聯合國難民署之間被稱做「君子協議」的非正式協議，轉送到印度。儘管協議允許難民能夠安全無虞地向位於印度的藏人行政中央尋求協助，但有幾個人權團體聲稱，尼泊爾（以及它的維安部隊）過去多年來都無視協議，並曾把難民從自己邊界上驅回中國。[41]

仁欽給我看了他的難民認證，一般俗稱「RC」（refugee certificate）。那是一本有著藍色封面的小手冊，第一頁寫著，「仁欽是西藏難民。他依照法律規範獲准逗留於尼泊爾。他在尼泊爾境內享有行動自由，但不包括外國人禁止進入之地區，若慣常住處位於上述地區則不在此限。」這脆弱易損的小小一份文件，對擁有的人來說十分寶貴，但到後來會漸漸發現，它其實沒什麼價值。「RC現在還能幹麼？」當我在都利高達的強巴林難民營跟我的翻譯說至少他還有一張RC的時候，他就這樣氣急敗壞地回答。「RC應該要有個價值的。在加德滿都，你就算有RC也已經沒辦法拿到汽車駕照了。在博卡拉還沒那麼糟，但我保證這問題遲早會到來。忘了銀行帳戶吧，就連買SIM卡，店家都要我們拿出公民認證。我們不能領國外送來的錢，因為銀行跟我們說，RC已經沒效了；我們得要給他們看公民認證。」

仁欽也持一樣的看法。照理來說他的小孩有資格領取難民認證，但他們其實沒有證明文件。「我們不准擔任公職。就算在私人單位，我們也只能非正式雇用。雖然為了生意，我有PAN〔徵稅用的永久帳號〕，但我聽過許多案例是，藏人儘管持有RC，卻還是拿不到PAN。如果我們得去印度的話就更慘了。印度警察不接受RC為有效的旅行證件，並叫我們去弄一份旅行證件來。但要在尼泊爾拿到旅行證件，是一趟漫長的官僚流程。」

這群人在幾個方面都面臨問題。雖然有難民認證未必就比較不受影響，但隨著尼泊爾於一九九〇年代中期停止發難民認證給藏人，許多一九八九年之前出生在尼泊爾的西藏兒童也沒有難民認證。[42]今日在尼泊爾的近兩萬名藏人，只有不到百分之二十五擁有有效難民認證。[43]在證明文件之外，還有一個現實狀況是，西藏難民在尼中待處理事項上有著非常顯著的位置；兩國關係深化後一個最顯著的結果，就是尼泊爾對於流亡藏人的回應。自從二〇〇八年藏人在尼泊爾接連數月抗議北京奧運開始，接下來幾年的情況就變得更糟。進入尼泊爾的難民人數從那之後也大幅下滑。到二〇〇八年為止，每年幾乎都有兩千兩百名難民跨越邊界而來；二〇一三年只有一百七十一人越界。[44]二〇一五年，只有八十五名難民申請去印度的出國許可，和二〇一〇年的一千兩百四十八人相比，連十分之一都不到。[45]

儘管難民人數的減少也是因為中國對邊界的警戒增加，以及西藏境內的新商機，但有人聲稱負責邊界安全的尼泊爾維安力量「武裝警察部隊」（Armed Police Force，APF）在邊界上把難民驅逐到西藏，好比說二〇一九年九月在胡姆拉就這麼做過。[46]當我問一名武裝警察部隊的退休資深警官說，這樣的報導是否為真，他加以否認，說武裝警察部隊遵守所有關於難民的正式條約。「西藏難民透過隱藏的路線進入尼泊爾，要到深入尼泊爾境內二、三十公里左右才公然現身。到了那時候，我們已經無力將他們送回去了，」他跟我說。他主張，阻止西藏難民進入尼泊爾是中國的責任。「我們缺乏資源，而且我們無法巡邏整條邊界。中國堅持我們不管正式還是非正式都要更下工夫，但我們已經竭盡所能了。」

人們把尼泊爾當局對境內藏人所有政治表達甚至宗教表達的打壓，歸因於中國越來越強硬的正式或非正式壓力，而其日漸增加的投資以及援助活動，則被人們認為是條件交換。在加德滿都的西藏定居地，重要日期（如一九五九年三月十日拉薩起義的周年；達賴喇嘛的生日六月六日；

或者在中國要人來訪）前夕出現預防性拘留案例，已是見怪不怪的事。[47]我訪談過的所有藏人都同意，儘管證明文件的問題早在二〇〇八年以前就存在了，但當時尼泊爾當局並沒有像現在這麼嚴苛。地緣政治分析家兼《刊提普》（*Kantipur*）的編輯蘇迪爾・夏馬（Sudheer Sharma）也同意，二〇〇八年加德滿都反中抗議後，中國在尼泊爾的介入就增加了。但也是有事前跡象。賈南德拉王在位期間擔任過宮廷軍事大臣的維維克・庫馬爾・沙阿（Vivek Kumar Shah）在回憶錄中寫道，二〇〇一年一場為中國人民解放軍代表團所舉行的接待晚宴中，一位中國將軍打聽起達賴喇嘛，而且對木斯塘「特別感興趣」。[48]「討論過程中，中國將軍說中國樂意提供後勤和通訊裝備給皇家尼泊爾陸軍。」[49]在王室與毛主義者的戰爭中，中國支持了前者，而尼泊爾則於二〇〇二年七月取消了三個在加德滿都舉辦的達賴喇嘛華誕慶祝活動——就人們所知是第一次。[50]該年十月，當時的首相謝爾・巴哈杜爾・德烏帕（Sher Bahadur Deuba）向美國大使麥克・馬利諾斯基（Michael Malinowski）證實了尼泊爾「在藏人方面受到了中國的施壓」。[51]

這開始明顯起來。二〇〇三年，當時的尼泊爾外交大臣馬杜・拉曼・阿查里亞（Madhu Raman Acharya）向美國大使館官員表示「很難去違背中國的強大利益……不是我們喜歡，而是無法抗拒」。[52]二〇〇五年，尼泊爾駐拉薩領事（且為後來的駐中國大使）利拉・馬尼・鮑德爾（Leela Mani Paudyal）向美國證實，加德滿都的西藏難民福利辦公室在北京的指示下已經關閉。[53]同年，尼泊爾駁回美國一項要把五千名難民重新安置到美國的計畫，據稱是因為中國的壓力。[54]當時的中國外交部長楊潔篪對美國駐北京大使表示，「中國希望美國不要進一步允許住在尼泊爾的藏人重新安置於美國」。[55]在美國和印度因賈南德拉解散內閣、讓王室獨攬國家大權而暫停所有軍事供應後，中國也提供了武器彈藥給尼泊爾軍方。「不是出於選擇而是遭到強迫，」

鮑德爾為了解釋而如此向美方表示。[56]

## 十二

分別於二〇〇二和二〇〇六年在聖母峰附近坤布（Khumbu）地區發生的兩起事件，展現了中國打算對付逃亡藏人的方式有著嚴重的問題存在。

二〇〇二年九月，兩名美國登山客在坤布地區遭到兩名穿戰鬥服裝的攻擊者槍擊：「據報導，其中一名攻擊者表明自己的身分為『中國軍人』。」[57]登山客們當時正藉由走上尼中邊界高達一萬九千英尺（譯註：約5791公尺）的囊帕拉山口（Nangpa La）來適應高海拔環境，卻在此時遇到了一個攜帶一挺自動武器的人，他「看起來似乎是中國漢族，並向他們展示了他黑夾克底下自稱的中國軍服」。他們給了那人一些食物和水，而士兵則打聽有沒有任何人跟著他們來。接著，兩名登山客攀爬了一小時後，看見另一個人，「戴著跟第一個遇到的人同一型的雪帽」。他們決定回頭，並在下山時遇到了第一個士兵。突然間，他們聽到一聲槍響，兩到三分鐘後又一槍，「就差點打到我們——我們聽到子彈就從我們耳邊飛過」。

登山客們丟下背包往山下跑，躲在岩石後面想喘口氣。又有三槍對著他們打來，所以他們到另一塊岩石後面躲了三、四個小時。進一步的調查揭露這兩人明顯是在尼泊爾領土內，而在事發當天早晨，有一組三十五人的西藏難民跨過了邊界進入尼泊爾。[58]這事件對於所有涉入的人來說都是出乎意料，包括了對於這件事發生在自己領土內「顯然非常擔憂」的尼泊爾安全官員在內。在與聯合國難民署進行多次對談後，美國大使館隨後證實「幾名中國安全部隊成員進入了尼泊爾追擊西藏難民」。[59]據了解，情況是有一群難民在那之前和中國士兵起了口角，過程中他們制服了士兵並帶著「兩件他們的武器」逃走。[60]大使館做出的結論為「一連串極度不尋常的事件，有可能導致中國軍事人員進入了尼泊爾並對美國公民開火……（我們）只能猜測，士兵們本來預期，沒人會在極度偏遠的囊帕拉山口地帶察知他們的行動，而有可能目擊事件者的出現，使他們大吃一驚。」[61]

然而，二〇〇六年的第二起事件，就會被8201公尺的卓奧友峰（Cho Oyu）的前進基地營裡的眾多登山客所目睹。當七十六名西藏難民正要跨過邊界進入尼泊爾時，四聲槍響響起，登山客接著就看到有一個人影倒在雪中。登山客中有一人拍下了槍殺過程的影片，而另一人則拍下了倒地者的照片，她是一名十七歲的比丘尼，叫格桑南措（Kelsang Namtso）。[62]

儘管事件發生在中國領土內，這樣明目張膽的槍擊還是震驚了世界。「對企圖越境進入尼泊爾的藏人進行看似不分青紅皂白的槍擊，有可能會令中國難堪，」美國駐加德滿都大使館表示。[63]儘管有數名生還者後來會跟國際組織記錄下他們的描述，但北京一開始卻保持沉默。[64]幾周後，官方的回應是士兵們出於自衛而開槍。「當槍擊影片貼出時，來自（中國）外交部的新聞稿放棄了『自衛』的解釋，並開始把這起事件稱為『正常邊界管理活動』。」[65]

## 二

對生活在尼泊爾的流亡藏人來說，今日的關鍵問題在於他們的實際無國籍狀態。「現在，就算尼泊爾要為我們做點什麼，它也因為地緣政治情勢而沒辦法那麼做，」羅丹對我說。但無國籍狀態——因為不發難民認證給合乎資格的藏人，再者難民認證本身附有的權利就很匱乏，以及缺乏證件在社會與司法面導致的不良影響——令他們十分惱火。「市政當局給我們一個出生認證，所以孩子們可以就學。但那之外呢？他們拿不到固定工作，他們沒辦法在銀行開戶。全尼泊爾西藏族群的孩子都沒有未來，」羅丹說。

在我與流亡藏人們的交談中，許多人都談到，尼泊爾儘管缺乏一套用來行事的法律體制或者強迫它做事的壓力，卻還是讓他們在該國生活，而展現出一種人道主義；但近期尼泊爾對他們族群的打壓，卻實在令人喪氣。「藏人和尼泊爾人的長久關係，早在中國人出現於尼泊爾之前就存在了，」藏人行政中央代表多傑在強巴林這麼跟我說。「不要為了〔跟中國的〕六十年友好就忘了〔跟西藏的〕幾千年歷史。」

今天，這裡的西藏難民有將近四分之三沒有任何證明文件。無難民認證者也沒資格申請旅行證件，但就連難民認證持有者也很難取得。有些人甚至甘冒風險，靠詐騙取得尼泊爾護照來移動，就像二〇一七年那名因為不是真正尼泊爾公民而被瑞士驅逐出境，並在一抵達尼泊爾時就被逮捕的西藏女性那樣。[66]

在強巴林，一名泡茶的老婦人跟我說，持有一份在加德滿都發的難民認證，也並不保證安全。儘管她住在博卡拉城外的定居營，但她每年都得回到加德滿都的同一間行政辦公室更換她的難民認證。難民認證上的地址沒辦法更新成她當前的住所，而她得親自前往才能換件。她指著她虛弱的膝蓋說，她去年就沒辦法去。「CDO（Chief District Officer，地區首長）辦公室跟我們說，如果我們生病沒辦法來換RC的話，就去取得一份醫療認證。我的尼泊爾語很糟，所以我如果要把事情辦好的話，就得要賄賂某個人。」我問她有沒有打算再去。「我還能怎麼辦？」她聳聳肩說。

儘管「西藏相對於中國的政治地位和歷史」這個嚴重兩極對立的議題超出了本書範圍，但尼泊爾的官方立場倒是很明確：它的一中政策不支持任何分離主義或者會影響雙邊關係的活動。因此，尼泊爾使用了它的眾多側翼——有時候還跟中國攜手行動——來強行壓制藏人的政治表達以及難民入境的行動。尼泊爾當權派中有許多人覺得，西藏議題被侷限在青藏高原上的人權問題，除此之外付之闕如。他們提出了西藏的經濟發展做為對比。他們的信念是，西藏基本上成為了一個壓迫點，那些反對中國的一方（也就是西方各國政府）透過他們假定的代理人（好比說人權團體）培植西藏來阻止尼中關係進展，並阻擋中國在國際舞台上崛起。一位曾替先前兩任首相擔任外交政策顧問的人寫道，「中國對於西方強權國家在西藏問題方面從尼泊爾土地上發起的可能動作感到憂心。」[67]中國也透過強調對西藏地區擁有主權的軟性外交，來推動它的西藏經濟發展敘事。舉例來說，加德滿都這邊就辦了一場攝影展，來紀念在西藏的「民主改革作戰六十周年」。兩年一度的「中國西藏—尼泊爾」展銷會也同樣會在兩國舉行。尼泊爾和西藏的古老連結——好比說唐卡（thangka）和博巴（paubha）等藝術，或者援引當年尺尊公主和吐蕃結婚——也被中國拉進了這場文化外交。

尼泊爾曾跟其他國家（主要是美國）說，它會維護「君子協議」並保護境內的藏人權利。[68]但是人們越來越擔心，有報告指出中國試圖破壞讓多國參與的人權機構得以運作的國際體制，而這種舉動會對尼泊爾看待自身承諾的態度產生不良影響。[69]二〇一九年十月，儘管一份準備與中國簽訂的引渡條約提前遭到阻止，但另外兩份協議——一份關於相互司法協助，另一份則是關於邊界管理——卻得以簽訂，便會讓藏人在接下來幾年裡更難跨越邊界進入尼泊爾，尤其是因為，邊界協議讓尼泊爾更方便交還「非法」跨越邊界的中國公民。

那些身為尼泊爾當權派一員的人喜歡說，藏人是基於人道主義立場而得以在尼泊爾生活，也因此，他們不能做出任何妨礙對中雙邊關係的事，好比說參與抗議。但隨著尼中關係深化，尼泊爾藏人的未來，恐怕越來越明顯地會是希望渺茫。他們沒有國籍，缺乏身分證明，是我們社會裡的幽魂：這群無名人士說著另一種語言，住在我們城鎮郊區，在我們土地上的出現成了我們無法完全迎向中國的原因（不過許多人仍像羅丹一樣，力排重重阻礙而良好地融入社會）。

在巴覺林難民營這頭，我問仁欽，他有沒想過回西藏。「我只有聽過拉薩長什麼樣。那裡應該滿美的。」他的母親坐在我們對面，說：「如果那邊不對勁的話，我們幹麼要回去？」仁欽深思地聆聽，並同意這說法。「我們如果要回去，西藏的環境得要更好待才行。」當仁欽的兒子進來拿幾本書時，我問仁欽說，他有沒有跟兒子講過西藏。「我有給孩子留幾本西藏的書。我要他們知道他們是從哪來的。我告訴他們，他們的祖國是西藏，而我們在尼泊爾是難民。」他的小孩會不會問他西藏的事？他笑了。「他們很少問。」過了一會兒，他說：「他們很難認同西藏。（過了這麼多年）現在就算是**我們**也很難。我們看著照片，然後我們在心中想像西藏。我們必須滿足於此。」

# 7 兩塊巨石之間

一九五五年，中國外交部為萬隆會議準備了兩套文件；該會議讓二十九個亞非國家相聚一堂，展現出一種罕見的後殖民團結。毛澤東的部隊打敗了蔣介石領導的國民黨而成立人民共和國，但美國人站在蔣這邊，而中華人民共和國在聯合國並沒有代表席位。此時對中華人民共和國來說，當務之急是盡可能多和別國建立外交關係，來抵銷美國的包圍。「〔萬隆會議上〕印度提出的八項議題，把殖民主義問題限定於特定的殖民地和託管地，而這似乎是打算要讓美國免責。我們應繼續把美國視為主要攻擊目標，」第一份文件如此寫道，這就概述了中國的立場。[1]接著它根據參與國對中華人民共和國的展望，把參與國排序：像印度和緬甸這樣的「和平中立」國家；「接近和平中立」，例如尼泊爾和巴基斯坦；泰國和菲律賓這類「反和平且反中立」國家；以及「接近反和平及反中立」，如日本和伊朗。

第二份文件強調了中國與這些國家的特定議題。在尼泊爾這邊，有三個未解決的問題：外交關係的建立；現存的西藏—尼泊爾條約；以及從尼泊爾叛逃的政治人物昆瓦·英德爾吉特·辛哈不在西藏現身一事。[2]其中條約明顯是優先處理事項。與尼泊爾建交的對談已經開始了，而辛哈不是那麼迫切的問題（到那年八月他就會返回尼泊爾）。但中國對西藏的所有權，必須要加以正當化。儘管達賴喇嘛和中國的《十七條協議》給西藏一定程度的自治，它卻也說「希望人民回到中華人民共和國祖國大家庭中來」。[3]廢除西藏過往雙邊條約是一大關鍵，因為那些條約在事實上認可了西藏過往擁有獨立地位——這樣的主張不論是中華人民共和國還是國民黨政權都拒絕。

對尼泊爾來說，共產中國現身成為北方鄰居，從各方面來看都是令人擔憂的問題。舉例來說，拉薩的尼泊爾商人很快就發現，他們現在得要交出自己的治外法權。北京也告知加德滿都，它不能再接待拉薩基於一八五六年條約而在過往一再派往該國的朝貢使節團。「任何接待這類非法使節團的國家，都會視為對中華人民共和國懷有敵意，」一九五〇年的一份信件如此表示。[4]中華人民共和國知道自己在西藏的地位不穩固；甚至毛澤東是等到英國、巴基斯坦和印度認可了北京對西藏地區的宗主權之後，才重新把解放軍部隊派往西藏。[5]另外就如劉少奇對蘇聯大使所言，「有著兩百萬人口的西藏不會對解放軍發起什麼劇烈的反抗……但如果尼泊爾，這個有著五百萬尚武人口在印度和其他軍隊裡服役的國家，介入了西藏問題的話，問題就可能變得比較複雜。」[6]

即便如此，達賴喇嘛特使還是在一九五二年抵達了加德滿都，帶著一萬尼泊爾盧比的歲貢以及來自這位年輕西藏領袖的短箋：「我滿心希望在延續我方政府與貴政府長久以來關係時不會遇上障礙。我向神明祈求我們的堅固關係能更勝以往。」[7]但事情並不如人願。因為中國告知西藏政府要停止納貢，所以翌年就沒有歲貢送達。過往在西藏是由尼泊爾法庭受審的尼泊爾商人，現在發現自己得面對中國法院。沒過多久，來往兩國之間就開始要用護照了。「中國這些舉動的意思是要提醒尼泊爾，西藏的地位已經不再一樣了。」[8]

一八五六年的西藏—尼泊爾條約源頭頗為薄弱。由於清朝在第一次鴉片戰爭（一八三九—四二）後國力衰弱，加上太平天國侵蝕了其基礎，因此當第一任拉納首相江格．巴哈都爾決定對拉薩開戰時，中國並沒有前來援助西藏。「一八五五至五六年的戰爭是……尼泊爾這邊無緣無故的侵略行為。」[9]戰後簽訂的條約迫使西藏每年向加德滿都納貢，但更重要的是，它免除了尼泊爾商人向西藏繳納的所有稅目，同時該國駐拉薩的代表「瓦奇爾」獲得了舉凡尼泊爾人涉及與藏人或其他族群糾紛時的所有司法管轄權。尼泊爾人篡奪了西藏事務的「保護者」角色，擠掉了中國。當時中國的昂邦提出抗議，要求條約文字做出更改，來讓兩國都順從清朝。後來尼泊爾同意做出一項校正，說西藏和尼泊爾都尊重清朝皇帝，但關於前來援助西藏的條款，卻保持得足夠模糊（「廓爾喀會盡力協助」），以符合自身利益。[10]

一九五一年中華人民共和國控制西藏後，尼泊爾一開始是拒絕承認新的現實。一九五四年四月，尼泊爾首相馬特里卡．普拉薩德．柯伊拉拉（Matrika Prasad Koirala）表示，「尼泊爾即便現在也承認達賴喇嘛是西藏最高統治者。」[11]但印度已承認了中國對西藏的主權，如今賈瓦哈拉爾．尼赫魯要求尼泊爾也比照辦理。「你也知道我們跟在北京的中國政府針對西藏問題有過漫長討論。因此很重要的就是，印度和尼泊爾之間要有最密切的協調整合，好避免任何可能導致問題複雜化的看法歧異，」一九五四年三月二十三日，就在印度簽署關於西藏的《潘查希拉協定》（Panchsheel Agreement，譯註：又稱《和平共處五項原則》）的幾天前，尼赫魯寫信給柯伊拉拉如此表示。[12]尼赫魯說周恩來令他「深有好感」。「共產主義者往往是心胸狹窄的人，但他完全不是。」[13]

尼泊爾和印度政府在這時候的密切合作並不令人驚訝；事實上，最能夠解釋德里對加德滿都之看法為何的，就是它剛開始對中國謹慎表態的頭幾年。尼赫魯相信，傳統的民間關係、英國密切涉入拉納統治集團以及他們對尼泊爾外交關係之掌控，再加上印度對一九五〇年民主運動的支援，都讓印度尼泊爾關係有了一種「特殊」性質。此外，這裡面還有尼赫魯的假設，認為尼泊爾的外交關係和印度的外交關係密切連結，而「儘管我們重視尼泊爾的獨立，但我們不能冒險讓我們自己國家的安全在尼泊爾這邊出任何差錯，而讓那道屏障（也就是喜馬拉雅）被跨越，或者讓前線弱化」。[14]

一九五〇年，印度成了第一個和中國建交的非共產國家。印度預期加德滿都也會照辦。領導一九五〇年革命的尼泊爾大會黨領袖比休維休瓦・普拉薩德・柯伊拉拉寫道，政治人物坦卡・普拉薩德・阿查里亞（Tanka Prasad Acharya）曾經告訴他，中國曾在「不要再維持尼泊爾人在西藏的傳統治外法權」以及「停止西藏朝貢使節團」的問題上對他「施壓」（日後阿查里亞在擔任首相期間會於一九五六年重開中尼外交關係）。阿查里亞說，「印度也在此施加壓力。」[15]主動坦承自己是社會主義者的柯伊拉拉，支持西藏獨立。一九五四年印中協議簽訂後，他跟尼赫魯說，尼赫魯「把西藏拱手讓給了中國人」。根據比休維休瓦・普拉薩德・柯伊拉拉的說法，尼赫魯「為接管西藏一事提供了國際合法性和認可。你這樣也是在要求我們（尼泊爾）讓中國單方面予取予求。」尼赫魯解釋道，「說到底，〔尼泊爾〕不管怎樣就是會保不住〔它的傳統〕權利……反倒是自行宣布放棄權利，還會給中國人送上一個正面訊息。」[16]尼赫魯還在別的地方寫道，一九五四年的協議是不可避免的。「那是認可一種我們不可能改變的事實狀態。」[17]

印度和中國於一九五四年四月簽署了概述各自西藏立場的《潘查希拉協定》。兩天後，尼泊爾的特里布萬王和外交部長迪利．拉曼．雷格米（Dilli Raman Regmi）搭機飛往新德里。一家尼泊爾周刊後來公布了在德里交給了雷格米的一份備忘錄。備忘錄中除了尼赫魯堅持兩國要協調外交政策之外，還有一個關鍵點說到，「特別是，尼泊爾跟西藏與中國之關係的相關問題，要向印度政府磋商。」[18]尼赫魯於一九五四年九月寫信給特里布萬提到，「這是我們關係的基礎，也就是，一個共同的外交政策與國防，且任何與他國的關係都必須由這個因素所支配。」[19]

到了此時，尼泊爾開始認真思考與中國建交。尼赫魯說印度「樂見」這項發展，並在一九五四年十月中國總理周恩來造訪德里期間向他打信號，說美國有人在加德滿都。「美國人……（在尼泊爾）製造了很多麻煩。儘管美國在加德滿都沒有大使館，但美國駐印度大使卻受到加德滿都的信任……（許多）錢都被濫用了。尼泊爾人很好賄賂收買，而他們正誘使尼泊爾允許美國在那建立大使館，但在我們的忠告下他們暫緩行動。主要的困難在於，如果中國在那開了一間大使館，美國就會想跟進。」[20]為了尊重尼赫魯的願望，周恩來同意指派中國駐德里大使兼任駐加德滿都大使。「我們可以顧及尼泊爾的難處，且不讓美國有任何藉口。」[21]

尼赫魯的理想主義讓他相信，印度和中國可以共同在一個後殖民世界打造未來。周恩來同意他的看法。「增加個人之間的接觸對於亞洲及整個世界的和平有益，」他對尼赫魯說。[22]他們兩人世界觀的同步性，可以從他們談尼泊爾的對話中看出。從中國回來後，尼赫魯說，「我（跟周恩來）說了，尼泊爾政府有事（中國想和尼泊爾建交）都會告訴我們。尼泊爾王目前患病，已前往瑞士治療。等他回來之後，他們必定會繼續處理這個問題。我們這邊認為，我們會樂見尼中之間發展友好關係……它們（尼泊爾和中國）若是解決了那些和西藏相關的既有問題，那會是我們所想要的。」[23]

但對尼赫魯來說不幸的是，尼泊爾王特里布萬不會從瑞士回來。他於一九五五年三月十三日死於蘇黎世，兒子馬亨德拉成了國王。尼赫魯很快就會發現，有其父未必有其子——儘管尼赫魯堅決主張尼泊爾外交政策要繼續和印度的外交政策協調一致，但他終將發現，馬亨德拉有他自己的想法。沒多久後，尼赫魯和中國之間的友好也一樣會煙消雲散，而尼泊爾將會發覺自己被夾在兩個終將開戰的較大鄰國中間。

二

精通文字的馬亨德拉，沒怎麼寫過他自己的事。但別人寫他的，不論是美化還是批評都很多。然而，那些文章都不怎麼能使人看穿這名塑造當代尼泊爾世界觀的國王。儘管馬亨德拉統治期間的施政大多都集中於打造潘查雅特這個統治制度，但尼泊爾的確是在他的統治期間有效擺脫了尼赫魯和新德里的沉重影響力。[24]他對民主的蔑視，甚至在他還沒於一九六〇年十二月解散比休維休瓦．普拉薩德．柯伊拉拉的民選政府之前，就已經明顯可見。一九五五年時他曾說過，「很可恥的是，採用民主制度都過了四年，我們卻連四項成就都叫不出來。如果民主制度是個孩子，他就有著孩子都不該擁有的所有過錯：自私、貪婪和嫉妒。」[25]但馬亨德拉最謹慎提防的，或許是柯伊拉拉的基層聲望。「馬亨德拉（一九六〇年十二月）的行動可能是……起因於他擔心，要是廣受歡迎的柯伊拉拉在職夠久，就會威脅國王身為尼泊爾主宰權力的地位，」中情局表示。[26]馬亨德拉監禁了民選政府成員，罪名是與「反國家分子」共謀、「並做出違反國家、君權與民族團結之利益的行為」。[27]尼赫魯寫道，他有預料到馬亨德拉會下這步棋。「（馬亨德拉）反覆跟我提到他對全體閣員的不滿。」[28]國王本人親自寫信給尼赫魯表示，發動政變是「在所有避免如此情況的其他努力都失敗後，最終採取的做法」。[29]

這些罪名有幾分是真的，很令人懷疑——因為，尼泊爾大會黨政府儘管意識形態有著印度淵源，且在西藏議題上感到不安，但它還是推進了對中關係。尼泊爾和中國於一九五五年八月一日起建交。駐新德里中國大使忠於尼赫魯的願望，同時兼任尼泊爾大使，所以尼泊爾就沒設大使館。一九五六年九月雙方簽下了和一九五四年印度簽的那份條約很類似的第二份西藏相關條約，廢除了過去尼泊爾與西藏之間的所有協議。但中國給尼泊爾的第一套援助已經先到了：「兩千萬〔印度盧比〕現金和四千萬盧比的『機械、設備、原料和其他貨品在接下來三年內送達』，用來興建一間水泥廠和一間造紙廠。」[30]

到了比休維休瓦．普拉薩德．柯伊拉拉政府上任時，印中的緊張情況，已經因為邊界方面的分歧加上達賴喇嘛出逃而嚴重加劇。一九五九年，在西藏爆發反抗的一個月後，兩名尼泊爾大會黨的資深領袖質疑了中國的行動。尼泊爾大會黨接著採用了一個決議，該決議表示，「是中國打破了自治的承諾，導致西藏人在民族反抗中挺身而出，因此，藉由給予他們所要的來滿足他們，是中國的義務。」柯伊拉拉立刻就澄清，他所屬政黨的立場和他的政府不一樣。[31]在柯伊拉拉執政下，尼泊爾甚至反對一九五九年在聯合國大會上提出的西藏與人權問題決議草案，其原因為，儘管中國已被指控在西藏進行軍事鎮壓以及違反人權，但中華人民共和國「依然在聯合國沒有代表席次」。[32]該國代表蘇利亞．普拉薩德．烏帕迪亞亞（Surya Prasad Upadhyaya）表示，「如果我們要談西藏的人權和他們受的壓迫，我們應該先試著知道，過往眾多世紀以來西藏人民享有什麼人權，以及這些人權中有哪些是今日西藏人不得享有的……出於這一點和其他眾多理由，我們相信，把西藏問題帶到聯合國是沒有功用的。」整個一九六〇年代，尼泊爾都會持續支持中華人民共和國入聯。

但一九五九年在拉薩反抗運動後，更令尼泊爾擔憂的，是有消息指出有尼泊爾人在西藏被捕，而且還被剝奪了見尼泊爾總領事的權利。再加上尼泊爾駐拉薩領事也遭到攻擊的消息，使得尼泊爾大會黨即便在聯合國抱持那樣的立場，卻已信心動搖。中國試圖緩和加德滿都的顧慮，但一九六〇年發生的兩件事，卻讓柯伊拉拉更加提防中國在喜馬拉雅的意圖。

一九六〇年四月，在邊界劃定的過程中，聖母峰位於何處引發了爭論。兩個月後，中國部隊在木斯塘槍殺了一名尼泊爾士兵。

聖母峰（在西藏稱做珠穆朗瑪峰〔Chomolongma〕、在尼泊爾稱做薩迦瑪塔峰〔Sagarmatha〕）爭議的起始點，[33]是在柯伊拉拉前往中國進行國是訪問、於一九六〇年三月返國之後，國是訪問期間他與毛澤東討論聖母峰一事。在中國的地圖上，不只是該峰，連包括該峰的整段馬哈蘭山脈（Mahalangur range）都畫成了中國的一部分。[34]

在對談過程中，毛澤東跟柯伊拉拉說，「讓聖母峰繼續當一座普通的高峰，就讓我們稱它是一座友誼之峰吧。」柯伊拉拉並不同意，並主張整座山峰都坐落在尼泊爾境內：

> 〔毛澤東〕說，「但你們的語言甚至沒給它一個名字，而你們還叫它『埃佛勒斯峰』（Mount Everest）。」
>
> 那時候我才想起來，或是那時有人提醒我，它叫做「薩迦瑪塔峰」。[35]即便我是第一次聽到這詞，我還是回答他，「你們也沒給這山峰一個名字。『珠穆朗瑪峰』可是一個藏語名稱。」

毛澤東回答說，「西藏就算中國呀。」[36]

到了要返國時，比休維休瓦．普拉薩德．柯伊拉拉已經覺得中國的聖母峰相關主張「尋常無奇」而沒當一回事，但公眾輿論卻已被煽動，其態勢足以在一九六〇年四月二十日於尼泊爾發動第一場反中示威。這座世界最高峰不過幾年前才於一九五三年讓人登頂，那讓尼泊爾飽受矚目。在兩邊都出聲表示要在這問題上達成友好決議後，中國的第一支遠征隊於五月從西藏側登上了該峰，遠征隊領袖還將聖母峰稱為「祖國最高峰」，於是終究「拿出了一個既成事實，並讓尼泊爾政府陷入兩難」。[37]

尼泊爾人陷入了困境。在一場於遠征登頂後舉行的記者會上，柯伊拉拉仍表示聖母峰屬於尼泊爾，且「只屬於尼泊爾」。然而學者們主張，這樣的說法比較是為了迎合民意。「說法漸漸地轉變為，這座山峰……必須要讓雙方分享，儘管從來沒有公開如此表示過。」[38]這個議題並沒有牽涉到先前就開始劃分兩國邊界的共同邊界委員會（Joint Boundary Committee）；它反而是要以政治的方式解決。最終，在馬亨德拉於一九六一年前往中國進行國是訪問期間，一場與周恩來的一對一討論，總算得出了一個最終使雙方共有山峰的決議。「妥協讓步是不可免的。」[39]

二

聖母峰之外，柯伊拉拉還從一九六〇年三月的中國訪問中帶回了美好回憶。從各方面來說，那都是一次成功的訪問。周恩來送給這位尼泊爾首相一件大衣，還有人帶首相去看新建成的公社和工廠。公社並沒有讓他印象多深刻。「我留意到孩子們確實過得不錯，但覺得管控人的地方太多了。」柯伊拉拉承認，他的來訪可能很適合用於政宣。當他的夫人蘇西拉（Sushila）走進某間不在正式行程內的住家廚房時，「理面的情況就不如外表展現的那麼好」。[40]

周恩來和尼泊爾首相相處起來輕鬆自在；柯伊拉拉說他「很少」見過像周恩來那樣「有文化修養的人」，比起尼赫魯要「更有才幹」。毛澤東於晚間十一點和他會面。他們的對話成果豐碩。儘管聖母峰問題有爭議，但其他邊界的討論都很成功。在學者的解讀中，中國對尼泊爾邊界（以及稍早前對緬甸邊界）的寬大態度是給印度的信號，但那邊的邊界對談將會失敗（並導致戰爭）。中情局寫道[41]：

中國藉著與尼泊爾快速簽下邊界協定，試圖讓人覺得他們有意願要協商出一個更可信的定論……尼泊爾被利用的方式大致就跟緬甸一樣；也就是，它們在一個兩階段的過程中被中國說服而要來解決它們與中國的邊界歧異，第一階段是同意原則並建立一個共同委員會，接著就設法生出一個最終條約。三月二十一日的協議，規定雙邊要在邊界算起的二十公里內停止武裝巡邏——這是一個要求設立準非軍事區的提案，就類似於周恩來先前針對中印邊界向尼赫魯提出但被駁回的那個提案。

柯伊拉拉造訪期間談成的第二項協議，增加了中國對尼泊爾的援助，因而有了一支在加德滿都的中國援助代表團。當他問周恩來為什麼中國不追趕上印度的補助金額時，周恩來表示，「那恐怕對你我都不好……如果我們給你們太多援助，印度可能會提防起來……國際社會會認為我們試圖和印度競爭。」[42]或許中國認為，還是有辦法和平解決跟印度的爭議。

柯伊拉拉搭著毛澤東的專用列車前往廣州，車廂裡有著「一間藏書室，一張牌桌，一面棋盤……還接著起居間，起居間旁邊則是我的臥房。有一張雙人床，有一座瓷浴缸……每節車廂都有女服務員，而布置就像是五星級旅館那樣。」[43]儘管他對於「中國領袖所住的那種富麗堂皇」有些疑慮，但他的感覺是這場訪問很成功。「他們之前大概認為我們徹底倒向印度，但我相信我們能夠改變那種看法。」[44]

柯伊拉拉在中國時，周恩來提出一個互不侵犯協定。德里對此不悅。當協定將於一九六〇年四月周恩來來訪時簽訂的謠言傳出後，尼赫魯寫信給柯伊拉拉說，「我們不知道這樣一份協議可能會有什麼樣的條文，但如果跟緬甸的協議可參考的話，那麼尼泊爾將會承諾不侵犯中國，且不參與任何劍指中國的軍事同盟……條約裡這種條款的明顯意涵，就是中國想要保衛自己不受印度的敵意行動所害……的確，這會違反尼泊爾的尊嚴和自尊，因為協議的另一方會是一個已經簽署軍事結盟的國家……你會察覺到我對這問題的顧慮，因為這理所當然會影響尼泊爾和印度之間的關係。」[45]

在另一封寫給當時西孟加拉首席部長比漢・錢德拉・羅伊（Bidhan Chandra Roy）的信件中，尼赫魯就更直言不諱了。「尼泊爾大概是在中國建議下特別賣力而要締結這樣一份條約，而那時……他們並不覺得哪邊有疑問。這樣的一份條約絕對會是一個對印度不友善的舉動……我會寫這些給你是因為，或許國王人在加爾各答的時候你可以跟他談談這個問題，並跟他點出任何這樣的條約會有怎樣的後果……」[46]

我們不知道尼泊爾是不是因為尼赫魯的顧慮而駁回了這項互不侵犯提案，但這種情節相當有可能是真的，尤其是因為，尼泊爾那時對中國的態度還十分猶豫。除了聖母峰和木斯塘的事情之外，加德滿都也聽說中國鼓勵在邊界地帶生活的藏族加入中華人民共和國，就跟他們在利米河谷做過的事情一樣。《人民日報》一九五九年九月有一期說「有一天當錫金、不丹或尼泊爾（他們之中有不少來自西藏）有更多『進步人民』主張『和平解放』時，北京將被迫出手相助。」[47]不論如何，這兩國以一九五六年條約中所包含的《和平共處五項原則》條款為基礎，簽下了和平友好條約，而不是互不侵犯條約。

當局勢越來越緊張時，在比休維休瓦・普拉薩德・柯伊拉拉的領導下，尼泊爾在兩個巨大的鄰國之間試起一個不安全的平衡動作。他在中國這邊發現了可以抵銷新德里對加德滿都壓力的外交重量，這重量也能在他面對國內多方反對時，用來證明他主政的政府可靠。一九六〇年八月，中國大使館在加德滿都開館，翌月就成立了共同邊界委員會。儘管柯伊拉拉的費心費力是以維持中立外交政策為目標，但馬亨德拉顯然不認為柯伊拉拉的政府表現得夠好。一九六〇年十二月十五日，柯伊拉拉和內閣部長們出席尼泊爾大會黨青年派（Tarun Dal）的第一屆年度大會時，遭到逮捕。後來柯伊拉拉會在回憶錄中寫道，「那天，如果我們手上有幾把半自動槍枝，國王再怎樣都不會出手。但我們沒準備槍枝，況且備槍也不妥。我們都來到憲政時期了……國王的那種行徑，直到今天（也就是一九八一年）都沒能帶來和平。換句話說，他那樣做是撐不了一世的。」[48]

## 二

皇室接管政權後重整了尼泊爾的外交政策，使其更接近與中國和印度都保持等距的加德滿都理想。但印度和尼泊爾的關係開始惡化了。當德里對拉薩—加德滿都公路的協議憤怒不已時，馬亨德拉則是因為尼泊爾大會黨的流亡者出現在印度土地上而不悅。當一名二十二歲的尼泊爾大會黨激進分子，於一九六二年一月在靠近印度邊界的賈納克布爾（Janakpur）對馬亨德拉的車隊扔擲炸彈之後，國王便表示，反君主者是從「一個外國勢力的保護區」開始運作，同時大規模的反印度示威也在加德滿都出現。[49]馬亨德拉寫信給尼赫魯說，「無邊無際的憤怒和輕蔑理所當然地在尼泊爾人民心中冒出，反對那些從尼泊爾逃去印度並在那裡避難，且當前正從印度領土那頭對祖國從事著犯罪行動的人。」國王表示，反印度示威「會加以封堵並約束……是我們少數人民的感受」，還說不要把示威當作「反印度情緒的表達」。最後，他間接暗示尼赫魯在尼泊爾大會黨活動中有共謀關係，如此說道：「因此，請您慎重考量這些千真萬確的事實，進而阻止他們（大會黨激進分子）從印度基地那邊造成尼泊爾和尼泊爾人的一絲一毫傷害，或者是請他們立刻離開印度。」[50]

尼赫魯的回應很直。「在你的信中表示這次（賈納克布爾）攻擊是在印度的尼泊爾人所組織並促成的……我不知道你在這部分有什麼證據。我們都沒看到證據，且也被（尼泊爾大會黨的）領袖們否認了……我們已跟這些領袖說，他們不能使用印度當基地來進行尼泊爾境內的任何武裝行動。我們不讓他們有辦法取得武器或錢……在印度的這些尼泊爾大會黨領袖們發表過一些對尼泊爾目前政權的批評言論。這樣的批評是我們的法律所允許的……過去我們在印度這邊完全對此不置一言，也對尼泊爾態度友善，但來自內閣和報紙的這一大串無事實佐證的辱罵，讓我十分痛心。」[51]尼赫魯顯然不怎麼尊重這位年輕國王，當後者責怪印度容許武器走私出境之後，尼赫魯便稱他是一個「愚笨自負的人」，不只被「差勁的顧問」也被「反印度的宮廷派系」所操弄。[52]

中國熱切地觀望這些發展。德里的中國大使館提到，「在尼泊爾王即位後，印度不只公然批評尼泊爾皇室，還干涉尼泊爾內政事務以及對中關係，它收容了反國王的逃犯分子，並主動支持他們把印度當成一個武裝顛覆皇室的基地來使用……尼泊爾強化了對印度的戒備；它持續抵抗所有來自印度的壓力，在印度的各種阻礙下與中國發展關係。」[53]一九六二年九月，印度對尼泊爾實施了「非正式且未宣告的」經濟封鎖——用詞類似二〇一五年的經濟封鎖。翌月，在北京的一場宴席中，中國外交部長陳毅表示，「萬一有任何外國軍隊膽敢攻打尼泊爾……中國將與尼泊爾人民站在同一邊。」[54]這話是講給新德里聽的。如果中國這時已知道跟印度的戰爭不可避免，那麼這個訊息也表明中國並不想把敵對擴張到鄰近其他國家，它也不希望印度這麼做。尼赫魯跟記者說陳毅是在「賣弄炫耀」，但在私底下，尼泊爾報紙支持中國報導的篇幅，以及加德滿都倒向北方，都令他感到煩惱。[55]

一九六二年的印中戰爭是為了好幾個問題而打，但中國立場的關鍵就在於，印度堅持以麥克馬洪線（McMahon Line）做為邊界標記，是根植於一個謬誤：它是以一九一四年英屬印度、西藏和中華民國的希姆拉會議（Simla Convention）為根據，而歷史學家卡蘿・姆格拉納漢把會議稱為一個「帝國造國」的行動，而且因為中國代表陳貽範並沒有在最終條約上簽字，所以中國從來沒有正式認可這條線。西藏劃分成內藏與外藏，是有意要把它變成一個緩衝國，而儘管印度東北的邊界是由以前的英國外交大臣所劃分，後來要去維持這邊和平的卻是大英帝國。[56]但現在英國撤出了，麥克馬洪所劃出的邊界中國也無法接受。

然而，尼赫魯認為印度－西藏邊界是「已經底定的邊界」，而且「不得開放爭論或討論，但可能有疑的東一點西一點小片地帶或許可以例外」。[57]但中國的立場也會改變。一九五七年初周恩來造訪期間，他和尼赫魯說：「我本來對麥克馬洪線一無所知，直到最近中國解放後當我們開始研究邊界問題……而現在那是一個既成的事實，我們就會接受它。」[58]隨著緊張情勢加劇，周恩來於一九五九年一月寫信給尼赫魯說，「『麥克馬洪線』是英國侵略中國西藏地區之政策的產物……法律上，同樣也不能被視為合法。」[59]

中國政府的態度轉變，是因西藏問題而加劇。隨著達賴喇嘛出逃，且西藏開始大規模反抗中國統治，周恩來向尼赫魯提出一項領土交換：「中國對爭議中的西段（阿克塞欽）擁有主權，而印度對東段有主權。」[60]尼赫魯拒絕了。在中國看來，尼赫魯反中態度背後的一個理由是「印度媒體和國會散布關於中國和尼泊爾、錫金以及不丹發生邊界衝突的謠言，並主張中國正在蠶食各小國」。[61]

因此，這兩個亞洲大國鬧翻了，而尼赫魯和周恩來的情誼也煙消雲散。兩國之間的失和正符合尼泊爾人的利益，特別是那些認為此刻正適合擺脫印度及尼赫魯影響力的人。人們說尼泊爾在緊繃時期會打的那種「中國牌」，就此誕生了。

歷史提供了得以回顧的優勢。尼泊爾領袖們一開始對門口有個共產中國持謹慎態度。替中國在尼泊爾鋪路的，是尼赫魯在尼泊爾早期領袖們心中的地位，以及印度當時對該國外交政策的影響力。然而，西藏對中國而言有什麼樣的意義，尼赫魯的理解卻不夠深，這就導致北京與新德里明明到那時都還很友好的相互理解開始變質。

同時，加德滿都也對於自己的主權透過與印度的「特殊關係」而遭淡化一事感到惱火。馬亨德拉與尼赫魯的關係，比他的父親與尼赫魯的關係更淡薄，在馬亨德拉這位主動積極的君主統治下，尼泊爾這時變得堅定自信起來。當反君主政體的激進分子開始把印度當作基地時，馬亨德拉深信他需要一個超乎德里的未來。

當印中戰爭於十月二十日開打後，加德滿都避免了得要強硬行動的需求。德里很快就在封鎖一事上退讓了。現在風險越來越大，德里也要所有尼泊爾大會黨的激進分子停止武裝運動，並增加了給尼泊爾的援助。馬亨德拉對於「一個有侵略性的中國準備使用部隊來對付自己鄰國」所代表的意涵感到憂心。如果今天是印度，明天怎麼不會就是尼泊爾？但就在印度防線很快被中國人佔領，接著後者又撤退回原來位置的時候，鄰國也感覺到了新德里在戰爭中的損失。「如果印度連自己的邊界都防不住，它怎麼有辦法保衛尼泊爾不受中國侵襲？」[62]

## 十

馬亨德拉曾說，「不對我們的鄰居友善，〔尼泊爾〕就無法存續，這是地理上的事實。」[63]這位一九六〇年《紐約時報》所稱的「為民之王」，[64]對於祖先普利特維·納拉揚·沙阿那句名言，也就是尼泊爾是兩塊巨石中間的「甘薯」，提出了自己的見解。從拉薩通來的公路，奠定了他身為成功將尼泊爾拉出印度專橫懷抱之君王的地位，但就如我們所見，隨著中國開始把革命出口至尼泊爾，他的功績也帶來了新的頭疼問題。等到他於一九七二年一月死於心臟病時，文化大革命已讓加德滿都對北京的觀感冷卻下來。但超乎它控制的大局進展，使得尼泊爾再度在刀口上跳起了舞。

當尼克森掌權且毛澤東與蘇聯決裂時，北京開始與華盛頓重修舊好。同時，印蘇於一九七一年簽訂了友好條約，成為孟加拉戰爭的前奏。這就正好讓尼泊爾處在兩個冷戰陣營中間。隨著戰事開展，尼泊爾熱切觀望著在英迪拉·甘地（Indira Gandhi）領導下印度的戰況，也眼見中國無法阻止其戰略夥伴巴基斯坦分裂——這象徵了中國在南亞的能力和影響力都有所侷限。

根據中情局的說法，中國在南亞的外交政策從一九六〇年代以來就開始以蘇聯為目標，來創造「一條就算不徹底聽從中國，也是免於蘇聯影響的友好國家紐帶」。[65]北京認為，和印度和解「會在該區域觸發強權利益的調整」，並於一九七〇年對德里「做出明顯的友好示意」，但之後的一九七一年戰爭，讓所有這番算計都付諸東流，並使它的立場更加複雜。印度對中國沒有足夠的信任，無法允許它去調停孟加拉戰爭。況且，中國若做出強勢的回應，會讓蘇聯有理由增加他們在該區域的影響力。這就解釋了北京為何決定勸它們彼此克制。「十二月的戰爭期間，中國的政策基本上是守勢；透過外交和宣傳（但也不過就這樣）北京試圖在時間空間上侷限這場戰爭，以避免中國有一絲一毫軍事涉入的可能，並盡量多保住巴基斯坦的西側〔譯註：也就是今日的巴基斯坦〕。」[66]戰爭期間北京的目標是莫斯科，要把印度侵攻的錯歸咎到它身上。

然而，中國想要改善與印度關係的願望，並不代表要改變它「和較小的南亞鄰國來往，好讓它們擺脫印度影響圈」的政策。中國在戰後重申與巴基斯坦的關係，持續耕耘並利用各方對印度擴張的憂慮。至於尼泊爾，儘管「共同不信任印度」讓兩國連成一氣，「但中國有顧及到不要給印度有警戒起來的因素，且基本上沒有改變尼泊爾作為喜馬拉雅緩衝國的地位」。[67]此外，北京有一個新的安全架構要擔心：蘇聯打算繞著中國建立起一個「集體安全體制」。[68]

當然，印度是不信任中國的。「中國對南亞的政策，或許有人會說是用四條腿走路，分別是巴基斯坦、斯里蘭卡、尼泊爾和孟加拉，」當時印度的使館代辦拉克漢·拉爾·美羅特拉（Lakhan Lal Mehrotra）於一九七五年四月寫信給德里時如此提到。「我們這邊看待亞洲集體安全（Asian Collective Security）提案時，只要透露出一點遵從而非小心謹慎的態度，就會強化中國挑撥我們鄰居來反對我們的能力，也會將我們當前的狀況昭告於不結盟世界。」[69]此外，印度一九七四年五月的核彈試爆，以及其後於一九七五年四月吞併錫金（而北京要到二〇〇三年才正式承認），都增添了中國的不自在。「隨著錫金被印度牢牢掌握，」一份中情局的研究結論道，「中印在喜馬拉雅的對抗很可能會以尼泊爾為中心。」[70]

美國的共和黨政府當時正探向毛澤東統治的中國。一九七四年十一月，美國國務卿季辛吉和鄧小平在北京會面。在錫金遭併吞之後（「我之前沒了解過錫金。根本搞不懂它」），季辛吉認為印度「下一個打算的就是尼泊爾」。鄧小平同意，並說，「囊括整個南亞次大陸是尼赫魯的夢想，並由他女兒所繼承。」[71]在一九七五年十二月的第二次對話中，當時的美國總統傑拉德・福特（Gerald Ford）問鄧小平，印度有沒有可能在錫金之後又入侵尼泊爾。鄧小平回答說，「尼泊爾是感覺到這種威脅，但當下沒有跡象顯示印度將公然展開軍事行動……身為一個內陸國，尼泊爾所有的聯通都要經過印度。這是尼泊爾最大的現實難處。而我認為你們在尼泊爾這邊可以多下點工夫。我們正憑自己的本事做我們能做的事。我們和尼泊爾建立了良好關係——我們相互信任——但我們能做的相當有限。或許當我們進入西藏的鐵路完工後，情況會有所改善……一定要幫尼泊爾。尼泊爾是個能打的民族。尼泊爾可不是錫金或者不丹。」[72]

當冷戰讓過往的敵人組成新同盟時，加德滿都這邊正注目於新國王，年輕的畢蘭德拉，他給人「留下的印象是一個認真但孤獨的人，滿心都是」想讓尼泊爾「現代化的使命感」。[73]

二

中情局相信，身為馬亨德拉長子的畢蘭德拉王，能夠擔任「傳統和現代化力量之間的連結」。[74]「因為伊朗沙阿的下場〔譯註：伊朗沙阿最終因伊斯蘭革命而流亡海外，從此王朝滅亡〕而憂心忡忡」的畢蘭德拉，在尼泊爾所留下的形象，是一個對未來有著展望的現代派國王，但遭到國內政治紛擾和外在壓力所困，因而無法實現諾言。他的外交政策會遵循一種近似他父親的模式——把尼泊爾從印度的緊箍中拉開——但隨著鄧小平統治的中國加速改革追求成長而減少外援，畢蘭德拉大多數情況下都得湊合著使用從北方鄰居領來的、只比道義援助多一點點的援助。

他剛開始統治就與印度發生不愉快。一九七二年八月，尼泊爾大會黨的激進分子攻擊了特萊的一間警局，而在一九七三年六月時，有一架飛機遭到劫持。在這兩個例子中，畢蘭德拉都目睹了印度不願意鎮壓在他們領土上運作的尼泊爾大會黨激進分子。早在一九七五年二月加冕並宣布尼泊爾將宣告成為和平區域的時候，畢蘭德拉就擺明了想要擺脫印度安全傘。對他來說，印度在該區域冒險的軍事行動——併吞錫金、促使孟加拉獨立，還有德里新獲得的核武能力——都是令人擔憂的徵兆。印度立刻就感到心神不寧；當時的大使馬哈拉賈．克里希納．拉斯戈特拉（Maharaja Krishna Rasgotra）寫道：「我建議〔印度〕政府既不要接受也不要駁回和平區域提案，然後要一直去問尼泊爾，和平區域對於印度—尼泊爾關係、對於尼泊爾國民在印度享有的居住就業權利、對於印度的安全和其他利益，會有什麼樣的影響。」[75]

當中國和巴基斯坦爽快支持此提案時，印度卻覺得遭到輕視，並認為加德滿都在宣告此提案前有跟上述兩國先商量好。中國的支援有沒有可能像中華人民共和國主席李先念主張的那樣，是另一個抑制「印度擴張」的手段？[76]德里同樣擔心蘇聯的亞洲集體安全方案將會「有彈性到足以配合亞洲環境的錯綜複雜來調整」，並因此能把尼泊爾的和平區域這一類南亞的概念也囊括到它底下，進而減弱印度在該區域的影響力。[77]

和平區域的提案確實是有意要讓尼泊爾從印度的安全傘下抽身。而且諷刺的是，最凸顯這個意圖的是畢蘭德拉承諾要取得更多軍火。印度對於「特殊關係」意義的了解程度，以及尼泊爾對於德里解讀一九五〇年條款和一九六五年防衛協議之方式的反對，都同樣使尼泊爾君主政體和印度的關係更加緊繃。

考量了中國派兵攻打鄰國的意願之後，加德滿都和印度於一九六五年談定了一份由印度提供軍備的祕密協定。「只有當印度不能供應必要裝備時，才可尋求美國和英國援助。」[78]

一九七五年九月，當時的軍事行動總長阿爾真・拉納將軍（General Arjun Rana），非正式地向駐尼泊爾的美國官員追問先前所要求的「雙四十〔twin 40，四十公釐槍枝，譯註：波佛斯四十公釐高射砲 Bofors 40 mm Automatic Gun〕、夸德五十〔quad 50，口徑五十公釐的機槍，譯註：M45 防空機槍塔 M45 Quadmount〕，以及紅眼（Red-Eye）之類的較小型飛彈」，最後這項是一種手持地對空飛彈，可說是刺針飛彈的前身；蘇聯佔領阿富汗行動期間，聖戰者（mujahideen）打響了它的名號。[79]「阿爾真將軍表示該要求是讓加德滿都國際機場、另外一兩個飛行場以及『幾個關鍵軍事設施』擁有適量或者最低限度防空保護，」一九七五年九月二十九日的一則電報如此說。[80]拉納向美國官員解釋說，尼泊爾擔心的是全面缺乏對抗「突擊、劫機或其他空中攻擊」的對空防衛。印度不願意幫他們替換既有的裝備；一九七二、一九七六以及一九八〇年代初期，都會有人向德里提出類似的要求，但全都會被否決。[81]一九七四年對康巴游擊隊展開的行動中，印度所進行的空中偵察也令拉納感到擔心，他認為那種空中偵察「是公然侵害主權，而他們想要有能力對抗，就算射程範圍只夠挽回一點顏面也行」，電報如此寫道。

美國對此小心謹慎；美國駐加德滿都大使館認為美國「不應該從事會排擠傳統印度關係的新援助計畫或販售行為」。儘管尼泊爾可以在別的地方取得這類武器，但美國軍火賣到尼泊爾的政治面影響，比任何商業收益都來得重大。「儘管印度有負面反應是相當可預期的事，但甚至連中華人民共和國都可能認為，美國這樣的舉動是打算沿中國的西藏側腰增加其影響力，」大使館如此結論道。國務院表示贊同。印度會「質問我們的動機」，且因為「不太可能」給予尼泊爾軍事援助，「不應鼓勵」尼泊爾軍方提出正式要求。[82]

儘管如此，尼泊爾仍不屈不撓。它會持續在印度以外的地方尋求武器供應。加德滿都會出乎意料地在北方找到有意傾聽的對象，而且，有鑑於尼印關係的下一個低點碰巧發生於北京正要吸引新德里注意的時候，所以北京更是有意傾聽。

## 二

隨著毛澤東於一九七六年過世，文化大革命期間遭到清算的中國領導者們開始捲土重來。同時，在幾乎全面受損的北京對亞洲各政權關係上，北京開始一一退讓。在南亞，它專注於修補對印度關係；先前中印關係因中越戰爭而再度中斷，尤其是因為，戰爭開打時印度外相阿塔爾・比哈里・瓦巴依（Atal Behari Vajpayee）還在中國進行正式訪問。

為了表達中方意圖，鄧小平再次以非正式途徑提出了周恩來的「東西互換解決方案」，但印度駁回。[83]一九八〇年代，中國向新選出的總理拉吉夫・甘地（Rajiv Gandhi）送出訪中的邀請，並重開了領事館，還對印度所要求的「一段一段」協商出邊界定案一事做出讓步。[84]

因為有印度官員說中國藉著在分段協商中要求「各讓一步」而改變了規則，使得印度當權派還得花上一段時間才能信任中國。「因此發展出一個僵局，其中中國堅持，只要印度拒絕在東邊讓步，中國人在西邊也不會讓出一寸地。」[85]儘管一九八七年在桑多洛河（Sumdorong Chu）出現了短暫而緊張的對峙，但兩國的邊界對談仍持續進行。同時，蘇聯表示它們想將對中關係正常化，並要求印度比照辦理。「到了一九八八年拉吉夫．甘地—鄧小平高峰會那時候，隨著中國不再透過三角形的中蘇觀點來看待印度，印度的全球地緣政治地位其實已經弱化。」[86]

加德滿都這邊，在印度軍事介入斯里蘭卡後，畢蘭德拉就開始有點緊張。加德滿都擔心印度維護起自己的主權（尤其擔心印度宣告對摩提舍人〔Madhēśa〕具有主權，而尼泊爾官員在與美國官員對話時，把那和斯里蘭卡的塔米爾人相提並論），因而逐漸朝北京靠近。「對於印度大可像侵犯斯里蘭卡領土那樣輕易侵犯尼泊爾領土一事，尼泊爾表達了顧慮。」[87]儘管畢蘭德拉於一九八五年取消了一紙跟中國簽下的、在靠近印度邊界處興建一段公路的合約，轉而接受德里這邊的提案，但他卻越來越確信，與中國的安全關係會嚇阻印度，阻止它「在尼泊爾使用對斯里蘭卡的那招」。[88]

要注意到，對印度來說這是一段激烈的區域冒險主義時期：除了干涉斯里蘭卡，在馬爾地夫政府的要求下，印度也在該地有過短暫軍事行動。同時國內政治的難題也困住了畢蘭德拉。儘管一九七九年的公投支持潘查雅特體制（許多人認為有作票），但反對這體制的聲浪正日益增長。一九八五年六月，全國各地一連串炸彈爆炸，造成了七人死亡。

尼泊爾就是在這個背景下，於一九八八年三月決定從中國進口武器，包括十六挺防空砲。「第一批運送的軍備——五百輛卡車價值兩千萬美元的貨物——六月經由拉薩—加德滿都公路抵達。」[89]據說車隊是祕密行駛，公路上則是限制一般民眾通行。而印度就如預期地，感覺嚴重遭到冒犯；它認為進口武器違反了一九五〇年條約的祕密條款。在一九五九年才公開的一封祕密信件中，明確規定了「尼泊爾政府欲透過印度領土進口之任何尼泊爾安全所必需之武器、彈藥或軍事物資裝備，都需在印度政府協助和同意下進口」。[90]印度主張，此協議連同一九六五年的祕密協議，合併起來就意味著，尼泊爾從中國進口軍備便違反了條約。

加德滿都則主張，一九五〇年的協議只涉及了經由印度進口的軍備。加德滿都對於新德里主張未與印度「磋商」的回應則是，德里決定與中國和巴基斯坦開戰時，也都沒來磋商過。當印度要求尼泊爾不得再從中國進口軍備，且不得用這些武器來對抗印度時，「畢蘭德拉拒絕給予這類保證」。國王反而主張，印度那種「喜馬拉雅是印度不可或缺之防衛屏障」的信念，是「過時」的想法。[91]

中國為何會在耕耘印度關係的同時決定賣軍備給尼泊爾，至今仍不為人知。約翰・高威爾（John Garver）主張，「中國兵器工業集團」這間國營武器經銷公司，把尼泊爾的這筆買賣當成純粹的一次性商業行為，而這種關係先前都已運用在南亞其他國家了。這次買賣是否有經過更高層同意，就不甚清楚。或許實情反而是，「面對自己販售武器所造成的印度—尼泊爾對抗，北京的極其低調反應，也許可以解讀為中方感到尷尬的信號，等於是承認中國這邊有人搞砸了……我個人猜測最可能的情況是，這筆買賣並沒有經更高層級批准，而我們這邊看到的是一個官僚政治發起的舉動對中尼長期關係造成慘烈後果的案例」。[92]

加德滿都搞砸了一件棘手但也無能為力的事。它打算更新那份於一九八九年三月就要分階段終止的尼泊爾印度貿易運輸條約，但失敗了。有幾個因素影響了這個結果：尼泊爾決定對住在該國的十五萬印度人推行工作許可制度，它給中國商品優惠待遇，並繼續遊說各方採納和平區域提案。接著，印度把二十個邊界通關口關閉了十九個，而尼泊爾現在得替經由印度進口的產品付出更高的關稅。[93]「新德里跟加德滿都說過，如果它想要特別待遇的貿易和運輸設施，它就要考量印度的感受，」當時的一篇報導說。[94]

先不管這個決定的說詞為何，印度就像一九六二年那樣，顯然願意利用其經濟影響力來對付尼泊爾，而且它二〇一五年還會故技重施。「加油站前面的隊伍很長，火氣一觸即發。首都加德滿都的街道，幾乎都沒有車，而且比以前更難靠飛機或公車來回尼泊爾各地。森林被整片砍去當煮飯的柴火，」一九八九年的一篇報導的內容，和二〇一五年有著不尋常的相似。[95]在這兩次封鎖中，新德里都拒絕把加德滿都統治階級（以及他們的反印度宣傳）的不牢靠和印度與尼泊爾人民的「特殊關係」脫鉤。

一九八九年和二〇一五年的最大差異是中國的反應。

一九八九年時，中國正面臨著最終導致天安門屠殺的國內反抗，抱持著企圖改善對印關係的外交政策，再加上拉薩和加德滿都之間只有「簡陋的運輸系統」，能做的事情因此有限，頂多就是運送燃料和食物，來提供「低調政治支援」以及「普通程度的援助」。「對加德滿都來說，北京的建議顯然是盡可能地去對印度讓步……中國當時提供的援助就是沒辦法滿足尼泊爾的需求。」[96]一名從中國回來的尼泊爾官員帶回了三個訊息：中國在追求成長的這段期間，不會冒著損失其他關係的風險，讓自己被當作和尼泊爾站在同一邊；尼泊爾沒有本錢去搞壞與印度的關係，還指望中國對此支持；另外，中國要求和畢蘭德拉私下會面討論未來與西藏開通道路一事，當下對中國來說，道路連通的狀況太差，無法送石油產品至尼泊爾。[97]事實上，中國最明顯支持尼泊爾的地方，是李鵬一九八九年十一月的拜訪；尼泊爾是到了最後一刻，才把這行程排進他的巴基斯坦與孟加拉訪問後面。[98]但接下來就沒別的什麼了，「又一次地展現中國無力在南亞擔任有效制衡印度的平衡力量」。[99]

隨著尼泊爾在一九九〇年革命中恢復了議會民主，並將君主在憲法中的地位加以制度化，中國對尼泊爾的這種聲音響亮但實質有限的支援也持續到了一九九〇年代。北京跟（當時被視為首要政治力量的）尼泊爾大會黨等政黨展開聯繫，確保尼泊爾對一中政策的承諾在新的政治體制下不會動搖。一九九一年，在中國表示反對後，達賴喇嘛取消了原本提出的藍毗尼訪問計畫。儘管政治不穩定是尼泊爾這十年的特徵，但尼泊爾連續幾個政府都在中國利益方面給了保證，特別是流亡藏人行蹤及活動的相關事項，更是向中國打了包票。這十年裡最重要的一刻，就是中國國家主席江澤民於一九九六年短暫訪問加德滿都，但隨著中國持續專注於經濟成長，尼泊爾這十年間也只能湊合著使用有限的援助金，而這十年還有對抗毛主義者的內戰。一直要到一九九九年，當江澤民宣布了雄心壯志的「西部大開發」計畫，中國才總算表明了要在喜馬拉雅地區克服基礎設施及安全方面的侷限。北京會傾注數十億元於西藏、新疆和青海以及其他地區的基礎設施發展，補貼經濟成長的成本。傾注資源的同時，也試圖把這些前線地帶上不受管束的少數民族地區納入國家控制。就如研究中國的學者泰勒．弗雷維爾（Taylor Fravel）所寫的，「矛盾的是，在對外和平的先決條件下才有平定內部動盪的需要，而這構成了中國在該區域外交工作的基礎。」[100]

這個「西部大開發」計畫強化了西藏各鄉間的基礎設施水準，如果沒有這發展，中國就不可能在二〇一五年印度封鎖尼泊爾之後伸出援手。它第一次讓尼泊爾知道，「如果印度繼續讓尼泊爾吃苦頭，中國隨時準備好來救尼泊爾——前提是尼泊爾領袖面對中國有想好明確而長期的合作夥伴計畫」。[101]這樣的聲明和一九八九年有著明顯的對比，當時印度有意識到中國協助尼泊爾有其侷限，而印度部隊沿中國邊界的布署維持不變。[102]這樣的聲明，也反映中國自己針對鄰國以及全球的目標都有所轉變。

因此，尼中關係的當代歷史，就等同尼泊爾、印度和中國的三角故事，因為這兩個鄰居始終都在加德滿都的架構中。只要兩巨頭不為小事起糾紛就會風平浪靜，但這樣的風平浪靜也意味著尼泊爾無法利用自己的「戰略緩衝國」地位。從過往歷史來看，當小糾紛變成戰爭時，加德滿都任何一丁點往北邊的拓展，都取決於印度怎麼認知——舉例來說，從中國援助計畫的取消，就能看出這情況。中國這邊也是一樣，北京不認為它有重要到值得北京冒險犧牲與德里的友好。但二〇一五年來到，而中國不再覺得尼泊爾處在印度保護傘下。不論原因是印度的外交政策官僚沒看出這一點，還是中國就決定要在極端對立時充分利用自身策略優勢來取勝，結果都是一樣的：通往北方的路被拓寬了。

# 第三部

# 狀態更新

「悲莫悲兮生別離，
樂莫樂兮新相知。」

——屈原，一九五四年十月毛澤東引其詩贈尼赫魯

# 8「跨越喜馬拉雅的友誼」[1]

當五十五歲的藏裔美國人邊巴．次仁（Penpa Tsering）把護照交給加德滿都特里布萬國際機場的移民官員時，發生了令他驚訝的事。當時是二〇一九年六月二十二日星期六，次仁才剛搭下午一點的飛機從德里抵達。官員掃描了他的護照，並印出了一封信。「信的最上頭寫著中文，下面有一些英文字母，」事發的幾個月後，次仁用電子郵件這麼告訴我。接著，他被問了一個詭異到極點的問題。

官員問他是不是西藏流亡議會（Tibetan Parliament in Exile）的前議長；該會是藏人行政中央的立法機關，監督著流亡藏人。到頭來發現，前議長的姓名也是邊巴．次仁。次仁說不是，他不是。官員跟他說，他螢幕上的信件來自中國政府。次仁反覆重申他不是官員在找的那個人。官員把他帶到一邊，要他等著，然後就走了。次仁試圖打給美國大使館；一名警官把他的手機搶走了。「他們連我的 iPad 都不讓我用。」當他試圖起身走個幾步來伸展一下雙腿時，警官吼著要他坐下。

四小時後，尼泊爾官員跟次仁說，他要被遣送回美國。他堅持他們抓錯人了，但講了也沒用。雖然次仁是從德里來到這邊，他們卻給他訂了經由多哈飛往紐約的航班。他被迫支付七百美元的機票錢。

據了解的情況是，中國駐加德滿都大使館寫信給尼泊爾外交部，要他們不准一個叫邊巴．次仁的人入境，此人據稱是「自由西藏（Free Tibet）運動的運動人士，也熱切支持」達賴喇嘛。[2]次仁在藏人行政中央工作了二十年，所以我問他說，他之前有沒有在其他任何地方被錯當成前議長過。「沒，完全沒有過，」他信中寫道。

有一家報紙後來轉載了關於驅逐出境的便條，上面寫著「*Nijalai Nepal aauna nadine vanne Chinese Embassy ko letter 6*」（有一封來自中國大使館的信件，要求不得讓該員入境尼泊爾）。[3]後來一名官員說，尼泊爾移民官員不確定他們逐出去的是不是對的人，但當時他們選擇保險做法，把次仁驅逐出境。尼泊爾內政部證實，中國大使館指示尼泊爾拒絕讓「中國認為可疑」的人入境。[4]新聞報導指出，有電話從中國大使館打到移民署和內政部，要求拘留次仁。

次仁是尼泊爾出生的西藏難民，他為了替過世的父親朝聖，而於二〇一三年返回尼泊爾。當時並沒有什麼問題。二〇一九年，在被逐出尼泊爾並回到居住的美國新墨西哥州阿布奎基（Albuquerque）之後，他寫信給當地參議員湯姆．尤德爾（Tom Udall），後者又寫信給國務院。國務院的國會山莊聯絡代表處（Capitol Hill Liaison Office）回信表示，「總領事特別對此關注，因為次仁先生在被驅逐出境前遭拘留時，並沒有通知領事。來自大使館不同辦公室的官員與尼泊爾政府討論了這個案件，所以他們充分意識到我們非常關注這件事如何處理。」美國駐尼泊爾大使館要求該國政府清楚說明這問題，但有沒有得到回應就不得而知。[5]

美國國民次仁遭到驅逐一事，描繪了二十一世紀尼中兩國新關係的動態。中國在新千紀（譯

註：指從二〇〇一年一月一日算起的一千年）時獲得的全新經濟與地緣政治力量，讓它可以更堅決而暢所欲言地談它對其他國家的期望。尼泊爾這邊，建立新關係的基礎在於解決中國對於流亡藏人離散他國的安全疑慮；二〇〇八年的反北京奧運抗議，以及三人在加德滿都自焚的事件，讓這種疑慮來到高峰。[6]過去二十年間，兩國關係經歷了數次變化，最初是二〇〇六年尼泊爾的人民革命，迫使北京重新調整原本只和尼泊爾君主打交道的傳統立場。隨著君主政權廢止，北京現在需要在眾聲喧譁且毛主義者成為主流政治力量的尼泊爾政治圈尋找新盟友。

對加德滿都及其政治菁英來說，北京成為了那些不爽印度對尼泊爾內政進行微觀管理的人在「中國牌」之外的另類選項。這些行動者——特別是那些屬於左翼的人——發現，當國內政治氣氛因各族群在認同問題和聯邦主義方面有著不同需求而日趨極端的時候，他們自己的利益和北京的新魄力變得趨於一致。

分析家多半把二〇一五年印度的非正式封鎖指為尼中關係的轉捩點。然而，二〇一五年不過是最終階段罷了。那是北京與加德滿都多年眉來眼去的頂點，這種來往始於二〇〇五年，當時的國王賈南德拉決定關閉達賴喇嘛當地代表的辦公室，以及西藏難民福利辦公室。

## 二

二〇〇二年五月，在賈南德拉王因毛主義者暴動加劇而解散尼泊爾國會並延長緊急狀態的幾天前，中國駐尼泊爾大使吳從勇對美國大使麥克．馬利諾斯基說，要有「國際合作」來終結毛主義者的「反政府部隊」。[7]先前在一場記者會上，吳從勇譴責了尼泊爾毛主義者的「暴力和恐怖主義行為」。

接著在二〇〇五年，就在賈南德拉關閉了流亡藏人辦公室的幾天後，他便宣布王室接管政權，就跟他父親馬亨德拉在一九六〇年做的事情一樣。印度、美國和英國——也就是尼泊爾最主要的國防供應者——停止了給尼泊爾的所有軍援。這一回，中國帶著價值一百萬美元的軍援插手進來，稱王室接管為該國內政問題，並對於關閉達賴喇嘛辦公室的決定表示歡迎。北京堅持其尼泊爾政策不變；大使孫和平跟美國表示，中國「仍想看到國王和政黨之間『合作理解』」。[8]來自中國共十八輛卡車的軍備於該年十一月抵達，而賈南德拉試圖將中國拉入南亞區域合作聯盟（South Asian Association for Regional Cooperation，SAARC）擔任觀察國，但在這同時，尼泊爾開始拒絕核發通往印度的出境許可，藉以打壓西藏難民。[9]當時的尼泊爾駐拉薩總領事（後來的駐中國大使）利拉．馬尼．鮑德爾，對美國大使館表示「四十年前，尼泊爾對當時孤立且需要盟友的中國比較有影響力」。但地緣政治局勢已經變了，而尼泊爾「不是選擇而是被迫」打壓尼泊爾的藏人活動，關閉了流亡藏人辦公室，並接受中國的軍事援助。[10]

二〇〇六年，隨著尼泊爾陷入政治混亂，中國開始想和美國合作穩定該國。它還是保有一種不跟毛主義者接觸的政策，除非他們「先放下槍」。[11]但北京開始思考別種辦法，而且它私下看待毛主義者領袖普拉昌達（Prachanda，人們一般都用這名字稱呼普什帕．卡邁勒．達哈爾〔Pushpa Kamal Dahal〕）的態度，早就比公開表露的態度要來得更樂觀。毛主義者於二〇〇六年六月簽署協議放下武器後，中國外交部一名官員跟美國人說，「決定中國〔在尼泊爾〕的下一步是非常敏感的問題……如果毛主義者是政治中主流的一部分，且有可能是尼泊爾政界主宰要素的話，那麼中國就不能維持一種『鴕鳥政策』，把頭繼續埋在沙裡，對現實毫無知覺。」[12]北京現在認為普拉昌達是個充滿活力、「講白了就是勝過」其他政黨代表的領袖，[13]並承認自己在尼泊爾事務方面的不干涉政策跟它對於維持邊界穩定的注重有著本質上的矛盾。[14]

中國在二〇〇六年之後的幾年裡對毛主義者熱絡起來，是了解尼泊爾當代為何轉頭向北的第一個關鍵。這種情況在君主政權廢止之後立即發生，並不是單純的巧合；它就發生在中國對全球的雄心壯志開始高昂的時候（二〇〇八年北京奧運被許多人稱做中國的「露面會」）也並非巧合。

中國的西部大開發計畫把邊界安全和邊界強化當成計畫的其中一個預期目標，因此已經導致了和鄰國的來往增加。一九九〇年代有過幾次高層級的雙邊交流，但儘管尼泊爾渴望增加往來，它卻陷入內戰，使得所有交流僅剩最低程度往來。隨著賈南德拉打壓公民權利造成全國廣泛對君主政體不滿，加上國王試圖平定毛主義暴動但在軍事上明顯失敗，北京因此承認了尼泊爾社會正在發生的結構轉移，並決定謹慎出牌，觀望局勢會怎麼開展。

到了二〇〇七年五月，第二波人民革命結束，毛主義者進入了政治主流。中國駐加德滿都大使館和他們建立了非正式的接觸。到了二〇〇八年三月，就在第一次制憲議會（Constituent Assembly，CA）選舉的一個月前，中國與毛主義者的聯繫變得「牢固」。[15]七十幾歲的政治科學家王宏緯，後來將成為中國和毛主義者之間的關鍵非正式連結，美國駐北京的官員曾轉述過他的說法，「他覺得毛主義者恐怕再也不會拿起武器，就算他們在即將到來的制憲議會選舉中失敗也一樣」。但毛主義者很幸運地，在第一次制憲議會選舉中成為最大的政治勢力。王宏緯教授本人後來跟美國說，北京「面對毛主義者日漸增加的影響力反應緩慢」。為了清楚說明他的論點，他提到，過去他不想遵循官方那套毛主義者是「濫用毛主席名號的反政府武裝團體」的立場，因此「在學術上遭到孤立」，且面對中國當局時「遇上了許多難題」。然而，北京現在開始聽取他的建議。[16]

尼泊爾的毛主義者是到二〇〇〇年末才第一次與中國聯繫，當時該黨一名官員馬諾伊・塔帕（Manoj Thapa）使用觀光簽證造訪中國。[17]塔帕的訪問，是與「中國研究中心」（China Study Centre）有關係的一位前教授所安排的，該中心是一間位在加德滿都的智庫。儘管他見到幾名和中國共產黨走得近的知識分子，但會面並沒有得出什麼結果，而且之後要到二〇〇五年才會有進一步的接觸。王教授於二〇〇六年七月造訪了一座尼泊爾人民解放軍的營地之後，關係就明顯改善了。[18]

前任毛主義者領袖兼現任尼泊爾議會議長阿格尼・薩普科塔跟我說，王宏緯率領的一支官員隊伍和他們在加德滿都以東的杜里克爾（Dhulikhel）會面，那之後還在一個毛主義的軍營待了一星期。幾個月後，一本雜誌刊出了王宏緯穿著解放軍（譯註：此處指尼泊爾人民解放軍）作戰服、坐在南亞隨處可見的那種塑膠椅上的照片。王宏緯拉著衣領，正向畫面外看去，而當時的能源部長，又名「阿難陀」（Ananta）的巴爾薩曼・普恩（Barsaman Pun），則是在一旁看著。有幾名男性解放軍戰鬥員在他們後面立正站好，還有幾名女性戰鬥員在前面坐著，手持自動裝填步槍和霰彈槍。

中國大使跟美國人說，「北京或者北京駐外大使館都沒有批准」王宏緯的訪問，[19]而北京則說王宏緯是以個人身分和毛主義者會面。[20]儘管如此，這次拜訪有著催化的作用。幾星期後，阿難陀搭機經曼谷前往上海。門就這麼給打開了。

中國並不信任毛主義者，因為他們發動戰爭時把印度當成了他們的基地。另外，中國政策是把君主政體視為尼泊爾永久權力中心，所以和尼泊爾政治行動者的連結也比較薄弱。「一開始他們〔中國人〕根本不希望君主政體終結。但當人民不要它的時候，他們也沒去挺啊，」薩普科塔跟我說。同樣地，《刊提普》的編輯蘇迪爾．夏馬說，有別於印度以及美國，中國在二〇〇八年以前和君主政體以外的尼泊爾政治勢力關係薄弱。當尼泊爾共和國宣布成立時，中國「感覺到一種空白」，並同時開始接觸毛主義者以及尼泊爾軍方。「但當時他們跟軍方沒有什麼斬獲。」「至於為什麼要找上毛主義者呢，」夏馬說，「尼泊爾大會黨靠著比休維休瓦．普拉薩德．柯伊拉拉而擁有極佳的過往遺產，而中國人認為尼泊爾大會黨是可以信任的一股力量。但他們認為尼泊爾大會黨的方針大幅傾向印度。UML〔Communist Party of Nepal（Unified Marxist Leninist），尼泊爾共產黨（聯合馬列），譯註：和日後合併而成的「尼泊爾共產黨」不同〕[21]儘管跟他們有舊交情，但當時勢力微弱。毛主義者贏得了第一場制憲議會大選，並讓自己成為一股新勢力。當時他們有陣子試著和中國建立關係，而中國人也給了他們空間。」

中國過往只跟君主政體打交道的政策，就算不是一直都有益，至少多年來多少有其益處。當毛主義者仍維持武裝，且其他政黨（以及國家）並不全然信任他們時，處在這不穩局面中的中國人，就比較想讓印度和美國在衝突後的管理行動中領頭，而北京就悄悄經營自己的管道就好。尼中關係的一個痛處，就是北京過去一直被當作一張用來對付印度的「牌」。所以，它先是採取了一種「等著看」的態度，後來才會信任起毛主義者。

二〇〇八年制憲議會選舉讓毛主義者成為領頭政黨後，普拉昌達身為總理的第一趟訪問就是去中國——有意強調毛主義者和一般尼泊爾政治勢力其實不一樣。過去有個不成文的傳統是，新任尼泊爾總理要先去拜訪德里。但普拉昌達決定要出席二〇〇八年八月的北京奧運閉幕式，儘管印度外交官和政治人物都傳信來說，這會讓德里誤會他。[22]雖然他堅稱他的第一趟「政治」訪問還是會去印度，但印度可沒怎麼被說服。《印度快報》（*Indian Express*）寫了一篇尖銳的社論：「毛主義者對於中國與印度之間『等距』的強調，是加德滿都這邊的外交暗號，暗指結束與新德里的那段特殊關係……印度不再能只靠宣告就保住自己在尼泊爾的首要地位。」[23]

普拉昌達在北京受到熱情款待。當時的主席胡錦濤跟他說，中國樂意協助尼泊爾，而他在拉薩和成都都受到熱烈歡迎。儘管沒有簽訂雙邊協議，但這趟訪問讓毛主義者以檯面上政治勢力的身分在國際上取得正當性。它也滿足了普拉昌達長久以來的個人壯志，就是拜訪毛澤東的祖國。事實上，他還不照行程跑去參訪毛澤東在北京東城住過的胡同。一則尼泊爾的報導寫道：「一進到屋裡，就能聽見一台舊電話機裡傳來毛澤東的聲音。達哈爾熱切地聽著，但因為是普通話所以聽不懂……他因為看見自己的訪談和肖像在牆壁上而大吃一驚。一位博物館的官員跟他說，這是要把全世界所有和毛主義政黨有關的領袖肖像都放上去……達哈爾也嚐到了毛澤東最愛的毛氏紅燒肉。一尊小小的毛澤東胸像立在盤子中央……在毛澤東墓前，達哈爾情緒激動，向毛澤東像獻上花環之後沉默了幾乎一分鐘。當他看到了毛澤東防腐保存的遺體時，他看起來就像即使想說什麼也開不了口。」[24]

## 二

二〇〇八年四月六日，隨著世界各地的觀察員抵達加德滿都來監督尼泊爾共和國的第一場制憲大會，法國國會議員蒂耶里．勒龐坦（Thierry Repentin）以及怡芳．柯林（Yvonne Colleen）連同法國駐尼泊爾大使吉爾—昂利．加霍（Gilles-Henri Garault），造訪了位在加德滿都滿願塔附近的西藏難民營。他們在那裡和達賴喇嘛的尼泊爾代表辛列嘉措（Thinley Gyatso）見面，並送給他一面西藏旗幟，以及法國的支持保證。[25]

兩周後，一名美國登山客威廉・布蘭特・霍蘭（William Brant Holland）待在珠穆朗瑪峰基地營（Everest Base Camp）的時候，背包裡被找出一面寫著「自由西藏」的旗幟，因此被逐出尼泊爾。[26]尼泊爾禁止他攀登聖母峰，為期兩年。[27]這兩起事件鞏固了尼泊爾（以及中國）官員的看法，也就是，那些從二〇〇八年三月開始一直驚動著加德滿都——以及全世界，還包括了抗議起始地西藏——的藏人抗議，有境外的行動者在搧風點火，特別是那些從美國和歐洲來的人。[28]

了解尼中新關係的第二個關鍵，是中國因為西藏這根軟肋而存在的弱點。二〇〇八年的抗議，標記了中國看待尼泊爾境內藏人方式的轉捩點。這些抗議讓北京猝不及防，而它認為在吉里賈・普拉薩德・柯伊拉拉（Girija Prasad Koirala）領導下由尼泊爾大會黨主持的臨時政府，對抗議者太寬大了。因此，它有意識地與政治階級展開聯繫，更開始接觸負責安全的單位。「根據尼泊爾人的說法，中國的策略是繞著拉薩建立一道道同心的『安全環』，其中最外圈會劃過尼泊爾。」[29]蘇迪爾・夏馬說，他覺得中國人擔心類似二〇〇八年的抗議有可能再度於加德滿都爆發。[30]「就尼泊爾的環境來看，一名中國評論員跟我說，他們比較擔心來自印度或者更外面進來的藏人，反而沒那麼擔心尼泊爾的藏人團體。中國人甚至覺得連二〇〇八年加德滿都的抗議都是從境外指導進行的。」中國的顧慮特別和流亡藏人所提倡的分離主義有關，他們認為那會導致中華人民共和國分裂。

儘管西部大開發的一個意圖，是透過西部地區的經濟發展來平息這塊不馴之地的異議，但對北京來說，西藏始終都不只是一塊邊界領土而已。掌握西藏不只是為了大量的自然資源而已；

中國若要實行國家主權計畫，以及強化（在一九六二年戰爭後開始軍事化的）薄弱的喜馬拉雅邊界，掌控西藏就是必要之舉。北京從二〇〇八年後開始更積極主動討好尼泊爾當權派，是為了處理它自己在西藏的安全利益；用軍備來交換由國王下令關閉達賴喇嘛辦公室，已經為它提供了一個模板。中國願意這樣一路跑到底。現在，它開始更振振有詞地堅定傳達它的主張。

二〇〇八年，一名中國外交部官員告訴美國駐北京大使館說，中國如果想抑制印度在尼泊爾的影響力，那「會是不智之舉」，但這種影響力會「干涉」中國的西藏核心利益。「如果個別案件影響到中國的西藏利益，中國便會涉入其中，」這名官員證實道。[31]同一名官員也強調了尼泊爾為何還是中國控制西藏的關鍵：「尼泊爾有著世界第二多的『海外藏人』人口，而且對中國來說，尼泊爾支持中國看待西藏的觀點，是『至關重要』的事。」

中國在這個目的上有三個主要目標：終結藏人跨越邊界，強行實質禁止尼泊爾境內的藏人政治動員，以及與尼泊爾安全機構密切合作，來「監控並滲透藏人群體」。[32]次仁遭驅逐出境後，就可以加上第四個目標：阻礙住在國外的西藏激進分子進入尼泊爾。

一年年下來，隨著兩邊的警戒增加以及西藏經濟成長，跨越邊界的情況大幅減少，同時，透過雙邊互訪以及援助協議，與尼泊爾官方的合作也增加了。像是法國國會議員拜訪滿願塔、美國與印度大使於二〇〇九年夏天「私下」拜訪木斯塘的敏感邊界（而讓中國大使也以自己的拜訪行程來對打），以及同一年發生的、摩提舍國會議員會見達賴喇嘛（後者敦促重開加德滿都代表辦公室）等事件，都讓北京疑心重重，從而願意對尼泊爾當局施加更大壓力。[33]

中國現在開始密切與尼泊爾安全機構互動，先是提供價值兩千萬尼泊爾盧比的物資，包括了金屬探測器、防彈背心、護照讀取機和X光機，用來裝設在尼中邊界關卡。中國也提議在西藏邊界關卡和尼泊爾建立共同情報分享機制。[34]尼泊爾動員了武裝警察部隊來擔任邊界安全部隊，有一名尼泊爾警官向一間中國通訊社表示，該年沒有出現過一起示威，是兩國政府之間「密切合作」以及尼泊爾當局「下大力氣控制」的結果。[35]

中國與尼泊爾王國打交道的這套樣板，如今移植到了尼泊爾共和國身上。它在二〇一一年三月至二〇一二年一月間，宣布發送三套重要的援助計畫。首先，人民解放軍總參謀長陳炳德將軍，也是拜訪過尼泊爾的最高層級解放軍官員，宣布將一整套價值一千九百萬美元的計畫措施交給尼泊爾軍方。據說北京想要中國和尼泊爾軍官有對等軍階，就有點類似尼泊爾軍和印度共享的對等軍階一樣，但德里擋下了這計畫。[36]二〇一一年八月，中國的中央社會治安綜合治理委員會主任周永康，承諾給予價值五千萬美元的援助。最後，二〇一二年一月，中國國務院總理溫家寶在短暫停留加德滿都期間，提出了一．一三億美元的援助，以及一筆兩千萬美元的特別補助金。

像這種高層訪問，既是展現日漸增加的友好，也是用來顯示意圖。但還有好幾個層級較低的訓練計畫，以及給尼泊爾安全官員和邊界區域地方當局的援助及裝備專款，也是同等重要。情報分享機制得以實現，讓尼泊爾部隊「能力強化」並「提升邊界控制」的好幾份協議也簽訂完成。[37]中國對尼泊爾安全部隊的慷慨，包括了好幾份公開的「禮物」，例如二〇一七年交給國家武裝警察部隊學院（National Armed Police Force Academy）的三十六億尼泊爾盧比。該年，中國當局在一場區域官員會議中提出了一個邊界安全機制，將涉及共同巡邏。尼泊爾當局向內政部提及了這件事。中國接著說，除非提案批准通過，否則塔托帕尼的邊界就不會開放。[38]

二〇一九年習近平造訪期間，原本提案的一份引渡條約遭到撤銷，但分別簽署了兩項協議——司法互助（Mutual Legal Assistance）和邊界管理體制（Boundary Management System）

條約。[39]非法跨越兩國邊界的公民，如今將在拘留後的七天內交出，而被指控罪名的公民，也同樣會依照另一國的要求而「暫時性轉移」。藏人們擔憂的是，這兩份條約可以用來剝奪尼泊爾西藏難民的行動與活動。[40]

近年出現了好幾份報導，指出中國安全官員與那些感覺到有壓力要兌現承諾的尼泊爾當局密切合作，特別是當中國期望自己提供的物資和資金援助應該換得回報的時候。[41]加德滿都的藏人居住區，如今處處可見監視錄影機。報導也聲稱，中國官員和尼泊爾警官也在藏人示威時合作，「指導他們，布署他們，〔並〕叫他們把人清走」。[42]人權組織指責尼泊爾境內的藏人和運動分子遭到恐嚇威脅。[43]而且，儘管先前人權組織會定期發布有關尼泊爾境內藏人的報告，但自從二〇一四年以來就沒再發布新報告了。

在我與尼泊爾政府和保安官員的對話中，他們始終堅持，藏人身為非公民，在尼泊爾境內沒有參與任何政治活動的權利，舉凡違反尼泊爾一中政策的行動，都會認定為非法。「身為難民，西藏人在尼泊爾不能沉溺於政治活動。他們試圖在選定的日期舉行活動或發動抗議，但內政部下了指示，要去阻止他們，」一名退休保安官員跟我說。此外，有些官員甚至否認尼泊爾有受限於「君子協定」而得把新來的西藏難民送到印度去。前外交大臣拉梅什・納特・潘迪（Ramesh Nath Pande）在回憶錄中寫道，尼泊爾「沒有任何關於這樣一種協議的紀錄」。[44]然而，尼泊爾當局過去反覆和美國說，他們會維持「君子協定」。

尼泊爾所有的共同聲明和宣言，都提及了對一中政策的信守，而違反政策的行為特別受到關注：其中幾個例子包括了，二〇一九年五月兩名尼泊爾國會議員參與了在拉脫維亞舉行的西藏大會，其中一人遭到所屬政黨停權；另外還有二〇一六年，前尼泊爾總理和西藏流亡總理的會面。

儘管一年年下來中國對於自己限制尼泊爾境內藏人活動的能力越來越有信心，但西藏仍然「是他們的頭號問題」，蘇迪爾．夏馬這麼跟我說。他認為尼泊爾不會引渡已經住在該國的藏人，但難民要在尼泊爾舉行反中國抗議都會「非常困難」。

關於西藏議題的報導也被限縮到僅僅最低限度的報導量，唯一的例外是某間生氣蓬勃而固定對全球議題提出評論的媒體。有人指示記者們不要報導抗議或者任何跟流亡藏人有關的事。這方面最新的一個例子，是國營新聞通訊社「國家通訊社」（Rastriya Samachar Samiti）三名記者的案例，他們因為出版達賴喇嘛從印度某醫院出院的新聞而遭到調查。有人引述過一名記者的話，他說「中國贊助尼泊爾記者的公費旅遊」，因此在尼泊爾「我們恐怕看不到多少批評」會針對中國。[45]新冠肺炎疫情發生後，中國外交政策的手法更有戰意，因此會看到中國駐加德滿都大使館於二〇二〇年初針對《加德滿都郵報》（*Kathmandu Post*）和其編輯發布了一份嚴厲的聲明。儘管這份聲明普遍遭到其他尼泊爾主筆譴責，但就一個過往都以低調外交為傲的領事館來說，卻是最不尋常的事。事實上，那是大使館第一份有正式紀錄的、對尼泊爾媒體所做的批評。

尼泊爾當權派在政治上以及行政上的沉默，似乎是認可了這個明顯是領事館做過頭的舉動。

## 十

北京在尼泊爾的新做法，也必須要在「北京與新德里在南亞更宏觀的戰略競賽」以及「尼印關係緊繃拉扯」的脈絡下去理解。最能凸顯這一點的，就是毛主義者和印度從普拉昌達第一任任期時開始的惡言相向。或許德里這邊覺得毛主義者是靠著它才上得了檯面；[46]或許毛主義者覺得，他們必須告訴尼泊爾大眾，即便起義期間它的領袖們都是以印度為基地，但印度並沒有給他們什麼沉重包袱。因此，它並不想被稱作「挺印度」政黨，這在尼泊爾政治中有著非常負面的意涵。

但這批前反抗軍還沒宣誓擔任尼泊爾共和國第一個民選政府就先犯了一個錯，就如我在某個冷又下雨的冬夜和薩普科塔見面時，他所強調的那樣。

薩普科塔當時還在感冒；他緊緊裹著毛料衣物，想著毛主義者第一屆任期犯的各種錯誤時，還不斷清著喉嚨。「我們忘記我們是透過一個協議才進入主流的。如果我們有想起〔十二點〕協議，並在向前邁進時牢牢記住，今天情況應該會好很多。在第一次制憲議會選舉後，我們表示同意由吉里賈．普拉薩德．柯伊拉拉當總統。但我們一想到認同和意識形態的問題就食言了。我們當時不該那樣的。如果我們當時沒改〔變決定〕的話，情況應該會比現在好。如果他能當上總統，普拉昌達應該就會當上總理，那要把〔我們追求的〕改變加以制度化，就會比現在簡單太多。」

沒有把第一任總統的票投給柯伊拉拉（這位整體來說在二〇〇六年革命以及一九九〇年以來的尼泊爾政壇都堪稱元老的人物）是毛主義者這邊的一大錯誤，因為儘管這群前反抗軍在二〇〇八年制憲議會選舉中得到多數席位，人們對於他們還是充滿疑心。這個決定逐步損害了那種曾經主導前叛軍進入主流政治的共識政治，有一部分是因為，曾經被印度前總理曼莫漢．辛格（Manmohan Singh）描述為南亞最偉大領袖之一的柯伊拉拉，當初可是用盡了一切影響力來支持十二點協議。

毛主義者犯的第二個錯，就是普拉昌達打算在一名參謀長退休的幾個月前將他開除，而他的聯合政府用這個決定來展現出堅持文人領軍的態度。

當時，人們認為尼泊爾軍方可以抗衡前叛軍「拿下國家」的渴望。而印度當權派從普拉昌達走訪北京奧運開始，就懷疑起他的意圖。在他的任期內，連續有多位中國高階安全官員拜訪尼泊爾，同時一位身為前毛主義者的尼泊爾國防部長，又搭乘中國大使館的車輛私下訪問了西藏。[47]北京在二〇〇九年初也提出了一個大膽的提議，打算修訂一九六〇年的和平友好條約。儘管官方的方針是，政治快速變遷所以必須簽新條約，但主要的動機仍是，中國要尼泊爾對於西藏問題做出更嚴苛的回應。[48]據別人引述的說法，普拉昌達曾說，毛主義者和印度人有著「戰術關係」，但與中國人有「戰略關係」。[49]

印度明顯感到不安；普拉昌達面對新德里時「已經嘗試了要冷酷無情地把戰線最大化，打開多個戰線，並緩緩地破釜沉舟」。[50]等到這位總理採取行動要將參謀長魯克曼古德・卡特瓦爾（Rookmangud Katuwal）解職，就成了壓垮駱駝的最後一根稻草。新德里孤立了毛主義者；在總統拉姆・巴蘭・亞達夫（Ram Baran Yadav）拒絕為卡特瓦爾解職一事背書之後，普拉昌達被迫辭職。[51]印度接著湊起一個有二十二個黨派的泛反毛主義者聯盟，而到了二〇〇九年八月時，當與印度結盟的尼泊爾共產黨（聯合馬列）領袖馬達夫・庫馬爾・內帕（Madhav Kumar Nepal）宣誓就職總理時，「印度政府因為和一個普通平凡的共產黨領袖而不是革命派毛主義者打交道，所以大致上就放心了」。[52]

印度深信，普拉昌達在位時，他們擁有的是一個願意將尼泊爾朝中國推近而損害與印度關係的毛主義者領袖。「過去，〔印度〕支持毛主義者，認為普拉昌達會在印度和中國之間採取中立路線。這些希望現在很難實現。我們是應該造成政治上的妥協而讓毛主義者能持續掌權，來助長中國在尼泊爾的陰謀，還是應該等時機到來時，致力於一個非毛主義者的另類選擇？」[53]就在普拉昌達宣布辭職後沒多久，印度的對外情報單位「印度研究分析室」（Research and Analysis Wing，R&AW）的一名前任總長如此寫道。從印度感知到中國展現新自信的南亞政策意圖要取代自己的區域霸權的那時開始，印中關係就已充滿了緊張。「這不只是關乎尼泊爾……這是關乎尼泊爾會怎麼適應一個範圍更大的、令人擔憂的行為模式，」當時一名印度外交官如此說道。[54]然而在印度外交大臣尼魯帕瑪・拉奧（Nirupama Rao）抵達加德滿都，準備與毛主義者化解歧見的前一晚，普拉昌達卻搭機前往中國，這又進一步疏遠了德里。[55]

當毛主義者於二〇一〇年試圖重掌政府時，一捲由印度研究分析室流出的帶子，開始在加德滿都流傳開來。一名毛主義者領袖克里希納・巴哈都爾・馬哈拉（Krishna Bahadur Mahara）被人錄到跟一名聲稱是中國生意人（但至今仍未確認其身分）的人索取五億尼泊爾盧比，使人們認為北京下了筆重注，轉向支持尼泊爾的毛主義者。儘管在過渡期間普拉昌達不斷努力說服德里，但毛主義者在二〇一一年以前都沒能重掌大權。當德里還是沒被說服時，他便改口說起一種尼泊爾在野政治家們特別喜歡的說法：他指控執政當局是印度的「傀儡」，並指控印度合謀對付他的政黨。接著，這位毛主義者領袖利用尼共（聯合馬列）內部的分歧，並支持另一名尼共（聯合馬列）領袖賈拉納特・卡納爾（Jhalanath Khanal），此人後來於二〇一一年成為了總理。

普拉昌達對卡納爾這名尼共（聯合馬列）內部首席中國代言人的支持，讓「這個政府是由北京在背後密謀策畫」的想法有了憑證。[56]某個脈絡可疑的中國非政府組織在藍毗尼所支持的一個三十億美元大型發展計畫引發德里的憂慮，擔心中國確實有一個「包圍」印度的戰略。從卡納爾這一屆任期期間的多次高層參訪來看，卡納爾政府很快就採取了行動來消除中國對自身安全利益的疑慮。

雖然印度在尼泊爾方面最嚴重的外交政策錯誤是二〇一五年的封鎖，但德里卻是在二〇〇九至二〇一一年這段棘手的時期，就已經沒能夠了解加德滿都的新政治氛圍。印度孤立毛主義者的政策成功了，但也有其代價。前反抗軍裡的強硬派大有斬獲，而其他派系則是對印度掌管尼泊爾政治事務感到不滿。當時正根據以身分為基礎的規章來參選比例代表的特萊平原摩提舍諸黨，開始被描繪成德里的走狗。印度全面孤立了尼泊爾人，包括了有影響力的加德滿都媒體。它操控了、脅迫了、強迫並說服了尼泊爾的政治人物遵循它的利益。[57]儘管這樣的政策過去因為缺少別的選項而成功，但德里卻沒能讀出已改變的局勢。

北京的細緻外交手段、對協定的尊重以及對尼泊爾的敏銳度，和德里的高壓手段有著天壤之別，並替它贏得了好幾個盟友。中國利用了尼泊爾對印度政治掌控的憤恨不滿，最終變成了尼泊爾領袖們始終盼望的那種另類選擇。雖然印度透過經濟、文化和社會關係而在尼泊爾有著非凡的影響力，但它正處在失去所有政治信用的過程中。印度在尼泊爾的利益取向，變得只跟特萊平原上的一小撮人一致，而那一帶基於聯邦主義和身分認同政治而進行的摩提舍運動，已經引起了尼泊爾山區傳統菁英的敵意。詭計多端的尼泊爾政客，如今把兩個議題併在一個更廣泛的、基於反印度主義的反聯邦主義情緒中，同時尼泊爾立法者正十萬火急地在二〇一五年地震的餘波中，公布一套新的憲法。最終階段在二〇一五年九月來到，當時非正式的封鎖——就如編輯蘇迪爾．夏馬後來跟我說的，印度的毀天滅地神兵（brahmastra）——已經實施，讓加德滿都的權力高層不得不展開激烈討論，認為尼泊爾在經濟上不能再依賴印度。

二〇一五年十一月一日周一，從中國帶著三萬六千公升汽油的頭三台卡車，在眾多安全機構的護送下駛進加德滿都。有著這樣的大陣仗，卡車便直攻各大報頭版。儘管這行動代表的主要是象徵意義，油罐車還是成為了尼泊爾在中國援助下反抗印度干涉主義的象徵。這時是印度封鎖的第三個月，而這場封鎖被當時的總理卡德加．普拉薩德．奧利描述為「慘無人道而難以想像」，也鞏固了他身為不屈於印度霸凌戰術的尼泊爾民族主義者之地位。

即便在尼泊爾這種投機政治的風貌中，奧利的政治路仍堪稱獨一無二。一九七一年，他和一大票激進年輕人，一起參與了尼泊爾東部以一九六七年印度西孟加拉邦納薩爾起義為模範的反地主運動。奧利說，一九七一年戰爭過後他開始支持「印度政府最極端的反對者」納薩爾派，儘管他後來會說自己並不支持暴力。一九七三年，奧利在勞塔哈特（Rautahat）被捕，在接下來十四年裡他會輾轉各監獄，還有四年遭單獨監禁，一直到一九八七年才被國王赦免。[58]

他下一次在政界大受矚目的時刻在一九九六年到來，當時他支持印度與尼泊爾之間的馬哈卡里河水源分享條約——這協議至今依舊是尼泊爾的一個痛處。在那一刻之後，奧利成了一名強硬派的君主主義者，曾有一次把尼泊爾試圖成為共和國的嘗試比喻成試著「坐牛車坐到美國去」。奧利丟掉了第一屆制憲議會的席位之後，變成直言不諱的和平進程反對者，反對將毛主義人民解放軍整合並納入尼泊爾軍。隨著卡納爾出任總理，奧利在尼共（聯合馬列）裡的地位似乎日漸衰弱，但他在二〇一三年的第二屆制憲議會大選後重返議會。奧利採取強硬反摩提舍立場而從中得利，並於二〇一四年成為尼共（聯合馬列）主席。二〇一五年封鎖後，許多印度的評論者對於奧利轉而反印度一事大為驚訝，因為他過往是出了名地「最堅定下工夫強化與印度的關係」。[59]

帶著中國燃料的三台卡車抵達，不只是率先示意了尼泊爾在奧利擔任總理下的意圖，也率先示意了一種將尼泊爾經濟與印度脫鉤的全新決心。在封鎖之下，全國的經濟生活都停頓下來；瓦斯桶供應量不足，而市場上開始賣起柴火當作替代的燃料選擇。該國才剛被兩場大地震所害，成千上萬人死去或得遷往別處，更多的人無家可歸，而德里明目張膽脅迫尼泊爾立法者的企圖，終於讓人們忍無可忍。

立憲過程有它的瑕疵，尤其是二〇一五年四月地震之後決定讓憲法「快速通關」而得以頒布的決定，更是一大瑕疵。決定加速通過法規的十六點協議，是由四個主要政黨在沒有針對聯邦主義、各省分界線、選舉代表制以及女性公民權等好幾個議題做協商的情況下大力推進的。法規立刻就遭到好幾個族群團體所拒絕，其中主要是在特萊，暴力抗爭從該地的遙遠西部開始，蔓延到了鄰接印度的中央平原。[60]德里對此相當顧慮，派出了當時的外交大臣蘇傑生（Subrahmanyam Jaishankar），他建議尼泊爾領袖們延後頒布法規，並跟反對團體開啟對話。但當尼泊爾領袖們並不聽從德里並繼續推進的時候，印度就只是「留意到」它通過而已。「我們關注該國接鄰印度的幾個部分持續處於暴亂的情況……我們力勸，有歧異的議題應該透過對話，在一個免於暴力和恐嚇脅迫的氛圍中解決，並以一種能夠廣納各方主權且並獲得各方採納的方法來制度化，」印度在一篇聲明中表示。[61]

德里不支持憲法的決定，和美國、中國以及其他多邊合作夥伴的回應有著天壤之別，他們多半是一邊明確承認法規的通過，並同時承認過程中的問題，並私下督促尼泊爾領袖處理意見分歧：「近年，西方的捐贈者因為被批評『他們推廣了文化上不適當的法律價值，並在第一屆制憲議會中把情況搞得更複雜』而感覺受到束縛。他們也遭到施壓，要透過政府來傾注發展資金，並經由開銷來展現結果，所以他們不願意進一步冒犯對方。看起來無止境的衝突後過渡期、沒有決心的政客和更致命的衝突在全球擴散，都使人疲乏不堪。大部分的捐贈國和聯合國都樂見十六項協議，儘管有很明確的跡象顯示摩提舍人和其他邊緣化團體都不接受這一套協議。」[62]

二〇一五年九月憲法通過時，特萊的抗議者開始封鎖尼泊爾最大的貿易和轉運點「拉克奧爾—比爾甘傑」（Raxaul–Birgunj）邊界關卡，以及其他通往印度的關卡。即便印度並未正式宣告封鎖，它仍以尼泊爾側的暴動為由，停止了貨車和燃料車的行動。「摩提舍抗議者的行動，藉由官僚的拖拖拉拉、運輸海關這邊新出現的複雜程序，以及突然缺席的官員，而從印度側獲得了強化，」一份國際危機組織（International Crisis Group）的報告如此說。[63]

在加德滿都這邊，說法是將封鎖直截了當歸咎於德里。這使尼泊爾立法者們——尤其是在奧利之下掌權的尼共（聯合馬列）和毛主義者的聯盟——察覺到，亟需擺脫印度難以解決的經濟支配力。與中國的石油協議、取消印度對供應的獨佔，只不過是眾多協議的頭幾項而已。中國在地震後提供的大規模援助，在強調中國這種「願意在鄰國有迫切需要時伸出援手的友好國家」的身分上，有著重大意義。如今，他們在封鎖期間的援助，就算只有象徵意義，也說服了加德滿都轉頭朝北。二〇一六年三月，奧利簽下了一份使用中國各個口岸的協議，以及一份二・一五億美金的借貸協議，用來在博卡拉興建國際機場。但尼泊爾政治的火爆本質使得他的聯合政府很快就會被顛覆，而出手的不是別人，就是普拉昌達本人。

二

沒有哪個尼泊爾政治人物，能比普拉昌達更能代表衝突後年代的投機主義（有些人會說是生存主義者的技能）。出生在加德滿都西邊博卡拉郊區貧窮農家的他，一度想加入尼泊爾軍，但他反而報名了南邊奇特萬（Chitwan）的一間農學院，在那開始加入共產黨運動。一如歷史中常出現的諷刺那樣，普拉昌達在美國國際開發署贊助的農村開發計畫中找到了一份工作。當初還是他和另外兩名同袍去馬南撿取中情局空投給康巴游擊隊的頭兩把點三〇三步槍（譯註：李—恩菲爾德步槍〔Lee-Enfield〕）；毛主義者宣告人民戰爭開打還是那之後的事。在起義行動的這些年裡，普拉昌達本人一直像個神話；僅有的就只有一張素描，以及一張留鬍男子的模糊照片而已。沒人知道他到底是誰。一直要到二〇〇六年，等毛主義者浮上檯面，普拉昌達才會以「成功打敗尼泊爾君主政體的革命分子」的面貌，突然出現在尼泊爾政治圈。

普拉昌達的組織技巧以及巧言善辯，都有助於確立他的領袖地位，但鞏固他地位的，還是他面對意識形態有一種靈活彈性的態度。這樣的靈活彈性，意味著普拉昌達也打算跟最不可能成為盟友的人一起奪權。當普拉昌達因參謀長事件而被踢下權力大位時，他已經不顧一切，居然試著跟前敵手賈南德拉於二〇一〇年湊起一個「民族主義者聯盟」。[64]等到毛主義者在二〇一三年第二次制憲議會大選中慘敗，變得越來越無足輕重而且被內部分裂所困的時候，普拉昌達反而在印度封鎖期間支持起奧利的政府。接著，在二〇一六年五月時，他又決定收回支持。據說在中國施壓要他繼續與左翼政黨結盟（特別是因為奧利才剛和北京簽署了關鍵協議）之後，他在第二天便改變了心意。但是「德里一直在跟普拉昌達打信號，鼓勵他想想他的利益在哪邊」。[65]普拉昌達果不其然地看到了一個機會，然後在尼泊爾大會黨和摩提舍諸黨的支持下放手一搏。他於七月時抽手，不再支持奧利政府。

中國對此頗為不滿。原本預定的習近平訪問因此延期。中國共產黨的小報（譯註：指調性較為軟性通俗的報紙，原本也指版面較小）《環球時報》發了一篇特稿，說雙邊關係「陷入低潮」。[66]另一篇特稿更尖銳，強調中國對於自己只有在加德滿都與新德里關係處於低點時被當成一張「牌」感到介意：「……中國感覺遭到欺騙。當加德滿都需要北京紓解來自新德里的壓力時，它就靠近中國，並與北京簽下一連串會幫助尼泊爾擺脫對印度依賴的關鍵協議。但只要印度對加德滿都的態度緩和一些，且前者對後者做了些承諾後，尼泊爾政客立刻就把該國與中國的關係擱到一邊去。」[67]

這樣的批評看似有其道理。普拉昌達二度擔任首相時，二〇一六年十月在果阿（Goa）舉行的金磚五國（BRICS，譯註：巴西、俄羅斯、印度、中華人民共和國、南非）晚宴上，他抽空與習近平、印度總理納倫德拉·莫迪（Narendra Modi）「臨時」會面，三位領袖討論了他於二〇一三年首度推動的「三邊合作」概念。[68]但德里對於這想法一直保持冷淡態度。尼泊爾按計畫進行下去，即便印度對習近平大吹大擂的一帶一路跨國倡議表達了保留態度，擔任總理的普拉昌達仍於二〇一七年五月簽字加入。

一個月後，普拉昌達遵照一份權力共享協議的部分內容辭去總理，讓尼泊爾大會黨的謝爾·巴哈杜爾·德烏帕成為尼泊爾共和國十年內的第十任總理。該年九月，尼中鐵路協議簽訂。傳說中來自拉薩的火車開進了大眾的想像中，而且還幫參加新共和國第一屆國會大選的卡德加·普拉薩德·奧利激發出他的選戰話術。他把「保證會通來的鐵路」和「挺身對抗印度」這兩項功勞都據為己有，把自己塑造成一位只要當選就能改造尼泊爾的國家主義者領袖。

就在大選前，毛主義者決定他們要聯手奧利領導的尼共（聯合馬列）來打選戰。後來尼共（聯合馬列）成為最多席次政黨，而毛主義者則排第三。選後，兩黨合併為尼泊爾共產黨（Nepal Communist Party，NCP）。普拉昌達又一次讓所有人大吃一驚。

二〇一九年九月二十四日早晨，當普拉昌達和奧利正擔心大難臨頭時，中國共產黨的中央對外聯絡部部長宋濤，以及在印度相挺下於二〇一〇至二〇一一年間擔任總理的馬達夫・庫馬爾・內帕，交換了一份雙邊協議，讓中國共產黨和尼泊爾共產黨的關係正式化。領袖們看起來十分滿意，看不出之前雙方那種明白的惡言相向。尼泊爾共產黨現在會接受中國主席推廣的政治教條「習近平思想」培訓。

根據一九七一年一份中央情報局的研究，中央對外聯絡部「可能是」在一九五〇年代設立的，一直到一九六〇年代為止都藏身幕後，其負責的任務是「尋找、調查，最終針對支持中國的分裂小團體以及不滿分子給予支援，鼓勵他們形成與支持蘇維埃的『革命』政黨相對的所謂『馬列』政黨」。[69]中央對外聯絡部的許多領導者都在文化大革命時遭到整肅，但他們重獲接納後，該部就開始在「外交政策的整體規畫」上起了積極作用。

近幾年，中央對外聯絡部和世界一百六十國超過六百個外交政治單位打下關係，而且是負責提倡習近平「新型政黨關係」的關鍵單位，而新型政黨關係就說明了中國共產黨對外國政黨、智庫和媒體的政策。「中國共產黨希望，不只將中央對外聯絡部的外交手腕用於促使國內政策獲得接納——這是對外宣傳的傳統目標——也希望用它來把善治的想法散布給全世界樂於接納的政策運作者。」[70]

對尼泊爾來說，中國共產黨和尼泊爾共產黨的聯繫，顯示中國會更進一步融入尼泊爾的政治體制。國際關係學者普拉莫德・賈伊斯瓦（Pramod Jaiswal）跟我說，從中國這邊來看，當達到最高層級的涉入時，「中國會開始提供『政治建議』，中國共產黨就在此涉入了各黨派。在尼泊爾，中國的涉入就已達到這樣的層級……先前還會聽說，中國的政策並不是支持別國內政，但現在已經沒這種事了。北京不說那是政治『干涉』而是『建議』。」

雖然說，中國在鼓勵尼泊爾兩大共黨合併方面起過什麼樣的作用，至今還不是很清楚，但從以下這件事倒是能清楚看出，北京很在乎要保持尼泊爾共黨的完整：二〇二〇年，當普拉昌達和奧利開始因權力共享的安排而起口角時，北京大使與尼泊爾政界人士進行了一連串的會面。二〇二〇年十二月，在奧利解散國會後，中央對外聯絡部的副部長郭業洲抵達加德滿都，和尼泊爾各黨各派政治人物進行好幾場會面。儘管中國多番嘗試，尼泊爾共產黨還是一分為二了。據說郭業洲在兩個共黨於二〇一八年合併的過程中非常關鍵。有些報導主張，郭業洲的任務是評估尼泊爾政治的全新現實面貌，以及評估北京需不需要重新調整方針。也有人說，郭業洲這支團隊也是去打探，在奧利於二〇二一年四月到五月舉行期中選舉前，這兩派共黨有沒有可能先組成另一個聯盟。「自從君主政體倒台後，中國就一直在尼泊爾尋找可靠而值得信賴的夥伴。後來它就找到了尼泊爾共產黨，」一名尼泊爾共產黨的官員說。郭業洲的來訪重申了一個信念，就是中國比較偏好由統一的尼泊爾共產黨所主政的政府；然而，在政治上有了新算計的中國，現在迫切希望它仍能保有它在尼泊爾的關鍵利益。[71]

中國共產黨與尼泊爾共產黨的聯繫，儘管說是黨與黨關係，卻是更龐大的兩國雙邊關係的一小部分。一位尼泊爾共產黨的官員跟我說，中國大使以中國共產黨代表的身分參與了尼泊爾共產黨的會議。在二〇二〇年六月疫情高峰時刻，尼泊爾共產黨與中國共產黨的一次視訊會議讓某些人吃了一驚。尼印邊界紛爭仍在持續，而印中邊界近期衝突則導致了雙方都有數名士兵死亡。二

○二○年十月，中央對外聯絡部和其他幾個尼泊爾政黨舉行了另一場視訊互動，其中包括了主要反對黨──尼泊爾大會黨。接著郭業洲在十二月的會議上證實了人們相信的事，那就是中國共產黨與尼泊爾共產黨的聯繫，其實是中國更大格局的對尼泊爾政策延伸。

這樣的聯繫也合乎習近平二○一三年強調的一種涵蓋範圍更廣的鄰國政策，在那種政策下，中國要實行一種與鄰國互為「命運共同體」的政策。「中國對鄰國外交手段的戰略目標，是要實現兩個『百年目標』以及中華民族的偉大復興……中國需要與鄰國發展更密切的聯繫，其中有著更友善的政治關係，更牢固的經濟羈絆，更深刻的安全合作以及更緊密的民間接觸。」[72]

雖然大眾多半覺得中國偏好尼泊爾有個共產主義政府，但分析家們認為，不管哪個政黨，只要能展現出同樣的選舉宰制力，中國都會與其交涉。「中國偏好穩定強大的政府──而共產黨〔譯註：尼泊爾〕目前屬於這一類……如果明天大會黨贏了，跟大會黨就會有類似的交涉，」蘇迪爾・夏馬這麼跟我說。習近平訪問尼泊爾時，也在一場與德烏帕的會面中強調尼泊爾大會黨在形塑雙邊關係中的歷史作用。「無論尼哪個政黨執政，中尼兩國都會保持穩定友好關系，」外交部如此宣布。[73]

這一切都導致了關係進一步提升。奧利二○一八年六月的中國訪問被稱作「轉捩點」，而在尼泊爾總統碧雅・戴維・班達里（Bidhya Devi Bhandari）二○一九年四月訪問期間，尼泊爾簽下了一份長期議定書，就運輸方面達成協定，得以使用四個中國海運口岸（天津、深圳、連雲港和湛江）以及三個陸運口岸（蘭州、拉薩和日喀則）。接著就有了外交上的意外成果：二○一九年十月習近平短暫但效率十足的訪問。

習近平的加德滿都行在許多方面來說都很值得注意。它是中國總理睽違二十多年的訪問，並將雙邊關係提升到了「戰略夥伴」的地步。我遇到的所有分析家都說，這趟訪問會為過去那些（即便有好幾項重點協議但）未有任何行動的雙邊關係灌輸新的動力。這趟訪問也顯示中國對於雙方關係自從政治轉型以來的進步幅度感到滿意。在習近平放出的訊息中有一個是和鐵路有關：焦點是在於加德滿都—博卡拉—藍毗尼線，而不是吉隆—加德滿都線。後者的工作不只是因為資金而卡住，也因為北京想要讓鐵路延伸到印度邊界，讓它能接觸到印度市場——在這個當口下機會渺茫。

最重要的是，習近平訪問的意義是，儘管印度—尼泊爾關係可以持續「特別」下去，這個南方鄰國卻不再是尼泊爾的首要雙邊夥伴。除了西藏議題外，北京還希望，不只藉由實體基礎設施，更要透過更多民間來往，來增加雙方連通程度，並打消任何其他國家對尼泊爾的野心，除了印度和中國以外。

另一方面，二〇一五年封鎖之後，新德里對尼泊爾就採取了低調態度，而該國外交官在各議題上大多安靜少言。二〇二〇年十一月，印度外交大臣哈什．瓦爾丹．什林格拉（Harsh Vardhan Shringla）在卡拉帕尼領土糾紛仍餘波盪漾的時分進行訪問，而當時有著謹慎樂觀的氣氛。明顯能看出的是，新德里企圖遠離尼泊爾日常政治事務，如今專注在運輸連通與經濟相關的議題，以及強調文明面的民間關係。印度表示，奧利二〇二〇年十二月解散國會是尼泊爾「國內問題」，同樣表明了德里正在重新思考與加德滿都的關係，並明顯地正在從它鄰居的國內政治事務中抽身。雖然有些人主張，德里不再覺得尼中往來違反印度利益，但真正的關鍵問題，是印度在多大的程度上願意接受中國在尼泊爾的存在以及影響力。如果印度接受中國會在這待下來，那麼，畫給它的新「紅線」是什麼？

## 二

然而，近年來北京在尼泊爾最大的挑戰，並非來自印度，而是幾千英里外的美國國會山莊。

儘管現在全世界都感受得到美中的地緣政治競賽，但在尼泊爾這邊，這種競賽早就公然在進行了，遠比新冠肺炎疫情期間的口水戰還要更早開打。雙方在尼泊爾的爭執根源可追溯至二〇一八年，當時美國國務卿麥克．龐培歐（Mike Pompeo）說尼泊爾是印度—太平洋戰略（Indo-Pacific Strategy，IPS）的一環，而把尼泊爾外交大臣普拉迪普．加瓦利（Pradeep Gyawali）推上了火線；印太戰略是美國在這個地區的外交政策目標，而據「國家安全戰略」（National Security Strategy）二〇一七年檔案所言，「世界秩序的自由展望與壓制展望，正展開地緣政治競爭」。[74]印太戰略源自於唐納．川普二〇一七年十一月的亞洲訪問。尼泊爾會被說有參與印太戰略，是因為它同意加入美國政府「提供給經過競爭選出的低收入和中低收入國家」[75]的外援機構——千年挑戰計劃（Millennium Challenge Corporation，MCC）。它於二〇一四年簽下千年挑戰計劃的合約，美國會藉此給予尼泊爾五億美元投入基礎設施計畫——特別是電力傳輸線和公路維修——而尼泊爾自己則會投入一．三億美元。千年挑戰計劃本來沒起任何爭議，直到龐培歐說了那番話為止。接著，儘管加瓦利否認尼泊爾為印太戰略一部分，但參訪的美國國務院南亞副助理國務卿大衛．J．蘭茲（David J. Ranz），還是於二〇一九年五月表示，千年挑戰計劃是印太戰略的一個關鍵部分。一份美國政府的報告也證實了千年挑戰計劃是印太戰略的一部分。[76]

爭執如今於尼泊爾國內政治圈上演。總理責怪議長——不是別人，就是與中國走得最近的毛主義者政治人物馬哈拉——透過國會來延遲批准條約。二〇一九年二月，美國東亞暨東南亞國防副助卿喬．費爾特（Joe Felter）把千年挑戰計劃和一帶一路相提並論，並說中國在尼泊爾的投資應該要符合尼泊爾利益，而不是中國利益，並提出了如今惡名昭彰的斯里蘭卡漢班托塔港（Hambantota Port）的協議，做為後者的證據。過了一天，中國大使侯艷琪回擊，說費爾特的評論「不負責任」。普拉昌達在二〇二〇年六月與中國共產黨的視訊會議中表示，尼泊爾不會接受任何附帶著國家安全結盟條件的支援。也有人說，二〇二〇年十二月中國中央對外聯絡部副部長郭業洲接連與尼泊爾政治人物會面，是要打聽尼泊爾在國會解散後對千年挑戰計劃抱持何種態度。

千年挑戰計劃的條約附帶著它自己的一套規則，使得加德滿都深深懷疑其居心何在——舉例來說，要求尼泊爾不可以使用任何千年挑戰計劃資金「來支付作為家庭計劃的方法而進行的人工流產行為」或者「來支付作為家庭計劃的方法而進行的非自願節育行為」[77] 這類美國共和黨的要求事項。中國開始把這當作又一個美國阻撓北京崛起的因子。「如今中國人對尼泊爾這邊的懷疑是，加德滿都是否透過印太戰略而倒向美國那邊。他們覺得，相信往那邊倒比較好的人，正在政府中位居主宰要職，」蘇迪爾．夏馬表示。

尼泊爾分析家認為，尼泊爾外交政策的關鍵目標應該是不結盟，而尼泊爾應該能同時善用千年挑戰計劃和一帶一路倡議。但如今的情況反而像是，兩方強權都要知道加德滿都想跟哪邊結盟，且美國近幾年又逐漸增加與尼泊爾政治當權派的來往。隨著尼泊爾在疫情以及香港國安法方面擺明了支持中國立場，再加上兩國執政黨日漸增加的互動，北京似乎在加德滿都當前的政治當權派這邊，找到了一個積極賣力的盟友。但國內政治糾紛總會有辦法體現於外交政策中。

印度當權派成員二〇二〇年十至十一月的一陣旋風式造訪，以及十一月底中國國防部長魏鳳和的短暫單日造訪和十二月郭業洲的造訪，再度讓人想起了尼泊爾自覺身處的那種地緣政治角力。然而，這些訪問的重要意義也在於，它們發生在尼泊爾國內政治動盪的時期中，其中尼泊爾共產黨分裂產生的效應，如今在外交政策上已經顯而易見。「重要問題在於，這股國內的動力，會如何和正在變遷的區域及全球地緣政治相交會，」資深地緣政治分析家兼《加德滿都郵報》前任編輯阿基萊什・烏帕德夏（Akhilesh Upadhyay）如此寫道。[78]

尼泊爾的地緣政治和國內政治再度彼此糾纏，使人們感覺尼泊爾政治主事者正變成外國競賽者的代理人。一九九〇年以後的尼泊爾當權派有一個關鍵特徵，就是有一些機構追求了有別於國家外交政策目標的自身目標。這就使得尼泊爾與外在世界來往的方式出現分歧，而那又導致尼泊爾在外交或國家安全政策上，因為背後是個人或者黨派利益在推動，而出現了不一致態度。其中一個最好的例子，就是在尼泊爾天生火爆的政治中被視為永久當權派，並在聯合國維和任務中有著重要貢獻的尼泊爾國軍。然而，它先是退出二〇一八年九月孟加拉灣跨領域科技和經濟合作組織（Bay of Bengal Initiative for Multi-Sectoral Technical and Economic Cooperation，BIMSTEC）的多邊軍事演習，卻在同個月參與了另一場與中國的聯合演習，於是貿然涉入爭議。在習近平返回北京的幾天後，中國宣布將給予尼泊爾軍一整組共值二十五億尼泊爾盧比的援助，然而，「就連美國人也和軍方有著緊密關係——搞不好其實才是最緊密的，」蘇迪爾・夏馬表示。[79]魏鳳和的二〇二〇年十一月訪問，也表示中國這邊希望自己與尼軍的關係要和尼軍與美國及印度武裝部隊一樣密切，甚至想要比上述那兩方更為密切。[80]

中尼關係是不對等的，所有強權大國——小國之間的關係往往都會這樣。中國從二〇〇八年以來在尼泊爾的龐大企圖可以概述如下：保護邊界以阻止藏人難民越界，讓藏人激進主義噤聲，逐漸削減印度影響力並限制其他強權涉入，並改善連通能力，讓經濟來往增加，並擴張中國在南亞的影響力。其中中國成功壓制了藏人的極端主義和難民運動，而其他國家的影響也被減低，特別是印度。但它也出乎意料地被國內角力打到痛處。尼泊爾也無法說服中國相信尼泊爾有能力履行眾多計畫和協議。對於人們一直吵著要那條通往加德滿都的鐵路，中國大使感到失望而公開表示，鐵路不會在「一夜間」就築成。在二〇二〇年十一月的訪問中，大使也建議，「在推進鐵路計畫的同時」，也要更加重視道路連通。[81]

而且，儘管尼泊爾在中國堅持下，把一帶一路底下的計畫清單從龐大的三十五項削減到僅僅九項，這九項計畫還是沒有多少動靜。[82]也有報導指出尼泊爾這邊的籌畫和準備都不充足；習近平造訪期間，尼泊爾的官員居然問他們的中國對口說，基瑪塘（Kimathanka）—勒古阿哈（Leguaghat）邊界關卡的援助有沒有辦法馬上到來。中國還是第一次聽說有這種案子。

此外，新冠肺炎疫情期間更明顯能看出尼泊爾無力與中國當局協商。二〇二〇年那時拉蘇瓦加迪和塔托帕尼的邊界關閉了超過八個月。在中國以病毒在尼泊爾擴散為由而關閉了邊界後，有超過一千五百台貨櫃車載著運往尼泊爾的貨物卡在途中，包括了一批關鍵的卡介苗。得要等到連番詢問之後，兩個邊界關卡才在二〇二〇年末重新回歸運作，但每天只有少數幾台貨櫃車獲准通關。[83]

也有謠言說幾個關鍵部門的黨派之爭導致計畫執行延遲。當我問阿格尼・薩普科塔說，為什麼跟中國的協議在執行上都沒什麼進展時，他歸咎於官僚體系效率不彰。「我們需要準備一個能夠貫徹這些計畫的官僚體系……我們到現在都還辦不到。參與其中的部門沒有一個有好好做功課。官僚體系都還沒準備好。我們目前的國家建設嚴重準備不足。如果我們做事的方法沒有轉型，我們的發展路線就會偏離正軌。較小型的計畫會根據現行基礎而持續，但這又不是一個臨時政府（kaamchalau sarkar）。這是史上最強而有力的〔民選〕政府……但我們的思考方式還是跟以前一樣。我們的官僚體制還是舊的那個。顯然也要怪掌管官僚體系的各個部門，因為它們缺乏領導能力。如果官僚體系持續用老方法思考，就很難用新方法前進。我們需要幾個大膽的抉擇，而那過往一直都沒能做到。」

這裡諷刺的地方在於，儘管其他強權早就覺得尼泊爾處在北京的影響力範圍內，尼泊爾自己卻沒能從這關係中得到多少收獲。國內政治運作和黨派利益，是尼中關係在加德滿都這邊的一個關鍵特色。舉例來說，尼泊爾在新冠肺炎肆虐的高峰期間，把任期只剩幾個月的駐中國大使召了回來。該名大使沒有諮詢加德滿都就與中方協商了滯中尼泊爾留學生返國事宜，這讓當權派不悅，但他也是尼泊爾共產黨內部變革的受害者。又或者如下面這個例子：尼泊爾的國籍航空沒有分配到飛往中國的班次，但一家管理階層和奧利走得很近的私人航空，就有獲得飛往中國五個目的地的路線。新冠肺炎肆虐期間，尼泊爾無法啟用它的新友誼來從中國獲取高階醫療設備，也一樣反而得仰賴與尼泊爾執政黨有著暗中連結的私人供應商。

還有個類似情況是，中國投資儘管獲得大肆宣傳，但真正實現的非常之少，而且大部分都僅限於觀光業的小型不透明投資。儘管這些產業是以人數日增的中國觀光客為導向，但接下來兩章我們會看到，它們也損害了尼泊爾的利益。尼泊爾也未能減低迅速成長的對中貿易逆差。最後，中國國民利用了免簽證制度在尼泊爾進行犯罪活動，好比說有一百二十二名中國人組成的詐騙集團，在約會網站上誘騙女性進行線上賭博，並於二〇一九年十一月藉由模糊不清的條款被引渡回國。有好幾則報導指出，有人假借與中國男人結婚的名義，把尼泊爾女性販運到中國。

另一方面，北京對尼泊爾各機構及政黨的控制現在已經顯而易見。二〇二〇年九月，當報導紛紛指出胡姆拉的利米河谷發生邊界入侵時，尼泊爾官員火速為中國護駕。難以理解的是，該地區一名官員被要求澄清，為什麼他在媒體上提出未經授權之建設工程的問題。[84]接著，尼泊爾駐中國大使責怪了「假」印度媒體報導，說這種報導試圖傷害尼中雙邊關係。一名來自胡姆拉、堅稱中國確實入侵尼泊爾領土的尼泊爾大會黨現任國會議員表示，他覺得中國大使館寫信給他所屬的政黨來威脅他，而中國的國家小報《環球時報》還譴責他的黨是「挺印度」政黨。「我要重申，如果我遭遇任何不測，中國都要負責，」那位國會議員表示。[85]最讓人驚訝的是，不論是尼泊爾媒體或者其他政治人物，對他的指控都沒多大反應。中國大使館給尼泊爾大會黨的信，提到了過去比休維休瓦．普拉薩德．柯伊拉拉解決尼中邊界問題所下的工夫，並駁斥了所有邊界侵犯以及在邊界攻擊尼泊爾部隊和官員的說法。該信同時強調了尼泊爾人受益於中國在西藏的基礎設施發展。[86]

尼泊爾官員和政治人物也透過培訓計畫和獎學金，使自己朝中國治理方式前進。接下來幾年加德滿都也會有更多閉路電視監視器，同時新法律打算給尼泊爾情報單位無所不包的至高權力。中國公然譴責一家報紙，以及尼泊爾對這件事的沉默，都讓人們擔憂起媒體自由。中國共產黨和尼泊爾共產黨的關係，以及對「習近平思想」的接納，也顯示了尼泊爾政黨透過進口中國共產黨樣板而中國化的情況。

儘管尼泊爾多次自稱不結盟，但奧利的反印度國家主義和中國在南亞的野心，確實有趨同匯合之處。沒有了更宏大的國家策略，該國的對中政策——如果真有這種政策的話——就只是尼泊爾黨派利益的人質。然而，北京都已經在尼泊爾取得更大的自身利益，加德滿都的眼中卻還是只有「中國牌」。它並沒有協商出較佳協議的改善能力，也沒有打造過以國家利益為目標而運作的無黨無派機構。最重要的是，尼泊爾一直都沒能擺脫援助受益者的心態，也就無法想出一套戰略，來根據自己所需，去利用中國在經濟和基礎設施上的進展。

北京在各種議題上和尼泊爾政治與政府的運作者有過來往；它讓別人覺得它是個會在有需求時伸手援助的朋友。它的目標和方法，都和過去與尼泊爾來往的其他強權截然不同，而這些強權今日在尼泊爾也有自己的目標。到頭來，這會是加德滿都的考驗：它能否在履行北京期望的同時不破壞自己的主權，以及，它是否能走在未來要它走的那條鋼索上？

# 9 有著尼泊爾特色的中國資本主義

位於加德滿都高檔購物區「都巴馬格」（Durbar Marg）的「新知圖書」，如果你沒特別去找的話就很容易錯過。中國最大私營書店在加德滿都的經銷點，並不存在於觀光客的地圖座標上。它開在一個像地下室的空間，從外面看來一點都不起眼。外面牆上有幾張布告，多半是在宣傳漢語課（通過漢語水平考試的補習課程）。書店內，會先看到擺滿中國食品和食材——醬油、水果醋、花椒——的架子，接著在一個角落，會有好幾袋中國來的米。接著有好幾面書架擺滿了漢語和尼泊爾語的書，還有一些英文書。習近平著作《習近平談治國理政》的漢語、尼泊爾語和英語版位居最顯要的大位。這套共兩卷（譯註：第三卷於二〇二〇年六月發行，二〇二二年此時已有四卷）的習近平二〇一二年以來言論集，被稱作《毛語錄》的文學接班書。有一篇評論說「兩卷都強調了一個核心主題：中國準備好要重拾大國聲望。它一頁又一頁地暗示或明白講：若要達到這一點，它需要穩定、團結，並由一名強而有力的領袖掌權。」[1]

書店是隨著雙邊關係深化後，中國企業家開始與尼泊爾來往的眾多新管道之一。儘管尼泊爾和中國在文化和社會上可能有段距離，但這樣的往來替未來的互動創造了一個範本。在我整趟旅程中結識的尼泊爾人裡，有些在中國經營的企業或者石油探勘計畫中工作，有些離開了中國開發的水力發電公司職位，也有些人則試著在上述這些地方求職。我也結識了把尼泊爾當成家的中國國民，若不是為了工作，就是因為創業冒險精神——來自蘭州的麵條師傅、來自雲南的餐廳老闆，以及來自四川的農人。在一場二〇一九年末舉行的「中國西藏產銷會」上，藏族跟漢族的行銷代表試圖把取自聖母峰下（西藏側）一條冰河的瓶裝礦泉水賣給尼泊爾人們，或是叫賣不動產建設計畫，或者就賣各式各樣緩和精神或補充精力的草藥，就看你當下需要用哪種。

在一個像新知圖書這樣的地方，中國企圖贏得朋友及影響群眾的工夫，帶有一種極端狂熱。這些新空間忠實符合習近平要求的民間交流，讓高水準的政治討論落實於地方層次：方法包括了招攬當地消費者、雇用當地人，並在尼泊爾的環境中提倡中國世界觀。雖然說，最能看出這種民間交流的地方，就是旅遊業重新定位為中國訪客導向，但在觀光區巷弄的小本經營店面、新知圖書這種更有組織的零售空間，以及在尼泊爾最大的水泥生產公司「紅獅希萬姆水泥廠」（Hongshi Shivam Cement）等高知名度公司，也同樣可以看見這種交流。

尼泊爾的旅遊觀光導向經濟，經常讓人想起西方消費主義的符號。但這邊是另一回事。中國人經營的生意在運作中納入了一個「中國」特性，在那些生意中，語言用詞（目前）是尼泊爾大眾無法觸及的，因為一切——從標籤、物品到買賣——都是以漢語進行。同樣引人注目的，是新知圖書這類空間所進行的習近平崇拜輸入。以加德滿都為據點的智庫將《習近平談治國理政》翻譯成尼泊爾語，並「讓尼泊爾政治人物、知識分子和政策規畫者能夠正確理解中國夢、理解其治理方式以及有中國特色的社會主義」。[2]

二〇一四年成立的加德滿都新知圖書，是昆明新知集團的第七間國際經銷點。坐落在眾多書架之間的是英語經典，如《愛麗絲夢遊仙境》，以及少數幾本由中國出版社出版的莎士比亞劇作。有一櫃專門放中文辭典。書店的中文班頗受歡迎。我問一個在書店工作的尼泊爾女孩，某一本小學課本適不適合讓我從頭學中文。她說，課本會讓我約略有些了解，但還是要上課不然學不會中文。她為了說明這個論點，開始清楚唸出同一個字的各種不同發音。

我繼續往裡面逛，然後拿起了一本英文與尼泊爾語的雙語書籍《中國思想與文化關鍵概念》（*Key Concepts in Chinese Thought and Culture*），[3]以及寫給少年並翻譯成尼泊爾語的習近平生平。[4]後面這本是《習近平講故事》（*Narrating China's Governance*）的刪減版，在這本演講節選中，習近平概述了「貫穿歷史文化之道」的關鍵要素，[5]且每一則都附有評論（譯註：原書稱「延伸閱讀」），替習近平提到的典故提供脈絡。每一節都概括描述了「習近平思想」。這裡頭習近平有講到楊震這名古代清官的故事，他曾在夜裡沒人知曉的時候拒收黃金賄禮，提出「四知」作為理由——「天知，地知，我知，你知」（譯註：《後漢書》原文為「天知，神知，我知，子知」）——而習近平把這種精神稱作「清廉覺悟」，這是他在任期中會反覆談及的主題。文章也提到了中國在鴉片戰爭之後十九世紀中到二十世紀中的「百年國恥」，當時中國「自給自足的自然經濟逐漸解體，工業革命機遇沒有抓住」。[6]在二〇一三年中國共產黨第十八屆中央委員會第三次全體會議上的講話，習近平把這段時期延伸到了兩個世紀，稱其為「錯失兩百年」，歸咎於清朝「閉關鎖國、夜郎自大」而錯過工業革命的利益，並責怪西方讓中國成為「半殖民地半封建國家」。[7]

我來新知圖書是要了解，為什麼一個以昆明為據點的集團會在加德滿都開一間中文書店，以及書店的消費者都是誰。打扮時髦的在地經營者楊華，正忙著和幾個中國顧客講話。他跟我說，大部分的書都在談中國，很難推銷給當地消費者，所以他們也得進講西藏的書以及文具。加德滿都店也是新知唯一零售食物和民生消費品的經銷點，購買的大部分是旅外中國人，或者加德滿都的幾間高價中國餐廳。

我是在習近平短暫造訪加德滿都的一個月後造訪該店，楊華認為中國投資和觀光客會因這件事而增加。「觀光客人數當然會增加。但尼泊爾需要改善基礎設施，」他說，「要從旅館房間二十四小時供應熱水這種最基本的開始。此外，為什麼搭飛機、住旅館、去觀光景點，觀光客就要付不一樣的價格？中國這邊，價格對誰都是一致的。」

楊華不時抹掉眉間的汗水，我問他在尼泊爾做生意的情況如何。「還行——不太容易也不太難。」他不會講尼泊爾語，我們是用英語對談。他說，做生意時語言不是問題。「再怎麼樣，我們都不是跟尼泊爾店家競爭。我們的東西是賣給另一群人。」

—二—

在加德滿都以西兩百公里處，我站在一大片很快就要變成新機場的兩千五百公尺跑道的土地上。不遠處，我可以看到新的航站大廈的骨架正在往上蓋。到了二〇二一年，博卡拉的國際機場就會完工，距離一九六九年第一次提出時已經將近有五十年。

最先是一間日本公司在一九七〇年時，想要拓寬原本的國內線機場。[8]在當地企業主和旅遊業經營者的大量遊說下，[9]土地徵收從一九七四年開始進行，但建設工程要到二〇一六年，尼泊爾和中國輸出入銀行簽下了一張兩億一千五百九十六萬的軟貸款（譯註：soft loan，弱勢貨幣貸款）協議，以提供資金於「中工國際工程」負責的建設工作，於是工程才開始。[10]這同樣也是經過了十年協商的結果，其中奧利的轉頭向北以及二〇一五年的印度封鎖，都有著催化作用。機場本來要於二〇二一年七月十日交給尼泊爾民用航空當局；新冠肺炎疫情前的好幾則新聞報導，都強調了機場有可能提前完工，但現在看來是不可能了。

博卡拉是一座被水——湖泊、河流和溪流——環抱的城市，甚至連地底下都包著水。這裡的土壤特別容易發生地陷；季風雨季期間，一場大雨過後，城市周圍的田地固定就會開幾個天坑，有時甚至就開在城市裡。即將落成新機場的那塊土地曾經滿是稻田，靠著比賈普爾溪（Bijayapur）和賽提甘達基河的水源灌溉。對於一九八〇年代至一九九〇年代初在博卡拉長大的我來說，這裡是已知世界的邊緣（或者至少是當時城鎮的邊緣）。那塊被稱作昆達哈爾（Kundahar）的地區杳無人煙；很少人會冒險跑去那邊，除了六七月插秧季和十一月收割的時候。為了蓋機場徵收的土地，就橫跨在離開博卡拉前往加德滿都的對外通道上。多年來，我注意到區劃機場土地的那塊看板慢慢在生鏽。看板本體破敗不堪、變形扭曲，其中一條支柱因為惡劣天氣而損壞。之前這個計畫怎麼看都是走不下去，但後來奧利於二〇一六年五月得意洋洋地抵達中國，並簽下資助建設的協定。自從那之後，這裡就變成了工程建設的樞紐地帶，沉重的掘土機械從雙線公路一路嘎嘎作響地開進工地大門。

長久以來，博卡拉的企業主和旅遊業者私底下都認為，該城的國際機場是因為加德滿都旅宿和旅遊業者的遊說而卡住。目前為止飛抵尼泊爾的國外訪客都必須在加德滿都落地，自然就創造了一個過夜住宿市場。「以前人們把博卡拉當作參與競爭的一個目的地，」目前經營「亞當旅遊」（Adam Tours）和「博卡拉旅遊」（Travels in Pokhara）的尼泊爾旅遊觀光委員會前成員巴蘇・特里帕西（Basu Tripathi）跟我說。「但現在機場要來了，加德滿都旅館業者也開始在博卡拉買地投資了。」不斷有人跟我說，計畫因為政治人物拉賓德拉・艾德希卡里（Rabindra Adhikari）的關係而加速完工；此人在博卡拉獲選國會議員，並擔任旅遊觀光部長，直到二〇一九年二月因直升機墜毀身亡為止。

當我於二〇一八年六月某天下午造訪機場場址時，工程正快馬加鞭地進行。一排整齊的組合式建築——現在是尼泊爾境內中國廠房的象徵物——被五十多名中國工程師同時當辦公空間和居住區來使用。英語和漢語的安全指引顯眼地展示在各面牆上，包括一面寫給宿舍的禁止吸菸告示，以及另一面要求使用暖爐時要確保充足通風的警告。一座臨時羽毛球場漆在居住區外面的庭院裡。在興建航站大廈的場址旁邊，停放著一整排整齊潔淨的、中國打造的陝汽德龍F3000自動卸貨車。跑道已經推平了，而到了二〇一九年底，它就已經完工了。兩千五百公尺長的跑道，可以應付空中巴士320和波音737這類中距離噴射機。如果徹底推平東邊一座森林茂密的小山丘，跑道的長度就能增加到三千公尺，讓機場能夠應付更長程的飛機。一位地位顯赫的當地生意人跟我說，他們曾遊說官方延長跑道，但並沒有真的堅持這一點，因為他們想要機場先落成再說。

分析家們把這些大規模的基礎設施計畫，當作中國在尼泊爾發揮影響力的手法範例——而且這樣舉例的理由很充分，因為那涉及大筆金額，而光是這筆錢的實質存在就已經相當可觀了。但這個焦點並沒有辦法說明圍繞著這類計畫所發展出來的更龐大生態，而那種生態圈同樣也是發生在尼泊爾的現況。基礎設施投資通常會在廠址周邊產生一套當地經濟。機場同樣也產生了新的商機，而像項少華這一類中國創業者，就靠著自己對語言、文化和人的熟悉而利用了這些機會；但最主要的，還是因為他們在尼泊爾的環境所具備的工作常識。

當一名博卡拉生意人把我介紹給「桑德什」（Sandesh）的時候，我花了一陣子才理解到，他指的是項少華選的尼泊爾名字。項少華二〇〇九年第一次來博卡拉觀光時，他想也想不到自己會留下來，還在這裡種中國蔬菜稻米，來供應國際機場的便當，以及星羅棋布於湖畔區（也就是橫跨佩瓦湖的博卡拉觀光區）的眾多中國餐廳。「我在這裡遇到一個中國餐廳老闆，我問他博卡拉有沒有什麼機會可以闖看看。他跟我說，餐廳在這邊都拿不到什麼像樣的蔬菜，」項少華用一種帶著中國腔的異樣尼泊爾語說。他一開始先是在城市北邊郊區租了半公頃的地。八年後，他已能在機場工地另一頭稱做喬澤（Chauthe）的地方，租下近兩公頃的地。[11]

跟項少華見面可說大開眼界。他的經歷見證了中國人的冒險犯難精神，也見證了隨著新一批中國人出現在尼泊爾而發生的轉變。這段歷程也隱約透露了，人們正靠著中國人對本土的偏好，或者說靠著他們在外地堅守身分認同而堅持的熟悉習慣（在這邊的例子是烹飪），來從中賺取利益（至於是哪一種，就看你個人解讀）。

過去，項少華在跟科達里隔著一條邊界的中國樟木鎮做生意，但好機會一出現就給他逮住了。他沒上過尼泊爾語課，他是透過對話和練習，經年累月地學會這種語言。「一開始我也不會英語，所以非常困難，」當我們在一間簡單取名叫「四川中國人」的餐廳坐下來喝茶時，他這麼跟我說。在我跟他見面的前一天，他還在自己的新農場種了稻。項少華說他出身成都附近的村子，而他一男一女兩個小孩都還在老家。「來博卡拉之前我對這裡一無所知，」他說。頭兩年他沒賺到錢。但因為越來越多中國人造訪尼泊爾，再加上機場開始興建，需求日漸增加，而他就是這樣租起更大塊的農地。「在中國可以賺更多，但錢到哪都可以賺。我喜歡博卡拉——氣候太適合農作，我也想要住在天氣好的好地方。」

我問項少華說，在語言有障礙又沒什麼明顯人脈的尼泊爾異鄉做生意感覺如何。他難道不想要有一個尼泊爾合夥人來把事情擺平嗎？「我覺得自己做比較簡單，」他說，「我來這邊的時候二十二歲。我完全沒決定要怎麼走。我給自己在博卡拉三年時間。現在，我也有尼泊爾朋友了。」

在尼泊爾做生意最困難的地方是什麼？他想了一下說，「這裡最難搞就是做事花時間。」哪方面花時間——只是官僚找麻煩，還是還有別的？他說，要從中國進口材料很難，而且處處延誤。樟木通過來的路自從二〇一五年地震後就封閉了；當我在二〇一八年跟他見面時，只有拉蘇瓦加迪的路還能用。「小型農具要花將近一個半月才能運過來。如果產品能快點送達，做生意就順多了。」但他對機場信心滿滿。「我可以早上離開博卡拉，下午到家。兩國文化多一點接觸總是好的。」

如果不是兩國之間民間交流漸增，項少華也沒辦法在農耕上小有成就。供應國際機場的配膳或許使他業務擴展，但他之所以有信心在沒有在地門路、連當地語言都不會的情況下就在尼泊爾做起生意，是因為有好幾間中國餐廳，加上光顧餐廳的觀光客們。他也得適應尼泊爾的工作文化與規範。「在尼泊爾，進度延遲也不會怎樣。人們喜歡放輕鬆。在中國，情況正好相反。人們總是趕東趕西，事情很快就搞定了，」他跟我說完又補上一句，「但拖一下下倒是無所謂。那樣就不會太緊繃，總是件好事。」

中國在尼泊爾優先投資了三個領域：觀光業、交通運輸業和營造業。在這些領域中，利拉．馬尼．鮑德爾把「水利和能源設施、基礎設施及礦業」指定為開放給北方投資的項目。[12]近年來，中國投資也集中於觀光業、營造業以及貨物裝卸等項目。然而整體來說，尼泊爾很難取得大規模投資。二〇一九至二〇二〇年間核准通過的兩百二十七件外國直接投資（Foreign direct investment，FDI）新計畫裡，只有九件歸類為大型投資，也就是超過二．五億尼泊爾盧比的投資。[13]

讓大型中國經濟投資進來的路也不甚順暢，恐怕還沒有中國三千三百萬美元援助興建的新拓寬加德滿都環狀線的一半順暢。二〇一八年九月，中國長江三峽集團退出了尼泊爾西部價值十五億美元的750百萬瓦西賽提（West Seti）水力發電廠（該公司的上層機構曾經興建世界上最大的水力發電廠，也就是22500百萬瓦的三峽大壩）。即便尼泊爾把發電量降到600百萬瓦，並把電力收購協議延長到十二年，公司仍認為該計畫因「過高的重新安置與復原成本」而不可行。[14]

接著，交給另一間中國包商「中國葛洲壩集團」、要價二十五億美元的布迪甘達基（Budhi Gandaki）1200百萬瓦發電廠，則是陷入一片混亂。它最初是在二〇一七年六月由普拉昌達領導的政府發給葛洲壩集團，後來尼泊爾大會黨領袖謝爾．巴哈杜爾．德烏帕領導的臨時政府因為認為該協議「不合規範且欠缺思慮」而解約，然後到了尼泊爾共產黨宣誓就職時，又交還給葛洲壩集團。但動能已經耗損殆盡；政府和葛洲壩集團已經談不下去，現在尼泊爾得要自己來興建這個廠。

這兩個水力發電廠都遭人質疑說，是不是有印度和中國的戰略角力透過尼泊爾政治行動者在展現。授予合約的過程不夠透明；舉例來說，葛洲壩集團當時就不用走招標流程。但中國公司——就算背後有國家撐腰——顯然沒有徹底了解尼泊爾的推諉與繁文縟節文化，因此不太能主導尼泊爾的狀況。「因為缺乏技術，加上貪汙腐敗問題，較小型中國公司還未實現在尼泊爾的計畫。但就連比較大的建設公司也沒能實現目標，在我看來，是因為這些公司並沒有了解尼泊爾的社會複雜面以及難題，」蘇迪爾．夏馬說。「他們認為，如果政府在這邊做了個決定，事情就會像在中國那樣搞定。但那一套在尼泊爾行不通。在這邊，就算政府批准了，也不會動起來。執政黨裡有各個反對計畫的派系；當地民眾有時候也會抗議。我不覺得中國人有徹底了解到那一點。」他以環狀線拓寬計畫為例：「因為尼泊爾電力管理局沒有移動電線桿，所以整個計畫就延遲了三四個月。」

儘管中國公司和投資者靠著說「尼泊爾是個好的投資目標」以及「中國在該國的投資承諾居於領先」來表達口頭支持，實際上的情況是，尼泊爾根本還沒展現出準備好讓外國來投資的樣子。那個邀請外國企業前來投資而被大肆炒作的投資高峰會（Investment Summit）才剛過兩個月，外國投資門檻就於二〇一九年五月從原本的五萬美金調高到五十萬美金。

在眾多投資案中，有一間中國公司因為承諾投資二．五一億美元於尼泊爾的一間水泥廠——該國製造部門的最大筆外國直接投資——而在二〇一五年上了頭條。

╪

二〇一八年的某天早上，我抵達了紅獅希萬姆水泥廠在加德滿都的辦公室，就在它們位於平原地帶那瓦爾帕拉希（Nawalparasi）區的廠房開始生產的一年後。加德滿都的辦公室一般都是早上十點上班，但早上九點，紅獅的辦公室就已經忙了起來。那裡有著在尼泊爾不常見的大公司匆忙感，而在會議室裡，我等著年輕的財務長維卡斯·阿格拉瓦爾（Vikas Agrawal）。

建設營造已是尼泊爾經濟中最快速成長的其中一項，其動力來自於地震後的重建、海外匯款收入成長導致住家興建增加，以及連續幾任政府推動的實體基礎設施。二〇一八至二〇一九年，該項目貢獻了百分之七·八的尼泊爾國內生產毛額，然而此項目的趨緩加上二〇一九年海外匯款減少，讓國內生產毛額的成長目標從百分之八·五變成了百分之七。尼泊爾對進口水泥的依賴已在穩定下降，不只是因為紅獅的廠房（全尼泊爾最大，可以供應總需求的百分之二十五），也是因為國內出現了一大批新的製造商。二〇一九年，水泥進口下滑了百分之十三，而現今的國內生產佔了總需求的百分之七十，而且根據製造商說法，預期接下來每年將會再提高百分之十到十五。

維卡斯·阿格拉瓦爾在喝茶時跟我說，「紅獅覺得尼泊爾是個優良市場，因為就算量不高，這裡的利潤還是很好，比在中國好，」這就顛覆了普遍認為的「中國公司在尼泊爾是靠規模化生產來運作」的概念。「當然，在像印度之類的其他國家，它們會考慮量的問題，但當你來到尼泊爾這種國家，就辦不到那一點。」

中國最大水泥生產者紅獅控股和希萬姆集團的大膽投資，是在兩間公司經過好幾輪討論後才談成的。在總投資額的三億五千九百二十萬美元中，紅獅佔了總資金的百分之七十，剩下的則由希萬姆所有。紅獅對尼泊爾市場進行了深入研究；研究了石灰石礦脈以及它們的可開採程度（石灰石是水泥生產的關鍵投入材料）、品質和地點；最後，也研究了應該選誰當在地夥伴。根據阿格拉瓦爾的說法，跟希萬姆水泥合夥對兩者來說是「雙贏」，因為這間公司在國內市場已經佔了一大部分，而希萬姆希望進一步成長。「他們的技術、他們的生產流程，一切都相當低落，所以對我們來說這是一個絕佳的機會，用以了解生產成本在中國怎麼有辦法壓這麼低？」

儘管水泥生產流程的錯綜複雜超出了我的理解，但我很訝異地聽到，他們的關鍵進口物料，也就是煤礦，是一路從南非來的。而且因為尼泊爾電力局還沒有建設一條專用的132千伏傳送線來供應40百萬瓦的電力給廠房，所以紅獅已經開始透過廢棄物生產12百萬瓦的電力，其餘不足的則是用自家柴油發電機。[15]紅獅這個品牌已經取得了很大一部分的市場比例；它的廣告星羅棋布於公路沿線村莊，也出現在城市內的廣告牌上。而我則是對這間公司在這裡實施的大企業做法十分有興趣。

第一個是廠房建設起來的速度。現場工程從二〇一六年五月開始，接著在十六個月內，廠房就已經準備就緒可以生產。「在尼泊爾，蓋一間水泥廠正常要花大約三到四年；紅獅只花了一半的時間就做好了，」阿格拉瓦爾說。我問他當時當地有沒有反對聲音。二〇一八年十月，另一個一．四億美元的共同企業「華新水泥納拉亞尼」（Huaxin Cement Narayani）就遭指控違背環境影響評估規範，以及在建設期間日漸侵吞公有土地。儘管尼泊爾國會的公共撥款委員會（Public Accounts Committee）於二〇一九年七月下令當地自治當局取消土地租借協議，但尼泊爾投資委員會（Investment Board of Nepal，IBN）說，該廠可以繼續建設，且投資並不「受到威脅」。[16]紅獅這邊也一樣，二〇一六年的一份報導顯示，住在石灰採石廠附近的當地人停下了工程，以爭取更好的補償。阿格拉瓦爾跟我說，他們公司把這種問題處理得很好。「當地人知道，一旦產業起來了，整個地區就會有發展，所以他們支持建設。」比那更晚的報導強調了一套當地經濟如何圍繞著廠房而起，而地價則從幾年前的一卡塔（kattha）地[17]一萬五尼泊爾盧比，飆到了四百萬尼泊爾盧比。

因為與中國聯繫而帶進了尼泊爾公司文化的第二個要素，就是所有員工得要經歷的定期考核。在紅獅，員工每周、每月、每年都要接受評估，而他們的薪資按照表現調升。「百分之七十的薪水是固定的，其餘百分之三十則是可變動部分，而這部分會隨著員工的表現進步而增加，」阿格拉瓦爾還補充說道，紅獅在他們與供應商的合約中實施了一個「反賄賂」條款。「你不可以送現金給我們的員工，以貨代款也不行。」[18]

這些做法對尼泊爾公司文化來說很新穎，顯示了當地員工在適應外國做法上有了微妙轉變。舉例來說，尼泊爾公司一般採用的方法是每年固定讓一名員工能夠休幾天的假，但在紅獅，休假日要看一名員工在公司待多少年。

紅獅（以尼泊爾標準來看）的大規模投資，讓該公司的尼泊爾合夥人在旁邊看到了中國公司怎麼在世界各地運作並取得成功。尼泊爾公司和中國公司的夥伴關係，讓我們能夠現時現地一窺中國是怎麼在國家體制外辦事的。這組共同投資現在將會以國外貸款為資金，花費三百二十億尼泊爾盧比，買下印度安姆布賈水泥（Ambuja Cement）所持有的當地一間停止運作十六年的廠房股份。[19]

「如果你從宏觀的角度來看，中國在尼泊爾的影響力可說大幅攀升。今天就連尼泊爾的報關工作也是中國的人員在做的。儘管他們沒辦法從尼泊爾報關人員那邊取得執照，但他們獲得了可以經手的合約。舉例來說，紅獅不管進口了什麼到尼泊爾，進口貨物都由思銳物流（CJ Cargo）這間中國公司來處理。再加上，中國人又熱切渴望學習。他們就是學個不停，」阿格拉瓦爾說。

他確信，這會轉化為在尼泊爾境內的更多投資（不論是透過有當地銀行支援的借貸，還是外國資金直接注入），最終促成技術轉型。但他認為，尼泊爾如果要吸引更多投資，就需要放鬆它的外國直接投資規定，不只是在批准法規和勞動規範方面鬆綁，也要在如何看待外國投資方面鬆綁。「你得要正面看待中國，不然你就得負面看待。你沒辦法既正面又負面。如果你要把投資帶進來，你就得清楚知道需要做什麼，然後你就得去支持那件事，」阿格拉瓦爾說。

二

一如其他開發中國家都會發生的情況，尼泊爾決策者、政府官員、私部門參與者和一般大眾，都對於中國過去二十年的成長速度、它的基礎建設能力、它的經濟盈餘以及它減少貧窮人口的成果敬畏不已。中國的經濟崛起展現成一種在外交和其他方面（例如觀光）往來的強大武器，尤其是在那些認為缺乏資本（以及因此而造成的經濟疲弱）是成長發展最大阻礙的開發中國家，這種武器又特別有力。尼泊爾也期待，參與一帶一路倡議可以替幾項基礎設施和提升連通能力的計畫鋪好路，特別是因為這類計畫如今已經納入「跨喜馬拉雅立體互聯互通網絡」（Trans-Himalayan Multi-Dimensional Connectivity Network）的傘下。雖然尼泊爾眾多熱切目標的核心在於跨喜馬拉雅鐵路，但可以注意到典範正在轉移。舉例來說，新的互聯互通網絡，設想著「尼泊爾和中國之間六條經濟通道，有著強化的邊界設施和更加進步的交通運輸基礎建設」。[20]人們對一帶一路倡議有多種不同的認知，有些人把它看成是「在先前各種國際方案之外一個有望成功的別種選項」，或是一種讓尼泊爾擺脫印度經濟掌控的方法，或是想像中更為先進之尼泊爾的未來展望。[21]

然而，在斯里蘭卡、馬來西亞和巴基斯坦等多國無法償還貸款或者修訂了與中國的原始協議之後，各界開始產生對「債務陷阱外交」的新顧慮。尼泊爾這邊，在二〇一九年各種隱約透露著在中國涉入問題上有政治分歧的更大規模爭辯中，外交部長本人認定反對者對於中國「債務陷阱外交」的指控是出於「對中國的負面態度」，且意在給尼泊爾「灌輸心理恐懼」，因此予以無視。[22]儘管如此，中國投資還是全面受到歡迎；即便探討中國投資表現的質性研究非常少，但反對的聲音依舊很小。

近期一項關於一帶一路倡議的感受調查，發現尼泊爾的受訪者最樂觀期待一帶一路倡議成為良機。「以國家為單位來看，發現對一帶一路倡議的長期承諾抱持最正面觀感的地方，是尼泊爾（57.5%）、孟加拉（57.0%）和巴基斯坦（51.2%）等南亞國家。」[23]這項發現和其他在開發中國家針對「中國在世界上的角色」所做的民意感受調查相符合。皮尤研究中心（Pew Research）的一項民意調查發現，「人均國內生產毛額最高的那些國家，對中國的觀感往往最負面。在光譜的另一端點，人均國內生產毛額比較低的國家〔對中國的態度〕就沒那麼負面……跟五年前相比，許多新興經濟體內如今都有更多人表示，中國正在成長的經濟對於自己的國家來說是好事。」[24]

儘管皮尤研究中心並沒有對尼泊爾受訪者做民意調查，但它發現的結果，卻和我發現的一種在尼泊爾政治人物、決策者和私部門要角之間幾乎普遍一致的觀點相吻合。二〇一九年九月，在一場由中國大使館以及某中國企業委員會主辦的投資論壇上，六個省分的首席部長都奮力爭取中國在他們省內投資。前毛主義者領袖、目前為尼泊爾共產黨籍的現任國會議長阿格尼．薩普科塔跟我說，「中國的經濟成長值得模仿……中國在不惹惱任何人的情況下一直在增加它的影響力。」一個全球信用評等機構的市場情報團隊，也說出了類似的話：「接下來幾年裡，中國投資會是尼泊爾強大的成長驅動力……這些計畫全都顯示接下來十年間來自中國的外國直接投資可能急速上升，如果這些案子確實如原先策畫般順利進行，將帶給尼泊爾經濟強大推力。」[25]

二〇一九至二〇二〇年，中國是最大的外國投資國，而且大幅領先其他國；這一會計年度批准的兩百二十七件外國直接投資案中，有一百七十六個是中國投資者在背後支持，其估計投資額為兩百六十億尼泊爾盧比。[26]產業部（Department of Industry）的統計數字顯示，中國投資在營造及其相關活動、貨物裝卸工作、軟體開發和製造業方面的量都在提升，又尤其是電動交通工具的組裝方面。在不久的將來，至少有七家中國公司會開始在尼泊爾組裝電動交通工具，而在二〇一九—二〇二〇會計年間還會再批准兩家。根據大使所言，二〇一九年間，中國公司得到了價值十億美元的工程合約，跟前一年相比增加了百分之十三。中國在尼泊爾的非金融資產投資也增加到九千八百七十萬美元，跟前個會計年相比幾乎增加了百分之百。[27]雙邊貿易量增加了百分之三十七．九，儘管貿易餘額嚴重偏向中國。[28]現在有更多的中國公司想在尼泊爾做生意。二〇二〇年九月某個三百台電動巴士的政府採購投標案，表達有興趣的四十一間公司中，有三十四間是中國廠牌。[29]

但在針對中國投資以及中國透過經濟善款行使之戰略影響力所做的質性分析之外，還有一個問題是，這些公司是不是真的比其他的雙邊夥伴更成功。在前面討論的兩個水力發電廠之外，中國的承包商「中國鐵建」，也於二〇一二年退出了馬蘭奇（Melamchi）的飲用水供應計畫；在那之前他們花四年興建了六．五公里長的隧道，但本來的目標是二十七．五公里。二〇一九年十一月，正在尼泊爾平原地帶興建拜拉哈瓦國際機場的中國公司「西北民航機場建設」遭到指控，說它們給跑道、計程車道和航站大廈使用假的照明系統。尼泊爾的國營航空從二〇一二年以來已經接下了六架中國飛機：其中兩架是贈禮，而另外四架則是由中國輸出入銀行提供的二．一八億人民幣貸款所資助。然而，因為缺少駕駛和零件，國營航空最終於二〇二〇年六月讓它們永久停飛。這些飛機讓航空公司面臨每年六億尼泊爾盧比的損失；二〇二〇年起，公部門事業每年得要支付二．五億尼泊爾盧比來償還貸款。二〇二〇年十二月，航空公司總算想到了幾種擺脫這些飛機的選項：要求製造商把飛機買回去（製造商拒絕照辦）；把它租給其他尼泊爾經營者，或者租給其他中國和國際的經營者；或者把它們拍賣掉。[30]

就連紅獅也於二〇二〇年初，被列名為據說生產不合標準水泥的八間水泥公司之一。[31]二〇一九年一本雜誌的報導[32]宣稱，「中國在執行計畫時推動的是自己的利益，多過了尼泊爾的需求，」而在同時能源部長又問中國大使說，「中國公司在其他國家都表現得十分傑出。為什麼在這裡就沒辦法呢？延誤的理由是什麼？」[33]

另外還有個問題是，中國投資為當地生產了多少就業機會。紅獅希萬姆水泥廠至少雇用了五百名中國國民，而公司之前也願意參與中國「科興生物」開發的新冠肺炎疫苗的第三期試驗計畫，讓自己的員工接受疫苗測試（試驗結果尚未公開）。博卡拉國際機場雇用了兩百名中國員工以及一百二十名尼泊爾員工。根據勞動部資料，至少有四千五百四十一名中國國民受雇在尼泊爾工作，佔了該國所有外國工作者的百分之七十以上，但這數字並不包括印度人。[34]儘管沒有中小型企業外商的確切雇用人數，但有一種道聽塗說的證據主張，大部分的中國公司都會帶技術水準較高的中國員工來，而尼泊爾人則受雇做低技術工作。目前還沒有人針對中國投資造成的技術轉移做過質性分析。

這並不是說，應該要用比其他國家公司更高的標準來看待中國公司。延誤、簽約流程缺乏透明度、口頭保證變成實體投資的轉換率低落，還有難以克服的借貸結構，既是尼泊爾人協商技巧和計畫執行能力帶來的苦果，也是尼泊爾那種無益於外國投資者（整體來說根本無益於所有私人企業）的窒礙官僚行政流程所造成的。然而，根據尼泊爾當前的證據來看，所謂「中國公司執行起計畫，可以比其他雙邊夥伴都做得更好」的信念，是沒有根據的。雖然牟取暴利是資本主義不可免的要素，但連在中國內部，人們都會質疑中國公司的品質標準。這在新冠肺炎肆虐期間又進一步凸顯出來，當時好幾個國家都指出了中國檢測器材的缺失。

但不用說，也不是每個中國公司在尼泊爾都表現不良。由中國海外工程有限責任公司（China Overseas Engineering Group Co., Ltd.）所承包、在尼泊爾西部進行的灌溉兼水力發電方案「貝里河—巴巴伊河引水多用途案」（Bheri-Babai Diversion Multipurpose project，BBDMP），於二〇一九年四月完成了十二．四公里長的隧道工程——比最後期限還早了一年。承包商「中國航空技術國際工程公司」也同樣比排程早了四個多月就完成了加德滿都國際機場的跑道修復。博卡拉國際機場則被譽為中國工程模範。

還有一個現實是，尼泊爾也還沒達成自己跟中國定下的許多協議，包括了供應石油產品的協議。儘管中國為超過八千種尼泊爾產品提供了免稅進口優惠，但尼泊爾的出口還是下滑，而進口則是增加，產生了僅次於對印度的明顯貿易逆差。雖然兩國都不斷強調尼泊爾農產品的出口商機，但中國對尼泊爾品質標準的不滿導致了貿易中斷，而尼泊爾也沒做什麼來處理這類問題。

## 二

今日中國在尼泊爾的投資，可以細分成幾個項目，它們各自用獨有的方式形塑了雙邊交流。

第一個是高價值的政府對政府基礎建設及水利計畫投資，葛洲壩、三峽和中工國際這樣的中國國有公司，構成了中國在尼泊爾的外交往來先鋒。其實這樣的往來幾乎是全然不透明的，就算當下只有渺茫的成功希望，仍然擁有龐大的政治價值。

儘管列在一帶一路底下的諸多計畫看似沒多大進展，但很明顯的是，過去幾年中國經濟涉入尼泊爾的量大幅增加——這必定是政府對政府關係更加緊密的結果。雖然政治方面的焦點一直都在連通能力——這個廣泛的用詞，既強調了實體運輸連結力，也同樣強調了經濟連結與文化連結——但不少計畫也被用來把「在尼泊爾做生意很輕鬆」的隱晦訊息傳送出去。在水力發電廠的相關爭議之外，中國人對尼泊爾運作方式「不悅」的一個例子，就表現在加德滿都環狀線拓寬計畫第二階段的延遲上。在第一階段發生了土地取得的問題之後，中國藉著不按時提交設計計畫，來延緩第二階段。「根據中國和尼泊爾達成的共識……尼泊爾這邊首先必須完成土地徵收以及拆除工作，好創造成功完成計畫的必要條件，」當某家報紙針對延誤一事詢問某中國官員時，他如此表示。[35]就如中國大使在一次受訪時所言，「我認為計畫的速度和效率也受到該國的政治穩定度、政策持續性、政府合作情況、經濟環境、財政能力和其他因素所影響。」[36]

第二個範圍則在大型私部門中，除了上述兩間水泥公司之外，還有華為這間受國家控制且身處中美貿易戰核心的公司，在有望開創尼泊爾第一個5G網路的電信網中，它可能也出了一份力。講歪歪（Wai Wai）速食麵可能還比較多人知道的喬杜里集團（Chaudhary Group），最近跟華為簽了一紙一億美元的合約，要在尼泊爾設立一個未來可以升級到5G的4G網路。

然而，即便前面花了不少篇幅寫中國各公司在承諾外國直接投資方面如何領頭前行，高額私部門投資其實很少見。此外，外國直接投資是否由尼泊爾各銀行的借款所支撐（紅獅的投資有一部分就是如此），又是否涉及了資本和技術的轉移，這些情況也都需要做出區分。跟中國打交道的尼泊爾私部門主力，大部分都是進口成品，好比說快速消費品、衣服、家具、電器或汽車——是尼泊爾私部門商業觀念模式的延續。[37]理想中應該要在私部門參與中領頭的尼中工商會和其他類似團體所具備的不透明性，以及它們在政策制定面的作用有限，也多少造成了這樣的現象。[38]

對一般尼泊爾人來說，最能看到當今中國投資的地方，就是佔尼泊爾外國直接投資最大比例的中小企業。塔美爾（Thamel）和其他觀光區的旅館和餐廳，項少華以及其他賣東西給中國觀光客與僑民的農企——這些事業塑造了尼泊爾人與中國公司及中國人民的互動狀態，也塑造了前者對後兩者的觀感。但那帶來了各種挑戰。

雖然中國投資的低成本生產方法因低價而促進了尼泊爾消費者的生活品質，但這些投資的規模——即便只是中小企業規模——足以壓倒尼泊爾的創業者。同樣明顯的是，中國公司往往會一邊在私人企業這邊繼續當沉默的夥伴，但同時把生意導向中國國民那邊去。舉例來說，在塔美爾，我拜訪了賣藥給中國觀光客的傳統印度草藥店：價格是標記人民幣，大部分的售貨員是中國人，甚至連帳務系統都是漢語的。我跟那位一個月前才開始上班，而且顯然正在跟電腦中文介面苦戰的尼泊爾櫃檯人員打聽公司的事。她跟我說，產品是寫印度文，投資是中國資金，但店主是尼泊爾人。我最後給了她等同二十八塊人民幣的尼泊爾盧比，也就是四百七十尼泊爾盧比。打出來的發票也是漢語的。

像這樣的一間企業就會讓人注意起資本向外流出的問題，以及透過規避當地收稅制度造成國家稅收損失等問題。當前並沒有多少監管，尤其在數位支付機制方面的監管特別少。尼泊爾在接下來的幾年裡，很明顯地亟需更新金融與收稅體制，並把它涵蓋的範圍擴大。支付寶和微信這類中國電子錢包現在已獲准在國內運行，但在中國觀光客和迎合這些觀光客的店家這邊，這種錢包早就行之有年而無所不在，且還沒有針對這種錢包的官方政策機制準備就緒。旅行者正透過中國金融系統來付費購買在尼泊爾取得的貨物和服務，而這讓尼泊爾當局無法把中國人的花費登記為國外收入，因為那些錢從來沒進入過尼泊爾的金融系統。「這也讓中國生意人能把盈餘輸送回國，而不用在這裡付任何稅，因為國內當局沒有任何證據證實那些交易發生在尼泊爾。」[39] 一直要到社群媒體廣泛討論起這問題，尼泊爾才第一次禁止電子錢包——當使用電子錢包已經成了全世界的常態後，居然還出現這種被動回應且不合時宜的政策制定——後來又批准使用。

接下來又有一個更大的問題是，與中國的經濟往來日漸增加，除了令人擔心會像債務陷阱論點主張的那樣造成中國國家權力擴大外，還會如何影響尼泊爾的世界觀。因為與中國私部門的互動不論從規模還是數量來看都有限，所以當下尼泊爾人對北方鄰居的想像，便會被由國家掌控的企業所形塑。這樣的互動成功時——好比說博卡拉國際機場——會塑造對中國的正面民意；不成功的時候——好比說水力發電廠——人們就不得不覺得，中國也不過就是尼泊爾與各路雙邊援助者的漫長互動歷史中，又一個外國來的參賽者。不論哪種情況，除非授予合約時遵循一套透明且可以問責的流程（全球過去都在跟中國基礎設施投資討這份東西），否則這類案子都將持續在各種層面上遭受嚴厲審查。

隨著越來越多像項少華和紅獅這樣的中國創業者以及私部門主力進入市場，尼泊爾的私部門就非得要加緊追上（可能靠著遊說來操縱市場），不然就會在競爭中被踢掉，塔美爾好幾間小企業的下場就是那樣。但人們也迫切需要學習中國新經濟，可是如果形塑經濟關係的唯一力量仍是不透明的政府對政府互動，而沒有與中國私部門領袖的直接互動，那麼就沒什麼急著要學的了。

私人參與以及外國資金的流入，再加上技術轉移，會移除一些市場中的人為扭曲，但除非有人鼓勵尼泊爾私部門擺脫自己閉門造車的心態，不然這樣的扭曲就只會隨著中國私部門的參與增加而遭到放大。

說到底，尼泊爾需要先解決它自己的兩難，才有辦法徹底吸收中國經濟往來中的轉型潛能。讓合約變得更透明而能問責，不只能讓中國私部門主力進入市場，更能招攬全球主力進場。一個提供監管、創造機會並移除市場扭曲的監察當局，會讓尼泊爾創業者和中國創業者在同個市場內競爭。一個領略到轉型數位貨幣趨勢有多重要的金融體制，將能夠籌到亟需的稅收。最後，只有一個願意和中國人民而不是只跟中國單一政府體制來往的政府，才能徹底了解到尼泊爾與該國正在萌芽的經濟關係所具備的潛力。

# 10 條條大路通北方

又名桑戴（San-Dai）的拉米什．畢許沃卡瑪（Ramesh Bishwokarma）晚上多半都在廚房。他那間川菜館「新重慶味」，後場的混亂還帶了點管弦樂的質地；地板滑溜溜，空氣中充斥著陣陣竹葉花椒味。桑戴把薄薯片和豆瓣魚的作法傳授給他的兩個副主廚——其中一個是他哥哥。同時，他正忙著把辣子雞的味道弄對；辣子雞就是嫩炒雞丁底下鋪一層竹葉花椒和乾辣椒，並用蔥來點綴。他太太和父親幫客人點菜。用過的盤子堆在角落。一個爐上，蒸飯的水沒在滾；火太弱了。桑戴對著小弟大喊，叫他換瓦斯桶。「不是叫你早上就弄嗎？」接著他走進一個包廂，裡面有六名來自北京的旅行者正在吃涼拌麻辣牛肉片。他用流利的漢語跟他們說話，問他們怎麼知道這地方的（「聽來過的朋友說的」和「百度」），以及他們打算在尼泊爾待多久（「一個月」）。「你沒去過中國，怎麼學會做川菜的？」有個人問。桑戴一臉得意。因為那確實是個好問題：一個從沒去過中國的尼泊爾廚師，怎麼會講得一口好漢語，還在加德滿都做出道地的川菜？

某個冬天下午，我到了新重慶味，找到了手上還握著剁肉刀的桑戴和他哥哥。要走進窄巷經過地上擺的三四根竹竿，才會抵達這間眨個眼就晃過的餐館。宣傳這間餐廳的唯一招牌，現在藏在眾多閃閃發光宣傳著中藥店、餐廳、旅館、手工藝、珠寶、運動服和中國茶的霓虹招牌之間。塔美爾處處景觀怡人，是一個充斥著現場音樂酒吧、號稱設施最佳費用最低的飯店、叫賣著全球美食的餐廳以及登山裝備店的觀光區。但字體平整、色彩明亮且花樣驚奇的漢字招牌顯得特別醒目。霓虹燈招牌在冬夜薄霧降臨加德滿都觀光區時紛紛點亮，各種紅色、紫色、黃色的螢光形影在那跳動著，在那閃閃發光，簡直有種電馭叛客般的氣息。

在桑戴的餐廳，鋅板搭的棚子幾天前下過雨後已經開始漏水，他現在要把塑膠布綁在竹竿上蓋在棚子上面。他到這邊來，又在跟他哥哥傳授竹竿的砍法。當剁肉刀用力砍下時——欸，他是不是用廚房剁肉的那把？——竹竿精準地斷開了。剁肉刀又一刀下去，竹竿再度分家。桑戴是一名傑出的廚師，能讓美食家心悅誠服，但那天我才理解到他所說的「意外成為廚師」有什麼含意。桑戴出身加德滿都西邊五小時車程的廓爾喀縣某村莊，二〇〇七年在塔美爾一間餐廳找到洗盤子工作時，還正在攻讀教育學士學位，並同時學日文。當時尼泊爾的中國觀光熱正要開始。

二

這是基於個人觀察和訪談，所以我不敢說絕對，但尼泊爾觀光已是最受中尼新關係所影響的產業，這樣說是不會有錯的。觀光一直是關鍵項目，且多年來塑造了全世界對於這國家的觀感。尼泊爾於一九五〇年代對全世界開放門戶時，第一批旅客是外交官和援助人員。當時沒有多少觀光客。接著有了征服聖母峰，尼泊爾便成了探險家的夢想之地。對於花朵世代（flower generation，譯註：指一九六〇至一九七〇年代的嬉皮）來說，加德滿都成了南亞反文化之路的最後一站，直到有一天，反藥物政策客氣地逼迫他們，不要再跳脫出來融入當地了。（譯註：

「覺醒、融入、跳脫」〔Turn on, tune in, drop out〕是嬉皮反文化運動的一句知名口號。）尼泊爾重新把自己定位為喜馬拉雅地帶的一個目的地：處處都有通往人跡未至山谷的艱難路途，到處都是登山基地營和偏遠的村莊。「天然、未受破壞的美麗」成為了時髦用語，而塔美爾便是這個充滿了基地營搭配艱難路途的宇宙的中心，它的大街小巷都是賣著徒步健行裝備或者尼泊爾手工藝品的店家，而酒吧則是現場大聲演奏著音樂，讓那些自山中寂靜返回的人，在搭機回家前先沉浸於都會的不和諧噪音中。

接著中國人就來了。

如今中國送往國外的旅客是世界最多，而中國觀光客一直都是最龐大的消費群體。理所當然地，尼泊爾一直都想分一杯羹。二〇〇二年，它成為第一個經中國簽定為「出境旅遊目的地」（approved destination status）的南亞國家，從此中國國民可以組團前往該國旅遊。但尼泊爾內戰戰況加劇以及二〇〇六年的人民革命都嚴重影響了生意，一直要到二〇〇八至二〇〇九年，造訪的中國觀光客才開始增加。二〇一五年的地震再次摧毀了產業，尼泊爾於是決定對中國觀光客提供入境免簽，來幫助這個產業項目止跌回升。

今日，尼泊爾觀光業已重新定位，改以中國觀光客為目標導向。況且為何不呢？二〇〇九至二〇一九年間，中國入境者從32,272人增加到169,543人，激增至五倍以上。甚至連二〇一九年十一月觀光客入境下滑了百分之十七．五——自從二〇〇一年以來最糟的單月跌幅——的時候，中國的入境人數還是增加了百分之十八．二五。[1]尼泊爾本來還預計在「二〇二〇造訪尼泊爾年」（Visit Nepal Year）期間會有大約五十萬中國觀光客，但新冠肺炎讓一切付諸東流。

中國旅客給尼泊爾觀光業帶來的改變，規模始終都十分龐大。但那只是全貌的一個部分。隨著兩國關係變得更加友好，且中國更肯定了與尼泊爾的夥伴關係，尼泊爾一般民眾便開始相信，中國有著改變自己國家的潛力。長久以來困在尼泊爾「發展」（bikas）夢想中的中國，一口氣在普通尼泊爾百姓面前成為了眾多事物的代表。它的消費者和工業產品不再遭到嘲笑；它也不再是很久以前的那個封閉的共產主義國家。相反地，這是一個有著萬貫家財，來購物、消費和旅遊的中國。而像桑戴這樣的尼泊爾創業者，就會想要在那邊撈點好處。

他的故事，以及他那一類人的故事，講的是歷史上大部分時候都不存在於尼中之間的機運、轉型，以及一種文化的加乘效果。而且這些往來可不像北京與加德滿都當權派的那種互動，它們不會迴避公眾目光，而會在尼泊爾創造一種對中國的新展望。

桑戴在二〇〇九年前後的某一刻，開始在重慶人王楚偉（音譯）經營的餐廳裡洗盤子。沒過幾天，他就在切菜跟學漢語了。「王老闆教了我幾個詞，我教他一些英語，」桑戴回憶道。他還是不會讀中文，但他講得很流利，會和他所有的中國客人用漢語對話（另一頭就跟他太太練習起來）。這約莫發生在中國旅客開始組團來到尼泊爾的時候。尼泊爾觀光業曾有過團體旅遊——大部分印度觀光客都是組團來尼泊爾旅行，通常是來朝聖——但沒到這麼大規模。更重要的是，這回人們有意願花錢。少數像王老闆這樣的中國創業者已經搶得先機，此時便輪到桑戴來為自己發掘潛力。

入行一年後，王老闆生病了，想要關店。桑戴問他能不能繼續開。「有個客人點了酸菜魚——要怎麼煮我沒那麼有把握。但我（煮的時候）一直嚐菜，加我覺得應該要加的那些調味料。那是我上的第一道中國菜。」這第一天上工，他給了王老闆四萬兩千尼泊爾盧比的收益。做小生意的關鍵在信賴和善意，而王老闆現在已經信得過桑戴，可以讓他來掌管餐廳。他接著要王老闆多教他幾道川菜。「他教了我三年。我記下了他以前遵照的作法，然後根據我的口味來改善。最後，當他覺得我已經學成，就跟我說現在我可以自己開餐廳了。他在我對吃一竅不通的時候教導了我，我現在能自稱廚師都是因為他。他把我當兒子對待。」他於二〇一一年自立門戶，就是用王老闆的老家將餐廳命名為「新重慶味」。

十

砍完竹竿後，桑戴和我走去馬路對面另一間川菜館「嘉麟閣」（Jialin Pavilion）。我想要和這位跟先生一起經營餐館的唐仙（音譯）聊聊，桑戴跟這對夫妻很熟且會說漢語，就充當我的翻譯。嘉麟閣這對夫妻二〇一三年從山東來到加德滿都，起因是有朋友跟他們說，「加德滿都是個沒多大問題的好地方」。然後出乎意料地，他們就在外國開了間新餐館。

嘉麟閣的裝潢擺飾和新重慶味有著明顯差異。嘉麟閣**感覺**像是一間餐廳——有桌布、餐巾、醬料罐、酒櫃，甚至還有裝活魚的水箱。這裡的桌布還有透明塑膠墊護著，筷子整齊地擺在筷架上。桑戴的餐廳，則是貼著仿造皮的長凳和空桌面構成了座位區，而吧檯的架子上幾乎是空的。嘉麟閣的天花板掛著紅燈籠，桑戴正在把他們護貝的菜單拍起來。「我也該弄個這樣的菜單，」他說。

桑戴可以說是半熟創業者。他有烹飪技術，但光靠這沒辦法開餐廳。多年來，他都試著要增進這部分的技藝。他很著迷於擺盤；他會仔細把盤子上沾到的東西擦乾淨，如果哪個服務生漏了這類細節，他會神經斷線。他十分關注其他餐廳做了什麼他沒做的事。他用小本經營自家店面的方式經營餐廳，並盡可能用他有的本事改善客人體驗。對他來說，餐廳不是一項投資。那是他的人生。

但另一方面，中國創業者要在尼泊爾做起生意就不難，從唐仙信了人們口耳相傳的推薦而來，就見證了這一點。一開始投資比較少量。尼泊爾提供了低價的五年商務簽證，試圖鼓勵外國投資。雖然中國人是該國最大的外國投資方，但真正展現中國在尼泊爾投資規模的卻是觀光業。在觀光項目裡，二〇一九至二〇二〇會計年間批准的八十九項外國直接投資計畫中，有七十三項來自中國。[2]前一年，一百三十一個批准的計畫中，有七十二個來自該國。[3]自從二〇一五年以來承諾投入觀光的三百二十八億尼泊爾盧比外國直接投資裡，中國人就投入了兩百三十二億，將近總額的百分之七十一。就連在二〇二〇年疫情嚴重影響尼泊爾經濟時，在外資承諾投入觀光業的五十五億尼泊爾盧比中，中國投資者仍以近百分之九十七的比例領先群倫。[4]

桑戴的餐廳所在的塔美爾小路「吉亞薩」（Jyatha）已經有了非常明顯的空間變化。寫漢字的霓虹燈招牌對中國旅客打著各式各樣用品服務廣告，中國貨運公司保證會把貨物帶進來或者送到世界各地，旅館用漢語宣傳著他們的費用，而來自甘肅的麵點師傅開了店；簡單來說，「中國城」正在那成形。有一項研究發現，漢語是這條小路上第二常用的語言，僅次於英語。[5]人們也認為中國投資者比較有錢，而塔美爾的房東因中國國民付的租金高而偏好租給中國國民，是人盡皆知的事。

對尼泊爾創業者來說，這場競爭可能會敲響喪鐘。桑戴實在太了解那種情況。

幾年前，新重慶味還位在塔美爾的首要地段：就在街邊的一樓鐵門店面，對面是一間絡繹不絕的旅館。生意很好，但桑戴的房東想把這地方用桑戴給的兩倍租金出租給一間中資餐廳。「我的廚房發生過一次電器火災，所以房東已經在找理由把我踢出去了。我簽的租約還剩一年，但房東停了我的水電。最後我離開了，但走之前我先讓他上了法院，」桑戴跟我說。但很可惜，法院判房東勝訴。

這判決讓桑戴難以釋懷，但他也無力回天。在塔美爾很常聽到，能給出高上許多租金的中國企業，取代了規模較小的尼泊爾企業主。這樣的焦慮創造了中尼企業間「打從根本不平等」的關係：「中國人起頭資本就比較多，靠那取得了比較好的招牌和行銷。在尼泊爾人的整體觀感方面，不論是出於不知情還是有本事撒錢，總之中國投資人就是願意支付高過頭的租金來租用商務空間。他們買東西可以買更大量，帶給他們更有優勢的利率。他們可以搶先購買貨品而平安度過商業枯水期，讓他們比尼泊爾同行更有市場靈活度。」[6]中國創業者對上尼泊爾同行也有文化和語言上的優勢；當中國遊客造訪時，誰能比中國在地人士更能幫他們談車資、旅館、飯錢和手工藝品價格？

很久以前，塔美爾是西方世界探求者的前哨站：「它不是設計給尼泊爾人的地方，對那時的尼泊爾人來說不是」。[7]造訪塔美爾的尼泊爾人屬於都會、高收入的那一類人。塔美爾從最初起源的塔巴西（Thabahi，一間十一世紀的內瓦爾佛寺所在的地點）開始算起，已經經歷了好幾波轉型。所以隨中國人抵達而出現改變，也不是什麼新鮮事。但有個地方不一樣。中國創業者專做中國訪客生意，好比說我拜訪的中藥房就是這樣，在這個訪客來自全世界的觀光區可說排外到了不尋常的地步。「過去，塔美爾始終適應著一波又一波的發展演變。問題在於，中國熱潮的規模對塔美爾這樣偏小的地方來說會不會太大了，」過去記錄下這觀光區歷史的尼泊爾作家拉比・塔帕（Rabi Thapa）跟我說。

中國的出境旅遊預期很快就會達到兩億人次——二〇一六年有一・三五億人次前往海外旅

遊，以國籍來看是全球最多。[8]從二〇〇〇年算起，中國人出境旅遊持續成長，平均下來成長了百分之十六。[9]中國也察覺到，透過民眾出國旅遊——它所謂的「觀光外交」——進行軟實力投射，有機會能當成中國外交政策「重要而不可或缺」的工具。[10]至於尼泊爾這邊，北京則密切注意著觀光業，以及尼泊爾能感受到的好處。舉例來說，習近平總理二〇一九年的訪問，根據中國大使所言，「使中國人民」留下了「深刻印象，使更多人開始更密切關注尼泊爾」。[11]習近平造訪後發布的共同聲明說，中國將會支持「二〇二〇造訪尼泊爾年」計畫，而中國駐尼泊爾大使則在推特上貼出了她的照片來進一步宣傳觀光年。

中國出境旅遊也受政治結果影響，其他有影響力的國家也都是這樣。然而，光是它的規模，就讓人印象深刻。「中國觀光可以爭取到朋友，但減量也同樣可以用來表達不悅。」[12]二〇一七年初，在首爾決定部署四台美國終端高空防禦飛彈「薩德」（Terminal High Altitude Area Defense，THAAD）之後，中國就中止了前往南韓的團體旅遊。中國的出境旅客中，有一半以上——百分之五十五——都是團客，[13]這禁令讓南韓旅遊經濟付出了六十八億美元的代價。首爾決定凍結部署，而隨著各方盡力讓政治緊張回歸正常，中國觀光客也再度回到南韓。[14]其他吃過中國不悅苦頭的觀光經濟，還包括紐西蘭、土耳其、日本、菲律賓以及島國帛琉——全都是因為政治理由。聯合國世界旅遊組織（United Nations World Tourism Organisation）的一份中國遊客相關報告，列出了歡迎中國觀光客時該做和不該做的事；其中不該做的包括了：「不要欠缺謹慎地提出人權或者獨立等政治敏感議題。」[15]

在沒面對過觀光方面政治影響的尼泊爾，當地企業經營者不得不承認，沒有中國人的話，他們的生意會面臨重大損失。儘管尼泊爾拚命要增加訪國觀光客人數，但在同時，每日平均花費還是在下降。二〇一四年，每名遊客平均每天在該國花費四十八美元。二〇一五年，儘管發生了地震，花費還是增加到六十八美元，但二〇一六和二〇一七年分別掉到了五十三與五十四美元。二〇一八年則是四十四美元，是七年來的低點。觀光業者主張，除了尼泊爾的確吸引到低消費旅客之外，觀光客在該國停留的日數也變短，而且沒有足夠的花錢管道。因此，中國人對商業來說就是有那麼重要無比。中國觀光客已經是世界上最高額的花費者，平均每趟出國旅遊都花了大約一千美元。[16]

前往尼泊爾的中國觀光客所造成的轉變，不論好壞都是在新冠肺炎疫情期間最明顯。二月的觀光客入境掉了百分之二十一，甚至在全國封鎖造成國際航班徹底停班之前就發生了。大部分的旅館已經先出現了百分之五十的住房率下滑，而一般生意大受打擊。平常二月會有六成生意來自中國觀光客的博卡拉和薩烏拉哈（Sauraha），觀光區也徹底關門了。二〇二〇年六月，世界銀行估計，這一項目的損失讓尼泊爾國內生產毛額至少付出四千六百億美元的代價，有二十三萬份工作岌岌可危，還有超過兩千六百間健行旅遊社關門大吉。[17]隨著新冠肺炎案例增加，歡迎新觀光客的決策持續延後，而到了十一月中，儘管已開始迎接那些遵從健康指引的觀光客前來，但人數還是令人失望。二〇二〇年只有230,085名觀光客，創下了一九八六年以來的最差觀光人數——比暴動期間和地震後都差，而且和二〇一九年的一百二十萬人次相比，連五分之一都不到。[18]

二〇二〇年三月初的一個晚上，我在塔美爾吃晚餐。桑戴的餐廳關了，其他幾間餐館、旅館和商店也是。「中國城」整個像是荒廢了似的。沒有霓虹燈閃現著漢字。沒有中國訪客成群結隊走過街道，拿起可以帶回去賣的手機和直播設備。店鋪的鐵門拉了下來。這種無聲無息有些詭異，甚至可以說恐怖，因為塔美爾的夜晚從不寧靜。那感覺就像是回到了暴動年代，當時不論是觀光客，還是希望，都供不應求。

十一

每年夏天，喜馬拉雅的高地上，成千上萬的尼泊爾男女老少會露宿野外，挖開剛解凍的土，找出冬蟲夏草（*Ophiocordyceps sinensis*），一種從毛蟲身上冒出的真菌，因為據說有春藥效果而俗稱「喜馬拉雅威而剛」。近年中國人對冬蟲夏草需求飆升，為尼泊爾鄉村的採集者和比較靠近都會的中間轉手人創造新商機，而尼泊爾現在至少靠冬蟲夏草賺了五千萬美元，主要銷售給中國。然而，近年的過度採集影響了冬蟲夏草數量，但交易仍持續著——對於一貧如洗的家庭來說，報酬實在是高到無法忽視。一名冬蟲夏草採集者光是一季就可以賺到二、三十萬尼泊爾盧比那麼多。

某某人靠著中國人而受益致富的故事實在不計其數，不只靠冬蟲夏草，也靠其他用於傳統中醫的藥草和天然產品。但在堤馬爾（Timal），有一個村莊全面轉型了——全都因為一位佛教高僧的贈禮，以及因為中國人開始要買一種看來普通但有望帶來神力的種子。

位於加德滿都東邊八十公里的堤馬爾，是一個平淡無奇的喜馬拉雅山麓偏低地帶村莊。南邊有著峰峰相連的山丘往印度河—恆河平原一路下降；雄偉的山峰主宰了北邊的天際線。它坐落在俯瞰肥沃河谷的山脊上，但山峰上的土壤只能種玉米，然後就沒什麼別的了（那有一個來自神的理由）。它可能一度處在貿易路徑上；一間用傳統內瓦爾建築風格雕飾的老舊旅社（paati），仍立在通往堤馬爾的途中。住在那的塔芒族（Tamang），是尼泊爾一百多個種族的其中一個，他們正緩慢地在新共和國內拾回自己的歷史。新立起來的胸像是塔芒國王林真多哲（Rhinjen

Dorje），據說他在普利特維．納拉揚．沙阿統一尼泊爾時被打敗，而他的配偶會在還只能跑四輪驅動貨卡車的新開挖道路上歡迎訪客。

八世紀的佛教導師蓮花生（Padmasambhava）也是在堤馬爾將金剛杵扔進一片檀木林裡，而殺死惡魔。當地有個神話把這對手描述成一個痛恨創生的惡魔，它甚至會把子宮裡的胎兒殺死。蓮花生「把它們的黑暗夜叉王碎成粉塵」，[19]但這位高僧不小心蒸發了當地所有水源。當居民求他救命時，他在周圍撒了些種子，然後跟他們說，種子會給他們的後代帶來大禮。那禮物就是菩提心（bodhichitta）。

菩提子，鼠李科底下一個稱作*Ziziphus budhensis*的當地特有類別，是一種大小如豆的棕色種子，包在一層海綿般的果肉中。它看起來沒啥特出之處；樹也長得沒多高，而且刺又讓人不好靠近。當我於冬天造訪堤馬爾時，那些樹上光禿禿的，沒果子也沒樹葉。它們到處長——長在荒野中，沿著沒鋪路面而塵土飛揚的道路長，掉在峭壁上就長在那，也會長在用羊大便當作肥料的農園裡。但五六月的收成季節來到，堤馬爾就會變成一座要塞。村民安裝了閉路電視，並雇用當地的小孩徹夜看守樹木。有人事先就付錢把樹整棵整棵包下；一棵樹的租賃權就值一千七百萬尼泊爾盧比。二〇一八年，一架包租直升機一路飛到堤馬爾對面的一座山丘去買種子；另一次，某支一共七台休旅車的車隊，甚至有警察護送。二〇二〇年六月，在疫情巔峰時刻，一個晚上就有共值九百萬尼泊爾盧比的菩提子被搶走；搶匪攜帶了衝鋒槍、手槍和廓爾喀刀，還封住了通往鄰村的道路。這一切，都是為了蓮花生贈予的種子，而且是價值連城的種子——光是一顆種子，一個看起來跟小孩彈珠一樣的小小茶色珠子，可以賣六十到七十萬尼泊爾盧比。

以前，堤馬爾的人們種玉米並畫唐卡；他們偶爾會販賣菩提子給西藏僧侶當念珠用。一串念珠有一百零九顆這樣的種子。種子本身一直都很神聖；就跟印度教認為生自濕婆之淚的金剛菩提子（rudraksha）一樣，菩提子也是神性在此世間的實際體現。過去買賣的數量較少，價格也較低。當地記者江錯・拉馬（Gyanzo Lama）告訴我，一九九〇年時，一串念珠要價二十尼泊爾盧比。「價格跌到一串五尼泊爾盧比那麼低。沒人在乎菩提子的生意。」

直到堤馬爾居民發現，中國人對這種種子有興趣。

## 二

六十四歲的蒂爾薩・拉馬（Tirtha Lama）帶我們去他在堤馬爾的後院，那裡立著一排孤伶伶的菩提心。他用波浪狀的鋅板區隔他的土地；到處都長著菩提心。一堆堆馬糞和小球狀的羊大便積在樹底下；先前的冬天很艱苦，蒂爾薩希望他今年可以賺多一點錢。「去年，我連一拉克〔譯註：十萬〕都沒賺到，」他邊說邊拿起一顆種子，並放在手掌裡給我們看。他的樹種了六、七年，他四年前第一次開始賣菩提子。菩提子替他帶來四十萬尼泊爾盧比的收入，接下來分別是七十萬和三十萬尼泊爾盧比，然後最近一次收成還不到十萬。收成好的時候就已經夠本了。「我先前是種玉米。現在一顆菩提子就兩三千尼泊爾盧比了，你們要我拿玉米怎麼辦？」

蒂爾薩趕上菩提心熱潮時已經晚了一步。菩提子的價格在二〇〇九至二〇一〇年間的某一刻開始上揚，當時中國觀光客開始大批大批購買菩提子。賣菩提子的店家開始在塔美爾如雨後春筍般出現，而到二〇一六年時，此類買賣的年度稅收估計為三千萬尼泊爾盧比，有超過十五個尼泊爾供應商列名於阿里巴巴。[20]二〇一七年不幸出現了沒有取得必需執照就在運作的非法供應網；那年七月，當局抓到一名中國人攜帶近五十公斤、價值一千萬尼泊爾盧比的菩提子。

儘管菩提子的首要用途是念珠，但有研究發現，它們在中國有多種用途，包括了入藥在內。[21]但在堤馬爾這邊來看，最後怎麼用並不重要。「中國人什麼都樂意買，」當我們坐在當地一間公立學校的地上時，一名農人跟我們說。故事就從這句話說起——我同樣也從那個故事開始更明白，中國需求（以及後續的收入增加）對尼泊爾小規模的農人及生產者能造成多大的影響。

穿戴著藍色羽絨夾克和金錶的康查．塔莽（Kancha Tamang）邊嚼著某種草邊跟我說，有個姓高的中國買家連兩年都買光他所有的菩提子。他不知道今年這人會不會再來，但他當然希望如此。「因為中國需求，所以過去幾年供應過量，價格就下去了，」他說道。然而，他頓了頓之後跟我說，有人曾經跟他保證，要付五百萬尼泊爾盧比來包他某一棵樹。「不管收成如何，他都會付我這筆金額，但我並沒有跟他繼續談下去。萬一都長不出來怎麼辦？」不太可能聽不出他聲音裡有種興高采烈。沒人反駁他。他似乎是比較「有關係」的那一類農人，在滿院塔附近的聚落中有一間賣菩提心的店。我們跟當地人打聽起這門生意時，每個人都望著他。

康查．塔莽更詳盡解析了交易。他先前在沙烏地阿拉伯工作了十年，才回到堤馬爾。他說，菩提心改變了他的村莊。「以前，交易是純宗教的。只有法師才會來買它。」商業化是中國需求導致的結果。好幾個當地人說，達賴喇嘛曾推薦堤馬爾的菩提子最好，而這對需求也有所影響（不過我沒找到他有推薦過的證據）。「市場上相信，如果你是真正的佛教徒，你家裡就會有一串菩提子念珠，」康查說。

種子是用一種類似金剛菩提子的方式來判定好壞。兩種種子的好壞判定，都有線條（mukh）決定種子價值的這種概念。對金剛菩提子來說，線條數量越少，種子價值就越高（最罕見的被認為是一線種——如尼泊爾根傑〔Nepalgunj〕某間旅館的廣告所言，「十分適合商業人士，對心臟疾病患者有效」)。然而，以菩提子來說，線條越多，價值就越高。如果一顆種子有七八條線（saat–aath mukhi），價格可以到六、七十萬尼泊爾盧比。「以前，搶手的是三到四條線的菩提子。現在搶手的是五到六條線的菩提子，」康查說。種子的直徑也有其價值意義。小於十毫米寬的種子最貴，而那些介於二十至二十四毫米的種子也要價不菲。剩下的就便宜許多。

這種從維生交易轉型至大規模商業的過程，讓不少當地人從中賺了一筆。我在堤馬爾遇到的每個人——沿路經營茶館的男孩、我們的司機尼馬（Nima）、記者江錯．拉馬——都以各種方式在這種交易中得利。前一年，江錯的收成賣了三十萬尼泊爾盧比。「如果我當時種玉米，我會連三千尼泊爾盧比都收不到。」有些人就只是透過湊巧的機緣來賺錢。「我們祖父那時候，土地上就有八株這種樹，現在被我們增加到三十或三十五株左右，」我們的司機尼馬說。過去幾年平均下來，他一年賺了一百五十到一百六十萬尼泊爾盧比；他比較喜歡把整棵樹包給買家。「買家在四月左右來看那些樹。他們要先付全額現金，才可以收成種子。」江錯跟我說，儘管中國買家會親自來檢查樹木，但他們通常會透過中間人來跟農人打交道。

交易的誘因實在太大，任何來自堤馬爾的人都很難抗拒。但報酬也帶來了相應的壞處。當地不僅出現一些近乎超現實的情景，諸如買家帶著裝滿現金的皮箱搭直升機前來，以及農人用閉路電視和全天候保全守著樹；堤馬爾居民也曾通報說，起糾紛的農人會把酸液灌進別人的樹根裡。「堤馬爾因為交易而完全變了，」康查說道，其他人也紛紛同意。江錯列出了交易對堤馬爾的影響，並說，「堤馬爾的宗教和文化價值已廣為人知，而商業也提升了窮人的收入。因為商業，而有了一種經濟安全感，」他說。「但同時，因為缺乏深謀遠慮跟長期願景，加上收成時期現金隨手可得，農人們也揮金如土，最終導致欠債。在年輕人這邊，交易削弱了努力工作的文化。」

今日，中國擁有全世界最多的佛教徒，有將近五分之一的人口宣稱信奉該宗教。在二〇一九年造訪尼泊爾的十七萬中國旅者中，有21,269人造訪了佛陀誕生的藍毗尼。儘管這些人並非全都信教，但有一股中國國民造訪尼泊爾佛教重鎮的趨勢正在浮現。從二〇一三年就開始帶中國觀光客的導遊巴拉藍・阿迪卡里（Balaram Adhikari），跟我說了中國旅者走訪的佛教路線。除了藍毗尼和加德滿都出名的斯瓦揚布及滿願塔舍利塔，谷地外那間有菩薩犧牲自己來餵老虎母子的南無佛陀寺（Namo Buddha monastery）也是一個受歡迎的目的地；另一個則是帕賓洞（Pharping cave），蓮花生就是在此沉思（中國演員李連杰二〇一七年也造訪過此地）；還有科唐（Khotang）的哈雷希・馬哈德夫洞（Halesi Mahadev caves），這也是個和蓮花生有關的地方。「宗教旅遊套餐是旅行社設計的。來尼泊爾的中國人有越來越多是來學瑜伽和冥想的，」阿迪卡里說。「中國旅人認為尼泊爾美麗又神祕，人民又幸福。」這樣的觀感是奠基在二〇一三年的中國電影《等風來》之上，這部宛如描述成年禮的電影就是在加德滿都、博卡拉和奇特萬拍攝的（因此讓前往博卡拉的中國旅者對飛行傘充滿興趣，就像片中主角那樣）。

這一類宗教旅遊的成長，符合北京企圖促成的、基於共同文化遺產的民間交流途徑。佛教只是北京軟實力焦點的其中一項工具，同時北京也試圖讓該宗教脫離達賴喇嘛所領導的西藏分支。目前預計未來將有兩位達賴喇嘛——中國批准的那個，還有流亡藏人選的那個——而北京會替自己的人選尋求尼泊爾等國的支持，或許讓這種支持像「一個中國」聲明那樣，成為兩國共同聲明中不可分割的一部分。

爭取佛教的地緣政治角力在二〇一一年達到巔峰，當時中國天外飛來一筆地提案要在藍毗尼投資三十億美元。這個計畫是起源可疑的非政府組織「亞太交流與合作基金會」在腦力激盪下的成果，據說該會背後有中國政府在支持。[22]這個計畫在尼泊爾一直受到政界高度關注，後來據說是印度對這個靠近自己邊界的中國計畫表達不悅，它才突然收手。不管怎樣，藍毗尼都會一直保持重要性。就如中國共產黨官方報紙《人民日報》的資深編輯所寫的：「藍毗尼，除了是宗教之地，也是政治之地。它可以提供重要的線索，來讓我們認識當今亞洲……那是否意味著，如果中國和印度透過尼泊爾連結起來，這兩個古老文明將會在佛陀誕生之地握手言和？」[23]

然而，佛教的地緣政治用途，只是全貌的一部分。近年，隨著中國的野心暴增，它想要（以及需要）別人聽見它的故事的欲望，也跟著暴漲。為此，它的外交行動始終專注的一條管道就是，在以當下商機為基礎的同時，也以歷史遺產為基礎，來擴大與他國的民間接觸，就像在尼泊爾那樣。習近平自己就在他的對頁版社論中寫到，「雙方要促進教育、青年、旅遊等領域交流合作……中方將為尼泊爾優秀青年提供更多政府獎學金，培養更多尼方建設需要的人才。歡迎更多尼泊爾青年學生來華留學深造。」過往，焦點都在安全和連通能力上。然而，習近平的造訪會「改善民間關係」，蘇迪爾・夏馬說。

最讓人能明顯看出新重點聚焦於結交尼泊爾年輕人的，就是中國各大學和孔子學院這一類文化機構所發出的政府或私人獎學金，以及透過語言訓練而和尼泊爾人增加的互動。如今有越來越多尼泊爾人在中國念書。這和南亞其他地方情況一致：前往中國的南亞學生人數，從二〇一一至二〇一二年的15,395人，增加到二〇一六至二〇一七年的37,592人，其中送出最多學生的南亞國家是巴基斯坦。「中國現在收的南亞學生和印度相比，已經差不多一樣多了。」[24]儘管印度仍然是尼泊爾人最主要的一個留學目標，但有超過三千名尼泊爾人獲得了中國的獎學金，而且至少有六千四百名尼泊爾人正在中國念書。[25]

「我去中國念書那時候〔二〇一八年〕，都沒聽說有誰在那裡念過書。但現在，我放假回尼泊爾，很多人都在問我中國那邊的申請流程和獎學金，」北京大學一位博士生希德哈薩・馬伊納利（Siddhartha Mainali）這麼跟我說。有天晚上我們人在加德滿都眾多餐館中的一間，同座還有另外兩個也是在北京大學的尼泊爾人——安尼卡（Aneka）和勞那布（Raunab）。「十年前，很少看到尼泊爾人在中國念醫學和工程以外的東西。就連現在都滿少的，但其他類別的人數在增加。北京大學以外的大學也有一樣的趨勢。有越來越多課程是用英語教授，而人們開始發現中國也有世界等級的學校機構。中國大使館會不時舉行〔推廣〕活動。」

餐館外，傍晚尖峰時刻的車潮正要開始壅塞起來。店內，餐館老闆在我們還未察覺時，就準備好了他們每周一次的衣索比亞晚餐自助吧。我想知道尼泊爾學生為什麼選擇去中國。近年來，尼泊爾人的高等教育目標都偏好美國和澳洲；尼泊爾學生在這兩國的外籍學生人數榜上都躋進了前十名。正在攻讀經濟碩士的勞那布跟我們說，他也想過去美國留學。當一名在國際非政府組織與他共事的英國教授要他把中國當作另一個可能的選擇後，他就開始打探中國各大學並「下定決心要去中國」。

去中國深造的不只尼泊爾年輕學生。中國除了在尼泊爾推行訓練課程，也提供了數種獎學金給尼泊爾專業人士，從政府官員到記者都包含在內。有超過八百五十名尼泊爾官僚會參與一個新的課程而將在中國念書，和二〇〇四年提供二十個名額相比，可以說大幅飆升。此外，儘管造訪中國進行交流以及參加培訓課程的確切記者人數無法證實，但尼泊爾記者協會（Nepal

Journalists' Association）自從一九八〇年以來就會率代表團前往中國。蘇迪爾・夏馬跟我說，中國那邊常常邀請他們新聞編輯部的記者參加各種不同課程。「這是一個新的現象。先前他們大部分都從印度或者歐美收到這樣的邀請。」

此外，現在也有一個焦點是擴大中文培訓計畫，要不就透過孔子學院，要不就透過尼泊爾各地的其他語言機構。好幾間尼泊爾私校——根據《尼泊爾記錄》（*Record Nepal*）的一份報告，至少八十到八十五間學校——現在有提供中文必修課，教師則由中國大使館出錢。[26]中國外交部長王毅於二〇一九年九月造訪尼泊爾時，交換了一份備忘錄，旨在擴大「志願中文教師計畫」。國家廣播電台「中國國際廣播電台」的尼泊爾語服務，會定期播送漢語課。雖然孔子學院成立於二〇〇七年，而且在許多方面都類似其他強國所設立的文化機構，好比說美國文化中心（American Cultural Center）或者英國文化協會（British Council），但因為它們在世界各地的數量增加，也因為美國聲稱孔子學院是中國政府的代理人，使它們成為了新的焦點。

儘管中國政府出資的課程和一般尼泊爾學生在中國大學修課還是有所不同，但兩者都促成了尼泊爾人對中國的觀感。「中國的軟實力在尼泊爾有沒有生效，現在要判定還太早，但從我從非洲學生那邊聽來的說法，有許多身居決策職位的人都在中國留學過，」馬伊納利說。

提供獎學金給外籍生是一個全球強國都很熟悉的軟實力方法，從英國帝國主義老字號招牌打造的塞西爾・羅茲（Cecil Rhodes）獎學金，到美國的傅爾布萊特計畫（Fulbright programme）都是這種。在中國，偏好收一帶一路國家學生的情況很明顯。外國學生的人數在二〇〇四至二〇一六年間成長為四倍，同期間來自一帶一路國家的則是成長為八倍。到了二〇一六年時，中國政府獎學金的百分之六十一都給了來自一帶一路國家的學生，其中每年有一萬份獎學金是專門保留給這類學生的。[27]這種人數增加，理所當然會強化雙方關係並使學生熟悉中國治理制度及價值體系，但此外還有另一個目標，就是打消深植人心的「對中國政治體制的西方偏見」。「……外界對中國的看法能輕易受西方負面報導影響，這類報導過度強調中國的弱項，並誇大中國身為區域威脅的可能。國際學生可藉由在中國求學，而更清楚瞭解中國政治體制、文化、經濟模式與價值等等，並擔任中國和其母國之間的橋梁，提供母國同胞一個新管道，來認識中國的真正面貌。」[28]

## 二

中國必定想要全世界承認它的地位和論點，這可以從它對佛教的政治地緣主張中看出。尼泊爾與中國來往的歷史是從西藏開始，但在二十一世紀的頭十年，情況已不再如此。這時候的情況是，隨著兩國越來越貼近，他們的人民也越來越緊密。從跨邊界貿易和從中國需求得利，一直到轉變企業技術方針，再到迎合中國旅客的文化前哨基地，又或者就只是利用新出現的雙邊友好來進口更多消費品——有越來越多的尼泊爾人如今運用各式各樣的方式開始和中國打起交道。同樣地，雖然在習慣靠規模化生產來運作的中國公司眼裡，尼泊爾可能不算什麼大市場，但中國創業者以及背後有國家支持的企業，卻已經靠著尼泊爾市場內的幾種商機獲利，儘管其中一些創業者或企業是以來到尼泊爾的中國人以及中國進行的計畫為目標。

這類商業和社會來往在做的，就是讓敘事遠離權力高層，並讓它扎根於日常對話中。雖然尼泊爾人對中國的普遍觀感，是一個曾經在需要時幫過尼泊爾的鄰居，但只要更多尼泊爾人在中國念書，或者更多尼泊爾人賣東西給中國人，又或者如果中國人給尼泊爾企業主帶來嚴酷競爭的話，這種單一的觀點就會改變。過去的事情到了以後還是很重要，但今後會形塑未來的，卻不一定是過去。

無論如何，尼泊爾當下靠著眾多不同方法獲益。我們已經看到了中國投資是怎麼形塑尼泊爾對於基礎設施和工業的態度，以及尼泊爾的生意人和創業者是怎麼準備好供應中國市場或訪客。在喜馬拉雅一帶，中國推動發展會向尼泊爾群體呈現一個尼泊爾國家制度外的其他選擇。在城市裡，新的互動正在重塑都會尼泊爾人對中國人的觀感。而在尼泊爾的村落裡，生計仰賴中國的需求，即便獲利最豐的還是出口冬蟲夏草和菩提子這類天然產品的中間人和大農場主。隨著尼泊爾越來越與北京的世界觀難分難解，其他好幾個領域也將開放並提供大量商機。加德滿都在出口標準方面拚命追趕，減低貿易障礙，轉型數位經濟，並於美中競爭期間尋找自己在全球情勢中的位置（同時應付兩邊鄰居的顧慮），但除此之外，也有著被中國的規模壓過去的風險，而當地觀光業的創業者早已深深嗅到了這種氣息。如果中國把尼泊爾視為追求印度北方人口稠密市場的一個中繼國，那麼這一點就格外重要；如果尼泊爾將成為一個生產線中間的國家，那它能指望得到什麼回報？

在過往歷史中，中國一直是尼泊爾想像的一部分，一個不僅止於現實的不定形想法，比較像一張用來對付印度的「牌」而不像真正的幫手。只有在二十一世紀時，中國對尼泊爾而言才「成真」。隨著中國經濟潛力增長，它的野心也跟著膨脹——而這野心也涵蓋起尼泊爾。中國的世界強權地位意味著，它對於世界將來會怎麼樣，以及當下中國體制將要怎麼讓這樣的世界成真，都有自己的看法。自從中國把跟尼泊爾之間順利的邊界劃分當作反擊印度挑戰的時候開始，以及認為廢止尼泊爾—西藏條約是中國西藏主權計畫不可或缺之事的那時候開始，中國對尼泊爾的期待也已改變。

在今日的尼泊爾，中國可說面貌多樣。它是超級強權、樂善好施的援助者、需要時給予幫助的朋友、不可或缺的供應者、要求很多的鄰居、大哥、競爭者、發展與成長的模範，以及一種已開發未來的前景。中國正以前所未有的方式改變著區域和全球動態，而且沒有哪個南亞國家比尼泊爾更清楚明白見證了中國的能耐和極限。隨著中國在世界舞台上表明態度，尼泊爾也想要搭上順風車。雙方關係從來沒有像當前這麼好，但這些關係開展的過程中，需要維繫、培育以及開發。尼泊爾為了自己的利益而該這麼做，而且一定要以一種承認自身志願的方式來做。

在木斯塘的科拉拉，我曾對中國領土側正在興建的移民海關大樓驚嘆不已。在那片掃著狂風的一萬六千英尺（譯註：約4877公尺）寒冷高原上，不用太多想像，就能理解尼泊爾人為什麼會振奮地把中國當做超級強國，和他們心中印度那種事事干預又冷漠無情的印象有著強烈對比。在利米，整個村莊都仰賴中國的善意，且依賴中國貨來維持生計。在拉蘇瓦，當地人敬畏著中國人不屈不撓的建設力。在觀光區塔美爾，創業者抱怨中國投資流入，然而他們的生意卻維繫於中國人的前來。在博卡拉，我見到了活在憤怒中的藏人，一方面氣尼泊爾拚了老命在討好中國，也氣中國連出了邊界都還在驅趕他們。在堤馬爾，一個村莊因為中國消費能力而改變。而在帕丹，我遇見了一些學生，他們的看法會塑造中國在尼泊爾的未來。

通往北方的路已經築好了；現在就輪到尼泊爾人來決定這趟行程會有多順。

# 後記　將來時

二〇二〇年五月，當其他尼泊爾人都因新冠肺炎封鎖而待在家裡時，善於運用社群媒體的中國駐尼泊爾大使侯豔琪正忙得不可開交。她先是見了總理卡德加．普拉薩德．夏爾馬．奧利，他已被兩名尼共黨內的領袖要求下台——普拉昌達，和奧利以前在尼共（聯合馬列）的死對頭馬達夫．庫馬爾．內帕。這三人在好幾個議題上都爭執不下：美國控制的千年挑戰計劃援助金；奧利堅持要同時保有總理和黨主席職位；此外他還推動發布兩條總統命令，會使政黨更容易分割。尼泊爾共產黨合併才不過兩年，看起來就像在分裂邊緣了。

侯大使接著和另外兩名領袖會面，並呼籲執政黨黨內團結。多虧北京介入，在奧利願意分享權力的情況下得以停戰，免去了一場政治危機。不過幾天前，尼泊爾總統碧雅．戴維．班達里和中國總理習近平有一番長談。對談的總結是，當國際社群一再指控中國淡化流行病擴散的問題時，尼泊爾會持續支持中國控制疫情的工作。但還有另一個關鍵評估結果：用中國自己的說法就是，當前的尼泊爾領導，對於對抗新冠肺炎來說非常關鍵。

一周後，印度國防部長拉傑納特．辛格為通往喜馬拉雅山區里普列克（Lipu Lekh）山口的道路舉行通車儀式；該山口位在加德滿都西邊將近五百公里處。尼泊爾認為這條路穿過了一片屬於該國的狹窄土地。於是就爆發了一場領土爭執。印度—尼泊爾關係再度急轉直下，和二〇一五年封鎖相比實質影響較輕微；但因為有那場封鎖留下的遺害，所以損害程度恐怕是更大。加德滿都拿出了一份新的政治地圖，主張擁有那塊爭議領土，而印度的決策者則看見背後有中國在操控。奧利再度用他那套「德里蠶食尼泊爾主權」的反印度說法來召喚民眾。印度各媒體先是問尼泊爾現在是否為中國的傀儡國，然後又杜撰了一個想像（且厭女的）故事，說奧利中了中國大使的美人計。一名前印度外交官在電視直播上，呼籲活用印度在尼泊爾的「資源」來「弄掉」總理。尼泊爾的有線電視營運者則以禁播印度新聞頻道回應。

接著，在六月的某一晚，印度和中國的部隊在拉達克的加勒萬河谷（Galwan Valley）用釘上釘子的球棒及其他粗糙土製武器對打。這是四十五年來中印邊界第一次有人喪命。於是，過去二十年投注於經貿的亞洲兩大國關係，突然就像紙牌屋一樣垮了。整個南亞都緊盯著一舉一動，尤其是尼泊爾。即便尼泊爾呼籲維持和平，好幾位分析家仍想起一句諺語，「兩象相鬥，草地遭殃」。但加德滿都還是無法說服德里來談談它的領土糾紛。

七月，侯大使協調的停戰失敗了——跟著尼泊爾政治走，這結果就毫不意外。小心眼的個人野心，就是尼泊爾統治階級的特色。奧利深信印度正試圖透過普拉昌達和內帕的職權，來把他踢下總理大位。普拉昌達反嗆：不是印度要奧利滾，是我們。大使又得要重開會議。又一次地免於分裂。北京在這兩個左派政黨的合併上投入了太多政治資本，可不容許它們分裂。

但大使接著就會發現，往往是國內小事糾紛才最難解決。十月，尼泊爾共產黨領袖們的老歧見又浮上檯面（而大使又得重開會議），但這一次，爆發不和的背景是國際間的來回拉扯。當印度接連派出官員——對外情報首長、參謀長，以及最後來訪的外交大臣——藉此表示德里終於要重新考慮和加德滿都建立關係的時候，中國就被踩到了痛腳。雖然奧利的國防部長整日駐守加德滿都，以此行動反對印度的造訪，但奧利似乎已經接受了黨內分歧不可解的事實，且據信他已和中國大使說，他對於尼泊爾共產黨的分裂持開放態度。

到了十二月，北京擔心的事情成真了。奧利解散了國會並要求進行期中選舉。尼泊爾共產黨就這麼分裂成奧利、普拉昌達和內帕三陣營。尼泊爾國內政治的迂迴曲折，又一次在國際事務上留下印記；目前為止都優遊自在於加德滿都世界觀的中國，發現人們開始更加仔細審視其對尼泊爾政客的精巧操作和公然擺弄。另一方面，就如過往一再發生的情況那樣，尼泊爾與印度經歷了言詞和地圖方面的交鋒後，開始重修舊好。當印度在奧利解散國會後發布的聲明中表示上述事件是尼泊爾國內事務時，就讓人忍不住想，新德里的官大人們是不是比北京更清楚尼泊爾政客之間的鬥嘴有多少意義。中國是不是又像之前面對君主政體那樣，對尼泊爾當權者的一個特定派別投注了太多政治資本呢？

中國明目張膽地插手來避免尼泊爾共產黨分裂，和它前幾年的行動有著明顯對比。中國過去一向以低調外交和在官方管道背後運作為傲。但看起來北京已經不在乎了；它現在要大家聽清楚它說的話。中國逐步增加自己在加德滿都的存在感；過去三任大使都打破傳統，在公共論壇上以英語發言，這代表中國希望能把自己的話清清楚楚地傳達給尼泊爾和世界，好符合它們的新強國地位。但這是中國大使和領袖們第一次像印度人以前那樣，公然在尼泊爾政治人物間拜訪交流。北京不再是那個不管閒事的鄰居了。尼泊爾人現在開始問，中國是不是新的印度，從幕後控制著尼泊爾的政治領袖？

在遠離此處的德里，可以想像南大樓（South Block，譯註：印度內閣祕書處的南大樓有總理辦公室、國防部、外交部等單位）的權力高層應該在偷笑。尼泊爾的政治，以及它的政治人物，可以說是一片泥沼。為了爭奪權力，它的領袖們不斷彼此相爭，又與鄰國相爭。印度長久以來都在淌渾水，在裡面玩到輸掉。現在，該中國進場了。

## 十

中國古代詩人屈原的那句「樂莫樂兮新相知」，或許最能描述尼泊爾和北邊鄰居發展的新友誼。即便很難逃離那個印度在尼泊爾起不了什麼作用的世界觀，但新的現實是，即便尼泊爾與印度有著特殊關係，中國現在就是該國的首要雙邊夥伴。這之中的諷刺是不容遺漏的：當中國第一次以鄰國身分出現時，尼泊爾領袖們猶豫不前，而當時是尼赫魯說服加德滿都（以及全世界）承認共產中國和新現狀都是必要之舉。直到一九六二年的事件發生。接著在二〇〇六年，德里再度促使毛主義反抗者在內的多名尼泊爾主事者團結在反皇室聯盟下，讓共和尼泊爾的議題更有分量。快轉到十年後，印度又再次得到了更糟的結果。如今，有一整個世代的年輕都會國際化尼泊爾人，會把二〇一五年封鎖當成人生最初的重大政治回憶而長大——這鞏固了他們的看法，認為印度根本不關心尼泊爾，就如帕桑在科拉拉那邊跟我說的一樣。

德里可能會持續強調兩國之間的社會文化連結，但共同宗教與文化恐怕不足以克服整個社會與各機構對印度的普遍敵意，那些影響力強大的尼泊爾媒體更是不會就範。中國慷慨贈與顯而易見，也和印度猶豫搖擺的援助計畫形成強烈對比；就如文安立所寫的，「貪小便宜是沒辦法跟中國競爭的」。[1]而且儘管印度決策者強調了基礎設施和連通方面的新計畫，以證明德里仍然熱衷投資尼泊爾民間關係，但它可能已錯失良機。

印度外交政策的好高騖遠是事實，但想要擺脫印度的欲望早在封鎖前就存在已久了。更重要的是，二十一世紀迎接尼泊爾的那個中國，不再是那個古老的封閉國家；它是願意擁抱世界並打造世界的中國。

如今，中國在尼泊爾各處都成了好鄰居。中國的軟性外交態度強調尼泊爾在北京世界觀裡的重要程度；在二〇二〇年十一月的北京國際攝影展上，尼泊爾獲選為主題國。中國在加德滿都的外交使團，靠著大使本人唱起尼泊爾歌曲以及在社群媒體上發文推廣尼泊爾觀光，同時吸引了尼泊爾一般民眾以及有影響力的那群人。當聖母峰新測量的高度宣布後，中國外交部發言人表示，「珠峰再高也是能夠攀登的，困難再大也是能夠克服的……只要各國像中尼這樣精誠合作，攜手努力，我們就必將戰勝疫情。」[2]兩國的關係像是一把散發著睦鄰善意的火炬那樣，被高高地舉著。

中國的慷慨好施在尼泊爾首都也處處可見：尼泊爾最古老的瓦礫破屋間蓋起了一棟閃閃發光的新學校；坐落舊城區中心的十八世紀皇宮獲得整修；還多了一條比尼泊爾任一條路都還平整的八線車道。中國投資不只轉變了尼泊爾的城市，也改變了荒蕪崎嶇的喜馬拉雅邊界地帶。這一切都凸顯了中國的空間轉變能力。它們讓尼泊爾有了長遠的夢想——想像著單軌列車、新的機場、更完善的道路、貿易增加以及新的商機。有著從西藏通來鐵路的承諾，這個交給尼泊爾決策者的終極發展（bikas）願景，儘管該國不知道要怎麼付錢。接著還傳達了尊重尼泊爾主權的訊息，即便二〇二〇年的諸事件讓人們懷疑起這種主張，此外，流亡藏人的問題一直都在緩緩醞釀著。

一旦深入挖掘後，就不只會開始了解尼泊爾怎麼看待中國以及想跟中國要什麼，也會開始了解中國想跟尼泊爾要到什麼。

十

二〇二〇年七月，尼泊爾外交部長普拉迪普・加瓦利參與了中國外交部長王毅安排的一次視訊會議。巴基斯坦和阿富汗的外長們也參與了，因此分析家稱其為「跨喜馬拉雅四方」（Trans-Himalayan Quad）；這稱呼是在效法美國、澳洲、日本和印度的組合，人們認為這樣的行動是要對抗中國軍事崛起並影響印度太平洋。[3]這種和外交官員進行的會議於十月舉行了第二場，這次斯里蘭卡和孟加拉也加入，但阿富汗並沒有參加。兩場會議的焦點據說都是協調對抗新冠肺炎工作；然而兩場會議也都強調了一帶一路合作，其中七月的會議「積極推進中巴經濟走廊（China-Pakistan Economic Corridor，CPEC）和跨喜馬拉雅立體互聯互通網絡建設」。[4]

然而，官方聲明卻也告訴我們，這不只是一個單純關於戰略增益的故事。在中國對新冠肺炎的初期處理飽受別國批評的後疫情世界中，北京現在希望，包括尼泊爾在內的鄰國，在國際舞台上的觀點要和中國保持一致。疫情期間，尼泊爾支持中國管理新冠肺炎的措施。中國藉由駁斥疫情「政治化」的說法，鎖定美國帶頭的「中國管理失當」指控加以回擊；即便如此，中國還是徹底將「新冠醫療外交」的功用發揮到極致。

在國際關係中，政治映像很重要。中國以共同利益和成長為基礎，把自己的崛起投射為和平崛起。它錢包大開，讓行善為人所知。但它也曾要求對方支持自己在乎的那些議題。尼泊爾對於一中政策的支持，對今日中國在西藏的主權方針來說，就跟過去一樣重要。兩國所有的共同聲明都清楚聲明了這一點（還提到臺灣是中國的一部分），可說毫不令人意外。人們也預期尼泊爾將會支持下一個北京批准的達賴喇嘛人選。近來，尼泊爾也在聯合國支持中國在新疆的政策；有五十個國家簽署一份發言，共同反對一封譴責中國在新疆損害人權的二十二國聯名信，而尼泊爾便是那五十個簽署國之一。尼泊爾也支持新的香港國安法。

加德滿都也在類似的情況下，被拉進了北京試圖搶奪聖母峰敘事控制權的行動中。中國除了主張山峰名稱（譯註：指「埃佛勒斯峰」）本身就是殖民遺物（也確實是——該峰當地名稱是「珠穆朗瑪峰」），它還在二〇二〇年十二月兩國共同宣布該峰新高度（譯註：8848.86公尺）——長高了兩英尺（譯註：約六十一公分）——之前，就根據自己的測量先定奪了最終高度。但尼泊爾的調查部（Survey Department）測量聖母峰高度已有兩年之久，在二〇一九年十月習近平訪問並簽下共同宣布高度的協議之前，卻都沒人去諮詢該單位，即便那時該單位的測量幾乎都已經完成了。

最後這起事件，讓外界緊盯雙邊關係的當下狀態。這種關係是由尼泊爾側的黨派政治抉擇所驅動，因此缺乏前後一致的國家目標，有時就因此弱化了自身體制。然而對北京來說，聖母峰的協議在它形塑國際觀感的目標中不可或缺，大略來說就是要有「話語權」。[5]中國不只想在國際舞台上開口並獲得聆聽；它就跟任何強國一樣，想要「影響他人對中國的觀感，最終形塑支撐國際秩序的論述和規範」。[6]

尼中關係的用語，同樣也能揭露實情。對於尼泊爾的領土完整和領土主權的維護，中國多年來一直給予「堅定支持」；這邊就能清楚看出「專橫的印度」是尼泊爾心中多大的歷史包袱。中國在尼泊爾的援助，儘管還不能複製在西藏看到的「發展大禮」這個詞——「一連串利他而慷慨的行動，帶來利益並產生正面觀感」[7]——卻會繞著友誼長存的話題而轉。在加德滿都環狀道路拓寬補助計畫下興建的卡朗基地下道（Kalanki underpass），有用水泥刻成的紅色粗大漢字和天城文（譯註：尼泊爾語和印地語都使用的文字），對通勤者說「中國—尼泊爾世代友好」。就如奧斯汀・羅德（Austin Lord）和蓋倫・莫頓等學者在拉蘇瓦所記錄到的那樣，中國在尼泊爾的援助是「取決於以尼泊爾和中國領袖之間的雙邊協議還有『贈禮』為基礎而建立的諸多聯盟；這些關係提供了軟借貸給尼泊爾，提供了建設合約給中國公司，而且，加德滿都這邊有越來越多的政治資本被北京拿來發揮功用，藉以交換中國支持尼泊爾自身強化國家的計畫。」[8]

北京也把它和尼泊爾的關係定為彼此關照的兄弟。「中尼是互幫互助的好兄弟」，習近平在二〇一九年十月訪問前的對頁版社論中如此寫道；他列舉中國在二〇一五年地震後的援助、救難和重建，稱其為「生動展現了中尼守望相助的兄弟之情」。[9]藉由把外交政策框定在親屬羈絆的範圍內，以及後來框定在一個想像的共同體內，北京讓彼此關係有了一種更緊密但也更有階級高低的想像。

對尼泊爾決策者來說，他們過去期待北京能協助加德滿都對抗印度對尼泊爾主權的侵犯。儘管從過往經歷來看，中國會樂於提供道德和口頭上的支援，但中國的侷限卻讓它很難再多做點什麼。即便是當今，也有跡象顯示中國對尼泊爾的展望因北京與德里的關係而蒙上陰影。一個證據就在於卡拉帕尼領土爭議。印度通往里普列克山口的道路，是二〇一五年印度與中國貿易協議的結果，對此尼泊爾曾表示反對。但中國對此不表意見，主張這爭議是尼泊爾跟印度的雙邊議題。而當中國遭指控入侵喜馬拉雅地帶領土時，尼泊爾各部長與大使也火速為中國辯護，展現出一種不考慮國家利益（也沒有正式公開報告），反而意圖與中國看法一致的意願。

此外，即便尼泊爾越來越期待中國基礎設施投資會實現實體空間面的轉型以及隨之而來的經濟競爭局面轉型，但加德滿都的看法應該已經因為有報導指出後疫情時代中國縮小一帶一路投資規模而冷卻下來。來自國家開發銀行和中國進出口銀行的貸款，從二〇一六年的七百五十億美元巔峰掉到了二〇二〇年的四十億美元。[10]這不只是因為北京似乎對於債務陷阱的報告變得更小心謹慎，所以如今更關注於一帶一路倡議方案的可行性；那也是因為內債增加以及後疫情經濟的不確定性。到二〇二〇年十月為止，中國公司在六十一個一帶一路國家內簽的新合約數，和二〇一九年相比下滑了百分之二十九。[11]

同時，美中越來越尖銳的口水戰，也導致兩國於二〇二〇年十二月對彼此官員發動制裁和反制裁，而這顯示了，儘管換了新總統掌權，美國還是會繼續把中國當作接下來幾年的首要挑戰。隨著重新想像尼泊爾外交政策的呼聲越來越高，加德滿都必須準備迎接一個權力大轉型時期。從尼泊爾比自己願意承認的還要更明顯傾向中國，就能明顯看出該國不結盟政策有所轉變。但在這樣一種願景上的分歧早已明顯，而且會在接下來幾年變得更加突出，尤其是等到要把那兩個鄰國的需求以及美國等強權施加的壓力全都一一平衡的時候，分歧更會特別明顯。

在尼泊爾的整段當代史中，統治者都被生存本能所驅使，並於追求主權的過程中，在兩個鄰居間靈巧取得平衡。這些戰術出於本能以反印度態度為基礎（因為北京過去實在太遙遠了）。不管是哪種政體，如果想延長自己的統治，在短時間內利用這種敵對政治都會有不錯的效果，但那終究會有耗盡的一天。尼泊爾無法說服德里上談判桌談卡拉帕尼，就證明了這種情況。加德滿都挺身對抗它所謂印度「霸凌」的決心，有一部分是被背後中國再度興起的分量所驅動。中國接下來只會變得更強大，而德里如果不快點認清與加德滿都的雙邊關係有基礎缺陷並加以處理的話，它在加德滿都當權派這邊的作用力和影響力也將持續弱化。

然而，在權力高層之外，最能用來了解中尼關係的地方，將會是喜馬拉雅邊界地帶。就如我們前面看到的，喜馬拉雅的群體正逐漸接受有史以來第一次的國家管轄，有一部分是因為尼泊爾推動基礎建設，但主要還是透過北京在西藏的經濟措施，而尼泊爾國民則從中獲利。在接下來幾年裡，隨著這些地區因為兩邊的基礎建設及國家強化過程而與外界有了更大幅度連通，它們也將成為雙邊關係中不可或缺的連結。國家權力在邊緣最為可見（或者最不可見）；領土化既是「中央主張擁有邊緣」，也同樣是「公民如何感受中央對他們的賦權」的運作情形。尼泊爾公民從活在邊界區域產生的模糊主權中獲利。但這樣的重疊也會弱化尼泊爾自己的國家強化計畫，當它與中國在群山間興起的野心有所衝突時，弱化的情況會特別嚴重。

隨著中國與美印等其他強國的敵對越來越嚴重，它將持續盡可能保住喜馬拉雅前線。西藏自決以及北京對待少數民族的老問題將會再度浮上檯面，而各界也會更嚴加審視西藏、新疆和香港這些中國的軟肋。美國早已表示，它會於二〇二〇年十二月通過西藏政策及支援法（Tibet Policy and Support Act，TPSA）以達到嚴加審視的目的（譯註：於該年十二月二十七日簽署生效）。除了有西藏政策及支援法讓下一任達賴喇嘛根據現任達賴喇嘛的意思來選出，美國現在也會制裁自行指派達賴喇嘛的中國官員。但對尼泊爾來說，意義最重大的是，在西藏政策及支援法之下，美國將「敦促」尼泊爾信守君子協議，且二〇二一至二〇二五年間每年會提供六百萬美元來支援印度和尼泊爾的藏人團體，以及來自流亡藏人團體的「未來世代」領袖。[12]

當中國有了新的打算，要把投資和國家權力導入西藏來鎮住當地——就如習近平在二〇二〇年八月所說的，要把西藏變成一個反「分裂鬥爭」的「銅牆鐵壁」[13]——並強化自身在當地的存在，尼泊爾和其公民必定會於全球再度聚焦於西藏時感受其影響。

在中情局停止資助木斯塘藏人游擊隊的四十年後，即便充當緩衝國這種帝國老範本已經沒什麼大用，尼泊爾還是又處在了地緣戰略焦點上。這次也一樣，美國把中國設想為首要對手。華盛頓在新總統主政下將維持這個觀點。德里預測，全球對中國有負面觀感，會讓自己成為投資另類選擇（並被當成西方民主理所當然的盟友），但印度遲早得要斷定，它有沒有和美國「限縮中國崛起」的外交政策目標並肩前行。對北京來說，印度仍是最大的挑戰，即便它不愛這麼講。北京長久以來都尋求著以經貿為基礎的關係，但印度在喜馬拉雅地區的基礎設施增加，北京也謹慎以對。當中國正打算在東邊海上取得主宰地位的同時，實在沒本錢讓一個巨大的鄰國在它後門那邊碎碎念。除非中國可以克服對德里的不信任，否則這兩個亞洲巨頭在次大陸上或者次大陸外，就算不到死對頭關係，至少也會一直爭奪影響力。隨著印度和中國越來越緊繃，「兩塊巨石中間的番薯」這句俗諺將會再度讓尼泊爾心煩不已。從北京的觀點來看，印度試圖成為美國領導的反中聯盟一員；中印邊境實際控制線（Line of Actual Control，LAC）的老議題是一根很方便用來打德里的棍子。對印度來說，中國的好戰證明了北京並不樂見印度崛起；中國靠著像經營尼泊爾那樣經營鄰居，試著把印度困在次大陸上。至於尼泊爾這邊，儘管它主張不結盟，但卻無可否認地朝北傾斜，而德里在政治上出於不得不的謹慎，又助長了那種傾斜。

雖然這三個鄰國沒有太多共通點，但三國如今都吹捧著一種對自身領袖的個人崇拜（印度的納倫德拉．莫迪、尼泊爾的奧利和中國的習近平），也都讓人看見了從那種崇拜中長出的集權獨裁趨勢。這方面來說它們並不孤單；世界各地的民主制度也都朝同個方向前進。但民主大國越趨向獨裁主義，它就更會鼓勵較小的國家背離民主價值和多邊互信，並讓北京把既有的國際秩序當成不公不正的範例。「據中國共產黨所言，西方的民主說法，就只是掠劫較貧窮國家之主權和經濟潛能的一種托詞。」[14]訴諸獨裁主義，也和「反對已是獨裁主義之中國崛起」背道而馳。中國並沒有在侵蝕國際自由秩序的基礎；反而是那些號稱代表自由秩序的國家自己在侵蝕著這種基礎。中國就只是在那些一度主張全球化的國家如今鼓吹孤立主義的時候，重整旗鼓並交起朋友。這也和北京的信念一致，也就是國家主權才是「國際秩序所應依據的基本原則」，而非國際責任。[15]對於尼泊爾這種過去歷經衝突、如今政治不穩，一旦投身現有多邊體制就得要回答人權、個人自由和戰爭犯罪方面艱難問題的國家來說，採行孤立主義或求諸強國獨裁政體，都可能是改善現況的做法。

單一國家的國內可能會選擇反對獨裁主義，但如果國際氛圍都專注於「強人」領袖崛起，那麼尼泊爾也不會遠離此道。然而，接下來幾年決策者面前的挑戰，將會是平衡各大強權對加德滿都的要求。挑戰也在於，要一邊試圖把民眾導向經濟榮景，一邊讓這國家避開那些強權衝撞下的殘骸。但它能克服後衝突時代尼泊爾典型的黨派相爭和盜賊統治嗎？此外它是否擁有那種必不可缺的靈活協商本錢，藉以在全球權力流動的惡火中協商談判？還是說，它會一路踉蹌，在自身體制持續衰敗的情況下，退化為他國代理人的國內權力鬥爭？

一八一四年，清朝與東印度公司的戰爭開打前夕，清朝在拉薩的昂邦草草回答遞交請願的廓爾喀人說，中國沒有給別國錢或武器的慣例。儘管加德滿都宮廷使盡了力要說服清廷，說英國在進軍尼泊爾之後就會繼續進軍西藏，但昂邦還是拒絕接納這種概念。廓爾喀人只得獨自和英國人作戰。九十年後，在喜馬拉雅「大博弈」（Great Game）的巔峰時期，拉納首相昌德拉・珊木謝無視尼泊爾先前與西藏簽的條約，而以各種方式支援榮赫鵬的西藏遠征，意圖讓加德滿都更貼近加爾各答宮廷，並在國內保住拉納的統治權。藉此，昌德拉也靠著英國人幫忙，成功抵消了衰亡的大清帝國所主張擁有的尼泊爾宗主權。

一百多年後，加德滿都再度發現，在一個效忠對象與意識形態都在轉變的時期，自己正被一個強權吸引過去。歷史可以幫我們釐清當下，但它們無法決定未來。尼泊爾現在必須決定自己的歷史該怎麼寫。

# 致謝

桑戴的故事最早是以另一個版本刊載在「半島電視台」（Al Jazeera），標題為〈在加德滿都，尼泊爾廚師炒出正宗川菜〉（In Kathmandu, the Nepalese Chef Making Authentic Sichuan Food）。

我對於內瓦爾商人的半西藏孩子、卡努・桑亞爾密訪中國、鄧小平訪加德滿都、現代尼中邊界、美中在尼泊爾的競賽以及當前尼中雙邊關係等等的看法，都在《加德滿都郵報》的專欄刊出過比較精簡的版本。關於中國對南亞的影響力，我的看法曾刊登於《雪域南亞》（*Himal Southasian*）。我對於透過尼泊爾佛教文化與工藝歷史來開發尼泊爾潛在軟實力的想法，在加德滿都的《外交事務學會》（*Institute for Foreign Affairs*）期刊上刊載了更詳細的內容。

山區綜合發展國際中心（International Centre for Integrated Mountain Development，ICIMOD）的獎助金讓我的胡姆拉之旅得以成行。

拉蘇瓦之行有一部分是由「唐吉軻德一族」（Quixote's Cove）的「書本巴士」（Book Bus）計畫所協助。

像這樣的書如果沒有他人協助就不可能完成。尼泊爾各地的眾多朋友、認識的人們和旅伴，都幫助我在國內了解了中國。我要感謝許多沒留下大名的人，以及以下有留名的各位：

在堤馬爾有：尼蘭江・什雷斯塔（Niranjan Shrestha）、那江德拉・阿迪卡里（Nagendra Adhikari）、江錯・拉馬。在加德滿都有：巴拉藍・阿迪卡里、安尼卡・拉吉漢達里（Aneka Rajbhandari）、蘇吉武・夏加（Sujeev Shakya）、薩蒂亞・莫漢・喬希、普拉提布哈・土拉德哈（Prateebha Tuladhar）、卡馬爾・拉特那・土拉德哈、帕拉格亞・拉特那・土拉德哈、阿格尼・薩普科塔、塔姆拉・烏克雅布、巴桑塔・巴斯尼特（Basanta Basnet）、阿基萊什・烏帕德夏、阿賈亞・布哈德拉・卡納爾（Ajaya Bhadra Khanal）、蘇迪爾・夏馬、阿碩克・古倫（Ashok Gurung）、普拉莫德・賈伊斯瓦、阿尼爾・吉里（Anil Giri）、拉米什・畢許沃卡瑪（桑戴）、維卡斯・阿格拉瓦爾、辛哈・巴哈杜爾・什雷斯塔（Singha Bahadur Shrestha）、內帕・布胡珊・強德（Nepal Bhushan Chand）、卡邁勒・德夫・布哈塔賴（Kamal Dev Bhattarai）、斯沃路普・那哈西竹（Sworup Nhasiju）、阿迪提亞・阿迪卡里（Aditya Adhikari）、馬亨德拉・克里希納・什雷斯塔（Mahendra Krishna Shrestha）、摩妮卡・什雷斯塔（Monica Shrestha）、馬希馬・什雷斯塔（Mahima Shrestha）、普拉文・阿迪卡里（Prawin Adhikari）、那央・辛德胡里亞（Nayan Sindhuliya）、阿瓦斯那・旁德伊（Avasna Pandey）、拉比・塔帕（Rabi Thapa）、彼得・吉爾（Peter Gill）、安竹・喬希（Anju Joshi）、蘇曼・喬希（Suman Joshi）、安奴普・歐吉哈（Anup Ojha）、奧斯汀・羅德（Austin Lord）、阿那格哈・尼拉康湯（Anagha Neelakantan）、家努・阿迪卡里（Gyanu Adhikari）、卡賓德拉・德哈卡爾（Kabindra Dhakal）、普倫・辛哈・巴斯尼亞特（Prem Singh Basnyat）、拉曼・勞特（Raman Raut）、沙母拉特・旁德伊（Samrat Pandey）、那賓・博卡萊爾（Nabin Pokharel）、拉傑什・卡吉・什雷斯塔（Rajesh Kaji Shrestha）、魯帕克・薩普科塔（Rupak Sapkota）、馬達夫・拉爾・什雷斯塔（Madhav Lal Shrestha）、桑吉夫・薩特蓋尼亞（Sanjeev Satgainya）、維賈・康特・卡爾那（Vijay Kant Karna）以及「社會包容與聯邦主義中心」（CESIF）團隊、畢卡斯・拉烏尼亞（Bikas Rauniar）。

在胡姆拉有：艾咪・薩爾邁爾（Amy Sellmyer）、馬克希姆・什雷斯塔（Maxim Shrestha）、尼力馬・韋蘭吉（Neelima Vellangi）、蒂娜・陳（Tina Chen）、曼伽爾・拉馬（Mangal Lama）、雲丹・嘉措（薩格爾）・拉馬（Yonten Gyatso [Sagar] Lama）、曾萬（洽卡・巴哈都爾）・拉馬（Tsewang [Chakka Bahadur] Lama）、畢斯奴・拉馬（Bishnu Lama）、堅贊・拉馬（Gyaltsen Lama）、易紹良、吉添德拉・巴吉拉恰拉（Jitendra Bajracharya）、江尼塔・古倫（Janita Gurung）以及山區綜合發展國際中心（ICIMOD）團隊。

在拉蘇瓦有：梅格那・吉米雷「普拉哈卡」（Meghnath Ghimire ‘Prabhakar’）、克里堤・阿迪卡里（Kriti Adhikari）以及書本巴士團隊。

在木斯塘有：土爾・巴哈都爾・卡爾基（Tul Bahadur Karki）、蓮花假日酒店（Lotus Holiday Inn）。

在博卡拉有：比斯瓦・帕里克（Bishwa Palikhe）、克里希納・洽帕該因（Krishna Chapagain）、博卡拉工商會（Pokhara Chamber of Commerce and Industry）、巴蘇・特里帕西、項少華（桑德什）。

其他地方則有：夏布恆嘉・旁德伊（Shubhanga Pandey）、洛漢・奇何特里（Rohan Chhetri）、蘇拉比・普達賽尼（Surabhi Pudasaini）、克里希・拉格哈夫（Krish Raghav）、普

拉卡什・卡納爾（Prakash Khanal）、蘇瑞許・內烏帕內（Suresh Neupane）、賽義夫・卡利德（Saif Khalid）。

我要感謝德里的尼赫魯紀念博物館與圖書館（以及印度文化局和賈瓦哈拉爾・尼赫魯紀念基金的線上尼赫魯書信集）、加德滿都的馬丁・喬塔里圖書館、數位喜馬拉雅的線上期刊集、維基解密、威爾遜中心數位檔案，以及喜馬拉雅地區研究群眾協會（Pahar）的線上資料庫。我特別要感謝《古代尼泊爾》（*Ancient Nepal*）期刊、尼泊爾與亞洲研究中心（Centre for Nepal and Asian Studies）的《尼泊爾研究投稿》（*Contributions to Nepali Studies*）期刊、《雷格米研究系列》（*Regmi Research Series*）和《滿月》（*Purnima*）期刊，並特別強調它們在尼泊爾歷史研究上的傑出研究成果。《尼泊爾時報》（*Nepali Times*）線上檔案庫包羅萬象，堪稱所有尼泊爾新聞網站的典範。目前尼泊爾當然是嚴重缺乏歷史研究；普拉提奧什・恩塔（Pratyoush Onta）等人一直都如此主張。尼泊爾國家主義的歷史假設，為海內外尼泊爾人創造出一個漏洞百出的範本。這本書就是試圖更仔細斟酌地解讀尼泊爾歷史。

我在喜馬拉雅的旅程，是靠著莎拉・施奈德曼、艾蜜莉・葉（Emily Yeh）、蒂娜・哈里斯（Tina Harris）、馬丁・薩克瑟（Martin Saxer）、多爾・巴哈杜爾・比斯塔以及蓋倫・莫頓等人的傑作才知曉各種消息情報。在西藏、西藏和中國的複雜政治關係以及了解流亡者方面，我求助的對象有茨仁夏加、梅爾文戈爾茨坦以及卡蘿・姆格拉納漢。多虧了詹姆斯・斯科特（James C. Scott），我們才有了「贊米亞」這種概念（儘管說當初創造這個詞的是威廉・凡・仙德爾〔Willem Van Schendel〕）；就算斯科特並沒有把他的命題延伸到南亞，但這個詞打造了我自己對喜馬拉雅第四世界的理解。

我對冷戰時期中國外交政策的看法，是由文安立和蘇曼・瓦西夫・汗的作品所塑造的。在當代中國方面，余華、何偉（Peter Hessler）、馬健和歐逸文（Evan Osnos）的作品都特別突出。蘇迪爾・夏馬、阿基萊什・烏帕德夏以及阿賈亞・布哈德拉・卡納爾都一直在解析中國在尼泊爾的演變，同時山姆・考溫則是靠著尼泊爾研究者無法取用的檔案所助，而獨力帶來了新的認識觀點。在內瓦爾商人方面，卡馬爾・拉特那・土拉德哈始終是我獨一無二的檔案庫。

我要向好幾本尼泊爾作者與學者的著作獻上最深的感謝。本書站在多爾・巴哈杜爾・比斯塔、路德維希・史提勒（Ludwig Stiller）和馬赫什・昌德拉・雷格米（Mahesh Chandra Regmi）這類巨人的肩膀上。其中雷格米在《雷格米研究系列》中的尼泊爾歷史文稿翻譯，特別有著重大而深遠的意義；在有同等規模和重要性的新作出現前，《雷格米研究系列》都會是尼泊爾歷史研究的基準。研究尼泊爾的外國學者，好比說瑪麗・施萊瑟、瑪麗・迪・聖（Mary Des Chene）、馬克・圖林（Mark Turin）和馬克・利希蒂，都對尼泊爾研究有巨大貢獻。我在引言中提過對印度學家西爾萬・萊維的感謝，而人類學家克里斯托夫・馮・菲雷爾—海門多夫則是第一個探索喜馬拉雅貿易活力的人。

這本書缺乏女性的聲音或故事；在我的旅途中，要在沒有其他男人干涉的情況下和普通女性說話始終不容易（也因為隻身旅行的我要和女性搭上話並不容易），而顯示尼泊爾公眾事務由男性主宰的一個明顯跡象，就是尼泊爾女性歷史學家很少，且研究這主題的女性又更少。或許未來有哪位歷史學家或作者可以修補這個空缺。我只能為當下的情況致歉。

旅程中陪我走來的朋友們：德魯帕德・達斯（Dhrupad Das）、安奇塔・夏爾馬（Ankita Sharma）、沙馬爾斯・狄克希特（Samarth Dixit）、西馬・達西亞（Seema Dahiya）、哈爾西姆蘭・吉爾（Harsimran Gill）、安基特・阿軋瓦爾（Ankit Agarwal）、珊立德哈・拉納（Samriddha Rana）、安超爾・巴蘭瓦爾（Aanchal Baranwal）、蘇傑・拉惹廓瓦（Sujay Rajkhowa）、高拉夫・什雷斯塔（Gaurav Shrestha）、烏查布・什雷斯塔（Utsab Shrestha）、沙烏拉夫・什雷斯塔（Saurav Shrestha）、普拉貝什・什雷斯塔（Prabesh Shrestha）、摩西特・克里希那・什雷斯塔（Mohit Krishna Shrestha）、艾咪・賽爾邁爾（Amy Sellmyer）、斯沃洛普・那哈西竹（Sworup Nhasiju）、普拉香特・哲哈（Prashant Jha）、普拉納布・曼恩・辛哈（Pranab Man Singh）、蘇瓦尼・辛哈（Suvani Singh）、烏哲瓦爾・普拉薩伊（Ujjwal Prasai）、盧西・特瓦里（Ruhi Tewari）、普拉文・阿迪卡里（Prawin Adhikari）、迪皮卡・阿爾文德（Deepika Arwind）以及阿亞什亞・佩雷拉（Ayeshea Perera）。

要感謝愛奧那・林岱爾（Iona Liddell）仔細研讀草稿，其他要感謝的更是說不完！哈爾西姆蘭・吉爾和普拉提布哈・土拉德哈都讀了其中一部分並增添寶貴資訊。高拉夫・什雷斯塔這位早期讀過本書的人主張，我在全書送印之前，一直都要再多寫一點！

阿奴什卡・喬希（Anushka Joshi）和基蘭・達哈爾（Kiran Dahal）則是提供了研究協助。

感謝我的編輯阿吉特哈（Ajitha）為我的文字去蕪存菁，並把這些文字化為書籍。也感謝她提醒了我，每本書的背後都有一位全心全意投入文字的編輯。

感謝希馬爾・普尼特（Simar Puneet）和卡爾亞尼・甘地（Kalyani Gandhi）藉由校訂帶來活力。

卡尼什卡（Kanishka）、我的朋友、超級代理人、我的生命線——感謝他耐心聽我各種沮喪的情緒爆發，並擔任這本書所需要的基石。

感謝我們感情親密又綿長的家人，同時在印度和尼泊爾給予的支持。

感謝妮哈（Neha）作我的繆思並持續帶給我靈感，還身為我們宇宙的中心。感謝我寫作所需要的那股推力。一切都要謝謝您！

December 2020. https://www.ft.com/content/1cb3e33b-e2c2-4743-ae41-d3fffffa4259.

11 Cissy Zhou, 'China debt: Beijing may cut belt and road lending due to domestic pressure, to ensure future of project', *South China Morning Post*, 24 November 2020. https://www.scmp.com/economy/china-economy/article/3111052/china-debt-beijing-may-cut-belt-and-road-lending-due-domestic.

12 International Campaign for Tibet, 'Congress passes key legislation supporting Tibetans' aspirations, rights', 21 December 2020. https://savetibet.org/congress-passes-key-legislation-supporting-tibetans-aspirations-rights/.

13 'Xi says China to step up efforts to fight "splittism" in Tibet', Reuters, 29 August 2020. https://www.reuters.com/article/us-china-tibet/xi-says-china-to-step-up-efforts-to-fight-splittism-in-tibet-idUSKBN25P0E0.

14 Odd Arne Westad, 'The Sources of Chinese Conduct'.

15 Yan Xeotong, 'The Age of Uneasy Peace: Chinese Power in a Divided World', *Foreign Affairs*, January/ February 2019. https://www.foreignaffairs.com/articles/china/2018-12-11/age-uneasy-peace.

28 August 2019. http://www.xinhuanet.com/english/2019-08/28/c_138343188.htm.

26 Abha Lal, 'Ni Hao, Nepal', *Record Nepal*, 19 September 2019. https://www.recordnepal.com/wire/features/ni-hao-nepal/. 另見 https://thehimalayantimes.com/nepal/mandarin-made-mandatory-in-many-schools/.

27 'Silk Rhodes: Why is China lavishing money on foreign students', *Economist*, 26 January 2019. https://www.economist.com/china/2019/01/26/why-china-is-lavishing-money-on-foreign-students.

28 Yu Jincui, 'China should continue to enroll more foreign students', *Global Times*, 14 July 2019. https://www.globaltimes.cn/content/1157835.shtml.

## 後記　將來時

1 Odd Arne Westad, 'The Sources of Chinese Conduct: Are Washington and Beijing Fighting a New Cold War?', *Foreign Affairs*, September/October 2019. https://www.foreignaffairs.com/articles/china/2019-08-12/sources-chinese-conduct.

2 'Foreign Ministry Spokesperson Zhao Lijian's Regular Press Conference on December 9, 2020', Ministry of Foreign Affairs of the People's Republic of China. https://www.fmprc.gov.cn/mfa_eng/xwfw_665399/s2510_665401/2511_665403/t1838915.shtml.

3 Jagannath P. Panda, 'The Trans-Himalayan Quad, Beijing's Territorialism, and India', *China Brief*, vol. 20, Issue 20, Jamestown Foundation. https://jamestown.org/program/the-trans-himalayan-quad-beijings-territorialism-and-india/.

4 'Wang Yi on the Five-point Important Consensus Reached at the Video Conference of Foreign Ministers of China, Afghanistan, Pakistan and Nepal on COVID-19', China's Ministry of Foreign Affairs, 27 July 2020. https://www.fmprc.gov.cn/mfa_eng/zxxx_662805/t1801954.shtml. 十月會議的官方聲明可見：http://lk.china-embassy.org/eng/xwdt/t1831592.htm.

5 Nadège Rolland, 'China's Vision for a New World Order', National Bureau of Asian Research, Special Report No. 83, January 2020. https://www.nbr.org/wp-content/uploads/pdfs/publications/sr83_chinasvision_jan2020.pdf.

6 出處同上，p. 7.

7 Emily Yeh, *Taming Tibet: Landscape Transformation and the Gift of Chinese Development*, p. 14, Cornell University Press, Ithaca and London, 2013.

8 Galen Murton, Austin Lord and Robert Beazley, 'A handshake across the Himalayas: Chinese investment, hydropower development, and state formation in Nepal, Eurasian Geography and Economics', 2016, https://www.tandfonline.com/doi/full/10.1080/15387216.2016.1236349.

9 'Full text of Xi's signed article on Nepali newspapers', Xinhua, 11 October 2019. http://www.xinhuanet.com/english/2019-10/11/c_138463745.htm. 應留意此處對印度在南亞「老大哥」態度的不滿反諷。

10 'China curtails overseas lending in face of geopolitical backlash', *Financial Times*, 8

bring-political-clout.

11 Huang Ge and Li Xuanmin, 'China-Nepal Economic Relations Enter Fruitful Year', *Global Times*, 5 January 2020. http://www.globaltimes.cn/content/1175764.shtml.

12 'China's High Spending Tourists Bring Political Clout', *Economist*.

13 World Tourism Organization, 'Guidelines for the Success in the Chinese Outbound Tourism Market'.

14 Qi Xiija, 'Tourists Return to South Korea as Relations Warm Up', *Global Times*, 24 December 2019. http://www.globaltimes.cn/content/1174684.shtml. 若要進一步了解中韓緊張關係，見 https://foreignpolicy. com/2017/06/07/in-nod-to-china-south-korea-halts-deployment-of-thaad-missile-defense/.

15 World Tourism Organization, 'Guidelines for the Success in the Chinese Outbound Tourism Market'.

16 出處同上。

17 Louise Twining-Ward and Jessie F. McComb, 'COVID-19 and Tourism in South Asia : Opportunities for Sustainable Regional Outcomes', World Bank brief, June 2020. https://openknowledge.worldbank.org/handle/10986/34050.

18 Sangam Prasain, '2020 was the worst year for tourism since 1986', *The Kathmandu Post*, 3 January 2021. https://kathmandupost.com/money/2021/01/03/2020-was-the-worst-year-in-terms-of-tourist-arrivals-in-the-country-since-1986.

19 蓮花生在尼泊爾的生平是基於Nekhor, the Treasury of Lives以及 Lotsawa House online repositories. 'Barché Lamsel, the Prayer that Removes All Obstacles on the Path' 的所有翻譯都來自 https://www.lotsawahouse.org/tibetan-masters/chokgyur-dechen-lingpa/barche-lamsel.

20 Pralad Rijal, 'Bodhichitta Biz Booms Amid Rising Demand', *Kathmandu Post*, 24 July 2016. https://kathmandupost.com/money/2016/07/24/bodhichitta-biz-booms-amid-rising-demand.

21 F. Li, J. Li, B. Liu, J. Zhuo and C. Long, 'Seeds used for Bodhi beads in China', *Journal of Ethnobiology and Ethnomedicine* 10, No. 15, 2014. https://doi.org/10.1186/1746-4269-10-15.

22 Ananth Krishnan and Prashant Jha, 'Chinese Foundation Plans $3 Billion Project in Nepal', *The Hindu*, 17 July 2011. https://www.thehindu.com/news/international/chinese-foundation-plans-3-billion-project-in-nepal/article2233492.ece.

23 Ding Gang, 'Buddha's Birthplace Hints at Asian Century', *Global Times*, 27 November 2019. https://www.globaltimes.cn/content/1171403.shtml.

24 Constantino Xavier, Aakshi Chaba and Geetika Dang, 'Is India Still the Neighbourhood's Education Hub?', Brookings India Policy Brief, 032020-02, March 2020, Brookings Institution India Center. https://www.brookings.edu/wp-content/uploads/2020/03/Is-India-still-the-neighbourhood%E2%80%99s-education-hub-1.pdf.

25 'Over 100 Nepali students to study in China under government scholarship', Xinhua,

「上海建工」負責執行。

36 Interview with Chinese ambassador Hou Yanqi, Online Khabar, 10 November 2020.

37 見 Sujeev Shakya的 *Unleashing the Vajra* (Penguin Random House, New Delhi, 2019)，有解釋尼泊爾私部門的情況。

38 當前該企業的董事長拒絕和我通話，前任董事長也是。

39 Rupak D. Sharma, 'Use of Chinese wallets banned in Nepal', *The Himalayan Times*, 21 May 2019. https://thehimalayantimes.com/business/use-of-chinese-digital-wallets-banned-in-nepal/.

## *10* 條條大路通北方

1 Sangam Prasain, 'Fall in Arrivals by Aid During Peak Tourist Season Does Not Bode Well for Visit Nepal 2020', *Kathmandu Post*, 27 December 2019. https://kathmandupost.com/money/2019/12/27/fall-in-arrivals-by-air-during-peak-tourist-season-does-not-bode-well-for-visit-nepal-2020.

2 Department of Industry, Ministry of Industry, Commerce and Supplies, Industrial Statistics, Fiscal year 2076/77 (2019-20). https://drive.google.com/file/d/1b93dI7XXn765K-PpeQsWfcF4yjOaYspN/view. 根據尼泊爾產業法，旅館和餐廳被分類在「觀光」之下。

3 Department of Industry, Ministry of Industry, Commerce and Supplies, Industrial Statistics, Fiscal year 2075/76 (2018-19). 可於此處取得：https://drive.google.com/file/d/12qWtJWscgFyB38nejCX10Oj2n3Y9NvKV/view.

4 'FDI pledges from China in Nepal's tourism sector amounts Rs 5.35 billion in the first two months of the current fiscal year', *Republica*, 24 September 2020. https://myrepublica.nagariknetwork.com/news/fdi-pledges-from-china-in-nepal-s-tourism-sector-amounts-rs-2-50-billion-in-the-first-two-months-of-the-current-fiscal-year/.

5 B. Linder, '"This Looks Like Chinatown!": Contested Geographies and the Transformation of Social Space in Jyatha', Kathmandu: *City & Society*, 31, 2019, pp. 164-187. https://www.researchgate.net/publication/334006923_This_Looks_Like_Chinatown_Contested_Geographies_and_the_Transformation_of_Social_Space_in_Jyatha_Kathmandu_This_Looks_Like_Chinatown.

6 出處同上。

7 Rabi Thapa, *Thamel: Dark Star of Kathmandu*, New Delhi: Speaking Tiger Books, 2016, p. 42.

8 Zigor Aldama, 'How Chinese Tourists are Changing the World', *Post Magazine*, 1 October 2017. https://www.scmp.com/magazines/post-magazine/long-reads/article/2113116/how-chinese-tourists-are-changing-world.

9 World Tourism Organization, 'Guidelines for the Success in the Chinese Outbound Tourism Market', UNWTO, Madrid, 2019. https://doi.org/10.18111/9789284421138.

10 'China's High Spending Tourists Bring Political Clout', *Economist*, 23 February 2019. https://www.economist.com/china/2019/02/23/chinas-high-spending-tourists-

investment-28-11-2019.

26 Department of Industry, Ministry of Industry, Commerce and Supplies, Industrial Statistics, Fiscal year 2076/77 (2019-20). https://drive.google.com/file/d/1b93dI7XXn765K-PpeQsWfcF4yjOaYspN/view.

27 Purushottam Poudel, 'An interview with Chinese ambassador to Nepal Hou Yanqi', *Annapurna Express*, 30 August 2020. https://theannapurnaexpress.com/news/an-interview-with-chinese-ambassador-hou-yanqi-2751.

28 Interview with Chinese ambassador, 'China wants trilateral ties involving India also for Nepal's development: Hou Yanqi', *Online Khabar*, 10 November 2020. https://english.onlinekhabar.com/china-wants-trilateral-ties-involving-india-also-for-nepals-development-ambassador-hou.html. 二〇一八至二〇一九會計年度，尼泊爾出口至中國的貨品價值為二十一億尼泊爾盧比，而進口的貨品則價值兩千零五十億尼泊爾盧比，導致了兩千零三十四億尼泊爾盧比的貿易逆差。見'Nepal Foreign Trade Statistics FY 2075-76 (2018/19)', Trade and Exports Promotion Centre. http://www.tepc.gov.np/tepc_pub/Nepal%20%20Foreign%20Trade%20Statistics%202075_76.pdf.

29 'Nepal lai 55 model ka bijuli bus bechna 41 aapurtikarta tayaar' ('41 importers ready to sell 55 models of electric buses to Nepal'), *Online Khabar*, 1 Ashwin 2077, 17 September 2020. https://www.onlinekhabar.com/2020/09/897056.

30 Sangam Prasain, 'Fed up of losses, Nepal Airlines comes up with options to get rid of six Chinese aircraft', *The Kathmandu Post*, 1 December 2020. https://kathmandupost.com/national/2020/12/01/fed-up-of-losses-nepal-airlines-comes-up-with-options-to-get-rid-of-six-chinese-aircraft.

31 Krishana Prasain, 'Quality watchdog cites 13 cement and steel factories for violations', *The Kathmandu Post*, 7 February 2020. https://kathmandupost.com/money/2020/02/07/quality-watchdog-cites-13-cement-and-steel-factories-for-violations.

32 Yogesh Dhakal, 'Chiniya khelanchi ka 17 drishtant' ('17 examples of Chinese frivolity'), *Nepal* magazine, 10 Baisakh 2076 issue, 23 April 2019. https://nepalmag.com.np/miscellaneous/2019/04/23/20190423124139.（作者自行翻譯。）

33 'Urja mantri le rajdoot lai sodhe: "Chiniya company le Nepal ma kina dhilo kaam garcha?"' ('Energy minister asks ambassador: "Why are Chinese companies slow in Nepal?"'), *Kantipur*, 10 Asar 2076, 25 June 2019. https://ekantipur.com/news/2019/06/25/1561464897555623.html.

34 關於二〇一七至二〇二〇年間發給非尼泊爾人之工作許可的多種官方統計數字，Department of Labour and Occupational Safety, Ministry of Labour, Employment and Social Security. https://dol.gov.np/en/site/workpermit?type=all.

35 Bibek Subedi, 'China's Design Plan Delays Ring Road Phase Two Project', *Kathmandu Post*, 31 January 2019. https://kathmandupost.com/valley/2019/01/31/chinas-design-plan-delays-ring-road-phase-two-project. 這個計畫是由國有企業

eyes-exit. 有一篇報導主張，長江三峽集團退出是因為尼泊爾代理人要求在計畫中擁有百分之二十的股份。見 https://kathmandupost.com/national/2020/08/25/implementation-of-projects-under-investment-board-is-drawn-out-process.

15 阿格拉瓦爾跟我說，尼泊爾電力局最晚會在二〇一九年架設電力傳輸線。然而，該線到二〇二〇年十二月都還沒完工。

16 Prahlad Rijal and Harihar Singh Rathore, 'Investment Board says Huaxin Cement Narayani's investment not under threat', *The Kathmandu Post*, 23 July 2019. https://kathmandupost.com/money/2019/07/23/investment-board-says-huaxin-cement-narayani-s-investment-not-under-threat. 該廠會於二〇二一年二、三月左右開始生產。

17 一卡塔等於 3645 平方呎。（譯註：338.63 平方公尺）

18 這種可變動的部分是中國公司的常見特色。見 https://www.china-briefing.com/news/salary-structuring-and-payment-of-employees-in-china/.

19 Krishna Rijal, '16 Barsa dekhi rokiyeko Dang Cement Chin kai thulo Hongshi Cement le aghi badhaune, sadhe 32 arab lagani' ('China's large manufacturer Hongshi cement to take forward Dang Cement project halted for 16 years, NPR 32.5 billion investment'), Naya Patrika, 17 Asar 2077, 1 July 2020. https://nayapatrikadaily.com/news-details/46482/2020-07-02.

20 Galen Murton and Nadine Plachta, 'China in Nepal: On the Politics of Belt and Road Initiative Development in South Asia', BRI Handbook (to be published 2021). https://www.academia.edu/44552671/China_in_Nepal_On_the_Politics_of_Belt_and_Road_Initiative_Development_in_South_Asia.

21 出處同上。

22 Anil Giri and Sanjeev Satgainya, 'Nepal Conducts an Independent Foreign Policy but Does Not Mean We Want to Remain in Isolation', *Kathmandu Post*, 25 February 2019. https://kathmandupost.com/interviews/2019/02/25/nepal-conducts-an-independent-foreign-policy-but-this-does-not-mean-we-want-to-remain-in-isolation-foreign-minister-pradeep-gyawali and https://www.nepalitimes.com/here-now/nepal-is-now-seen-and-heard/.

23 Pradumna B. Rana, Chia Wai-mun and Ji Xianbai, 'China's Belt and Road Initiative: A Perception Survey of Asian Opinion Leaders', S. Rajaratnam School of International Studies, Singapore, 25 November 2019. https://www.rsis.edu.sg/wp-content/uploads/2019/11/WP325.pdf.

24 Pew Research Center, 'China's Economic Growth Mostly Welcomed in Emerging Markets, but Neighbors Wary of Its Influence', December 2019. https://www.pewresearch.org/global/wp-content/uploads/sites/2/2019/12/PG_2019.12.05_Balance-of-Power_FINAL.pdf.

25 'Nepalese Economy to Gain Significantly from Strong Chinese Investment', Fitch Solutions, 28 November 2019. https://www.fitchsolutions.com/country-risk-sovereigns/economics/nepalese-economy-gain-significantly-strong-chinese-

## 9 有著尼泊爾特色的中國資本主義

1 Jeffrey Wasserstrom, 'From the Little Red Book to the Big White one', *Times Literary Supplement*, https://www.the-tls.co.uk/articles/little-red-book-big-white-one/. 不過中國的評論就比較正面。

2 Ritu Raj Subedi, 'Xi's book is an intellectual bridge with Nepal', 31 January 2017. http://www.china.org.cn/opinion/2017-01/31/content_40179128.htm.

3 Editorial Committee (Trans. Saurav Dhakal, Saroj Dhakal, Anup Timilsina), *Chiniya Soch ra Sanskritika Pramukh Awadhaarnaharu-4* (Key Concepts in Chinese Thought and Culture—4), Foreign Language Teaching and Research Press, Current Publications Pvt. Ltd, Bhaktapur, 2018.

4 People's Daily Commentary Department (Trans. Dr. Pradeep K.C.), *Xi Jinpingle Sunayeka Kathaharu: Yuwa Sanskaran* (Stories told by Xi Jinping: Youth edition), Current Publications Pvt. Ltd, Bhaktapur, 2019.

5 People's Daily Commentary Department (Trans. Luo, J.), *Narrating China's Governance: Stories in Xi Jinping's Speeches*, Springer, Singapore, 2020. https://www.springer.com/gp/book/9789813291775.

6 出處同上，p. 120.

7 出處同上，pp. 134-135.

8 Kunda Dixit, 'Pokhara: Nepal's New Aviation Gateway', *Nepali Times*, 21 December 2019. https://www.nepalitimes.com/banner/pokhara-nepals-new-aviation-gateway/.

9 涉已公開：我父親，阿南達・拉傑・穆爾米（Ananda Raj Mulmi），就是遊說當局在博卡拉興建國際機場的其中一人。

10 Sangam Prasain, 'Pokhara's new international airport to be equipped with wide area multilateration', *Kathmandu Post*, 23 December 2019. https://kathmandupost.com/29/2019/11/15/pokhara-s-new-international-airport-to-be-equipped-with-wide-area-multilateration.「按照協議，中國輸出入銀行的貸款有百分之二十五為無息。其餘貸款的利息則固定於每年百分之二。貸款償還期定為二十年，其中有七年寬限期不收利息。政府會承擔所有來自外匯匯率波動的風險。」

11 另見 Josie Wang, 'Chinese Farmer Strikes Roots in Nepal', *Nepali Times*, 10 January 2020. https://www.nepalitimes.com/here-now/chinese-farmer-strikes-roots-in-nepal/.

12 'Nepal expects more Chinese investment in infrastructure to boost development', *Global Times*, 24 December 2018. http://www.globaltimes.cn/content/1133460.shtml. 二〇二〇年八月，一個來自四川的冶金實驗室宣布尼泊爾西部卓巴迪（Dhaubadi）有具備商業開採價值的鐵礦。目前該礦產由一間國營企業所有。

13 Department of Industry, Nepal Industrial Statistics 2019-20. https://drive.google.com/file/d/1b93dI7XXn765K-PpeQsWfcF4yjOaYspN/view.

14 Yubaraj Ghimire, 'China Eyes Exit, Nepali's West Seti Hydroproject in Jeopardy', *South China Morning Post*, 30 August 2018. https://www.scmp.com/week-asia/geopolitics/article/2161968/nepals-west-seti-hydropower-project-jeopardy-china-

紛，會適用紐約的法律。然而，條約沒有提及此事。

78 Akhilesh Upadhyay, 'In Nepal, how domestic politics is colliding with geopolitics', *Hindustan Times*, 23 November 2020. https://www.hindustantimes.com/analysis/in-nepal-how-domestic-politics-is-colliding-with-geopolitics/story-rn13tL5lzGKnZTWVZ5rGYK.html.

79 事實上，魏鳳和的十一月訪問意在強化兩邊軍方關係，很有可能會重啟軍事援助和訓練計畫。也有人主張，尼泊爾國內的政治動盪使中國把尼泊爾國軍視為該國的一個「永久當權派」。見Kamal Dev Bhattarai, 'Chiniya Rakshya Mantrile Jangi Addama Dui Ghanta Bitaunu ko Artha' ('The meaning behind the Chinese defence minister spending two hours at Nepal Army headquarters'), *Online Khabar*, 29 November 2020. https://www.onlinekhabar.com/2020/11/912436.

80 Phanindra Dahal, 'Wei Fenghe Nepal Bhraman: Chin Nepali sena sanga kasto sambandha chahancha' ('Wei Fenghe's Nepal visit: What sort of relationship does China want with Nepal Army?'), *BBC Nepali*, 2 December 2020. https://www.bbc.com/nepali/news-55134776.

81 中國大使侯艷琪訪談：'China wants trilateral ties involving India also for Nepal's development', *Online Khabar*, 10 November 2020. https://english.onlinekhabar.com/china-wants-trilateral-ties-involving-india-also-for-nepals-development-ambassador-hou.html.

82 這九個計畫是分別是：升級拉蘇瓦加迪—加德滿都道路；基瑪塘—希勒（Hile）道路；從迪帕雅爾（Dipayal）通往中國邊界的路；托卡（Tokha）到比德爾（Bidur）的路；加爾契奇（Galchhi）—拉蘇瓦加迪—吉隆的四百千伏電纜；吉隆—加德滿都鐵路；762百萬瓦塔莫爾（Tamor）水力發電廠；426百萬瓦普科特卡納利（Phukot Karnali）水力發電廠；以及馬丹・班達里技術學院（Madan Bhandari Technical Institute）。

83 Krishana Prasain, 'Local traders fear they may miss the winter shopping season too', *The Kathmandu Post*, 27 November 2020. https://kathmandupost.com/money/2020/11/27/local-traders-fear-they-may-miss-the-winter-shopping-season-too.

84 'Nepal-Chin Seema baare boleko bhandai Humla ka sahayak CDO lai griha ko 24 24-ghante spashtikaran' ('Humla assistant CDO asked to submit clarification within 24 hours by Home Ministry for speaking about the Nepal-China border'), *Pahilopost*, 24 September 2020. https://pahilopost.com/content/20200924112422.html.

85 Amrit Raj Kaphle, 'Interview: I feel threatened for my findings that China encroached land in Humla - NC leader Shahi', Khabarhub, 22 November 2020. https://english.khabarhub.com/2020/22/143664/.

86 'Congress lai Chin ko chitthi: Seema samasya samadhan ma BP ko thulo yogdaan cha' ('China's letter to Congress: BP greatly assisted the resolution of any border disputes'), *Online Khabar*, 5 December 2020. https://www.onlinekhabar.com/2020/12/913456.

64 Sudheer Sharma, *Prayogshala*, p. 315

65 Prashant Jha, 'HT Analysis: Nepal PM Oli's Departure Marks and Indian Comeback', *Hindustan Times*, 24 July 2016. https://www.hindustantimes.com/analysis/prime-minister-oli-s-departure-marks-indian-comeback-in-nepal/story-SlfKmL3xkCWZDHO0IPDPwI.html.

66 Zhang Shubin, 'Will Nepal's PM repair Ties with China?' *Global Times*, 20 March 2017. http://www.globaltimes.cn/content/1038667.shtml.

67 Xu Liang, 'Nepal Risks Missing Chance with China', *Global Times*, 19 September 2016. http://www.globaltimes.cn/content/1007091.shtml.

68 然而，他不是第一個這樣做的人。前中國駐尼泊爾大使楊厚蘭，就曾於二〇一二年推動這個想法。見 http://np.china-embassy.org/eng/EmbassyInfo/asaa/t970295.htm.

69 CIA Intelligence Report, 'The International Liaison Department of the Chinese Communist Party', p. i-vi, December 1971. https://www.cia.gov/library/readingroom/docs/polo-33.pdf.

70 Neil Thomas, 'Proselytizing Power: The Party Wants the World to Learn from Its Experiences', Macro Polo, 22 January 2020. https://macropolo.org/international-liaison-department-ccp/.

71 'Xi Jinping: Let the Sense of Community of Common Destiny Take Deep Root in Neighbouring Countries', Ministry of Foreign Affairs of China, 25 October 2013. https://www.fmprc.gov.cn/mfa_eng/wjb_663304/wjbz_663308/activities_663312/t1093870.shtml.

72 Anil Giri, 'Beijing recalibrating its Nepal policy as political situation unfolds fast', *The Kathmandu Post*, 30 December 2020. https://kathmandupost.com/national/2020/12/30/beijing-recalibrating-its-nepal-policy-as-political-situation-unfolds-fast-in-kathmandu.

73 'Xi Jinping Meets with President of Nepali Congress Party Sher Bahadur Deuba', Ministry of Foreign Affairs of China, 13 October 2019. https://www.fmprc.gov.cn/mfa_eng/zxxx_662805/t1707861.shtml.

74 'National Security Strategy of the United States of America', The White House, Washington, D.C., December 2017. https://www.whitehouse.gov/wp-content/uploads/2017/12/NSS-Final-12-18-2017-0905-1.pdf.

75 Binod Ghimire, 'Why the MCC Compact Courted Controversy in Nepal', *Kathmandu Post*, 9 January 2020. https://kathmandupost.com/national/2020/01/09/why-the-mcc-compact-courted-controversy-in-nepal.

76 'A Free and Open Indo-Pacific: Advancing a Shared Vision', Department of State, US Government, 4 November 2019. https://www.state.gov/wp-content/uploads/2019/11/Free-and-Open-Indo-Pacific-4Nov2019.pdf.

77 千年挑戰計劃的細節可見於此：https://hr.parliament.gov.np/uploads/attachments/ns1zpda2uw3x2odp.pdf. 尼泊爾反對千年挑戰計劃的人指控，如果計劃中有糾

51 薩普科塔還會跟我說，在卡特瓦爾退休前三個月開除他是他們這邊的另一個錯誤。

52 'India Boosts Ties on Nepal, Keeps as Eye on China', WikiLeaks, 28 August 2009. https://wikileaks.org/plusd/cables/09NEWDELHI1801_a.html.

53 B. Raman, 'China wants Prachanda to stay in Nepal', 4 May 2009. https://www.rediff.com/news/column/guest-b-raman-china-wants-prachanda-to-stay-in-nepal/20090504.htm.

54 International Crisis Group, 'Nepal's Future: In Whose Hands?', Asia Report no. 173, 13 August 2009, p. 20. https://d2071andvip0wj.cloudfront.net/173-nepal-s-future-in-whose-hands.pdf.

55 Sudheer Sharma, *Prayogshala*, p. 314.

56 卡納爾擔任主席的賈拉・納特・卡納爾基金會，就人們所知和中國有密切連繫。二〇一八年，它和中國國際跨國公司促進會簽下了合作備忘錄；二〇一八年十一月於天津舉行的跨國公司見面會上，該基金會代表了尼泊爾。

57 一份二〇一〇年的報告聲稱，印度情報探員找上一名尼泊爾國會議員並威脅他說，如果不投票讓普拉昌達下台，他女兒的中央學校（Kendriya Vidyalaya，譯註：印度中央政府學校體系，也有設立於加德滿都，由大使館營運）入學許可就會被註銷。Siddharth Varadarajan, 'The Danger in India's Nepal Policy', *The Hindu*, 16 August 2010. https://www.thehindu.com/opinion/columns/siddharth-varadarajan/The-danger-in-Indias-Nepal-policy/article13101110.ece.

58 David Gellner and Mrigendra Bahadur Karki, 'K.P. Oli's early life and influences', *The Record*, 26 August 2018. https://www.recordnepal.com/perspective/interviews/kp-oli-early-life-and-influences/

59 Suhasini Haider, 'Supporter turned antagonist', *The Hindu*, 31 May 2020, https://www.thehindu.com/news/international/supporter-turned-antagonist-the-problem-posed-by-oli/article31715944.ece. 有一位分析家跟我說，奧利把衝突時代後尼泊爾社會的保守主義融入主流，來對抗那種日漸主宰普羅大眾看法的世俗主義和自由主義的自由理想。

60 若要更加認識尼泊爾制憲過程中的暴力，可見Human Rights Watch, 'Like We Are Not Nepali: Protest and Police Crackdown in the Terai Region of Nepal', October 2015. https://www.hrw.org/report/2015/10/16/we-are-not-nepali/protest-and-police-crackdown-terai-region-nepal.

61 'Statement on Situation in Nepal', Ministry of External Affairs, India, 20 September 2015. https://www.mea.gov.in/press-releases.htm?dtl/25821/Statement+on+the+situation+in+Nepal.

62 'Nepal's Divisive New Constitution: An Existential Crisis', International Crisis Group, Asia Report Number 276, 4 April 2016, pp. 16-17. https://www.crisisgroup.org/asia/south-asia/nepal/nepal%E2%80%99s-divisive-new-constitution-existential-crisis.

63 出處同上，p. 20.

Pro-independence Elements" Won't Be Able to Stir Up Trouble in Nepal', *Huanqiu Shibao*, 29 March 2009. 引言出自Human Rights Watch, 'Under China's Shadow', Appendix II, p. 94.

36 Saferworld, Nepal case study, 'China and conflict-affected states: Between principle and pragmatism', January 2012, p. 10. https://www.saferworld.org.uk/resources/publications/612-china-and-conflict-affected-states.

37 Human Rights Watch, 'Under China's Shadow', p. 27-32.

38 Rewati Sapkota, 'Chinese Rider on Tato Pani', *Himalayan Times*, 14 January 2018. https://thehimalayantimes.com/nepal/chinese-rider-tatopani/.

39 中國至少從二〇一〇年開始就一直要求尼泊爾簽下引渡條約。見'Nepal: China pressure but Nepalis say refugee policy hasn't changed', Wikileaks, 18 February 2010. https://wikileaks.org/plusd/cables/10KATHMANDU144_a.html.

40 也有人質問，協議是否違反「若有可能遭刑求虐待則禁止驅回難民」的國際法。中國和尼泊爾都已經簽署了聯合國的《聯合國禁止酷刑公約》。

41 見Saferworld, Nepal case study; Human Rights Watch, 'Under China's Shadow'; International Campaign for Tibet, 'Dangerous Crossing'.

42 ICT, 'Dangerous Crossing', p. 50.

43 出處同上，pp. 100-102. 另見 Human Rights Watch, 'Under China's Shadow', pp. 68-73.

44 Ramesh Nath Pande, *Kootniti ra Raajniti*, p. 660. 另一位前內政部官員也是這麼跟我說的。

45 Yeshe Dorje and Rajani Tamang, 'Nepalese Journalists Pushed to Avoid Reporting on China, Tibet', VOA News, 29 June 2019. https://www.voanews.com/south-central-asia/nepalese-journalists-pushed-avoid-reporting-china-tibet.

46 從一九九〇年開始一直到二〇〇五年賈南德拉政變為止，新德里都以兩大支柱來與尼泊爾推展外交：君主立憲制以及多黨民主。政變之後，印度促成了與毛主義者和其他七個主要政黨的十二點協議。

47 Sudheer Sharma, *Prayogshala: Nepali Sankraman ma Dilli, Durbar ra Maobadi* ('The Laboratory: Delhi, the Palace and the Maoists during Nepal's Conflict'), p. 294, Fineprint Books, Kathmandu: 2013.

48 Mukul Humagain, 'Chin ko Prastaav' (China's Proposal), *Nepal Magazine*, 2 Chaitra 2065, 15 March 2009. 二〇二〇年，一位前任駐中國大使強調，考量到二〇一九年習近平訪問期間戰略關係的升級，需要與中國修訂條約。見Leela Mani Paudyal, 'Sajha Bhavishya ka laagi Sahakarya' ('Cooperation for a better future'), *Kantipur*, 16 Shrawan 2077, 31 July 2020. https://ekantipur.com/opinion/2020/07/31/159616299432512980.html?author=1.

49 Sudheer Sharma, *Prayogshala*, p. 293.

50 Prashant Jha, *Battles of the New Republic: A Contemporary History of Nepal*, p. 128, New Delhi: Aleph Book Company, 2013引述了某位印度大使館官員的如此發言。可從Jha此書更詳細了解這個微妙的尼泊爾政治轉型期。

18 出處同上。

19 'Chinese Ambassador Worried about the Maoists', WikilLeaks, 27 September 2006. https://wikileaks.org/plusd/cables/06KATHMANDU2619_a.html.

20 'DDG Luo on China-South Asia Developments', WikiLeaks, 22 September 2006. https://wikileaks.org/plusd/cables/06BEIJING20223_a.html.

21 身為共產主義運動主流分出的旁支，尼泊爾共產黨（聯合馬列）走的路有著順從王室統治並且同時反對王室的特色。

22 不過，第一位造訪中國的尼泊爾首相是一九五四年的坦卡・普拉薩德・阿查里亞。

23 Editorial, 'Prachanda problem', *Indian Express*, 26 August 2008. http://archive.indianexpress.com/news/prachanda-problem/353207/0.

24 Bhojraj Bhaat, 'Mao ko gharma Prachanda' ('Prachanda at Mao's home'), *Nepal Magazine*, 22 Bhadra 2065, 7 September 2008.

25 Saroj Raj Adhikari, 'Tibet ko Tanav' ('Tibet's Tensions'), *Nepal Magazine*, 29 Baisakh 2065, 11 May 2008.

26 'A new torch controversy: the battle for Everest', *The Independent*, 2 May 2008. https://www.independent.co.uk/news/world/asia/a-new-torch-controversy-the-battle-for-everest-819737.html.

27 當北京奧運聖火要抵達聖母峰頂時，尼泊爾已經在該年五月一至十日禁止任何人在那段期間攀爬這座世界最高峰。

28 然而，有好幾名抗議者是以尼泊爾為據點行動的。

29 'Calling the Shots', *Economist*, 17 March 2012. https://www.economist.com/asia/2012/03/17/calling-the-shots.

30 從二〇〇九年開始西藏連續有人自焚抗議中國統治，在這股動盪了西藏高原的浪潮中，有三名住在加德滿都的藏人自焚。三人中有兩人因此死亡。更多資訊可見https://savetibet.org/tibetan-self-immolations/#inexile.

31 'MFA: China supports Constituent Assembly Election; Will continue to intervene on "core interest" of Tibet', Wikileaks, 14 March 2008. https://wikileaks.org/plusd/cables/08BEIJING969_a.html. 該官員是趙立堅，如今更出名的稱號是「戰狼」外交官。

32 Human Rights Watch, 'Under China's Shadow: Mistreatment of Tibetans in Nepal', 2014, p. 6. https://www.hrw.org/sites/default/files/reports/nepal0314_ForUpload_2.pdf.

33 Santosh Acharya and Upendra Pokharel, 'Andolan Tataune Tayari' ('Time to Heat Up the Revolution'), *Nepal Magazine*, 28 Asar 2066, 12 July 2009.

34 Chudamani Bhattarai, 'Seema ma Doot Haru (Ambassadors at the Border)', *Nepal Magazine*, 22 Kartik 2066 (8 November 2009) issue. 中國也擔心維吾爾和西藏的激進分子在尼泊爾有可能合流。見Santosh Acharya, 'Uighur ko Dar' ('The Fear of Uighurs'), *Nepal Magazine*, 22 Kartik 2066, 8 November 2009.

35 'Exclusive Interview with Nepal's Deputy Inspector General of Police: "Tibetan

「是」或者「有」。

4 Anil Giri and Tsering D. Gurung, 'China Asked Nepal to Ban a Tibetan Official From Entering the Country, Nepali Officials Got the Wrong Man', *Kathmandu Post*, 27 June 2019. https://kathmandupost.com/national/2019/06/27/china-asked-nepal-to-ban-a-tibetan-official-from-entering-the-country-nepali-officials-got-the-wrong-man.

5 關於尼泊爾政府是否有回應詢問，我就沒再從美國大使館那得知消息。另見：Roshan S. Nepal, 'American embassy seeks clarification', *The Himalayan Times*, 28 June 2019. https://thehimalayantimes.com/nepal/american-embassy-seeks-clarification/.

6 中國的「安全利益」是一種涵蓋式術語，但在這裡，它主要指的是流亡藏人明顯的反抗中國佔領西藏高原政治活動，以及藏族國人跨過喜馬拉雅逃至尼泊爾一事。

7 'China Ambassador Calls for International Cooperation to help Nepal Fight Maoists', WikiLeaks, 16 May 2002. https://wikileaks.org/plusd/cables/02KATHMANDU953_a.html.

8 'Chinese Ambassador Denies Commercial Weapons Sales to Nepal', WikiLeaks, 18 November 2005. https://wikileaks.org/plusd/cables/05KATHMANDU2516_a.html.

9 'Government Restricts Tibetan Refugee Movement', WikiLeaks, 29 November 2005. https://wikileaks.org/plusd/cables/05KATHMANDU2633_a.html. 賈南德拉想在南亞區域合作聯盟內和中國往來的企圖，進一步疏遠了印度當權者。

10 'Nepal's Man in Tibet Discusses Refugees, Arms and Flood Issues', WikiLeaks, 19 December 2005. https://wikileaks.org/plusd/cables/05KATHMANDU2866_a.html.

11 'PRC/Nepal: China Encouraged by King's Speech but Taking a "Wait and see" Approach', WikiLeaks, 25 April 2006. https://wikileaks.org/plusd/cables/06BEIJING7838_a.html.

12 'PCR/Nepal: Beijing Assessing How to Engage with Nepal's Interim Government', WikiLeaks, 20 June 2006. https://wikileaks.org/plusd/cables/06BEIJING13004_a.html.

13 出處同上。

14 'DDG Luo On China-South Asia Developments', WikiLeaks, 22 September 2006. https://wikileaks.org/plusd/cables/06BEIJING20223_a.html.

15 'MFA: China Supports Constituent Assembly Election: Will Continue to Intervene on "Core Interest" of Tibet', WikiLeaks, 14 March 2008. https://wikileaks.org/plusd/cables/08BEIJING969_a.html.

16 'China Tries to Adjust to Nepal's New Political Landscape', WikiLeaks, 15 May 2008. https://wikileaks.org/plusd/cables/08BEIJING1876_a.html.

17 Bhojraj Bhat, 'Cheers! Naya Naata' ('Cheers to a new relationship'), *Nepal Magazine*, 3 Asar 2064, 17 June 2007. 普拉昌達在一次訪問中提到，他也於一九九九年另外寫了信給中國總理，而毛主義者則在人民戰爭開打後試圖聯繫中國。這些嘗試也同樣沒什麼結果。

奉濕婆的最大寺廟）；拉吉夫・甘地在第三屆南亞區域合作聯盟（South Asian Association for Regional Cooperation, SAARC）高峰會期間希望自己在斯里蘭卡的大膽行動可以獲得支持；以及在伊斯蘭馬巴德舉行的第四屆南亞區域合作聯盟高峰會期間，畢蘭德拉和拉吉夫的早餐會議取消一事。見Pande, *Kootniti ra Raajniti*, pp. 241-245.

92 John W. Garver, 'China-India Rivalry in Nepal'.

93 CIA, 'India-Nepal-China: Implications of the Trade Impasse', 8 May 1989. https://www.cia.gov/library/readingroom/docs/DOC_0000633366.pdf.

94 Uttam Sengupta, 'Nepal faces mounting crisis since the lapse of trade and transit treaties with India', *India Today*, 15 May 1989. https://www.indiatoday.in/magazine/special-report/story/19890515-nepal-faces-mounting-crisis-since-the-lapse-of-trade-and-transit-treaties-with-india-816083-1989-05-15.

95 'Nepal's Economy is Gasping as India, its Huge Neighbor Squeezes it Hard,' *New York Times*, 11 April 1989. https://www.nytimes.com/1989/04/11/world/nepal-s-economy-is-gasping-as-india-a-huge-neighbor-squeezes-it-hard.html.

96 John W. Garver, 'China-India Rivalry in Nepal'.

97 Ramesh Nath Pande, *Kootniti ra Raajniti*, p. 287.

98 Nayan Bahadur Khatri, 'Chaar Dashak Pachi Cheen ma Rajdoot' (An ambassador in China after four decades) in Bishnu Rijal (ed.), Nepal ko *Kootnitik Abyaas* (Nepal's Diplomatic Efforts), Institute for Foreign Affairs, Kathmandu, 2019, p. 118. 尼泊爾也詢問中國，蘇聯能否協助改善與印度之關係。見 'Diary of Teimuraz Stepanov-Mamaladze, 17 May 1989', 17 May 1989, History and Public Policy Program Digital Archive, Hoover Institution Archive, Teimuraz Stepanov-Mamaladze Papers: Diary No. 9. Trans. Sergey Radchenko. https://digitalarchive.wilsoncenter.org/document/12178.1.

99 John W. Garver, 'China-India Rivalry in Nepal'.

100 M. Taylor Fravel, *Strong Borders, Secure Nation: Cooperation and Conflict in China's Territorial Disputes*, Princeton University Press (Project MUSE), Princeton, New Jersey, 2008, p. 157. muse.jhu.edu/book/30390.

101 Biswas Baral, 'India's "Blockade" Has Opened the Door for China in Nepal', *The Wire*, 2 March 2016. https://thewire.in/diplomacy/indias-blockade-has-opened-the-door-for-china-in-nepal.

102 CIA, 'India-Nepal-China: Implications of the Trade Impasse', p. 3.

## *8* 「跨越喜馬拉雅的友誼」

1 借用自中國總理習近平在二〇一九年尼泊爾國是訪問之前發表的文章。

2 Rajan Pokhrel, 'Man Labelled Dalai Lama's Agent, Deported to US', *Himalayan Times*, 25 June 2019. https://thehimalayantimes.com/kathmandu/man-labelled-dalai-lamas-agent-deported-to-us/.

3 出處同上。「6」這個數字在尼泊爾是「cha」這個詞的簡寫，意思接近於

73 'King With a Sense of Mission', *New York Times*, 24 February 1975. https://www.nytimes.com/1975/02/24/archives/king-with-a-sense-of-mission-birendra-bir-bikram-shah-dev.html

74 CIA Intelligence Assessment, 'Nepal: Continuity and Change in a Himalayan Monarchy', p. 2, November 1983. https://www.cia.gov/library/readingroom/docs/CIA-RDP84S00927R000200030003-7.pdf.

75 Maharaja Krishna Rasgotra, *A Life in Diplomacy*, Viking, New Delhi, 2016.

76 'Telegram from L.L. Mehrotra, Charge d'Affaires in Beijing', 30 April 1975, History and Public Policy Program Digital Archive, File No: PP(JS)3(9)/75—Vol. I. 由Ryan Musto取得。https://digitalarchive.wilsoncenter.org/document/133959.

77 'Telegram from L.L Mehrotra, Charge d'Affaires in Beijing', 17 September 1975, History and Public Policy Program Digital Archive, File No: PP(JS)3(9)/75—vol. I. 由Ryan Musto取得。https://digitalarchive.wilsoncenter.org/document/133960.

78 Leo E. Rose, *Neoal*, p. 273. 有人主張馬亨德拉同意防衛協議來安撫印度因為拉薩—加德滿都道路而產生的顧慮。

79 'Nepalese Interest in Air Defense Equipment', Wikileaks, 30 May 1975. https://wikileaks.org/plusd/cables/1975STATE126276_b.html.

80 Cable, 'Nepalese Interest In Air Defense Equipment', 29 September 1975. https://wikileaks.org/plusd/cables/1975KATHMA04307_b.html.

81 關於加德滿都向新德里求取防空武器一事，見John W. Garver, 'China-India Rivalry in Nepal: The Clash over Chinese Arms Sales', *Asian Survey*, 31, No. 10 (1991), doi:10.2307/2645066, pp. 956-975.

82 Cable, 'Nepalese Interest In Air Defense Equipment', 17 October 1975. https://wikileaks.org/plusd/cables/1975STATE247219_b.html.

83 Singh, 'Twists and Turns in the India-China Border Saga', *Outlook*, 26 May 2015. https://www.outlookindia.com/website/story/twists-and-turns-in-the-india-china-border-saga/294406.

84 CIA, Near East and South Asia Review, p. 5, 25 April 1986. https://www.cia.gov/library/readingroom/docs/CIA-RDP87T00289R000200850001-4.pdf.

85 出處同上，p. 7.

86 Zorawar Daulet Singh, 'Twists And Turns In The India-China Border Saga'.

87 CIA, 'Near East and South Asia Review', p. 28-29, 21 October 1988. https://www.cia.gov/library/readingroom/docs/DOC_0000633372.pdf.

88 出處同上，p. 29.

89 John W. Garver, 'China-India Rivalry in Nepal'.

90 Lok Raj Baral, 'India-Nepal Relations: Continuity and Change', *Asian Survey* 32, No. 9, 1992, doi:10.2307/2645073, pp. 815-829.

91 John W. Garver, 'China-India Rivalry in Nepal'. 前外交部長潘迪也歸納出另外三個造成爭議的潛在因素：非印度教徒的桑妮雅．甘地（Sonia Gandhi）未獲准進入帕舒帕蒂（Pashupati，譯註：位於加德滿都的印度教寺廟，是尼泊爾供

stable/43302541.
57 Note to Secretary-General, Foreign Secretary and Joint Secretary T.N. Kaul, 25 October 1953, *SWJN*, vol. 24, p. 597.
58 Conversation between Jawaharlal Nehru and Zhou Enlai, 31 December 1956 & 1 January 1957, *SWJN*, vol. 36, pp. 598-600.
59 Zhou Enlai's letter to Nehru, 23 January 1959, *SWJN*, Appendix II, vol. 47, p. 557.
60 Sulmaan Wasif Khan, *Haunted By Chaos*, p. 101.
61 'Report from the PLA General Staff Department, "Behind India's Second Anti-China Wave"', 29 October 1959, History and Public Policy Program Digital Archive, PRC FMA 105-00944-07, 84-90. Trans. 7Brands https://digitalarchive.wilsoncenter.org/document/114758. 其他理由有：迫使中國接受麥克馬洪線；印度政治的內部矛盾；西藏爭議；企圖打倒印度共產黨，並討好美國取得援助。
62 John W. Garver, *Protracted Contest: Sino-Indian Rivalry in the Twentieth Century*, University of Washington Press, Seattle, London, 2001, p. 149.
63 引言出自'Agnew's Royal Host in Nepal', *New York Times*, 5 January 1970. https://timesmachine.nytimes.com/timesmachine/1970/01/05/80012639.pdf.
64 'A King 'For the People', *New York Times*, 29 April 1960. https://timesmachine.nytimes.com/timesmachine/1960/04/29/105430313.pdf.
65 'South of the Himalayas: A View from Peking', CIA memorandum, p. 2, 26 February 1973. https://www.cia.gov/library/readingroom/docs/CIA-RDP85T00875R001100160037-9.pdf.
66 出處同上，pp. 4-5.
67 出處同上，p. 10.
68 'Record of Conversation between French Prime Minister Jacques Chirac and Vice Premier of the People's Republic Deng Xiaoping', 12 May 1975, History and Public Policy Program Digital Archive, Ministère des Affaires Etrangères, la Courneuve (MAE), Série Asie-Océanie, Sous-série Chine 1973-1980 (AO), 2174. Archival Reference Code ('Côte'): 752INVA/2174. 由Martin Albers替CWIHP取得並翻譯，收錄於CWIHP e-Dossier No. 45. https://digitalarchive.wilsoncenter.org/document/118650.
69 'Telegram from L.L Mehrotra, Charge d'Affaires in Beijing', 17 September 1975, History and Public Policy Program Digital Archive, File No: PP(JS)3(9)/75—vol. I. 由Ryan Musto取得。https://digitalarchive.wilsoncenter.org/document/133960.
70 CIA, 'Chinese-Indian Relations, 1972-1975', September 1975, p. 13. https://www.cia.gov/library/readingroom/docs/CIA-RDP86T00608R000600170014-4.pdf.
71 Memorandum of Conversation, Document 97, in David P. Nickles (ed.), Edward C. Keefer (general ed.), *Foreign Relations of the United States, 1969-1976*, vol. XVIII, China, 1973-1976, United States Government Printing Office, Washington, D.C., 2007, p. 615-617. https://history.state.gov/historicaldocuments/frus1969-76v18.
72 出處同上，Document 136, p. 888.

尼泊爾歷史學家巴布拉姆・阿查里亞（Baburam Acharya）取了「薩迦瑪塔峰」這個名字之前，這座山峰都沒有尼泊爾名稱。

36 B.P. Koirala, *Atmabrittanta*, p. 227.

37 Ramakant, 'The Mount Everest Controversy between Nepal and China'.

38 出處同上。

39 出處同上。

40 B.P. Koirala, *Atmabrittanta*, p. 224.

41 CIA report, 'The Sino-Indian Border Dispute, Section 2: 1959-61', pp. 42-43, 19 August 1963. https://www.cia.gov/library/readingroom/docs/polo-08.pdf.

42 B.P. Koirala, *Atmabrittanta*, p. 226.

43 出處同上，p. 228.

44 出處同上，p. 229.

45 Letter to B.P. Koirala, 31 March 1960, *SWJN*, vol. 59, pp. 351-352.

46 出處同上，letter to Bidhan Chandra Roy, 3 April 1960, p. 353-354.

47 Laszlo Ladany, *China News Analysis*, vol. 294, 25 September 1959, p. 7.

48 B.P. Koirala, *Atmabrittanta*, p. 254. 比休維休瓦・普拉薩德・柯伊拉拉在一九八一年診斷出罹患咽喉癌之後，就開始口述他的生平。

49 'Nepalese King escapes unhurt as explosive is thrown at car, palace says', *New York Times*, 24 January 1962. https://timesmachine.nytimes.com/timesmachine/1962/01/24/89831642.pdf (last accessed on 30 April 2020).

50 Letter from Mahendra Bir Bikram Shah Dev: Nepal's Grievances, 3 February 1962, *SWJN*, Appendix 2, vol. 75, p. 642. 尼赫魯寫信給駐尼泊爾的大使說，「那封信沒有要我們展信悅，而我讀了也不開心。」Letter to Harishwar Dayal, 9 February 1962, *SWJN*, Appendix 2, vol. 75, p. 642.

51 出處同上。Letter to Mahendra Bir Bikram Shah Dev, 9 February 1962, pp. 609-611. 然而，就如一九六二年戰爭後所能看到的情況那樣，尼赫魯確實是有辦法使尼泊爾大會黨的激進分子停止暴力行動的。

52 出處同上。Letter to Rajendra Prasad, 19 October 1962, Vol. 79, pp. 279-282.

53 'Cable from the Chinese Embassy in India, "Overview of India's Foreign Relations in 1961"', 1 January 1962, History and Public Policy Program Digital Archive, PRC FMA 105-01519-01, 1-14. Trans. Anna Beth Keim. https://digitalarchive.wilsoncenter.org/document/116482.

54 Shen-Yu Dai, 'Peking, Katmandu and New Delhi', *The China Quarterly*, No. 16, 1963, pp. 86-98. http://www.jstor.org/stable/651574.

55 尼赫魯對陳毅的看法轉錄自 *National Herald*, 17 October 1962, *SWJN*, vol. 79, p. 279. 他對尼泊爾挺中立場的想法，在一封日期為一九六二年十月十九日寫給印度總統拉金德拉・普拉薩德（Rajendra Prasad）的信中有所透露；收錄於同一冊 pp. 279-282.

56 Carole McGranahan. 'From Simla to Rongbatsa: The British and the "Modern" Boundaries of Tibet.' *The Tibet Journal* 28, no. 4 (2003): 39-60. http://www.jstor.org/

and Secretariat Member Wang Jiaxiang', 2 October 1959, History and Public Policy Program Digital Archive, APRF, copy on Reel 17, Volkogonov Collection, Library of Congress, Washington, DC. Trans. David Wolff. https://digitalarchive.wilsoncenter.org/document/118883.

21 Situation in South East Asia (Minutes of talks between Nehru and Zhou Enlai), 21 October 1954, *SWJN*, vol. 27, p. 31.

22 'Minutes of the Fourth Meeting between Premier Zhou Enlai and Nehru', 26 October 1954, History and Public Policy Program Digital Archive, PRC FMA 204-00007-16, 130-134. 由Chen Jian取得，並由7Brands翻譯。https://digitalarchive.wilsoncenter.org/document/121749.

23 Nehru's note on 14 November 1954, *SWJN*, vol. 27, p. 122. 那段文字也呈現了尼赫魯對於尼泊爾先於印度獨立便擁有主權一事的想法：「尼泊爾實在稱不上獨立，也就是說，在印度獨立之前都不算獨立。沒有人干涉其內政事務，但除此之外，英國還是有著宗主國的權力在。獨立的印度已接受了尼泊爾的徹底獨立，而沒去主張自己保有一些英國施行過的權利。」

24 一位十分貼近君主的前外交部長聲稱，印度對於馬亨德拉和中國建立雙邊關係的「抉擇」感到不悅。（Ramesh Nath Pande, *Kootniti ra Raajniti* [Diplomacy and Politics], Sangrila Books, Kathmandu, 2018, p. 267）然而，更仔細閱讀尼赫魯的書信，會顯示情況正好相反。

25 作者自行翻譯。Dr Bipin Adhikari, 'Ajhai Samjhiine Raja' ('A King Remembered'), *Kantipur Daily*, 23 September 2017, Koseli weekend supplement. https://www.kantipurdaily.com/koseli/2017/09/23/20170923112344.html.

26 中情局解密報告，'The Royal Coup in Nepal', 25 January 1961 . https:// www. cia. gov/ l ibrary/ readingroom/ document/ cia-rdp79r00904a000700010026-8.

27 'Nepal's Cabinet is Ousted by King', *New York Times*, 16 December 1960. https://timesmachine.nytimes.com/timesmachine/1960/12/16/99979270.pdf.

28 Letter to K.D. Malviya, 16 December 1960, *SWJN*, vol. 65, p. 567.

29 出處同上，Appendix 42, p. 751.

30 Leo E. Rose, *Nepal*, p. 212. 羅斯也主張，中國是在一九五七年二月周恩來造訪尼泊爾時首度提議興建西藏至加德滿都的道路。

31 出處同上，p. 220.

32 'Speech of the Nepalese delegate Mr S.P. Upadhyaya on the draft resolution on the question of Tibet and the violation of human rights and fundamental freedoms in the UN General Assembly, New York, October 20, 1959', 轉載於ed. A.S. Bhasin, *Documents on Nepal's Relations with India and China*, p. 199-201

33 中文讀音轉化為「珠穆朗瑪」。（譯註：此處按英文註釋，中文讀者可略過）

34 Ramakant, 'The Mount Everest Controversy between Nepal and China', *South Asian Studies*, vol. 10, No. 1 & 2, January-July 1975. https://www.cia.gov/library/readingroom/docs/CIA-RDP08C01297R000200050001-6.pdf.

35 聖母峰的藏語名稱按照坤布地區居民的稱法為珠穆朗瑪峰，但在一九三八年

document/112677. 順帶一提，有件滿有趣而值得留意的事情是，英國要到二〇〇八年才承認中國對西藏有直接的統治權。

6 'Memorandum of Conversation, Soviet Ambassador N.V. Roshchin with CC CCP Secretary Liu Shaoqi', 6 May 1951, History and Public Policy Program Digital Archive, AVP RF f. 0100, op. 44, por. 13, pap. 322, ll, pp. 17-22. Translated by David Wolff. https://digitalarchive.wilsoncenter.org/document/118734.

7 Leo E. Rose, *Nepal*, p. 204.

8 V.K. Manandhar, *A Comprehensive History of Nepal-China Relations*, vol. II, p. 221.

9 Leo E. Rose, *Nepal*, p. 109-110.

10 Prem R. Uprety, *Nepal-Tibet Relations 1850-1930*, pp. 74-75. 藏人基於這條款，而於一九五〇年中國人來到時要求尼泊爾協助。「尼泊爾對此條款的解讀，就如預期般地有彈性，是根據當下情況而定的」：Leo E. Rose, *Nepal*, p. 117.

11 引言出自 David G. Atwill, 'Himalayan Asia', pp. 65-91. www.jstor.org/stable/j.ctv941r61.8.

12 Letter to Matrika Prasad Koirala, 23 March 1954, *SWJN*, vol. 25, pp. 456-459.

13 Letter to Matrika Prasad Koirala, 29 June 1954, *SWJN*, vol. 26, p. 488.

14 Nehru's address in Indian Parliament, 'India's Policies', reprinted in *SWJN*, vol. 15, Part II, p. 433.

15 B.P. Koirala, Kanak Mani Dixit (trans.), *Atmabrittanta: Late Life Recollections*, Himal Books, Kathmandu, 2001, p. 176.

16 出處同上，p. 177.

17 Note to Secretary General, Foreign Secretary and Joint Secretary, MEA, 18 June 1954, *SWJN*, vol. 26, pp. 476-480. 尼赫魯在這邊寫下的文字也清楚地概述了他的西藏立場：「我們必須要記得，我們在西藏的利益大多來自我們繼承的某些英國利益……因此我們的政策應該要在文字和精神上都遵守我們與中國的協議。」

18 Leo E. Rose, *Nepal*, p. 206.

19 Letter to King Tribhuvan, 11 September 1954, *SWJN*, vol. 26, pp. 497-501.

20 Minutes of talks with Zhou Enlai, 21 October 1954, *SWJN*, vol. 27, p. 30. 然而，中國外交部檔案的會議紀錄加了以下這段對話：尼赫魯也說到，「〔美國〕在尼泊爾進行了反印度宣傳工作。我們曾經對美國和英國提出抗議，不過英國並未干涉尼泊爾內政，也就不那麼責怪該國。我跟他們說，他們得要承認印度在尼泊爾的特殊地位，但他們卻在破壞印度在尼泊爾的名聲。」見 'Minutes of the Third Meeting between Premier Zhou Enlai and Nehru', 21 October 1954, History and Public Policy Program Digital Archive, PRC FMA 204-00007-09, 62-80. 由 Chen Jian 取得，並由 7Brands 翻譯。https://digitalarchive.wilsoncenter.org/document/121748. 事實上蘇聯也遵照了尼赫魯的願望，所以，儘管加德滿都希望蘇聯派大使到尼泊爾，蘇聯也沒這麼做。見 'Record of Conversation of N.S. Khrushchev with CC CCP Chairman Mao Zedong, Deputy Chairman Liu Shaoqi, Zhou Enlai, Zhu De, Lin Biao, Politburo Members Peng Zhen and Chen Yi,

shooting', Al Jazeera, 10 October 2006, https://www.aljazeera.com/news/2006/10/10/himalayan-climbers-witness-shooting以及'The Nangpa Pass Incident', International Campaign for Tibet, 16 January 2007, https://savetibet.org/the-nangpa-pass-incident-september-2006/. 該事件的影片在YouTube可以看到。

63 'Chinese Shooting Spree Results in One Dead Tibetan,' WikiLeaks, 10 October 2006. https://wikileaks.org/plusd/cables/06KATHMANDU2677_a.html.

64 穿越山口七十六名的難民中有四十三人成功抵達加德滿都。

65 'Tar Fao responses on September 2006 Shooting at Natula Pass', WikiLeaks, 29 March 2007. https://wikileaks.org/plusd/cables/07CHENGDU86_a.html.

66 'Tibetan woman deported by Switzerland jailed in Nepal', *Phayul*, 24 February 2017. https://www.phayul.com/2017/02/24/38707/.

67 Dinesh Bhatarai, 'Seize the Moment', 19 June 2018. https://myrepublica.nagariknetwork.com/news/seize-the-moment-1/.

68 Anil Giri, 'Nepal has Reassured it would Continue to Protect Rights of Tibetans in Our Country', *Kathmandu Post*, 19 March 2019. http://kathmandupost.ekantipur.com.np/news/2019-03-19/nepal-has-reassured-it-would-continue-to-protect-rights-of-tibetans-in-the-country-us-secretary-of-state.html.

69 The Human Rights Watch, 'The Costs of International Advocacy', 5 September 2017. https://www.hrw.org/report/2017/09/05/costs-international-advocacy/chinas-interference-united-nations-human-rights#page.

## 7 兩塊巨石之間

1 Report of the Chinese Foreign Ministry, 'Some Existing Issues in and Suggestions for the Asia-Africa Conference', 1955, History and Public Policy Program Digital Archive, PRC FMA 207-00004-06, 59-62. 由Amitav Acharya取得並由Yang Shanhou翻譯。https://digitalarchive.wilsoncenter.org/document/113179.

2 Report of the Chinese Foreign Ministry, 'List of Problems Between China and Other Asian-African Countries', 1955, History and Public Policy Program Digital Archive, PRC FMA 207-00073-01. 由Amitav Acharya取得並由Yang Shanhou翻譯。https://digitalarchive.wilsoncenter.org/document/114718.

3 《十七條協議》的內容可在此取得：http://www.china.org.cn/english/zhuanti/tibet%20facts/163877.htm.

4 V.K. Manandhar, *A Comprehensive History of Nepal-China Relations until 1955 AD*, vol. II, Adroit Publishers, New Delhi, 2004, p. 220.

5 'Telegram, Mao Zedong to CCP CC and CCP Northwest Bureau, 10 January 1950 (Excerpt)', 10 January 1950, History and Public Policy Program Digital Archive, Jianguo yilai Mao Zedong wengao [Mao Zedong's manuscripts since the founding of the People's Republic], vol. 1, Central Press of Historical Documents, Beijing, 1987, pp. 226-227; 翻譯來自 Shuguang Zhang and Jian Chen (eds.), *Chinese Communist Foreign Policy and the Cold War in Asia*, 136. https://digitalarchive.wilsoncenter.org/

45 International Campaign for Tibet, 'High-level Chinese Visit to Nepal Highlights Difficulties for Tibetan Community', 28 August 2017. https://savetibet.org/high-level-chinese-visit-to-nepal-highlights-difficulties-for-tibetan-community/#23.

46 Kunsang Tenzin, 'Nepal Deports 6 Tibetan Asylum seekers to China', 10 September 2019. https://tibet.net/nepal-deports-6-tibetan-asylum-seekers-to-china/.

47 Bhrikuti Rai, 'Nepali citizens detained during Xi Jinping's visit for Tibetan signage on clothes and accessories', 17 October 2019. https://kathmandupost.com/national/2019/10/17/nepali-citizens-detained-during-xi-jinping-s-visit-for-tibetan-signage-on-clothes-and-accessories.

48 Vivek Kumar Shah, *Maile Dekheko Durbar* ('The Palace as I Saw'), Yeti Books, Kathmandu, 2010, p. 235. 作者自行翻譯。

49 要留意到軍方那時候還沒有動員起來對付毛主義者。

50 'Police Cancel Dalai Lama Birthday Events in Kathmandu', WikiLeaks, 9 July 2002. https://wikileaks.org/plusd/cables/02KATHMANDU1332_a.html. 賈南德拉那年七月造訪了中國。

51 'Chinese Pressure Stifles Tibetans in Nepal', WikiLeaks, 1 October 2002. https://wikileaks.org/plusd/cables/02KATHMANDU1903_a.html.

52 'Tibetan Refugee Deportation: Post Mortem', WikiLeaks, 5 June 2003. https://wikileaks.org/plusd/cables/03KATHMANDU1042_a.html.

53 'Nepal's Man in Tibet Discusses Refugee, Arms and Flood Issues', WikiLeaks, 19 December 2005. https://wikileaks.org/plusd/cables/05KATHMANDU2866_a.html. 另見：'Nepal shuts down Tibetan offices', BBC, 28 January 2005. http://news.bbc.co.uk/2/hi/south_asia/4214933.stm.

54 美國也於二〇一一年做出了類似的提議，但尼泊爾當局並未回應。見 http://www.phayul.com/news/article.aspx?id=30938&t=1.

55 'Ambassador Raises Reported Shootings of Tibetans with Vfm Yang Jiechi', WikiLeaks, 12 October 2006. https://wikileaks.org/plusd/cables/06BEIJING21638_a.html.

56 'Nepal's Man in Tibet Discusses Refugee, Arms and Flood Issues', WikiLeaks, 19 December 2005. https://wikileaks.org/plusd/cables/05KATHMANDU2866_a.html.

57 'American Climbers Fired Upon Near Tibet Border', WikiLeaks, 26 September 2002. https://wikileaks.org/plusd/cables/02KATHMANDU1872_a.html.

58 'AMCIT Climber Discuss Shooting Incident,' WikiLeaks, 30 September 2002. https://wikileaks.org/plusd/cables/02KATHMANDU1902_a.html.

59 'Refugees Confirm Details of Shooting Incident at Nepal-Chinese Border', WikiLeaks, 7 October 2002. https://wikileaks.org/plusd/cables/02KATHMANDU1933_a.html.

60 出處同上。

61 出處同上。

62 若要更詳細了解囊帕拉山口槍擊事件，見 'Himalayan climbers witness

in-mustang-new-information.html.

26 Prem Singh Basnyat, *Nepal-Chin*, p. 140. 巴斯尼亞特提供的「一百五十名康巴戰士」這個人數，並沒有其他消息來源證實。

27 'Disarming of Khampas', WikiLeaks, 2 August 1974. https://wikileaks.org/plusd/cables/1974STATE169259_b.html.

28 'GON Efforts to Disarm Khampas', WikiLeaks, 12 July 1974. https://wikileaks.org/plusd/cables/1974STATE151507_b.html.

29 數字有所誇大。儘管沒有準確人數，但最終安置在博卡拉強巴林難民營和帕卓林（Paljoling）難民營的四水六崗戰士及家眷，還不到兩千人。見Carole McGranahan, *Arrested Histories*, and Tibet Justice Center's 2002 report, 'Tibet's Stateless Nationals'. 'Resettlement Assistance for Khampas', Wikileaks, 16 January 1975, https://wikileaks.org/plusd/cables/1975KATHMA00261_b.html以及the 1971 memorandum to the 40 Committee.

30 'Resettlement Assistance for Khampas', WikiLeaks, 9 December 1974. https://wikileaks.org/plusd/cables/1974STATE270009_b.html.

31 'Resettlement Assistance for Khampas', Wikileaks, 20 December 1974. https://wikileaks.org/plusd/cables/1974KATHMA05227_b.html.

32 'Resettlement Assistance for Khampas', Wikileaks, 31 January 1975. https://wikileaks.org/plusd/cables/1975STATE023112_b.html.

33 Tibet Justice Center, 'Tibet's Stateless Nationals', p. 20.

34 Jawaharlal Nehru, 'To Mahendra: Grievances', 12 May 1964, *SWJN*, vol. 85, pp. 322-323.

35 Tibet Justice Center, 'Tibet's Stateless Nationals', p. 34.

36 竹編的圓錐狀籃子，普遍用於尼泊爾各地。

37 離校認證測驗等同於十年級學力測驗。現在已被中等教育測驗所取代。

38 Tibet Justice Center, 'Tibet's Stateless Nationals', p. 36.

39 出處同上，pp. 38-39.

40 出處同上，p. 3.

41 除了西藏司法中心的報告之外，另見國際聲援西藏運動（International Campaign for Tibet）的'Dangerous Crossing: Conditions Impacting the Flight of Tibetan Refugees', 2011 update；人權觀察（Human Rights Watch）的'Under China's Shadow: Mistreatment of Tibetans in Nepal', 2014；以及Saferworld的'China and Conflict-affected States: Nepal Case Study', 2012，全都可於線上取得。儘管一位資深記者主張，報告有可能「誇大」了事實和數字，但該報告與新報告以及流出的美國電報進行交叉檢測後，顯示人權報告的內容有很高的真實性。有些官員否認尼泊爾有加入「君子協議」。

42 Tibet Justice Center, 'Tibet's Stateless Nationals', pp. 58-62.

43 Human Rights Watch, 'Under China's Shadow: Mistreatment of Tibetans in Nepal', p. 14.

44 出處同上，p 5.

12 Foreign Relations of the United States, 1969-1976, p. 1146. Memorandum Prepared for the 40 Committee, dated 11 January 1971.

13 John Masko, 'CIA Operations in Tibet and the Intelligence-Policy Relationship', *American Intelligence Journal*, 31, No. 2, 2013, pp. 127-132. www.jstor.org/stable/26202084.

14 Sam Cowan, 'A Secret Nepal File', *Essays on Nepal: Past and Present*, Himal Books, Kathmandu, 2018, p. 347.

15 出處同上，p. 348. 同一篇論文也引用了另一份一九六三年十一月的電報，在該電報中印度外交部否認有為康巴游擊隊提供後援。然而，印度卻於一九六二年末開始在中情局的幫助下，培育「22單位」這支由流亡藏人組成的潛伏中國戰術單位。到了一九六三年九月，一個指導藏人行動的共同作戰中心在德里的豪茲卡司（Hauz Khas）啟用。另見Kenneth Conboy and James Morrison, *The CIA's Secret War in Tibet*.

16 Sam Cowan, 'The Mustang Incident', *Essays on Nepal: Past and Present*, addendum, pp. 296-297.

17 出處同上。約翰・高威爾主張一九六四年有過針對康巴游擊隊的中尼聯合軍事行動。然而，這個主張之後證明為誤。

18 Prem Singh Basnyat, *Nepal-Chin: Vaad-vivaad ra Samvaad*, p. 131. 作者自行翻譯。

19 儘管木斯塘營地因為其數量而最為人所知，但康巴游擊隊員其實幾乎是沿著整條北方邊界駐守，好比說在馬南、多爾帕和東側的歐郎昌，只是人數較少。

20 'Disarming of Khampas', WikiLeaks, 17 July 1974. https://wikileaks.org/plusd/cables/1974KATHMA02903_b.html.

21 Office of the Historian, Bureau of Public Affairs, United States Department of State, 'Documents on South Asia, 1973-1976', Foreign Relations of the United States, 1969-1976, vol. E-8. https://history.state.gov/historicaldocuments/frus1969-76ve08/d251.

22 已知嘉樂頓珠在創立反抗運動時，隱藏了和中情局的聯繫。

23 Mikel Dunham, 'Mustang: Royal Nepal Army's Defeat of the Tibet Freedom Fighters', 17 September 2009. https://www.mikeldunham. com/mikeldunham/2009/09/the-royal-nepal-armys-defeat-of-the-tibetan-freedom-fighters-in-mustang-new-information.html. 在*Arrested Histories*之中，姆格拉納漢談到了萬都的投降條件：a) 釋放先前在博卡拉逮捕的另一名康巴特工拉莫慈仁（Lhamo Tsering）；b) 每個月兩百萬盧比；c) 康巴人可以繼續在尼泊爾生活；d) 安置他們的土地；e) 武器分三階段交出。除了最後一項之外，尼泊爾政府都接受了。但隨著時間過去，拉莫慈仁沒被釋放，萬都就決定逃走。Note 60, p. 158.

24 Kenneth Conboy and James Morrison, *The CIA's Secret War in Tibet*, p. 251.

25 Mikel Dunham, 'Mustang: Royal Nepal Army's defeat of the Tibetan Freedom Fighters—New Information', 17 September 2009. https://www.mikeldunham.com/mikeldunham/2009/09/the-royal-nepal-armys-defeat-of-the-tibetan-freedom-fighters-

plusd/cables/1978KATHMA00683_d.html.

90 出處同上。

91 'Indian Reaction to Teng's Visit to Nepal', WikiLeaks, 10 February 1978. https://wikileaks.org/plusd/cables/1978NEWDE02248_d.html.

92 Teng Hsiao-Ping Visit to Nepal, Wikileaks, 7 February 1978. https://wikileaks.org/plusd/cables/1978KATHMA00683_d.html.

93 引言出自Deepak Thapa and Bandana Sijapati, *A Kingdom under Siege: Nepal's Maoist Insurgency, 1996 to 2004*, The Printhouse, Kathmandu, 2004, p. 45.

## 6 幽魂：尼泊爾的流亡藏人

1 Carole McGranahan, *Arrested Histories: Tibet, the CIA, and Memories of a Forgotten War*, note no. 67, Duke University Press, Durham, 2010, p. 263.

2 所有流亡藏人和代表們的姓名都應要求而更改，或不在此刊出。好幾個人跟我說，這是因為中國當局會記錄下那些出現在新聞和文章中的人名。

3 Carole McGranahan, *Arrested Histories*, p. 188. 另見Elliot Sperling, '"Orientalism" and Aspects of Violence in the Tibetan Tradition', *Imagining Tibet—Perceptions, Projections, and Fantasies*, Wisdom Publications, Boston, 2001. http://elliotsperling.org/orientalism-and-aspects-of-violence-in-the-tibetan-tradition/#22.

4 Tsering Shakya, 'The Myth of Shangri-La', originally published in *Lungta*, Special Issue: Tibetan Authors, 1991, pp. 20-23. https://info-buddhism.com/Myth_of_Shangri-la_Tsering_Shakya.html.

5 Xiaoyuan Liu, *To the End of Revolution*, pp. 774-778.

6 若要更了解康巴人的生活方式，可見Carole McGranahan, *Arrested Histories*.

7 出處同上。引自 p. 149。擄獲文件的行動細節可見Kenneth Conboy and James Morrison, *The CIA's Secret War in Tibet*, pp. 160-163.

8 Kenneth Conboy and James Morrison, *The CIA's Secret War in Tibet*, p. 199. 另見Sam Cowan, 'Raid into Tibet', *Essays on Nepal: Past and Present*, Himal Books, Kathmandu, 2018. 考溫寫到，馬亨德拉跟英國官員說，該影片會是「我們跟你們的嚴重頭痛問題」。然而，一九六四年後康巴游擊隊就沒發動什麼作戰，尤其是在中國越來越嚴密偵察戰士之後。此外，一九六二年戰爭之後的印度—美國聯合行動，也靠著一支獨立單位，也就是今日稱作特別邊境部隊（Special Frontier Force）的22單位（Establishment 22），專注於把藏人戰士送進西藏內部。

9 Kenneth Conboy and James Morrison, *The CIA's Secret War in Tibet*, p. 233. 姆格拉納漢說，葉西回到木斯塘，卻發現萬都已經「單方控制」了部隊，而不是等葉西來正式把職位交給他。

10 Foreign Relations of the United States, 1969-1976, Volume XVII, China, 1969-1972, Washington, DC: United States Government Printing Office, 2006, editorial note on p. 1140. https://history.state.gov/historicaldocuments/frus1969-76v17.

11 Kenneth Conboy and James Morrison, *The CIA's Secret War in Tibet*.

68 出處同上。

69 出處同上。

70 Aditya Adhikari, *The Bullet and the Ballot Box*, p. 1.

71 CIA report, 'Ten Years of Chinese Communist Foreign Policy', p. 95.

72 Aditya Adhikari, *The Bullet and the Ballot Box*, p. 2. 引言亦出自 Leo E. Rose, *Nepal*.

73 CIA report, 'Ten Years of Chinese Communist Foreign Policy', p. 97.

74 J.W. Garver, *China's Quest*, p. 268.

75 Odd Arne Westad, *Restless Empire*, pp. 354-355.

76 J.W. Garver, *China's Quest*, p. 196.

77 Bertil Lintner, *China's India War: Collision Course on the Roof of the World*, Oxford University Press, New Delhi, 2017.

78 是以社論的形式於一九六七年七月五日在中國共產黨中央委員會的機構《人民日報》首度刊出。後來轉錄於 *Liberation*, vol. I, No. 1, November 1967. https://www.marxists.org/subject/china/documents/peoples-daily/1967/07/05.htm.

79 Bappaditya Paul, *The First Naxal: An Authorised Biography of Kanu Sanyal*, Sage India, New Delhi, 2014. 接下來所引用的所有桑亞爾言論都是出自這一冊。

80 Bertil Lintner, 'Burma and its Neighbours', 一九九二年二月於新德里尼赫魯紀念博物館與圖書館舉辦之會議所發表之論文。另刊載於 Surjit Mansingh (ed.), *Indian and Chinese Foreign Policies in Comparative Perspective*, Radiant Publishers, New Delhi, 1998. 也可於此處取得：http://www.asiapacificms.com/papers/pdf/burma_india_china.pdf.

81 引言出自 Odd Arne Westad, *Restless Empire*, p. 362.

82 Sulmaan Wasif Khan, *Haunted by Chaos*, p. 118.

83 Sino-US Joint Communique, 28 February 1972. https://www.fmprc.gov.cn/mfa_eng/ziliao_665539/3602_665543/3604_665547/t18006.shtml.

84 中情局解密報告，'India's Postwar Foreign Policy', 5 April 1972, p. 14. https://www.cia.gov/library/readingroom/document/cia-rdp79r00967a000500010007-2.

85 中情局解密報告，'South of the Himalayas: The View from Peking', 26 February 1973, p. 7. https://www.cia.gov/library/readingroom/document/cia-rdp85t00875r001100160037-9.

86 Peter Francon-Smith, 'Kathmandu-Bhaktapur Trolley Bus', *The Nepali Times*, 4 May 2018. https://www.nepalitimes.com/banner/kathmandu-bhaktapur-trolley-bus/ 這個計畫目前已廢止。

87 中情局解密報告，'The Chinese View Of The Crisis In Southwest Asia: Past Relations, Current Policy, Prospect', 7 March 1980, pp. 15-16. 可於此處取得：https://www.cia.gov/library/readingroom/document/cia-rdp85t00287r000100840002-9.

88 Sulmaan Wasif Khan, *Haunted by Chaos*, p. 137.

89 'Teng Hsiao-Ping Visit to Nepal', Wikileaks, 7 February 1978. https://wikileaks.org/

47 引言出自 Sam Cowan, 'A Worried Monarch', *The Record*, 14 January 2020. https://www.recordnepal.com/perspective/a-worried-monarch/.

48 Fr. László Ladányi, *China News Analysis*, vol. 402, 5 January 1962. http://www.ladanyi.ch/china-news-analysis/.

49 Leo E. Rose, *Nepal*, p. 264. 另見 'The Road to Lhasa', *Economic and Political Weekly*, 5, No. 21, 1970, p. 834. http://www.jstor.org/stable/4360011.

50 引言出自 Sam Cowan, 'A Worried Monarch'.

51 CIA report, 'Ten Years of Chinese Communist Foreign Policy', p. 94.

52 出處同上。

53 M.D. Gurung, 'Communist Movement in Nepal', *Economic and Political Weekly*, 12, No. 44, 1977, pp. 1849-1852. http://www.jstor.org/stable/4366057 (last accessed on 30 April 2020).

54 David N. Gellner and Mrigendra Bahadur Karki, 'KP Oli's Early Life and Influences', *The Record*, translation published on 26 August 2018. https://www.recordnepal.com/perspective/interviews/kp-oli-early-life-and-influences/.

55 Julia Lovell, *Maoism: A Global History*, The Bodley Head, London, 2019, p. 387.

56 這條道路讓中國著作得以進口，因為印度禁止其進口。

57 Julia Lovell, *Maoism*, p. 388.

58 Aditya Adhikari, *The Bullet and the Ballot Box: The Story of Nepal's Maoist Revolution*, Aleph Book Company, New Delhi, 2014, p. 6.

59 David Gellner and Mrigendra Bahadur Karki, 'The Sociology of Activism in Nepal: Some Preliminary Considerations', in H. Ishii, D.N. Gellner & K. Nawa (eds.), *Social and Political Transformations in North India and Nepal* (Social Dynamics in Northern South Asia, vol. 2: Japanese Studies on South Asia vol. 7), pp. 361-397, Manohar, Delhi, 2007. https://www.academia.edu/11780714/The_Sociology_of_Activism_in_Nepal_Some_Preliminary_Considerations

60 引言出自 Gellner and Karki, 'The Sociology of Activism in Nepal'.

61 Aditya Adhikari, *The Bullet and the Ballot Box*, p. 155.

62 Ina Zharkevich, 'A New Way of Being Young in Nepal: the Idea of Maoist Youth and Birth of a New Man', *Studies in Nepali History and Society*, 14(1), June 2009, pp. 67-105. https://www.academia.edu/3242219/A_New_Way_of_Being_Young_in_Nepal_the_Idea_of_Maoist_Youth_and_Birth_of_a_New_Man.

63 出處同上。

64 Aditya Adhikari, *The Bullet and the Ballot Box*, p. 126.

65 Declassified CIA special report, Chinese Communist Influence in Nepal, dated 7 May 1965. https://www.cia.gov/library/readingroom/docs/CIA-RDP79-00927A004900010003-7.pdf.

66 出處同上。p. 3.

67 中情局解密報告，Red China Escalate Infiltration of Nepal, undated, p. 3-8. https://www.cia.gov/library/readingroom/docs/CIA-RDP69B00369R000100200003-0.pdf.

27 Odd Arne Westad, *Restless Empire*, 2013, p. 328.

28 Sulmaan Wasif Khan, *Haunted by Chaos*, p. 100.

29 'Record of Conversation of N.S. Khrushchev with CC CCP Chairman Mao Zedong, Deputy Chairman Liu Shaoqi, Zhou Enlai, Zhu De, Lin Biao, Politburo Members Peng Zhen and Chen Yi, and Secretariat Member Wang Jiaxiang', David Wolff (trans.), History and Public Policy Program Digital Archive, APRF, copy on Reel 17, Volkogonov Collection, Washington, DC: Library of Congress, 2 October 1959. https://digitalarchive.wilsoncenter.org/document/118883. 在同一段對話中，赫魯雪夫談到了蘇聯因尊重尼赫魯的願望而長期未派大使到尼泊爾。

30 CIA, 'Intelligence Report: Ten Years of Chinese Communist Foreign Policy, Section II: South and Southeast Asia, Reference Title: POLO XXVII', 9 April 1968, Directorate of Intelligence, p. 94. https://www.cia.gov/library/readingroom/docs/polo-18.pdf.

31 引言出自Odd Arne Westad, *Restless Empire*, p. 343.

32 J.W. Garver, *China's Quest: The History of the Foreign Relations of the People's Republic of China*, Oxford University Press, New York, 2016, p. 185.

33 Odd Arne Westad, *Restless Empire*, p. 328.

34 二〇二〇年一月八日訪問作者內容。

35 CIA memorandum, 'The Royal Coup in Nepal', 25 January 1961, pp. 4-5. https://www.cia.gov/library/readingroom/docs/CIA-RDP79R00904A000700010026-8.pdf.

36 出處同上。

37 CIA report, 'Ten Years of Chinese Communist Foreign Policy', p. 92.

38 P.K.S. Namboodiri, 'China's Aid to Nepal in Perspective', *India Quarterly*, 35, No. 2, 1979, pp. 223-232. www.jstor.org/stable/45070926.

39 Eugene Bramer Mihaly, *Foreign Aid and Politics in Nepal: A Case Study*, Oxford University Press, New York, 1965, p. 151.

40 出處同上，p. 153.

41 三個計畫全部都延遲了。製鞋工廠一九六五年開廠，中國資助的紙廠要到一九八六年才開廠，而水泥工廠從來都沒有蓋起來過。

42 'Record of Conversation following Pakistani Ambassador to the PRC Raza's Presentation of Credentials to Liu Shaoqi's', 1 September 1962, History and Public Policy Program Digital Archive, PRC FMA 105-01801-02, pp. 28-34. 由Christopher Tang取得並翻譯。https://digitalarchive.wilsoncenter.org/document/121571.

43 'Interview granted by Mr. B.P. Koirala to Mr. Wilson, the correspondent of Far Eastern Economic Review (Hong Kong), Kathmandu, May 26, 1960 (Excerpts)', 轉載於A.S. Bhasin (ed.), *Documents on Nepal's Relations with India and China, 1949-66*, Academic Books Ltd, Delhi, 1970, p. 210.

44 Leo E. Rose, *Nepal*, p. 239.

45 Sulmaan Wasif Khan, 'Muslim, Trader, Nomad, Spy'.

46 11 December 1961 motion in Rajya Sabha, *SWJN*, vol. 73, p. 537.

Fund, New Delhi, 1993.

5 出處同上。

6 Jawaharlal Nehru, *SWJN, Vol. 27, Part II*, Jawaharlal Nehru Memorial Fund, New Delhi, 2000, pp. 19-20.

7 David G. Atwill, 'Himalayan Asia', pp. 65-91.

8 出處同上。

9 Leo E. Rose, *Nepal: Strategy for Survival*, p. 163.

10 Stuart R. Schram, *The Political Thought of Mao Tse-tung*, Praeger Publishers, New York, 1969, p. 375. https://archive.org/details/politicalthought0000unse_k1v5/page/n5/mode/2up.

11 CIA, 'Summaries of trends and developments', 21 November 1950, p. 7-8. https://www.cia.gov/library/readingroom/docs/CIA-RDP79-01090A000300040003-2.pdf.

12 M.D. Gurung, 'Communist Movement in Nepal', *Economic and Political Weekly*, 12, No. 44, 1977, 1849-852. http://www.jstor.org/stable/4366057.

13 出處同上。

14 'Nepalese Rebel Said to Plan New Attack', *New York Times*, 9 May 1952. https://timesmachine.nytimes.com/timesmachine/1952/05/09/84314906.pdf.

15 'CIA, Chinese and Nepalese Communist Activities Along the Indian Border', August-October 1952. https://www.cia.gov/library/readingroom/docs/CIA-RDP80-00809A000700210057-1.pdf.

16 CIA, Information Report, 24 December 1953. https://www.cia.gov/library/readingroom/docs/CIA-RDP80-00810A003200120003-0.pdf.

17 David G. Atwill, 'Himalayan Asia', p. 79.

18 出處同上，p. 80.

19 Jawaharlal Nehru, *SWJN*, vol. 27, p. 73.

20 可於此處取得：https://www.gettyimages.in/detail/news-photo/kakmandu-nepal-dr-k-i-singh-stands-in-a-jeep-as-his-fellow-news-photo/517251946.

21 CIA, Current Intelligence Bulletin, 31 July 1957, p.7 https://www.cia.gov/library/readingroom/docs/CURRENT%20INTELLIGENCE%20BULL%5B15757404%5D.pdf.

22 Jawaharlal Nehru, Note to Secretary General, MEA, and Foreign Secretary on 14 May 1956, *SWJN*, Vol. 33, p. 446.

23 'Nepal: Robin Hood of the Himalayas', *Time*.

24 Sulmaan Wasif Khan, *Haunted by Chaos: China's Grand Strategy from Mao Zedong to Xi Jinping*, Harvard University Press, Cambridge, Massachusetts, 2018, p. 1.「不同形式的權力」在這邊可以定義為，國家如何使用各種手段來達到其國家目標——透過軍事硬實力、文化軟實力或者經濟影響力。

25 Odd Arne Westad, *Restless Empire: China and the World Since 1950*, Vintage Books, London, 2013, p. 324.

26 Sulmaan Wasif Khan, *Haunted by Chaos*, p. 68.

of Foreign Affairs, 23 March 2016. https://mofa.gov.np/joint-press-statement/.

53 Anil Giri, 'Foreign Minister Heads to China on Monday', *Kathmandu Post*, 14 April 2018. http://kathmandupost.ekantipur.com/printedition/news/2018-04-14/foreign-minister-heads-for-china-on-monday.html. 另見：'Nepal-China railway govt's priority: Gyawali', *Himalayan Times*, 21 April 2018. https://thehimalayantimes.com/nepal/nepal-china-railway-govts-priority-minister-for-foreign-affairs-pradeep-kumar-gyawali/.

54 'Nepal Team in China to Discuss Rail From Kyirong to Kathmandu', *The Himalayan Times*, 1 May 2018. https://thehimalayantimes.com/business/nepali-team-in-china-to-discuss-rail-from-kyirong-to-kathmandu/.

55 'Joint Statement Between Nepal and the People's Republic of China,' Ministry of Foreign Affairs, 21 June 2018. https://mofa.gov.np/joint-statement-between-nepal-and-the-peoples-republic-of-china/. 另見 Akhilesh Upadhyay, 'PM Oli winds up Beijing visit on high note', *Kathmandu Post*, 22 June 2018. http://kathmandupost.ekantipur.com/printedition/news/2018-06-22/pm-oli-winds-up-beijing-visit-on-high-note.html.

56 Anil Giri, 'Kathmandu-Kerung Railway Chugs Ahead as China Tables Report', *Kathmandu Post*, 11 December 2018. http://kathmandupost.ekantipur.com/printedition/news/2018-12-11/kathmandu-kerung-railway-chugs-ahead-as-china-tables-report.html.

57 Anil Giri, 'Rs 35 billion and Two Years is What it Takes to get Detailed Project Report of Kathmandu-Kerung Rail', *Kathmandu Post*, 18 March 2019. https://kathmandupost.com/national/2019/03/18/rs35-billion-and-2-years-is-what-it-takes-to-get-detailed-project-report-of-kathmandu-kerung-railway.

58 Anil Giri, 'China Pledges Rs 2 Billion in Grant for Railways but Where will it Go?', *Kathmandu Post*, 7 June 2019. http://kathmandupost.ekantipur.com/printedition/news/2019-06-07/china-pledges-rs-2-billion-in-grant-for-railways-but-where-will-it-go.html.

59 Sangam Prasain, 'China to Extend Tibet Rail to India Border Via Nepal', *Kathmandu Post*, 14 September 2018. https://kathmandupost.ekantipur.com/news/2018-09-14/china-to-extend-tibet-rail-to-india-border-via-nepal.html.

## 5 共產主義搭車行路而來

1 'Nepal: Robin Hood of the Himalayas', *Time*, 5 August 1957. http://content.time.com/time/subscriber/article/0,33009,867789,00.html.

2 B.P. Koirala, *Atmabrittanta: Late Life Recollections* (trans. by Kanak Mani Dixit), Himal Books, Kathmandu, 2001, p. 166.

3 出處同上。另見 Leo E. Rose, *Nepal: Strategy for Survival*, p. 200; 以及 David Atwill, 'Himalayan Asia'.

4 Jawaharlal Nehru, *SWJN, Vol. 15, Part II*, p. 381-82, Jawaharlal Nehru Memorial

39 二〇一九年六月，拉蘇瓦的貨櫃操作員擋住卡車，不讓他們越界前往中國。他們要求卡車的跨境要基於先到先辦的原則，並且要對車陣做控制管理。見 https://www.kantipurdaily.com/news/2019/06/11/156022847956539141.html.

40 Ramesh Kumar, 'New China-Nepal rail corridor', *Nepali Times*, 5 June 2020. https://www.nepalitimes.com/latest/new-china-nepal-rail-corridor/.

41 Hou Yanqi, 'Friendship across Mount Zhumulangma: A bond for shared prosperity', *Republica*, 1 November 2020. https://myrepublica.nagariknetwork.com/amp/friendship-across-mount-zhumulangma-a-bond-for-shared-prosperity.

42 'Chin sanga aapurti khalbaliyo, vyapar siddhant viparit aayat ma quota' ('Supply of goods from China disrupted, Import quotas applied irrespective of trade principles'), *Online Khabar*, 11 October 2020. https://www.onlinekhabar.com/2020/10/902577. 據報有一名商人因為債務加劇且貨物在吉隆卡了八個多月而自殺。見 https://shilapatra.com/detail/44416.

43 據報導，二〇二〇後半年每口貨櫃從拉蘇瓦加迪到加德滿都的運費為八萬五千尼泊爾盧比。然而，每口貨櫃從比爾甘傑到加德滿都的運費則是四萬五千至五萬尼泊爾盧比。見 Rishiram Paudyal, 'Chin ko Asahayog le Uttari Naaka ajhai asahajh' ('Northern borders still erratic after China's lack of support'), *Kantipur*, 23 Mangsir 2077, 8 December 2020. https://ekantipur.com/news/2020/12/08/16073939600382821.html.

44 已換假名。

45 莫頓提到，拉蘇瓦男性居民有時候會把邊界通行證「租」給有執照的卡車司機，這樣做每個月可以賺到五萬尼泊爾盧比。Galen Murton, 'Border Corridors', p. 155.

46 Abrahm Lustgarten, *China's Great Train: Beijing's Drive West and the Campaign to Remake Tibet*, Henry Holt and Company, New York, 2008, p. 49.

47 見 Emily Yeh, *Taming of Tibet*. 另見 'The Qinghai-Tibet Railway: China's new instrument for assimilation', Jamestown Foundation, 9 May 2007. https://jamestown.org/program/the-qinghai-tibet-railway-chinas-new-instrument-for-assimilation-2/.

48 David P. Nickles (ed.), 'Foreign Relations of the United States: 1969-1976', vol. XVIII: China 1973-1976, Department of State, Washington, D.C., 2007, p. 888. https://2001-2009.state.gov/documents/organization/100316.pdf.

49 'Tibet: Tourism, The Train and Migrant Labour,' WikiLeaks, 7 March 2008. https://wikileaks.org/plusd/cables/08CHENGDU43_a.html.

50 'Tibet Vice Governor: Slams Dalai Lama, Denies Political Oppression, Outlines Chinese Government Efforts To Improve Living Standards', WikiLeaks, 9 November 2009. https://wikileaks.org/plusd/cables/09CHENGDU251_a.html.

51 Anil Giri, 'China Assures Rail Link with Nepal', *Kathmandu Post*, 28 December 2014. https://kathmandupost.com/miscellaneous/2014/12/28/china-assures-rail-link-with-nepal.

52 'Joint Press Statement Between the People's Republic of China and Nepal', Ministry

19 'An official account of the Nepal-China war', *RRS*, Vol. II, p. 179.

20 'An official account of the Nepal-China war', *RRS*, Vol. II, p. 180.

21 Fr. Ludwig Stiller, *The Rise of the House of Gorkha*, pp. 173-174.

22 'An official account of the Nepal-China war', *RRS*, Vol. II, p. 181.

23 出處同上。p. 181.

24 魏源《聖武記》之五〈乾隆征廓爾喀記〉，轉錄於Perceval Landon的*Nepal*, Vol. II, p. 275.

25 西藏已煽動錫金在東邊發動攻擊，而這時西邊有些山區侯國則對廓爾喀人發動了反抗。廓爾喀部隊也被庫馬盎的戰事纏住而無法抽身。馬世嘉寫道，福康安寫信給朱母拉（Jumla）、不丹和英國請求一同對抗廓爾喀人。

26 'An official account of the Nepal-China war', *RRS*, Vol. II, p. 181.

27 V.K. Manandhar, *A Comprehensive History of Nepal-China Relations*. 然而，中國人並沒有在尼泊爾與英國人作戰時前來援助，昂邦拒絕把尼泊爾的函件送去北京。「中國沒有給別國錢或武器的慣例。因此我們昂邦無法把你的要求送交皇上」：Fr. Ludwig Stiller, *The Silent Cry: The People of Nepal, 1816-1839*, Sahayogi Prakashan, Kathmandu, 1976, p. 96.

28 'An official account of the Nepal-China war', *RRS*, Vol. II, p. 187.

29 Galen Murton, Austin Lord and Robert Beazley, 'A handshake across the Himalayas: Chinese investment, hydropower development, and state formation in Nepal', *Eurasian Geography and Economics*, 2016, 57:3, pp. 403-432. http://dx.doi.org/10.1080/15387216.2016.1236349.

30 藏語稱Kyirong，尼泊爾語稱Kerung。

31 Galen Murton, Austin Lord and Robert Beazley, 'A handshake across the Himalayas'.

32 L. Boulnois, 'Chinese Maps and Prints on the Tibet-Gorkha War of 1788-92', *Kailash Journal*, vol. 15, 1989.

33 吉隆藏布（藏布是藏語的「河流」）在拉蘇瓦俗稱「博赫特戈西」；下游則稱為崔樹里河。人們認為崔樹里河在尼泊爾的源頭是聖湖葛賽坤達（Gosainkunda）。

34 橋於二〇一九年五月通行。http://kathmandupost.ekantipur.com/news/2019-06-07/friendship-bridge-in-rasuwagadhi-comes-into-operation.html. 其建造開始於二〇一八年九月。

35 已換假名。

36 Sam Cowan, 'All Change at Rasuwa Garhi,' *Himalaya: the Journal of the Association for Nepal and Himalayan Studies*, vol. 33, No. 1, Article 14, 2013. http://digitalcommons.macalester.edu/himalaya/vol33/iss1/14.

37 類似的情況在二〇一九年末發生，當時印度禁止了洋蔥出口，而中國便出口洋蔥給尼泊爾。但很可惜的是，沒有多少人漸漸開始改變口味。見https://myrepublica.nagariknetwork.com/news/after-india-ban-chinese-onions-take-local-market/.

38 藏語稱達姆，尼泊爾語則稱卡薩。

5 Sabine Dabringhaus, 'The Ambans of Tibet—Imperial Rule at the Inner Asian Periphery', in *The Dynastic Centre and the Provinces: Agents and Interactions*, Sabine Dabringhaus and Duindam Jeroen (eds.), Brill, Leiden, Boston, 2014, pp. 114-126. http://www.jstor.org/stable/10.1163/j.ctt1w8h2x3.12.

6 「金瓶掣籤」打從一開始就有著爭議。人們爭論其中立性，以及用來選出高階轉世者的次數。最近，中國共產黨表示，它會使用金瓶來選出達賴喇嘛的下一任轉世者，而西藏流亡政府不接受這樣的主張。

7 Elliot Sperling, 'Awe and Submission: A Tibetan Aristocrat at the Court of Qianlong', *The International History Review*, 20:2, 1998, pp. 325-335. https://doi.org/10.1080/07075332.1998.9640826.

8 當清朝在末年這樣主張的時候，尼泊爾的拉納首相昌德拉．珊木謝強烈拒絕，並寫信給英國方表示，「中國如此輕率地主張，不僅是毫無根據的謊言，也對我們的國家榮譽和獨立都帶來有害影響。」英國便明白告訴中方，「國王陛下政府無法允許西藏有任何行政上的改變，而影響或妨礙尼泊爾的完整……必要時，他們已準備好守護〔尼泊爾、錫金和不丹〕這三個國家的利益和權利。」見 Vijay Kumar Manandhar, *A Comprehensive History of Nepal-China Relations*, Vol. II, Adroit Publishers, New Delhi, 2004, p. 123-129.

9 Samuel Turner, *An Account of an Embassy to the Court of the Teshoo Lama in Tibet, Containing a Narrative of a Journey Through Bootan and Part of Tibet*, Bulmer, London, 1800, p. 372. https://books.google.co.in/books?id=tJjajE8_6VUC&dq=teshoo+lama&source=gbs_navlinks_s.

10 'An Official Nepali Account of the Nepal-China war: King Ran Bahadur Shah's letter to officials sent for the conquest of Kumaun Garhwal', Dhana Bajra Bajracharya and Gnyan Mani Nepal (trans. M.C. Regmi), *RRS*, Vol. 2., January 1970, pp. 177-188. 原信件刊登於 *Aitihasik Patra Sangraha* ('A Collection of Historical Letters'), Nepal Samskritic Parishad, Kathmandu, 1957. http://digitalhimalaya.com/collections/journals/regmi/.（下文若提及雷格米研究系列會稱作 RSS。）

11 出處同上。有些歷史學家主張夏瑪巴私吞了錢款。

12 Fr. Ludwig Stiller, *The Rise of the House of Gorkha: A Study in the Unification of Nepal 1768-1816*, Patan Jesuit Society, Kathmandu, 1975, p. 163.

13 出處同上，p. 164. 首席昂邦的副手也稱作「昂邦」。見 Sabine Dabringhaus, 'The Ambans of Tibet'.

14 W.W. Rockhill, 'The Dalai Lamas of Lhasa and Their Relations with the Manchu Emperors of China: 1644-1908', *T'oung Pao*, Second Series, 11, No. 1, 1910, pp. 1-104. www.jstor.org/stable/4526129.

15 Fr. Ludwig Stiller, *The Rise of the House of Gorkha*, p. 170.

16 Schuyler V. Cammann, *Trade through the Himalayas: The Early British Attempts to Open Tibet*, Princeton University Press, Princeton, New Jersey, 1951, p. 123-124.

17 'An official account of the Nepal-China war', *RRS*, Vol. II, p. 180.

18 Fr. Ludwig Stiller, *Rise of the House of Gorkha*, p. 170.

chinese-development-agency-to-aid-15-northern-nepali-districts.html.

56 Ramchandra Pokhrel, 'The road to Lo Manthang', *Himal Khabarpatrika*, 14-28 January 2002, Issue 80. http://archive.nepalitimes.com/news.php?id=6251. 當時的另一則報導指出，一筆經由尼泊爾共產黨（聯合馬列）的新措施「自己的村莊自己蓋」（Aafno Gaun Aafai Banau）發出的援助金，也出錢興建了那條路。見：http://archive.nepalitimes.com/news.php?id=3802. 也有未經證實的報導指出中國出錢興建了那條路。

57 Ramchandra Pokhrel, 'The road to Lo Manthang'.

58 Ramesh Dhungel, *The Kingdom of Lo (Mustang): A Historical Study*, Tashi Gaphel Foundation, Kathmandu, 2002.

59 佩賽爾提到，有一位貴族跟他說，到一九六二年為止，歲貢都是八百九十六盧比和兩匹馬，因此木斯塘就不再進貢馬匹但多給了八十盧比。Michel Peissel, *Mustang*, p. 230.

60 Ramesh Dhungel, p. 140.

61 Dilip Poudel, 'Drastic increase in Chinese aid surprises Mustang locals', *Republica*, 19 November 2015. http://archive.myrepublica.com/2015-16/society/story/31284/drastic-increase-in-chinese-aid-surprises-mustang-locals.html. 二〇二〇年五月，木斯塘在地當局拒絕接受中國援助，表示醫療和救濟物資未經許可就送來，並擔心物資可能遭新冠病毒汙染。見 https://english.khabarhub.com/2020/20/97322/.

62 Galen Murton, *Border Corridors*, p. 246.

63 'NA Concerned Over China's Suspicious Activity in Mustang', *Khabarhub*, 6 January 2020. https://english.khabarhub.com/2020/06/66748/.

64 結果發現，二〇一八年冬天死去的牲口並沒有保險。「根據牲口保險的保險費，農人有資格獲得百分之七十五的補貼；木斯塘的農人從ACAP（安納布爾納保護區計畫，Annapurna Conservation Area Project）額外得到百分之十二點五的補助。」見 https://myrepublica. nagariknetwork.com/news/not-a-single-farm-animal-that-died-during-mustang-snowfall-was-insured/.

## 4 戰爭與和平

1 Colonel William Kirkpatrick, *An Account of the Kingdom of Nepaul: Being the substance of observations made during a mission to that country in the year 1793*, Manjusri Publishing House, New Delhi, 1969 (first edition 1811), p. 348. https://archive.org/details/in.ernet.dli.2015.49850/page/n3.

2 出處同上，p. 350.

3 Xiaoyuan Liu, *To the End of Revolution: The Chinese Communist Party and Tibet, 1949-1959*, Columbia University Press, New York, 2020, p. 65.

4 Matthew W. Mosca, *From Frontier Policy to Foreign Policy: The Question of India and the Transformation of Geopolitics in Qing China*, p. 136, Stanford University Press, Palo Alto, California, 2013.

查站是在其他印度軍方前哨站之前就先獨自設立的。見Cowan, 'The Gorkha War and its Aftermath', *The Record*, 14 November 2020. https://www.recordnepal.com/category-explainers/the-gorkha-war-and-its-aftermatth/.

37 Sam Cowan, 'The Curious Case of the Mustang Incident'.

38 引言出自Sam Cowan, 'The Curious Case of the Mustang Incident'.

39 Sulmaan Wasif Khan, *Muslim, Trader, Nomad, Spy*.

40 CIA, 'The Sino-Indian Border Dispute', p. vi,（一九六三年八月十九日首度刊載，二〇〇七年五月獲准發行）。https://www.cia.gov/library/readingroom/document/5077054e993247d4d82b6a65.

41 Sulmaan Wasif Khan, *Muslim, Trader, Nomad, Spy*.

42 出處同上。

43 CIA, 'The Sino-Indian Border Dispute', p. 59.

44 'B.P. Koirala's reply to Chou En-Lai, 24 July 1960', 轉載於R.K. Jain (ed.), *China-South Asian Relations: 1947-1980*: vol. 2, Radiant Publishers, New Delhi, 1981, p. 336.

45 Leo E. Rose, *Nepal: Strategy for Survival*, University of California Press, 1971, p. 229.

46 Sulmaan Wasif Khan, *Muslim, Trader, Nomad, Spy*.

47 Kenneth Conboy and James Morrison, *The CIA's Secret War in Tibet*, p. 146.

48 Sam Cowan, 'The Curious Case of the Mustang Incident'.

49 Report by Yuri Andropov, 'On the Situation in Tibet', 31 March 1959, History and Public Policy Program Digital Archive, TsKhSD, f. 5, op. 49, d. 238, ll. 42-48 (R. 8929); trans. from Russian by David Wolff. Published in CWIHP Working Paper No. 30. https://digitalarchive.wilsoncenter.org/document/118751.

50 Sam Cowan, addendum to 'The Mustang Incident', *Essays on Nepal: Past and Present*, Himal Books, Kathmandu, 2018, p. 294-298. 在補遺中，考溫也不採信「一九六四年中國部隊和尼泊爾部隊聯手企圖殲滅康巴游擊隊」的主張。除了一個中國外交官的口頭回憶外，就再也沒有其他證據證明有中國部隊為了那種任務而進入尼泊爾，而康巴游擊隊也沒有在一九六四年遭到殲滅。

51 CIA, 'The Sino-Indian Border Dispute', p. 59.

52 Sulmaan Wasif Khan, *Muslim, Trader, Nomad, Spy*.

53 出處同上。

54 Manjushree Thapa, *Mustang Bhot in Fragments*, Himal Books, Kathmandu, 2008 (3rd edition), p. 89.

55 'Press Release on Solar Power Handover Ceremony held in Mustang', Ministry of Foreign Affairs, 11 September 2015. https://mofa.gov.np/press-release-on-solar-power-handover-ceremony-held-in-mustang/. 在一份約定五年內給予五千萬人民幣的協議下，西藏自治區政府每年提供一千萬人民幣給十五個緊貼中國邊界的地區作為援助。目前該協定已修訂，現在負責此計畫的是新設立的國家國際發展合作署。可見此：http://kathmandupost.ekantipur.com/news/2019-03-30/

gathers-momentum.html. 另見 http://kathmandupost.ekantipur.com/printedition/news/2018-03-05/bids-called-for-feasibility-study-for-korala-dry-port.html. 武裝警察部隊邊界哨站的基石是二〇二〇年十一月放下去的。

22 當莫頓造訪邊界並拍照時，「一台中國武裝警察部隊的休旅車立刻出現在地平線上」。（Galen Murton, *Border Corridors*, p. 117）中國部隊可能是出於這條邊界的敏感性，而特地沿線提防外國人。

23 Galen Murton, *Border Corridors*, p. 147.

24 出處同上，p. 157.

25 Michel Peissel, *Mustang*, p. 128-129. 四水六崗運動俗稱康巴運動，因為大部分的戰士都是來自西藏東側的康區。

26 出處同上，p. 87.

27 Carole McGranahan, *Arrested Histories: Tibet, the CIA, and Memories of a Forgotten War*, Duke University Press, Durham and London, 2010, p. 138.

28 Kenneth Conboy and James Morrison, *The CIA's Secret War in Tibet*, University Press of Kansas, Lawrence, Kansas, 2002, p. 151.

29 出處同上，p. 158.

30 Michel Peissel, p. 231. 一份已解密的、一九五九年一月的中情局一周提要指出，美國計畫替尼泊爾興建九座飛行場，其中一座預定在木斯塘。「最後這座可能會成為中國共產黨宣傳的目標，使他們宣稱喜馬拉雅山區有「美國空軍基地」。見 https://www.cia.gov/library/readingroom/docs/CIA-RDP79-00927A002300030001-4.pdf.

31 Kenneth Conboy and James Morrison, p. 147.

32 Carole McGranahan, *Arrested Histories*, p. 181. 一九五〇年，國王是特里布萬；反抗運動以木斯塘為據點運作的大半期間，國王都是他的兒子馬亨德拉。

33 Tsering Shakya, *The Dragon in the Land of Snows: A History of Modern Tibet Since 1947*, Pimlico, London, 1999, p. 284. 姆格拉納漢也在採訪葉西的過程中記下了這件事；葉西聲稱連馬亨德拉的兒子畢蘭德拉都拜訪過他們。

34 CIA, 'Central Intelligence Bulletin', 15 December 1959. https://www.cia.gov/library/readingroom/docs/CIA-RDP79T00975A004800380001-7.pdf.

35 Sam Cowan, 'The Curious Case of the Mustang Incident', *Record Nepal*, 17 January 2016. https://www.recordnepal.com/wire/curious-case-mustang-incident/.

36 一直到一九七〇年八月為止，印度在北方的尼泊爾邊界上都讓十七至二十個檢查站保持開啟。Bhola Nath Mullik所領導的情報局，建議沿印度北方前線以及尼泊爾、不丹和錫金等鄰國境內設置這樣的檢查站。至於尼泊爾為何同意，有人引述了一名退休軍官的話，說「印度就是做下去了，尼泊爾也無能為力」。若要更深入了解此事，可見Sam Cowan, 'The Indian Checkposts, Lipu Lekh and Kalapani', *Record Nepal*, 14 December 2015. https://www.recordnepal.com/wire/indian-checkposts-lipu-lekh-and-kalapani/. 二〇二〇年印度尼泊爾爭端的關鍵核心，卡拉帕尼檢查站，就是這批檢查站中的一個；至於其他站裁撤之後為何它還留著，答案還不為公眾所知。也有新的證據顯示，卡拉帕尼檢部的拜拉哈瓦，為中國和印度提供產品運輸路線。這條兩國之間的最短路徑，目前需要拓寬並鋪設柏油，動筆時還需要好幾座橋跨越甘達基河。然而，上達喬姆松的物流和人流都很固定。若要更進一步了解可見：https://kathmandupost.ekantipur.com/news/2017-07-09/kaligandaki-corridor-becomes-operational.html和http://ssrn.aviyaan.com/assets/docs/Schematic%20Diagram%20of%20SSRN%20Model%202017-18.pdf.

9 Isabel Hilton, 'Flight of the Lama', *New York Times*, 12 March 2000. https://www.nytimes.com/2000/03/12/magazine/flight-of-the-lama.html.

10 影片可以在https://www.youtube.com/watch?v=onRbwRZP3dA&t=655s觀看。由《日本時報》前編輯島津洋一所製作。

11 'Escape From Tibet,' https://kagyuoffice.org/in-india/the-karmapas-great-escape-december-28-1999-january-5-2000/.

12 Isabel Hilton, 'Flight of the Lama.'

13 Barbara Cossette, 'Buddhist's Escape from Tibet, by Car, Horse and Plane', *New York Times*, 31 January 2000. https://www.nytimes.com/2000/01/31/world/buddhist-s-escape-from-tibet-by-car-horse-and-plane.html.

14 'Tibet's Stateless Nationals: Tibetan Refugees in Nepal', Tibet Justice Center, Berkeley, California: 2002, p. 74. http://www.tibetjustice.org/reports/nepal.pdf.

15 B. Raman, 'The Karmapa Controversy,' *Outlook India*, 1 February 2011. https://www.outlookindia.com/website/story/the-karmapa-controversy/270296.

16 Suhasini Haidar, 'Karmapa Kept India in the Dark', *The Hindu*, 27 December 2018. https://www.thehindu.com/news/national/karmapa-kept-india-in-the-dark/article25843227.ece

17 Galen Murton, *Border Corridors*, p. 144.

18 見Emily T. Yeh, *Taming Tibet*, p. 5.「國家領土不是一種既已制定的、自然化的地理單位，或者說社會、文化和政治經濟關係的容器，而是正在進行的領土化過程的產物；讓一個國家社會體獲得霸權的『空間關係』就是靠著領土化而得以生效。領土是現代民族國家空間的基本形式……領土化是一種十分實質而具體的過程，涉及了主觀和地景的轉變。」

19 Galen Murton, 'A Himalayan Border Trilogy: The Political Economies of Transport Infrastructure and Disaster Relief between China and Nepal', *Cross-Currents: East Asian History and Culture Review*, March 2016. https://cross-currents.berkeley.edu/e-journal/issue-18.

20 'Traders: Access to China's ports not a magic bullet', *The Kathmandu Post*. https://kathmandupost.com/money/2018/09/09/traders-access-to-chinas-ports-not-a-magic-bullet. 六個陸路渡口分別是：普蘭—西爾薩、吉隆—拉蘇瓦、樟木—科達里、日屋—歐郎昌（Olangchung）、里孜—尼莊（Nyichung）以及陳塘—奇馬桑卡（Kimathanka）。

21 Sanjeev Giri, 'Korala Port Process Gathers Momentum', *The Kathmandu Post*. http://kathmandupost.ekantipur.com/printedition/news/2017-07-23/korala-port-process-

35 如今尼泊爾和中國都在探勘一條連結普蘭和印度邊界上的城鎮尼泊爾根傑的道路。見https://english.onlinekhabar.com/chinese-team-in-humla-for-feasibility-study-of-road-connecting-india-and-china.html.

36 Emily T. Yeh, 'The land belonged to Nepal but the people belonged to Tibet'.

37 出處同上。二〇一九年九月，美國國會議員也在六名藏人從胡姆拉遣返回中國之後，寫信給尼泊爾當局。見https://www.phayul.com/2019/11/21/41991/.

38 Emma Austin, *The Mountain People of Northern Humla, Recordnepal.com*, 24 February 2018. https://www.recordnepal.com/wire/the-mountain-people-of-northern-humla/.

39 出處同上。

40 Melvyn C. Goldstein, 'A report on Limi Panchayat'.

41 Martin Saxer, 'New Roads Old Trades', p. 78.

42 Martin Saxer, 'Between China and Nepal'.

43 Basanta Pratap Singh, 'Smuggling of medicinal herbs, wildlife parts rampant via Urai border point, Bajhang', *The Kathmandu Post*, 11 November 2020. https://kathmandupost.com/sudurpaschim-province/2020/11/11/smuggling-of-medicinal-herbs-wildlife-parts-rampant-via-urai-border-point-in-bajhang.

## 3 喜馬拉雅的一道柵欄

1 已換假名。

2 Michel Peissel, *Mustang: A Lost Tibetan Kingdom*, Futura, London, 1979, p. 89.

3 二〇一八年冬天，光是木斯塘就死了超過兩千頭氂牛、犏牛和綿羊，而這數字是負責準備最終報告的警官跟我說的。一直到二〇一九年四月我造訪的時候，村民都還在追加通報死亡牲口數。

4 Galen Murton, 'Border Corridors: Mobility, Containment, and Infrastructure of Development between Nepal and China', PhD Dissertation, Department of Geography, University of Colorado, Boulder, 2017, p. 187. 可於此處取得：https://www.academia.edu/34173508/BORDER_CORRIDORS_Mobility_Containment_and_Infrastructures_of_Development_between_Nepal_and_China.

5 出處同上，p. 189.

6 有一張二〇一九年拍攝的照片顯示建築物幾乎完工。見Thomas Heaton, 'The Free Wheeling Woman Who Defied Society's Motorbike-Based Stigma', *Kathmandu Post*, 5 December 2019. https://kathmandupost.com/travel/2019/12/05/the-free-wheeling-woman-who-defied-society-s-motorbike-based-stigma.

7 Emily T. Yeh, *Taming Tibet: Landscape Transformation and the Gift of Chinese Development*, Cornell University Press, Ithaca, 2013, p. 63. Yeh寫到：「國家農場概括了毛澤東思想時期的至高環境想像，人們把沒有耕作的土地當作空蕩、無人、亟需文明開化的土地。」人民解放軍把西藏的不毛之地化為田地，而他們的努力「成為了愛國義舉而備受讚譽」。

8 甘達基河公路是一條正在興建的435公里道路，將連通科拉拉至尼泊爾南

difficult-to-govern-a-place-if-you-dont-understand-its-ecology/.

18 Martin Saxer, 'New Roads Old Trades' in *The Art of Neighbouring: Making Relations Across China's Borders*, eds. by Martin Saxer and Juan Zhang, Amsterdam University Press, Amsterdam, 2014, p. 88-91.

19 出處同上。p. 89.

20 曼伽爾．拉馬訪談，二〇一九年四月四日。

21 儘管這也可能是我們造訪時的特殊情況，因為外來人都已聚集在河谷中參加展銷會。見Emily T. Yeh, 'The land belonged to Nepal but the people belonged to Tibet'，作者也經歷了類似的事情。

22 Sara B. Shneiderman, 'Himalayan border citizens: Sovereignty and mobility in the Nepal-Tibetan Autonomous Region (TAR) of China border zone', *Political Geography*, vol. 35, 2013.

23 Narjan Tamang, 'Limi ka Basindalai Sahajai Mulyama Chamal (Limi residents get rice at subsidised rates)', *Naya Patrika*, 17 October 2020. 可見於此：https://nayapatrikadaily.com/news-details/53206/2020-10-17.

24 Emily T. Yeh, 'The land belonged to Nepal but the people belonged to Tibet'.

25 Christoph von Fürer-Haimendorf, *Himalayan Traders*, p. 294.

26 Tina Harris, *Geographical Diversions: Tibetan Trade, Global Transactions*, University of Georgia Press, Athens, Georgia, 2013, p. 88.

27 出處同上，p. 129-132.

28 見 Emily T. Yeh, 'The land belonged to Nepal but the people belonged to Tibet'.

29 Sara B. Shneiderman, 'Himalayan border citizens'.

30 Hongyi Harry Lai, 'China's Western Development Program: Its Rationale, Implementation, and Prospects', *Modern China*, vol. 28, 2002.

31 Andrew Fischer, 'The great transformations of Tibet and Xinjiang: A comparative analysis of rapid labour transitions in times of rapid growth in two contested minority regions of China', paper presented at the conference *Challenging the Harmonious Society: Tibetans and Uyghurs in Socialist China*, Nordic Institute of Asian Studies, Copenhagen, 20-21 May 2011. 若要進一步了解西部大開發，也可見H. Holbig, 'The emergence of the campaign to open up the West: Ideological formation, central decision-making, and the role of the provinces', *The China Quarterly*, 2004, No. 178, pp. 335-357.

32 Emily T. Yeh, *Taming Tibet: Landscape Transformation and the Gift of Chinese Development*, Cornell University Press, Ithaca and London, 2013, p. 344.

33 Jay Bahadur Rokaya, 'Humla Locals Happy to Work in Taklakot', *Kathmandu Post*, 4 August 2018. https://kathmandupost.com/money/2018/08/04/humla-locals-happy-to-work-in-taklakot.

34 Matrika Dahal, 'Taklakot bata tatkal uddhar asambhav' (Rescue from Taklakot impossible right now), *Kantipur*, 14 March 2020. https://ekantipur.com/news/2020/03/14/15841490335529330.html.

1 見https://www.asianart.com/articles/Waltse/index.html. 我都將該鎮名稱拼寫為Burang，除非其他引文處使用其他拼法（譯註：中文翻譯統一為「普蘭」。）若要更了解該寺院效忠對象在歷史上的轉變，可見http://www.kailashzone.org/pages/limi/rinchen.html.

2 Emily T. Yeh, 'The land belonged to Nepal but the people belonged to Tibet: Overlapping sovereignties and mobility in the Limi Valley Borderland', *Geopolitics*, June 2019, pp. 1-27, DOI: 10.1080/14650045.2019.1628018. 雙重稅制的漫長歷史，顯示了河谷在不同時期分別歸尼泊爾和西藏統治。也有紀錄說臥則的寺院是在十四世紀卡斯—尼泊爾（Khas-Nepali）統治者的統治期間興建的，而口傳歷史也主張，另一位當地統治者把利米河谷當作贈地給了一位來自西藏的知名喇嘛。

3 見'History of Limi People', http://www.kailashzone.org/pages/limi/history.php.

4 CIA, Central Intelligence Bulletin, 15 December 1959. https://www.cia.gov/library/readingroom/docs/CENTRAL%20INTELLIGENCE%20BULL%5B15787730%5D.pdf.

5 Melvyn C. Goldstein, 'A report on Limi Panchayat, Humla District, Karnali Zone', *Contributions to Nepalese Studies*, vol. 2, No. 2, 1975.

6 Christoph von Fürer-Haimendorf, *Himalayan Traders*, St. Martin's Press, New York, 1975, pp. 251-252.

7 Emily T. Yeh, 'The land belonged to Nepal but the people belonged to Tibet'.

8 Christoph von Fürer-Haimendorf, *Himalayan Traders*, p. 286.

9 胡姆拉國會議員才旺・拉馬訪談。另見Goldstein, Furer-Haimendorf and Yeh.

10 Melvyn C. Goldstein, 'A report on Limi Panchayat'.

11 二〇一二年，尼泊爾和中國簽署了跨邊界放牧協議，允許人們在邊界算起三十公里內放牧。然而，當我造訪利米的時候，卻沒有當地人把牲畜帶到邊界另一頭放牧。中文寫成的協議可見此處：http://np.china-embassy.org/chn/zngxs/zywj/t1059643.htm.

12 若要進一步了解含碘鹽如何導致胡姆拉運鹽商隊的瓦解，可見Martin Saxer, 'Between China and Nepal: Trans-Himalayan Trade and the Second Life of Development in Upper Humla', *Cross-Currents: East Asian History and Culture Review*, E-Journal No. 8, September 2013. http://cross-currents.berkeley.edu/e-journal/issue-8.

13 動筆時，有一名來自尼泊爾大會黨的國會議員主張，中國確實入侵了尼泊爾領土；然而，加德滿都和北京都反覆否認此事。

14 然而，二〇二〇年冬天，尼泊爾的武裝警察部隊警官首度駐留在西爾薩邊界哨站。武裝警察部隊邊界哨站是那不久前的夏天才設立的。

15 Emily T. Yeh, 'The land belonged to Nepal but the people belonged to Tibet'.

16 出處同上。

17 可以在這邊看我訪問他的內容：https://www.recordnepal.com/perspective/its-

*Kathmandu Valley, Nepal*, Oxford University Press, India, 2003, pp. 38-79. 虛構文學往往用更包羅萬象的方式來處理這些故事。見Chittadhar Hridaya的*Mimanah Pau*（The Unburnt Letter）以及Dharma Ratna Yami的*Reply from Lhasa*，後者寫的是詩人在拉薩時和藏人女孩的情事。

50 Melvyn Goldstein, 'In the Eye of the Storm: 1957-1959', *A History of Modern Tibet, Vol. 4*, University of California Press, Oakland, California, 2019, p. 446.

51 Melvyn Goldstein, *A History of Modern Tibet, Vol. 4*, p. 443.

52 出處同上，p. 448.

53 出處同上，p. 452. 梅爾文·戈爾茨坦提到，北京在早上十一點時回訊說，「不要打。」「當毛澤東得知譚冠三打亂了他的計畫，〔毛澤東〕便生氣地說，這個譚冠三，越來越糊塗了。然而，既然戰事已經開打，如果半路停下，便會〔讓解放軍〕處於不利；〔所以〕他們一定要取勝。因此毛澤東回了電報說，他同意〔解放軍〕繼續打，但〔解放軍〕只准勝，不准敗。這代表說，譚冠三如果打輸了就會遭到毛澤東懲處。」

54 Sulmaan Wasif Khan, *Muslim, Trader, Nomad, Spy: China's Cold War and the People of the Tibetan Borderlands*, University of North Carolina Press, Chapel Hill, North Carolina, 2015.

55 帕拉格亞·拉特那·土拉德哈寫給卡魯那·拉特那·土拉德哈的信，日期為一九五九年八月二十八日，卡馬爾·拉特那·土拉德哈私人收藏。

56 我十分感激卡馬爾·拉特那·土拉德哈讓我使用他收藏的廓拉斯亞書信電報集。卡馬爾·拉特那也著有*Caravan to Lhasa*，是非常知名的尼藏貿易記事。廓拉斯亞是由他父親卡魯那·拉特那·土拉德哈所擁有。接下來所有的書信和電報都是引述自他的個人收藏。

57 Sulmaan Wasif Khan, *Muslim, Trader, Nomad, Spy*.

58 David G. Atwill, 'Himalayan Asia', in *Islamic Shangri-La: Inter-Asian Relations and Lhasa's Muslim Communities, 1600 to 1960*, University of California Press, Oakland, California, 2018, pp. 65-91. www.jstor.org/stable/j.ctv941r61.8.

59 David G. Atwill, 'The Tibetan Muslim Incident of 1960'.

60 出處同上。

61 拉薩尼泊爾人企業的營業數字，引用自Lucette Boulnois, 'Nepalese traders in Lhasa', *European Bulletin of Himalayan Research*, vol. 15 & 16, 1998-99, pp. 32-33. Boulnois則是指稱數字來自一九六一年中國調查，此調查結果刊登於一九九三年的論文；Long Xijiang, 'Investigating the History of Nepalese Traders in Lhasa', published in *Zhongguo Zhang Xue* (Chinese Journal of Tibetology), ed. by Chinese Center of Tibetology, No. 3, pp. 41-51.

62 David G. Atwill, 'The Tibetan Muslim Incident of 1960'.

63 出處同上。

64 Sulmaan Wasif Khan, *Muslim, Trader, Nomad, Spy*.

65 David G. Atwill, 'The Tibetan Muslim Incident of 1960'.

35 Tirtha Prasad Mishra, 'Nepalese in Tibet: A case study of Nepalese half-breeds (1856-1956)', *CNAS*, Vol. 30, No. 1 (January 2003), pp. 1-18.

36 出處同上。

37 Todd T. Lewis, 'Newar-Tibetan Trade and the Domestication of "Siṃhalasārthabāhu Avadāna"', *History of Religions*, 33, No. 2, 1993, pp. 135-160. http://www.jstor.org/stable/1062932.

38 Dor Bahadur Bista, 'Nepalis in Tibet', *Contributions to Nepali Studies*, vol. VIII, No. 1, December 1980, pp. 1-20. 一九五六年在西藏的雙邊貿易照會也概略提到，已達十八歲的混血親屬子女「可根據自身意志」替自己以及其十八歲以下子女選擇中華人民共和國國籍。見 'Notes on trade and intercourse between Tibet Region of China and Nepal'，轉載於 A.S. Bhasin (ed.), *Documents on Nepal's Relations with India and China, 1949-66*, Academic Books, Delhi, 1970, p. 189-191.

39 Siegfried Lienhard, *Songs of Nepal: An Anthology of Nevar Folksongs and Hymns*, Centre for Asian and Pacific Studies, University of Hawaii Press, Honolulu, Hawaii, 1974, p. 84. 這一段引自歌詞。

40 Todd T. Lewis, 'Newar-Tibetan Trade and the Domestication of "Siṃhalasārthabāhu Avadāna"'.

41 Siegfried Lienhard, *Songs of Nepal*, p. 51-60.

42 在前面援引的紀錄片 *Women, Wives and Daughters* 裡面，有一個土拉德哈的男性說，藏人妻子因為「不會躲苦差事」所以很好用。有二房的家庭常常都有家庭糾紛；Heera Nani 就談到她的母親在悲傷難忍的時候會在斯瓦揚布轉經（kora）。

43 的確，對於擔心丈夫去拉薩出事的內瓦爾妻子來說這是相當痛苦的。紀錄片 *Women, Wives and Daughters* 就回顧了 Heera Nani 在得知先生要離開她前往拉薩的時候，是怎麼樣地藏起了他的護照。她的父親娶了藏人妻子，而她的母親為此吃盡了苦頭。Heera Nani 記得，當女人們的丈夫拒絕回來時，她們常常賣掉首飾來給孩子念書。她丈夫 Anand Siddhi 說，其他內瓦爾人很怕把女兒嫁給拉薩商人。

44 David G. Atwill, 'How Half-Tibetans Made Tibet Whole'.

45 Todd T. Lewis, 'Newar-Tibetan Trade and the Domestication of "Siṃhalasārthabāhu Avadāna"'.

46 David G. Atwill, 'The Tibetan Muslim Incident of 1960.' In *Islamic Shangri-La: Inter-Asian Relations and Lhasa's Muslim Communities, 1600 to 1960*, pp. 92-122. Oakland, University of California Press, California, 2018. http://www.jstor.org/stable/j.ctv941r61.9.

47 Charles Bell, *Tibet: Past and Present*, p. 233.

48 Tirtha Prasad Mishra, 'Nepalese in Tibet'.

49 Todd T. Lewis, 'Buddhist merchants in Kathmandu: The Asan Twah Market and Uray social organization' in David N. Gellner & Declan Quigley (eds.), *Contested Hierarchies: A Collaborative Ethnography of Caste Among the Newars of the*

16 Kamal Ratna Tuladhar, p. 46.

17 一個可能是，士兵們是要買錶去北京賣，因為當時西藏這邊沒有關稅。見 David G. Atwill, 'Himalayan Asia', in *Islamic Shangri-La: Inter-Asian Relations and Lhasa's Muslim Communities, 1600 to 1960*, University of California Press, Oakland, California, 2018, pp. 65-91. www.jstor.org/stable/j.ctv941r61.8.

18 出處同上。

19 'A Petition from Nepalese merchants in Lhasa to the Nepalese government (VS 1949)'.

20 Albert Terrien de Lacouperie, 'The Silver Coinage of Tibet', *The Numismatic Chronicle and Journal of the Numismatic Society*, vol. 1, 1881, pp. 340-353. http://www.jstor.org/stable/42679461.

21 出處同上。

22 Prem R. Uprety, *Nepal-Tibet Relations, 1850-1930*, p. 24.

23 出處同上，p. 26.

24 Charles Bell, *Tibet: Past and Present*, Clarendon Press, Oxford, 1924, p. 238. 在昌德拉・珊木謝的統治下，一九〇四年榮赫鵬遠征西藏時，尼泊爾不只堅持西藏要和英國講和而不去援助西藏，他甚至還提供物資來援助榮赫鵬，藉此無視一八五六年條約的條款。謠傳說昌德拉先前就是在總督寇松侯的支持下才掌權的。

25 出處同上，pp. 234-240.

26 'A petition from the merchant Harṣapati of Tuṃche to the government of Nepal regarding the plundering of his shop in Lhasa (VS 1940)', Timalsina, Shrestha and Acharya, *Documents on the History of Religion and Law of Pre-modern Nepal*.

27 Prem R. Uprety, *Nepal-Tibet Relations*, pp. 94-96

28 David G. Atwill, 'How Half-Tibetans Made Tibet Whole', in *Islamic Shangri-La: Inter-Asian Relations and Lhasa's Muslim Communities, 1600 to 1960*, University of California Press, Oakland, California, 2018, pp. 34-64. www.jstor.org/stable/j.ctv941r61.7.

29 D.S. Kansakar Hilker, *Syamukapu: The Lhasa Newars of Kathmandu and Kalimpong*, Vajra Books, Kathmandu: 2005, p. 138.

30 作者自行翻譯。Video of Heera Nani Tuladhar, *Women, Wives and Daughters: Newa Traders in Lhasa*, ImPACT! Productions, 2020. 可在此處觀賞：https://www.facebook.com/ImpactProductions2011/videos/249846216064404/?v=249846216064404.

31 David G. Atwill, 'How Half-Tibetans Made Tibet Whole'.

32 出處同上。

33 Lucette Boulnois, 'Nepalese traders in Lhasa', *European Bulletin of Himalayan Research*, Vol. 15 & 16, 1998-99, pp. 32-33. 可於此處取得：http://himalaya.socanth.cam.ac.uk/collections/journals/ebhr/pdf/EBHR_15&16_17.pdf.

34 David G. Atwill, 'How Half-Tibetans Made Tibet Whole'.

群的歷史，好比說古倫族（Gurung）、馬嘉族和塔芒族的歷史。近年人們大量爭辯尼泊爾認同，尤其是在討論沙阿諸王之於統一尼泊爾的作用、強行使尼泊爾語成為國家語言而損害其他語言，以及將婆羅門印度種姓制度併入尼泊爾國法而使法律允許種族不平等的時候。在Richard Burghart, Pratyoush Onta and Seira Tamang的著作中有更多探討。

3 尼泊爾語稱古提（Kuti，譯註：譯文直接使用中文翻譯，因此此處註釋改為尼泊爾語）。

4 Jahar Sen, 'India's Trade with Central Asia via Nepal', *Bulletin of Tibetology*, 1971, pp. 21-40. https://www.repository.cam.ac.uk/bitstream/id/637465/bot_08_02_03.pdf/.

5 Mahesh Chandra Regmi, 'The Kathmandu Valley Entrepot Trade', *Regmi Research Series* (hereafter RRS), Year 11, No. 12, 1 December 1979, pp. 189-90.《雷格米研究系列》（*Regmi Research Series*）是由尼泊爾歷史學家雷格米（Regmi）於一九六九年私人發行的歷史期刊。它共有二十一冊，還刊出了許多尼泊爾史料的譯文。

6 若要更詳細了解該條約，以及尼泊爾在一九五〇年以前與西藏的政治經濟關係，可見Prem R. Uprety, *Nepal-Tibet Relations 1850-1930*, Ratna Pustak Bhandar, Kathmandu, 1998; Regmi, *An Economic History of Nepal, 1846-1901*, Nath Publishing House, Varanasi, 1988; Regmi, 'The Kathmandu Valley Entrepot Trade'.

7 Charles Bell, *The People of Tibet*, Motilal Banarasidass Publishers, New Delhi, 1994 edition, p. 118.

8 Filippo de Filippi (ed.), *An Account of Tibet: The Travels of Ippolito Desideri of Pistoia, S.J. (1712-1727)*, George Routledge & Sons, London, 1937, pp. 309-312.

9 Perceval Landon, *Nepal, Vol. II*, Constable and Co. Ltd, London: 1928, p. 34.

10 Kamal Ratna Tuladhar, *Caravan to Lhasa: A Merchant of Kathmandu in Traditional Tibet*, Lijala & Tisa, Kathmandu: 2011, p. 37.

11 Chittadhar 'Hridaya', *Letter from a Lhasa Merchant to His Wife*（原本以內瓦爾語發行，稱作《未焚毀信件》〔*Mimanah Pau*〕），由Kesar Lall翻譯，Robin Books, New Delhi: 2002, p. 21.奇塔德哈．赫里達亞寫到，「趕時間的挑夫有時候會進〔籃子〕去讓別人把他拉到對面去。有時候〔別人〕拉繩子拉到沒力了或者繩子鬆開，籃子就直直落進了水裡。」

12 Perceval Landon, *Nepal, Vol. II*, p. 41.

13 Alex McKay, "The British Invasion of Tibet, 1903-04." Inner Asia 14, No. 1 (2012): 5-25. http://www.jstor.org/stable/24572145.

14 出處同上。

15 'A Petition from Nepalese merchants in Lhasa to the Nepalese government (VS 1949)', eds. and trans. by Bal Gopal Shrestha, Ramhari Timalsina and Rabi Acharya, in *Documents on the History of Religion and Law of Pre-modern Nepal*, Heidelberg Academy of Sciences and Humanities, Heidelberg, Germany, 2018; courtesy of the National Archives, Kathmandu. https://abhilekha.adw.uni-heidelberg.de/nepal/editions/show/26554.

20 Ramesh K. Dhungel, 'Nepal-Tibet Cultural Relations and the Zhva-Dmar-Pa (Shyamarpa) Lamas of Tibet', *CNAS Journal*, vol. 26, No. 2, July 1999.

21 D.S. Kansakar Hilker, *Syamukapu: The Lhasa Newars of Kalimpong and Kathmandu*, Vajra Publications, Kathmandu: 2005, p. 87.

22 Sylvain Levi, 'Chinese and Tibetan Documents'.

23 Kanchanmoy Majumdar, *Political Relations Between India and Nepal*, 1877-1923, Munshiram Manoharlal, New Delhi, 1973, p. 190-191.

24 Jawaharlal Nehru's speech to Indian Parliament on India's Policies, 6 December 1950, 收錄於 *Selected Works of Jawaharlal Nehru*（下文皆稱 *SWJN*）, vol. 15, Part II, p. 432.

25 見 Mark Liechty, *Far Out: Countercultural Seekers and the Tourist Encounter in Nepal*, Martin Chautari, Kathmandu, 2019.

26 近期主要的例子包括了Probal Dasgupta的*Watershed 1967: India's Forgotten Victory over China*, Juggernaut, 2020; Shiv Kunal Verma的*1962: The War That Wasn't*, Aleph, 2016 以及 Pravin Sawhney and Ghazala Wahab的 *Dragon on our Doorstep: Managing China through Military Power*, Aleph, 2017.

27 藏語稱「達姆」，尼泊爾語則稱「卡薩」（Khasa）。

28 吉隆之藏語為「Kyirong」，尼泊爾語則稱「Kerung」。

29 Jianying Zha, 'China's Heart of Darkness', *China Heritage: The Wairarapa Academy for New Sinology*, 14-22 July 2020. 可於此處取得：http://chinaheritage.net/journal/chinas-heart-of-darkness-prince-han-fei-chairman-xi-jinping-part-ii/.

30 習近平，《將跨越喜馬拉雅的友誼推向新高度》，全文重新刊載於二〇一九年十月十四日《新華網》。http://www.xinhuanet.com/english/2019-10/11/c_138463745.htm.

31 Bhikkhu Amritananda, *Buddhist Activities in Socialist Countries*, New World Press, Peking: 1961, p. 20. 熟悉尼泊爾的學者都會注意到文字中對於佛陀誕生地的強調，而這是一個和印度與尼泊爾相關的敏感主題。

32 見 Satya Mohan Joshi, *Kalakar Arniko: The Well Known Nepali Architect*, Vijay Gajanand Vaidya, Kathmandu, 1982 edition.

33 'Chinese Ambassador Hou Yanqi Visit and Extend Birthday Wishes to Satya Mohan Joshi', Chinese Embassy in Nepal, 17 May 2019. http://np.china-embassy.org/eng/News/t1664509.htm.

## 1 絲路上的商人

1 Radhika Iyengar, 'In 1952, Hindi Film Songs were banned on All India Radio', *Live Mint*, 13 July 2018. https://www.livemint.com/Leisure/XUjIcb1XdO60gXOrHCyH2H/In-1952-Hindi-film-songs-were-banned-on-All-India-Radio.html.

2 尼泊爾的族群多元，往往被那些支持更一致的尼泊爾認同的統治者淡化，但該國其實有一百多個族群和一百多種語言。當前的國家主義歷史遮蔽了各族

# 註釋

## 引言：良好平衡

1 Theodore Riccardi Jr., 'Translator's Introduction to Sylvain Levi's *The History of Nepal',* Part I, *Kailash Journal,* vol. 3, No. 1, 1975. https://www.repository.cam.ac.uk/bitstream/handle/1810/227202/kailash_03_01_01.pdf?sequence=2.

2 Andras Hofer, 'On Re-reading *Le Nepa*l: What We Social Scientists Owe to Sylvain Levi', *Kailash Journal*, vol. 7, No. 3 & 4, 1979. http://himalaya.socanth.cam.ac.uk/collections/journals/kailash/pdf/kailash_07_0304_01.pdf.

3 Sylvain Levi (trans. S. Mitra, eds. Harihar Raj Joshi and Indu Joshi), *Nepal: A Notebook of Sojourn*, The Nepal Studies: Past and Present, Kathmandu, 2006, p. 8.

4 出處同上，p. 21.

5 出處同上，p. 33.

6 出處同上，p. 23.

7 Sylvain Levi, 'Nepal: Chinese and Tibetan Documents', *Ancient Nepal*, vol. 27, April 1974. 尼泊爾考古部翻譯的《尼泊爾：一個印度王國的歷史研究》英譯本，從1973年開始在《古代尼泊爾》期刊陸續發表，共刊登了四十四篇。http://himalaya.socanth.cam.ac.uk/collections/journals/ancientnepal/pdf/ancient_nepal_27_07.pdf.

8 Vijay Kumar Manandhar, *A Comprehensive History of Nepal-China Relations up to 1955 AD, Vol. 1*, Adroit Publishers, New Delhi, 2004, p. 30.

9 Sylvain Levi, 'Nepal: Chinese and Tibetan Documents'.

10 松贊干布據說還娶了唐朝的文成公主。

11 Mary Shepherd Slusser, *Nepal Mandala: A Cultural Study of the Kathmandu Valley*, Princeton University Press: 1982, p. 281.

12 敦煌出土的七世紀西藏編年史，也有記載尼泊爾境內喜馬拉雅山地的其他地區，好比說木斯塘境內的那些區域。見David P. Jackson, 'Notes of the history of Se-rib, and nearby places in the upper Kali Gandaki valley', *Kailash Journal*, vol. 6, No. 3, 1978. http://himalaya.socanth.cam.ac.uk/collections/journals/kailash/pdf/kailash_06_03_03.pdf.

13 Sylvain Levi, 'Nepal: Chinese and Tibetan Documents'.

14 出處同上。

15 Sylvain Levi (trans. S.P. Chatterjee), *The Mission of Wang Hiuen-Tse in India*, Indian Geographical Society: Calcutta, 1967, p. 9.

16 出處同上，p. 10.

17 中文稱日喀則。（譯註：本書原文有數個註釋提供原地名之中文名稱，中文讀者可略過。）

18 Mary Shepherd Slusser, *Nepal Mandala*, p. 71.

19 出處同上。

*from Svayambhu Purana*, Avalok Publishers, Kathmandu, 1978.
Xiaoyuan Liu, *To the End of Revolution: The Chinese Communist Party and Tibet, 1949-1959*, Columbia University Press, New York, 2020.
Yu Hua (trans. Allan H. Barr), *China in Ten Words*, Anchor Books, New York, 2012.

## 期刊

· *American Intelligence Journal*
· *Ancient Nepal*
· *Asian Survey*
· *Contributions to Nepalese Studies*
· *Economic and Political Weekly*
· *European Bulletin of Himalayan Research*
· *Himalaya*
· *India Quarterly*
· *Journal of Asian Studies*
· *Kailash*
· *Modern Asian Studies*
· *Proceedings of Indian History Congress*
· *Regmi Research Series*
· *The China Quarterly*
· *China News Analysis*

## 線上入口網站、報紙和雜誌

· *Caixin*
· *Caravan*
· *China Neican*
· *Economist*
· *Foreign Affairs*
· *Foreign Policy*
· *Global Times*
· *High Peaks Pure Earth*
· *Himal Khabarpatrika*
· *Himal Southasian*
· *India Today*
· *Kantipur*
· *Los Angeles Review of Books: China Channel*
· *Naya Patrika*
· *Nepali Times*
· *Nepal Magazine*
· *Online Khabar*
· *Outlook*
· *South China Morning Post*
· *The Record*
· *The Hindu*
· *The Indian Express*
· *The Kathmandu Post*
· *The New York Times*
· *The Wire*
· *Times of India*
· *Xinhua*

## 網路資源

· Academia.edu
· CIA declassified files
· Jawaharlal Nehru Memorial Fund
· Jstor
· Pahar
· Project MUSE
· Researchgate
· US State Department archives
· Wikileaks
· Wilson Center

Siegfried Lienhard, *Songs of Nepal: An Anthology of Nevar Folksongs and Hymns*, Centre for Asian and Pacific Studies, University of Hawaii Press, Hawaii, 1974.

Sudheer Sharma, *Prayogshala: Nepali Sankraman ma Dilli, Durbar ra Maobadi* ('Laboratory: Delhi, the Royal Palace and the Maoists in Nepal's Conflict'), Fineprint Books, Kathmandu, 2013.

Sulmaan Wasif Khan, *Haunted By Chaos: China's Grand Strategy from Mao Zedong to Xi Jinping*, Harvard University Press, Cambridge, MA, 2018.

Sulmaan Wasif Khan, *Muslim, Trader, Nomad, Spy: China's Cold War and the People of the Tibetan Borderlands*, The New Cold War History series, University of North Carolina Press, North Carolina, 2015.

Sylvain Levi (ed. Harihar Raj Joshi and Indu Joshi), *Nepal: A Notebook of Sojourn*, The Nepal Studies: Past and Present, Kathmandu, 2006.

Sylvain Levi (tr. S.P. Chatterjee), *The Mission of Wang Hiuen-Tse in India*, Indian Geographical Society, Calcutta, 1967.

T.R. Ghoble, *China-Nepal Relations and India*, Deep & Deep Publications, New Delhi, 1991.

Tenzin Dickie (ed.), *Old Demons New Deities: Contemporary Stories from Tibet*, Navayana, New Delhi, 2017.

Tibet Justice Center, *Tibet's Stateless Nationals: Tibetan Refugees in Nepal*, Berkeley, 2002.

Tina Harris, *Geographical Diversions: Tibetan Trade, Global Transactions*, University of Georgia Press, Athens, Georgia, 2013.

Todd Thornton Lewis, *The Tuladhars of Kathmandu: A Study of Buddhist Tradition in A Newar Merchant Community*, Dissertation, Columbia University, New York, 1984.

Tsepon D. Shakabpa, *Tibet: A Political History*, Yale University Press, New Haven and London, 1967.

Tsering Shakya, *The Dragon in the Land of Snows: A History of Modern Tibet since 1947*, Pimlico London, 1999.

Tsering Woeser (tr. Kevin Carrico), *Tibet on Fire: Self-Immolations Against Chinese Rule*, Verso Books, London, 2016.

Tsering Woeser and Wang Lixiong (ed. and tr. Violet S. Law), *Voices from Tibet: Selected Essays and Reportage*, Hong Kong University Press, Hong Kong, 2014.

V.K. Manandhar, *A Comprehensive History of Nepal-China Relations up to 1955*, 2 vols., Adroit Publishers, New Delhi, 2004.

V.K. Manandhar, *A Documentary History of Nepalese Quinquennial Missions to China 1792-1906*, Adroit Publishers, New Delhi, 2001.

Vikram Seth, *From Heaven Lake: Travels Through Sinkiang and Tibet*, Chatto & Windus, London, 1983.

Wang Hui, *China's Twentieth Century: Revolution, Retreat and the Road to Equality* (ed. Saul Thomas), Verso Books, London, 2016.

Wang Hui, *The End of the Revolution: China and the Limits of Modernity*, Verso Books, London, 2011.

Wang Lixiong and Tsering Shakya, *The Struggle for Tibet*, Verso Books, London, 2009.

Warren W. Smith (ed.) (tr. Min Ratna Bajracharya), *Mythological History of the Nepal Valley*

*Princess to Tibetan History*, Book Faith India, Delhi, 1997.
Odd Arne Westad, *Restless Empire: China and the World Since 1750*, Vintage Books, London, 2013.
Odd Arne Westad, *The Global Cold War: Third World Interventions and the Making of Our Times*, Cambridge University Press, Cambridge, 2005.
Patrick French, *Younghusband: The Last Great Imperial Adventurer*, HarperCollins, London, 2004.
Perceval Landon, *Nepal*, 2 vols., Constable, London, 1928.
Peter Hessler, *Country Driving: A Chinese Road Trip*, Harper Perennial, New York, 2011.
Peter Hessler, *Oracle Bones: A Journey Through Time in China*, Harper Perennial, New York, 2007.
Prashant Jha, *Battles of the New Republic: A Contemporary History of Nepal,* Aleph Book Company, Delhi, 2013.
Prem R. Uprety, *Nepal-Tibet Relations 1850-1930: Years of Hopes, Challenges and Frustrations*, Ratna Pustak Bhandar, Kathmandu, 1998.
Prem Singh Basnyat, *Nepal-China: Vaad-vivaad ra Samvaad ('Nepal-China: Discords and Dialogues')*, Brother Books, Kathmandu, 2017.
R. Dhanalaxmi, *British Attitude to Nepal's Relations with Tibet and China (1814-1914)*, Bahri Publications, Chandigarh and New Delhi, 1981.
R.K. Jain (ed.), *China-South Asian relations 1947-1980*, vol. 2, Humanities Press Inc., New Jersey, 1981 (New Delhi edition).
Rabi Thapa, *Thamel: Dark Star of Kathmandu*, Speaking Tiger Books, Delhi, 2016.
Ramesh Dhungel, *The Kingdom of Lo (Mustang): A Historical Study*, Tashi Gaphel Foundation, Kathmandu, 2002.
Ramesh Nath Pande, *Kootniti ra Raajniti* ('Diplomacy and Politics'), Sangrila Books, Kathmandu, 2018.
Sam Cowan, *Essays on Nepal: Past and Present*, Himal Books, Kathmandu, 2018.
Sam Van Schaik, *Tibet: A History*, Yale University Press, London and New York, 2011.
Samuel Turner, *An Account of an Embassy to the Court of the Teshoo Lama in Tibet, containing a Narrative of a Journey through Bootan and part of Tibet*, W. Bulmer & Co, London, 1800.
Sanjay Upadhya, *Nepal and the Geo-Strategic Rivalry between China and India*, Routledge Books, London (special Nepal edition), 2012.
Satya Mohan Joshi, *Kalakar Arniko: The Well-Known Nepali Architect*, Vijay Gajanand Vaidya, Kathmandu, 1982.
Schuyler V. Cammann, *Trade through the Himalayas: The Early British Attempts to Open Tibet*, Princeton University Press, Princeton, 1951.
*Selected Works of Jawaharlal Nehru* (ed. various), 80 volumes, Ministry of Culture, India.
Sheldon Pollock, Benjamin Elman (eds.), *What China and India Once Were: The Pasts That May Shape Global Future*, Viking, New Delhi, 2018.
Shree Bhakta Khanal, *Apthyaro Baato: Tibbati Sharanarthi ko Sangharsha Katha ('A Difficult Road: The Struggles of Tibetan Refugees')*, Sangrila Books, Kathmandu, 2017.

James F. Fisher, *Trans-Himalayan Traders: Economy, Society & Culture in Northwest Nepa*l, University of California Press, Berkeley, 1986.
John Keay, *China: A History*, Harper Press, London, 2009.
John Kenneth Knaus, *Orphans of the Cold War: America and the Tibetan Struggle for Survival*, PublicAffairs, Perseus Books Group, New York,1999.
Julia Lovell, *Maoism: A Global History*, The Bodley Head, London, 2019.
Julia Lovell, *The Opium War: Drugs, Dreams and The Making of China*, Picador, London, 2011.
Kamal Ratna Tuladhar, *Caravan to Lhasa: A Merchant of Kathmandu in Traditional Tibet*, Lijala & Tisa, Kathmandu, 2011.
Kanchanmoy Mojumbdar, *Political Relations between India and Nepal, 1877-1923*, Munshiram Manoharlal, New Delhi, 1973.
Kenneth Conboy and James Morrison, *The CIA's Secret War in Tibet*, University Press of Kansas, Kansas, 2002.
Kesar Lall, *The Newar Merchants in Lhasa*, Ratna Pustak Bhandar, Kathmandu, 2001.
Laxmi Prasad Devkota, *Muna Madan*, Sajha Prakashan, Lalitpur, 2009.
Leo E. Rose, *Nepal: Strategy for Survival*, Center for South and Southeast Asia Studies, University of California Press, Berkeley, California, 1971.
Ludwig F. Stiller, *Nepal: Growth of a Nation*, Human Resources Development Research Center, Kathmandu, 1993.
M. Taylor Fravel, *Strong Borders, Secure Nation: Cooperation and Conflict in China's Territorial Disputes*, Course Book ed. Princeton University Press, Princeton, 2008.
Ma Jian, *Red Dust: A Path Through China*, Vintage, London, 2006.
Maharajakrishna Rasgotra, *A Life in Diplomacy*, Viking, New Delhi, 2016.
Mahesh Chandra Regmi, *An Economic History of Nepal 1846-1901*, Nath Publishing House, Varanasi, 1988.
Manjushree Thapa, *Mustang Bhot in Fragments*, Himal Books, Kathmandu, 2008 (3rd edition).
Martin Saxer, Juan Zhang (eds.), *The Art of Neighbouring: Making Relations Across China's Borders*, Amsterdam University Press, 2017.
Mary Shepherd Slusser, *Nepal Mandala: A Cultural Study of the Kathmandu Valley*, 2 vols., Princeton University Press, Princeton, New Jersey, 1982.
Matthew W. Mosca, *From Frontier Policy to Foreign Policy: The Question of India and the Transformation of Geopolitics in Qing China*, Stanford University Press, Stanford, 2013.
Melvyn Goldstein, *A History of Modern Tibet, Volume 4: In the Eye of the Storm 1957-1959*, University of California Press, Oakland, California, 2019.
Michael Hutt, *Himalayan Voices: An Introduction to Modern Nepali Literatur*e, Indian Book Company, Dehradun, 1993.
Michel Peissel, *Mustang: A Lost Tibetan Kingdom*, Futura, London, 1979.
Mikel Dunham, *Buddha's Warriors: The Story of the CIA-Backed Tibetan Freedom Fighters, the Chinese Communist Invasion, and the Ultimate Fall of Tibet*, Tarcher Perigee, Penguin Publishing Group, New York, 2004.
Min Bahadur Shakya, *Princess Bhrikuti Devi: The Life and Contributions of the Nepali*

D.S. Kansakar Hilker's *Syamukapu: The Lhasa Newars of Kathmandu and Kalimpong*, Vajra Books, Kathmandu, 2005.
David G. Atwill, *Islamic Shangri-La: Inter-Asian Relations and Lhasa's Muslim Communities, 1600 to 1960*, University of California Press, Oakland, California, 2018.
David N. Gellner & Declan Quigley (eds.), *Contested Hierarchies: A Collaborative Ethnography of Caste Among the Newars of the Kathmandu Valley, Nepal*, Oxford University Press, Delhi, 2003.
Deepak Thapa and Bandana Sijapati, *A Kingdom under Siege: Nepal's Maoist Insurgency, 1996 to 2004*, Himal Books, Kathmandu, 2004.
Dharma Ratna Yami (tr. D.B. Gurung), *Reply from Tibet*, Vajra Books, Kathmandu, 2018.
Dor Bahadur Bista, *Report from Lhasa*, Sajha Prakashan, Kathmandu, 1979.
Emily T. Yeh, *Taming Tibet: Landscape Transformation and the Gift of Chinese Development*, Cornell University Press, Ithaca and London, 2013.
Eugene Bramer Mihaly, *Foreign Aid and Politics in Nepal: A Case Study*, Oxford University Press, New York, 1965.
Evan Osnos, *Age of Ambition: Chasing Fortune, Truth, and Faith in the New China*, Farrar, Strous and Giroux, New York, 2014.
Ezra F. Vogel, *Deng Xiaoping and the Transformation of China*, Harvard University Press, Cambridge, MA, 2013.
Filippo de Filippi (ed.), *An Account of Tibet: The Travels of Ippolito Desideri, S.J. (1712-1727)*, George Routledge & Sons, London, 1937.
Fr. Ludwig Stiller, *The Rise of the House of Gorkha: A Study in the Unification of Nepal 1768-1816*, Patan Jesuit Society, Kathmandu, 1975.
Fr. Ludwig Stiller, *The Silent Cry: The People of Nepal, 1816-1839*, Sahayogi Prakashan, Kathmandu, 1976.
Galen Murton, *Border Corridors: Mobility, Containment, and Infrastructures of Development between Nepal and China*, Dissertation, University of Colorado, Boulder, 2017.
George Patterson, *God's Fool*, Faber and Faber, London, 1956.
Greg C. Bruno, *Blessings from Beijing: Inside China's War on Tibet in Exile*, Speaking Tiger Books, Delhi, 2019.
Heinrich Harrer, *Seven Years in Tibet*, Rupert Hart-Davies, London, 1953.
Human Rights Watch, *Under China's Shadow: Mistreatment of Tibetans in Nepal*, 2014.
Ian Johnson, *The Souls of China: The Return of Religion after Mao*, Pantheon, New York, 2017.
International Campaign for Tibet, *Dangerous Crossing: Conditions Impacting the Flight of Tibetan Refugees*, 2011 update, 2012.
J.W. Garver, *China's Quest: The History of the Foreign Relations of the People's Republic of China*, Oxford University Press, New York, 2016.
J.W. Garver, *Protracted Contest: Sino-Indian Rivalry in the Twentieth Century*, University of Washington Press, Seattle, London, 2001.
James C. Scott, *The Art of Not Being Governed: An Anarchist History of Upland Southeast Asia*, Yale University Press, New Haven, 2010.

# 參考書目

## 書籍


A.S. Bhasin (ed.), *Documents on Nepal's Relationship with India and China 1949-66*, Academic Books Ltd, New Delhi, 1970.

Abrahm Lustgarten, *China's Great Train: Beijing's Drive West and the Campaign to Remake Tibet*, Henry Holt and Company, New York, 2008.

Aditya Adhikari, *The Bullet and the Ballot Box: The Story of Nepal's Maoist Revolution,* Aleph Book Company, Delhi, 2014.

B.N. Mullik, *My Years with Nehru: The Chinese Betrayal*, Allied Publishers, Delhi, 1971.

B.P. Koirala (tr. Kanak Mani Dixit), *Atmabrittanta: Late Life Recollections*, Himal Books, Kathmandu, 2001.

Bappaditya Paul, *The First Naxal: An Authorised Biography of Kanu Sanyal*, Sage India, New Delhi, 2014.

Barry C. Bishop, *Karnali Under Stress: Livelihood Strategies and Seasonal Rhythms in a Changing Nepal Himalaya*, University of Chicago, Chicago, 1990.

Bertil Lintner, *China's India War: Collision Course on the Roof of the World*, Oxford University Press, New Delhi, 2017.

Bertil Lintner, *The Costliest Pearl: China's Struggle for Indian Ocean*, Context/Westland, Chennai, 2019.

Bhikkhu Amritananda, *Buddhist Activities in Socialist Countries*, New World Press, Peking, 1961.

Bishnu Rijal (ed.), *Nepal ko Kootnitik Abyaas* ('Nepal's Diplomatic Efforts'), Institute for Foreign Affairs, Kathmandu, 2019.

Bruno Macaes, *Belt and Road: A Chinese World Order*, Viking, Delhi, 2019.

Buddhi Narayan Shrestha, *Border Management of Nepal*, Bhumichitra, Kathmandu, 2003.

Carole McGranahan, *Arrested Histories: Tibet, the CIA, and Memories of a Forgotten War*, Duke University Press Books, Durham, 2010.

Charles Bell, *The People of Tibet*, Motilal Banarasidass Publishers, New Delhi, 1994.

Charles Bell, *Tibet: Past and Present*, Clarendon Press, Oxford, 1924.

Chittadhar 'Hridaya' (tr. Kesar Lall), *Letter from a Lhasa Merchant to His Wife* (Originally published in Nepal bhasa as *Mimanah Pau* ['The Unburnt Letter']), Robin Books, New Delhi, 2002.

Christoph von Furer-Haimendorf, *Himalayan Traders*, St. Martin's Press, New York, 1975.

Clements R. Markham, *Narratives of the Mission of George Bogle to Tibet and of the Journey of Thomas Manning to Lhasa*, Trubner and Co, London, 1879.

Colonel William Kirkpatrick, *An Account of the Kingdom of Nepaul: Being the substance of observations made during a mission to that country in the year 1793*, first edition 1811, Manjusri Publishing House, Delhi, 1969.

Corneille Jest, *Monuments of Northern Nepal*, UNESCO, 1981.

D.R. Regmi, *Ancient Nepal*, K.L. Mukhopadhyay, Calcutta, 1960.

# 尼泊爾：不平衡的邊界

作　者—阿米許．拉傑．穆爾米（Amish Raj Mulmi）
譯　者—唐澄暐
主　編—何秉修
校　對—Vincent Tsai
企　劃—林欣梅
封面設計—倪旻鋒
總 編 輯—胡金倫
董 事 長—趙政岷
出 版 者—時報文化出版企業股份有限公司
一〇八〇一九台北市和平西路三段二四〇號七樓
發行專線—（〇二）二三〇六六八四二
讀者服務專線—〇八〇〇二三一七〇五
（〇二）二三〇四七一〇三
讀者服務傳真—（〇二）二三〇四六八五八
郵撥—一九三四四七二四時報文化出版公司
信箱—一〇八九九臺北華江橋郵局第九九信箱
時報悅讀網—http://www.readingtimes.com.tw
時報文化臉書—https://www.facebook.com/readingtimes.fans
法律顧問—理律法律事務所　陳長文律師、李念祖律師
印　刷—家佑印刷有限公司
初版一刷—二〇二四年四月十九日
定　價—新台幣四八〇元


時報文化出版公司成立於一九七五年，
並於一九九九年股票上櫃公開發行，二〇〇八年脫離中時集團非屬旺中，
以「尊重智慧與創意的文化事業」為信念。

尼泊爾：不平衡的邊界/阿米許.拉傑.穆爾米(Amish Raj Mulmi);
唐澄暐譯. -- 初版. -- 臺北市：時報文化出版企業股份有限公司,
2024.04
面；　公分
譯自：All roads lead north : China, Nepal and the contest for the
Himalayas
ISBN 978-626-396-127-2(平裝)

1.CST: 國家發展 2.CST: 中國外交 3.CST: 地緣政治 4.CST: 尼泊爾

571.1　　113004414



ISBN 978-626-396-127-2
Printed in Taiwan